Inhalt

Ophir

Ophir ist das ferne verlockende Land im Süden, das geheimnisvolle Land des Alten Testaments, aus dem König Salomo Gold für seine Prachtbauten in Jerusalem bezog. Die Stadt Ophir war mit Steinen aus Gold erbaut, denn die Steine in den Bergen jenes Landes waren aus purem Gold. Die Schiffe König Salomos und des phönizischen Königs Hiram von Tyros kehrten nach drei Jahren zurück, voll beladen nicht nur mit Gold, auch mit Edelsteinen, Silber, Elfenbein, Affen und Pfauen, wie das erste Buch der Könige berichtet. Schon die nächste Expedition nach Ophir, von der die Bibel spricht, scheiterte: Die Schiffe König Josaphats von Juda und des gottlosen Königs Ahasja von Israel zerbrachen, noch bevor sie auslaufen konnten. Ebenso scheiterten alle späteren Versuche, Ophir aufzufinden. Kolumbus, der auf seiner ersten Reise Kuba für Japan, auf der zweiten für eine chinesische Provinz, von der Marco Polo gesprochen hatte, und Jamaika für Saba hielt, erspähte Ophir an der Südwestecke Haitis. Die Portugiesen glaubten, Ophir in der goldreichen Hafenstadt Sofala (Mosambik) wiederentdeckt zu haben, Jahrhunderte danach meinte der deutsche Afrikareisende Karl Mauch, die Ruinen Groß-Simbabwes im Hinterland der Sofala-Küste mit Ophir identifizieren zu können. Im Jahr 1568 stieß der spanische Seefahrer Álvaro de Mendaña bei der Suche nach dem ominösen Südkontinent auf die Salomon-Inseln, die er so nannte, weil er in ihnen Ophir sah. Ophir ist an vielen Stellen des Erdkreises vermutet worden, in Nubien, Abessinien und Somalia, an der afrikanischen Küste des Roten Meeres, im Jemen und am Persischen Golf, nahe der Indus-Mündung, an der südindischen Malabar-Küste und auf Ceylon, auf der Malaiischen Halbinsel, Sumatra und den Philippinen, in Australien, Peru, Brasilien und an der Westküste Afrikas. Vielleicht existiert Ophir nur in den Köpfen, dort aber gewiss.

Das Traumland Ophir hat viele Verwandte. Aus dem Land Punt, das wahrscheinlich am Horn von Afrika lag, holten die Ägypter seit dem dritten Jahrtausend v. Chr. Gold, Silber, Ebenholz, Elfenbein, Myrrhe, Weihrauch, Affen und Straußenfedern. Die Gärten der Hesperiden, in denen die

Töchter des Atlas und der Nacht die goldenen Äpfel des Lebens hüteten, lagen wie die Elysischen Gefilde, die Inseln der Seligen, im jeweiligen äußersten Westen und wanderten mit den Jahrhunderten vom griechischen Arkadien über die Große Syrte Libyens zum marokkanischen Atlas, von wo sie sich auf den Atlantik hinausbegaben und vielleicht auf die Kanarischen oder Kapverdischen Inseln verpflanzten. Platons Atlantis mit seinen gold- und silberüberzogenen Mauern des Poseidontempels und des Königspalastes und den unzähligen goldenen Bildsäulen kann – bedenkt man das vielfältige Angebot an Hypothesen – in oder an fast jedem Meer gelegen haben, wenn es die Insel denn überhaupt gegeben hat. Das Märchenland Indien, an dessen Tore Alexander der Große klopfte wie an die Pforte des Paradieses, dieses Wunderland mit all seinen Märchenprinzen und zauberhaften Palästen, all seinen Göttern und Gewürzen, erstreckte sich zur Zeit seines christlichen Priesterkönigs, des Presbyters Johannes, der in einem Palast mit Wänden und Fußböden aus Onyx, mit Gold und Edelsteinen allüberall residierte, nach Westen bis zum Turm von Babel, nach Osten bis zum Aufgang der Sonne, später schrumpfte dieses riesige asiatische Fantasiereich auf das christliche Abessinien in Ostafrika zusammen, dessen Kaisergeschlecht sich aus der Verbindung König Salomos mit der Königin von Saba herleitete, noch später wurde es an den Kongo verlegt, den man nun für einen Paradiesfluss hielt. Arabia felix, die blühende Heimat der Königin von Saba im südwestlichen Wüstenwinkel der Arabischen Halbinsel, war ebenso eine europäische Fata Morgana wie die an Gold und Salz und Sklaven, an islamischer Gelehrsamkeit und muslimischer Toleranz reiche Handelsstadt Timbuktu am Südrand der Sahara und wie jenes Goldland, das seit Kolumbus, Cortés und Pizarro in Amerika lag und Eldorado hieß und nicht nur in den Anden, am Orinoko oder Amazonas aufgespürt werden wollte, sondern auch in Nordamerika; Hernando de Soto suchte es in Florida, Francisco Vázquez de Coronado in Arizona und Neu-Mexiko, er fand auch die legendären Sieben Städte von Cibolá und Quivira, doch sie waren kein Dorado, vielmehr Lehm-Pueblas armer Indianer. Auf der Suche nach der Terra Australis, dem verheißungsvollen, aber unauffindbaren Kontinent im großen Südmeer, entdeckte man lediglich den mickrigsten, obendrein wüstenartigen Erdteil und jede Menge kleiner und kleinster, aber üppiger, paradiesischer Inseln sowie den Edlen Wilden, der sie bewohnen durfte, wie einst nur Heilige auf der ebenfalls unauffindbaren Insel des irischen Mönchs St. Brendan hatten leben dürfen. Und seit der gewöhnliche Sterbliche die Wilden verdorben, wenn nicht ausgerottet hat, jagt er der Wildnis, den letzten Naturparadiesen nach.

Ophir ist das Land, wohin die Träume segeln, ist der Sehnsuchtsort der Ophiten, die Schlangen anbeten und beschwören, ihnen zu verraten, wo sich das Glück befindet, sei es in Form von Gold, Ruhm, Abenteuer, Erkenntnis, Weisheit, Liebe oder Freiheit. Reisen ist die Suche, die Jagd nach Glück in der Ferne, das Glück ist jedoch scheu, es lässt sich nicht zwingen, andernfalls wäre es nicht Glück.

I

Auf Abwegen und Nebenschauplätzen

1.
Verlaufen – Arthur Rimbaud diesseits von Aden

Charleville an der Maas war anderen Provinzstädtchen »an Idiotie klar überlegen«. Die Preußen standen vor Sedan, und die Notare, Glaser, Steuereinnehmer, Schreiner, all die Dickwänste, scheinheiligen Spießbürger und grässlichen Kleinbürger im Ruhestand zogen wieder Uniform an, fuchtelten mit den Waffen herum und spielten sich als Teufelskerle auf. Die Post brachte den Buchhändlern keine Bücher mehr, an Zeitungen gab es nur ein Lokalblättchen, dessen Eigentümer, Direktor, Geschäftsführer, Chefredakteur und einziger Mitarbeiter ein und dieselbe Person war und den Geist der Menge reproduzierte. »Ein schöner Dreck!« Der fünfzehnjährige Rimbaud bekam einen schauderhaft juckenden Ausschlag von Idiotie auf der Haut, fühlte sich krank, ausgestoßen, eingesperrt in dieser unbeschreiblichen Ardennengegend, verbannt mitten ins Vaterland, löste sich auf in der Banalität, der Böswilligkeit und der grauen Öde. Er träumte von Sonnenbädern, Reisen, Abenteuern, endlosen Wanderungen, Zigeunerleben, gleich heute müsste er losgehen, auf und davon, beide Hände in die Taschen und hinaus.

Geld hatte er keins in den Taschen. In Paris wird er auf dem Bahnhof wegen Schwarzfahrens verhaftet, ins Gefängnis gesteckt, von seinem Rhetorik-Lehrer ausgelöst. Dann reißt er wieder von zu Hause aus, diesmal zu Fuß nach Belgien, wo er eine Anstellung bei einer Zeitung in Charleroi zu finden hofft, doch abgewiesen wird. Immer wieder zieht es ihn nach Paris, Paul Verlaine führt ihn bei seinen Dichterfreunden ein, die Rimbauds Poesie bewundern, von ihm aber so gut es geht vergrault werden. Er zerlumpt und verlaust, durchwühlt Müll nach Essbarem und flucht auf dieses »Scheiß-Paris«. Nicht, dass er der Provinz nachtrauerte, wo man Mehlsachen und Dreck aß, Bier aus der Gegend und Landwein trank. Doch in Paris war alles nur Destillation und Zusammensetzung, nichts Schöpferisches, alles Beschränktheit, und jedermann war ein Schwein. Wonach er sich zurücksehnte, das waren die klaren ardennischen und belgischen Flüsse, die kleinen wilden Quellen und dieses »grässliche Charlestown« mit seiner Bibliothek und dem Café Universum.

Er hielt es nirgendwo lange aus, und er kam immer wieder zurück nach Charleville oder zum Weiler Roche, wo seine Mutter einen Bauernhof hatte, schauerlich ist es auf dem Land in Frankreich, kein Buch, keine Kneipe. Im Juli 1872 geht er mit Verlaine, der Frau und Kind verlässt, nach Brüssel, dann nach London. Dort geben die »zwei gebildeten Herren aus Paris« – so die Annoncen – Französisch-Unterricht, leben zusammen und lieben sich, bis es zum Streit und zum Bruch kommt, als – abermals in Brüssel – Verlaine auf Rimbaud schießt und ihn am linken Handgelenk verletzt. Verlaine wandert ins Gefängnis, Rimbaud nach Roche, Paris, England, wo er Unterricht gibt und sich zugleich in der *Times* als Reisebegleiter eines Herrn, vorzugsweise Künstlers, oder einer Familie in südlichen oder östlichen Ländern andient und als Pariser mit bedeutenden Kenntnissen in Literatur und Sprachen und mit besten Empfehlungen anpreist – ohne Erfolg. Vier Monate später lebt er als Hauslehrer in Stuttgart und lernt Deutsch, nach drei Monaten zieht es ihn in den Orient, zu Fuß geht er durch Württemberg, die Schweiz, Italien, lernt Italienisch, will bis Brindisi laufen, von dort mit dem Schiff weiterfahren, bekommt unterwegs jedoch einen Sonnenstich und wird vom französischen Konsul in Livorno nach Marseille zurückgeschickt. Den Winter über beschäftigt er sich in Charleville mit Arabisch, Hindustani, Russisch, im nächsten Frühling will er nach Russland, unterwegs wird er in Wien ausgeplündert und wegen Landstreicherei abgeschoben. Er geht nach Brüssel, lässt sich für die holländische Kolonialarmee anwerben, desertiert auf Java drei Wochen nach seiner Ankunft in Batavia (Jakarta) und fährt auf einem englischen Segler zurück nach Europa. Neues Jahr, neues Glück: Er bewirbt sich folgenlos beim amerikanischen Konsulat in Bremen für den Dienst in der US-Navy, in Hamburg bekommt er eine Anstellung als Aufseher im Zirkus, mit dem er durch Dänemark und Schweden tingelt, dann wird er Hafenarbeiter in Marseille, nimmt ein Schiff nach Alexandria, erkrankt, schifft sich in Civitàvecchia aus und kehrt über Rom nach Charleville zurück, der Endstation ebenfalls im Jahr darauf, nachdem er in Hamburg vergeblich eine Mitfahrgelegenheit in den Orient gesucht hat.

Der geniale Rimbaud, der preisgekrönte Schmied lateinischer Verse, hochbegabte Überflieger ohne Schulabschluss, das mittellose Enfant terrible der Pariser Literaturszene ist jetzt 24 Jahre alt, hat die Dichtkunst vor Jahren bereits an den Nagel gehängt, lebt jedoch gewissermaßen sein poetisches Credo, durch die Entfesselung aller Sinne sehend zu werden und ins Unbekannte vorzustoßen. Im Herbst 1878 geht er zu Fuß von den Ardennen über die Vogesen und den Gotthard nach Lugano, nimmt den Zug nach Genua, dort ein Schiff nach Alexandria und fährt nach kurzer Zeit weiter nach Larnaka. Auf Zypern wird er Aufseher in einem Steinbruch, erkrankt an Typhus, und nach einem halben Jahr kehrt er zurück in die Ardennen. Ein Jahr später ist er wieder in Ägypten, findet keine Arbeit, geht nach Zypern, seine alte Firma hat Pleite gemacht, doch die britische Verwaltung kann ihn als Aufseher beim Bau des Gouverneurspalastes brauchen. Er legt sich mit dem leitenden Ingenieur und dem Oberzahlmeister an, verlässt Zypern, fährt das ganze Rote Meer auf der Suche nach Arbeit ab und erreicht im Sommer 1880 das britische Aden, diesen »schrecklichen Felsen ohne einen einzigen Grashalm oder einen Tropfen trinkbaren Wassers«, auf dem der Ruhelose sich sogleich gefangen fühlt, weil er mindestens drei Monate wird bleiben müssen, bis er genug Geld verdient hat, um abhauen zu können. Es ist, als sei das lyrische Ich des *Bateau ivre* in die Haut seines Schöpfers geschlüpft, dessen ganzes Leben einer traumartigen Reise steuerlosen, trunkenen Dahintreibens gleicht.

Aden, dieser Krater eines erloschenen und mit Meersand gefüllten Vulkans, dessen Wände verhindern, dass frische Luft hereinströmt, ist »der widerwärtigste Ort der Welt«, jedenfalls gleich nach Charleville. Rimbaud brät auf dem Boden dieses Lochs wie in einem Kalkofen, schwitzt täglich literweise Wasser, trinkt destilliertes Meerwasser und langweilt sich. Es gibt keine Zeitung, keine Bibliothek, an Europäern nur ein paar blöde kaufmännische Angestellte, die mit getrockneten Häuten, Gummi arabikum, Straußenfedern, Weihrauch, Gewürznelken, hauptsächlich aber mit Kaffee handeln, mit Mokka aus dem jemenitischen Mokka. Sie bringen ihr Gehalt beim Billardspiel durch und verlassen Aden fluchend. Außer diesem Gesindel hat man gar keine Gesellschaft, und so wird man in wenigen Jahren zum Trottel, so Rimbaud, laut Selbsteinschätzung der »einzige etwas intelligente Angestellte« in Aden. Er arbeitet im Kontor eines französischen Handelshauses, mit dem Kaffeehandel macht er sich schnell vertraut, alles geht durch seine Hände, er genießt das volle Vertrauen seines Chefs, doch er fühlt sich schlecht bezahlt, obgleich die Firma neben dem Salär für Wohnung, Essen, Wäsche, Pferd und Wagen aufkommt. Im September schreibt er stolz nach Hause, er habe bereits 200 Francs in der Tasche, aber wenn die Firma ihn nicht bald deutlich besser entlohne, dann werde er am Ende seines zweiten Monats fortgehen, vielleicht nach Sansibar, vielleicht auch an die Küste Abessiniens, wo mehrere Handelsgesellschaften aus Aden sich niederzulassen beabsichtigen. Im November geht er für sein Haus über Zeila, den alten Sklavenhandelsplatz an der Somaliküste, nun in ägyptischer Hand, ins gleichfalls unter ägyptischer Verwaltung stehende Harar in den Ausläufern des abessinischen Hochlands. 26 Jahre vor Rimbaud war Richard Burton auf derselben Route nach Harar gelangt und als erster Europäer – soweit bekannt – in die für Nicht-Muslims verbotene heilige Stadt gedrungen.

Burton bereitete es offenbar ein sportliches Vergnügen, heilige Städte zu entweihen. Der exzentrische Offizier der britischen East India Company hatte sich nach sieben Jahren in Bombay vom Dienst beurlauben lassen, als er sah, dass er sich mit seinen Manien und Kapriolen die Karriere verbaute. Er reiste durch Indien, schrieb Bücher, unter anderem über das Gebiet von Goa und das Indus-Tal, und fasste den Plan, das unerforschte Innere der Arabischen Halbinsel zu durchstreifen und die heiligen Stätten von Mekka und Medina zu besuchen. Mit Unterstützung der Royal Geographical Society in London ging er nach Kairo, belegte Kurse an der Al-Azhar-Universität, perfektionierte sein Arabisch, vertiefte seine Kenntnis der islamischen Glaubenslehre und der muslimischen Sitten und ließ sich beschneiden. Zuerst gab er sich als reicher Perser aus, doch als er merkte, dass die schiitischen Perser in Arabien unbeliebt waren, verwandelte er sich in einen britischen Untertan afghanischer Herkunft, der im birmanischen Rangun zum Arzt ausgebildet worden war. Unter dem Namen Abdullah der Derwisch, wegen seines imposanten Schnauzers Abu Schawarib genannt, Vater der Schnurrbärte, begab er sich im Pilgergewand und in Begleitung seines indischen Boys und arabischer Weggefährten nach Medina und Mekka, nahm dort an allen Zeremonien teil, vollzog die vorgeschriebenen rituellen Verrichtungen und durfte sich fortan Hadschi nennen. Wäre seine wahre Identität aufgeflogen, hätte er sich auch nur durch ein Detail verraten, so hätte ihm die Todesstrafe oder Lynchjustiz geblüht. Burton war bei Weitem nicht der erste, aber einer der bis dahin an zwei Händen abzuzählenden europäischen Christen, die Mut und Unverschämtheit genug besaßen, das Risiko einzugehen, und das Spiel gewannen.

Ein halbes Jahr nach seiner Hadsch, im Frühjahr 1854, befand sich Burton in Aden, dem Gibraltar des Orients, und bereitete einen neuen Trip vor, wiederum im Auftrag der Royal Geographical Society. Sein Plan war, von der gegenüberliegenden Somaliküste über Harar ins östliche Afrika südlich des Äquators vorzudringen, wenn möglich die großen Seen zu finden, von denen man durch arabische Reisende gehört hatte, und schließlich Sansibar zu erreichen. Das Somaliland war bis auf ein paar Handelsplätze an der Küste noch Terra incognita, über Harar gab es nur unbestimmte Nachrichten, man wusste, dass die Stadt ein Stapelplatz für Kaffee und dieser Kaffee noch besser als der von Mokka war. Harar sollte ein Hort strenggläubiger Muslims und islamischer Gelehrsamkeit sein, jede Menge Moscheen besitzen und viele Heilige hervorgebracht oder angezogen haben. Einige Europäer hatten vergeblich versucht, dieses Timbuktu des östlichen Afrikas zu erreichen, den Gerüchten zufolge wurde jeder Franke (Christ), der Harar betrat, getötet. Nach alter Überlieferung hing das Heil Harars davon ab, dass die Stadt von Ungläubigen rein blieb, besonders die Engländer waren verhasst, weil sie dem Sklavenhandel Steine in den Weg legten. Doch nicht Harar, sondern der Weg dorthin erwies sich als Problem.

Das Projekt, bei dessen Ausführung Burton von drei weiteren Offizieren der Ostindischen Kompanie begleitet werden sollte, musste wegen der Feindseligkeit der Eingeborenen und akuter Stammesfehden zunächst aufgeschoben werden. Im Herbst 1854 gingen die Teilnehmer der Expedition dann zur Sondierung des Terrains an verschiedene Stellen der Somaliküste: Lieutenant Herne nach Berbera, wo Lieutenant Stroyan später zu ihm stieß, Lieutenant Speke, der zuvor in Tibet und im Himalaya herumgestiefelt war, nach Kuyarat, von wo er ins Hinterland zog, Burton selbst nach Zeila, wo er erfuhr, dass zwischen dem Emir von Harar und dem Gouverneur von Zeila, Statthalter des türkischen Paschas von Westarabien, offene Feindschaft ausgebrochen und der Weg nach Harar unpassierbar war. Zeila wies ein Dutzend steinerne Häuser und einige hundert Hütten auf, Burton verbrachte dort 26 eintönige Tage, wartete auf bessere Nachrichten, kaufte Kamele und Maultiere, suchte einen guten Führer und Beschützer, warf sich in die Robe eines arabischen Kaufmanns und zog Ende November mit seinem Tross aus Lastkamelen und Reittieren, Kameltreibern und zwei munteren, wohlbeleibten Köchinnen, die er Scheherazade und Dinharazade nannte, in die somalische Wüste.

Nach 202 englischen Meilen, häufigem Wechsel des Führers je nach Stammesgebiet, einigen Umwegen und Ausweichmanövern, Eifersüchteleien zwischen Angehörigen verschiedener Clans, Verzögerungen wegen Blutfehden, nach vielen Palavern, Schutzgeldzahlungen und Geschenken an verdiente Würdenträger und der ständigen Austeilung von Tabak an aufdringliche Beduinen, nach übergebührlichem Genuss verdorbenen Wassers und einem schmählichen Durchfall ritt Burton am 3. Januar 1855 in Harar ein. Kurz vor Erreichen der Stadt beschloss er, entgegen seiner ursprünglichen Absicht als Europäer aufzutreten, da man ihn wegen seines weißen Gesichts für einen Türken gehalten hätte und die Türken hier noch schlechter gelitten waren als die Europäer. Von Weitem sah die Stadt wie eine lange dunkle Linie mit zwei Minaretten aus, Burton wurde vom Stadttor zum Palast geleitet, der nichts weiter war als ein großer, einstöckiger Schuppen aus rohem Stein und roter Tonerde ohne Fenster. Der Emir oder – wie er sich selbst betitelte – Sultan von Harar gewährte Burton eine Audienz, er sah aus wie ein kleiner indischer Radscha, fragte Burton nach dem Grund seines Kommens, Burton antwortete wie auch später in einer Audienz beim Wesir, er sei als Emissär des englischen Gouverneurs von Aden gekommen, die Engländer von Aden wünschten mit dem Sultan von Harar in freundschaftliche Handelsbeziehungen zu treten. Der Emir nahm ihn gnädig auf und wies ihm und seinem Gefolge einen zweiten »Palast« als Wohnhaus an. In den Straßen staunte das Volk Burton an und war überrascht, dass er den Kopf noch auf dem Rumpf trug.

Harar bestand aus langen, steinernen Wohnhäusern mit flachen Dächern, die ärmeren Leute lebten in Hütten wie im Kral, es gab keine Gärten und nur wenige Bäume, die engen Gassen liefen bergauf und bergab und waren voller Schmutzhaufen. Die lange Stadtmauer mit ihren fünf Toren, die abends geschlossen und deren Schlüssel dem Emir ausgehändigt wurden, war einige Jahre zuvor ausgebessert worden, weil durch die Löcher im Mauerwerk des Nachts Hyänen krochen und die Stadt unsicher machten. Die Mauern und Türme waren »ohne alle Kunst« gebaut, so Burton, an Moscheen herrschte kein Mangel, es waren aber nur ganz schlichte, kleine, unauffällige Gebäude ohne Minarette. Das größte Bauwerk war die Hauptmoschee, ein langer Schober von ärmlichem Aussehen, dessen zwei Minarette türkische Baumeister aus Mokka und Hodeida errichtet hatten. Harar war stolz darauf, Sitz der Gelehrsamkeit und Heiligkeit zu sein, ganze Scharen bettelhafter Beflissener der Gottesgelehrtheit trieben sich in der Stadt herum und überschwemmten das Land, aber wissenschaftliche Einrichtungen waren nicht vorhanden und Bücher selten und teuer. Die Studenten wurden nur theologisch und natürlich sehr dürftig »abgerichtet«, und der Fanatismus, besonders Christen gegenüber, stand in Blüte. Harar war im Wesentlichen Handelsstadt, doch die Bürger waren ungemein träge und lebten hauptsächlich davon, dass sie die Beduinen betrogen. Nach zehn Tagen Aufenthalt bat Burton den Emir um Entlassung, und als er die Stadt verlassen durfte, fiel eine zentnerschwere Last von ihm. Sobald er in Sicherheit war, legte er ein kleines Wörterbuch der Harari-Sprache an, in der Stadt war er so scharf überwacht worden, dass er es sich nicht hatte erlauben können zu schreiben. Von Burton heißt es, dass er alle paar Monate ein neues Idiom erlernte und am Ende 29 Sprachen und zwölf Dialekte sprach, die er sich manchmal unter widrigen Umständen angeeignet hatte: Persisch, Hindustani, Amhara-Äthiopisch, Kisuaheli … Sogar die Sprache oder den Dialekt der Affen, die er sich in Indien gehalten und die bei ihm zu Tisch gesessen, hatte er zu verstehen und nachzuahmen gehofft. Spätestens auf seiner Pilgertour nach Mekka hatte er gelernt, nicht mit Federhalter oder Bleistift in der Hand gesehen und beim Schreiben oder Zeichnen ertappt zu werden, um nicht Verdacht zu erregen und als Spion oder Zauberer angesehen und erschlagen zu werden. Nichts machte den Leuten mehr Kopfzerbrechen als die fränkische Gewohnheit, alles auf Papier zu bannen.

Burtons Ausflug nach Harar zeigte, dass dieses kleine Emirat weder ein Hindernis auf dem Weg nach Äquatorialafrika, noch auf dem Höhenflug zum Entdeckerruhm darstellte und nicht permanente irdische Zwischenstation auf dem Weg ins himmlische Paradies bleiben musste. Über Berbera ging Burton zurück nach Aden, zwei Monate später, im April 1855, setzte er wieder nach Berbera über, um eine britische Handelsstation anzulegen und zusammen mit seinen Offizierskollegen von dort über Harar weiter nach Süden vorzustoßen. Berbera war von den Briten offenbar übersehen worden, als sie Aden in Besitz nahmen, Berbera hatte ein viel besseres Klima und wäre jetzt eine blühende Stadt gewesen, so aber war es eine Anhäufung schmutziger Hütten geblieben und wegen der Müllberge »im höchsten Grade ekelhaft«. Seit November herrschte in Berbera Markt, zuletzt war die große jährliche Karawane aus Harar mit 3000 Tieren und 3000 Menschen eingetroffen. Wenige Tage nach Ankunft Burtons und seiner Mitstreiter begann der Monsunregen, daraufhin zogen die Karawanen ab, weil nun für den Rückweg kein Wassermangel zu befürchten stand. Mitte April stach das letzte der Kauffahrtschiffe, die von Indien und Arabien zu kommen pflegten, in See, und die 42 Mitglieder der britischen Expedition blieben mit ihren 56 Kamelen allein am Strand von Berbera zurück. Vier Tage später wurden sie nachts von etwa 350 Bewaffneten überfallen.

Lieutenant Stroyan fiel gleich zu Beginn des Kampfes, die anderen drei Offiziere sprangen aus dem Zelt, als es von den Angreifern niedergerissen wurde. Burton schlug sich durch das Gewühl vor dem Eingang, bekam mehr als einen Keulenschlag ab, ein Somali rammte ihm einen Speer in den Mund, es gelang ihm noch, sich abzusondern, als der Tag anbrach, wurde er auf ein kurz vorher eingelaufenes Schiff aus Aden getragen. Lieutenant Herne hatte lediglich ein paar Keulenschläge einstecken müssen, Lieutenant Speke war verwundet und gefangen worden, hatte sich aber befreien können und ans Ufer geschleppt, ein Teil der Mannschaft und der Dienerschaft hatte sich aufs Schiff gerettet. Am Morgen, als die Somali mit der Beute abgezogen waren, fand man Stroyans Leiche, am Vorderkopf wies sie das Zeichen eines fürchterlichen Säbelhiebs auf, am ganzen Leib die Spuren von Keulenschlägen, ein Speer hatte den Unterleib, ein anderer das Herz durchbohrt. Nach diesem Debakel wurde die Expedition abgebrochen, im folgenden Jahr gingen Burton und Speke nach Sansibar und von der Suaheliküste auf die Suche nach den großen Seen und der Nilquelle, sie entdeckten den Tanganjika-See und Speke danach den Viktoria-See, während Burton krank zurückkehrte.

Rimbaud rechnet nicht damit, lange in Harar zu bleiben, schreibt er zwei Monate nach seiner Ankunft, was er vermutete, hat er nicht angetroffen. Im Winter ist es viel zu kalt für ihn auf 1800 Metern Höhe, von März bis Oktober regnet es unaufhörlich, er verabscheut Kälte und Regen. Es ist ein ungesundes Klima und bei jeder Art von Krankheit heimtückisch, eine Wunde heilt nie, ein kleiner Schnitt am Finger eitert monatelang und geht leicht in Brand über, dass er sich die Syphilis eingefangen hat, schreibt er seiner Familie nicht. Er geht mit dem Wetter um, wie es ihm gerade passt, später ist das Klima von Harar und Abessinien ausgezeichnet, besser als in Europa, es gibt weder Frost noch die maßlose Hitze von Aden, die Luft ist frisch und die Vegetation wunderbar. Dann wieder liebt er das Klima von Aden, wo es nie regnet und man auch im Winter unter offenem Himmel schlafen kann, schließlich verträgt er fast jedes Klima, sagt er, ob feucht oder trocken, kalt oder heiß, er läuft nicht mehr Gefahr, Fieber zu bekommen, aber er spürt, dass er sehr schnell altert, kein Wunder »bei dieser idiotischen Beschäftigung und in Gesellschaft von Wilden oder Trotteln«. Dieses scheußliche Land von Harar ist eine Wildnis, aber nicht vollkommen wild dank des ägyptischen Militärs und der Zivilverwaltung, das Ganze ist so wie in Europa, »nur mit einem Haufen Hunde und Banditen«.

Rimbaud handelte mit Kaffee, Tierhäuten, Elfenbein, Moschus, unternahm von Harar aus Handels- und Erkundungsreisen, stieß dabei auch in Gebiete vor, die Europäern bis dahin unzugänglich geblieben waren. Solche Expeditionen waren nichts weniger als ungefährlich, das zeigte der Tod des französischen Forschungsreisenden Pierre Sacconi, der zur gleichen Zeit in das von muslimischen Somali-Nomaden bewohnte Ogaden im Südosten von Harar zog, als Rimbaud dort eine Karawane laufen hatte. Sacconi machte – nach Darstellung Rimbauds – aus Unwissenheit und Leichtsinn eine ganze Reihe von Fehlern. Sacconi trieb unbekümmert seine verdächtigen Feldmesserkünste, stellte an allen Ecken des Weges seine Sextanten ein, kaufte nichts, wollte sich ausschließlich mit geografischem Ruhm schmücken, trug europäische Kleidung und hüllte sogar die ihn begleitenden Somali in Gewänder, wie sie von äthiopischen Christen getragen wurden, und er aß seinen Schinken und trank seinen Schnaps bei den Festessen, zu denen ihn die Scheichs einluden. Als er sich weigerte, Führer von einem Stamm zu engagieren, durch dessen Gebiet er ziehen wollte, und auf seinem mitgebrachten Führer eines anderen Stammes beharrte, kam es zum Streit und zum Gemetzel. Rimbaud hingegen war bestrebt, die Sitten, religiösen Bräuche und die Rechtsordnung der Eingeborenen zu respektieren und sich von Stammesfehden fernzuhalten, vermied es, sich mit Attributen des Europäers wie dem Tropenhelm zu schmücken, pflegte vielmehr in mohammedanischer Kluft und unter arabischem Namen zu reisen. In Harar vervollkommnete er nicht nur sein Arabisch, er studierte auch Harari und in der Umgebung Harars gesprochene Sprachen wie Somali, Oromo und Amhari. Er plante, eine Arbeit über Harar und das Galla-Volk (Oromo) zu erstellen, sie der Société de Géographie in Paris vorzulegen und diese um Förderung weiterer Forschungen anzugehen; fürs Erste veröffentlichte sie 1884 einen Bericht Rimbauds über das Ogaden. Ihn reizte das Unbekannte, nach Auffassung seines Patrons in Aden war es Rimbauds größter Wunsch, sich einen Namen als Forscher zu machen. Die Routine hingegen, seine stumpfsinnige Arbeit, der tägliche blödsinnige Ärger widerten ihn an und bereiteten ihm Langeweile und Überdruss bis zur existenziellen Müdigkeit, »ich lege nicht im Geringsten Wert auf das Leben«.

Handels- und Forschungsreisen wurden indes nicht einfacher, Land und Wege nicht sicherer, im Gegenteil. Die Schwäche Ägyptens, das in den 1870er-Jahren unter osmanischer Oberhoheit nach dem Sudan und Abessinien gegriffen und Harar von Zeila aus erobert hatte, zeigte sich auch in Harar. Rimbaud hält es für möglich, dass die Briten, nachdem sie in Ägypten eingegriffen und das Land unter ihren Schutz gestellt haben, in den Sudan vorgestoßen sind und Zeila eingenommen haben, demnächst auch Harar besetzen werden. Er wirft ihnen vor, mit ihren Unternehmungen den Handel in der gesamten Region zu lähmen und zu ruinieren. Rimbauds Geschäfte gehen schlecht, der Ertrag deckt die Kosten nicht mehr, die Gesellschaft in Aden schreibt Verluste. Mit dem Zusammenbruch der ägyptischen Herrschaft und der Machtübernahme durch den Sohn des letzten Emirs, der Harar nach außen und besonders gegen Christen erneut abschottet, wird Rimbauds Agentur in Harar aufgehoben, das Kontor in Aden geschlossen, das Handelshaus vollständig liquidiert, später unter neuem Firmennamen wieder eröffnet. Rimbaud findet sich »in diesem schrecklichen Loch von Aden« und in derselben Bude von Kontor wieder, hangelt sich von Kurzzeitvertrag zu Kurzzeitvertrag, hängt in der Luft, weiß nicht was wird. Er lebt so bescheiden wie möglich, ist äußerst sparsam, er hat jetzt 13 000 Francs zusammengekratzt – Rimbaud, der ehemalige Bürgerschreck und Kommunarde. Sein Kapital könnte ihm eine kleine Rente einbringen, doch in Aden nimmt die Bank bloß zinslose Einlagen an, und die Handelshäuser sind alles andere als zuverlässig, man kann niemandem auch nur das Geringste anvertrauen, also trägt er sein Geld andauernd mit sich herum. »Was für eine trostlose Existenz ich in diesen blödsinnigen Breiten (...) weiterschleppe.« Er sieht, dass er auf die Dreißig zugeht – die Hälfte des Lebens, meint er –, dass seine Haare bereits grau werden, weil man in dieser Gegend fünfmal so schnell altert wie anderswo, er hat sich mühsam in der Welt herumgeschlagen und nichts erreicht. Trost findet er bei einer Äthiopierin, eine der acht Beziehungen zu Eingeborenen, die man ihm nachsagte, und von denen er Mutter und Schwester nie schrieb.

Mit ihrem Expansionsdrang machten sich die Engländer ganz Europa zum Feind, so Rimbaud. Ihre hirnverbrannte Politik hatte nur weitere Sinnlosigkeiten und Verheerungen zur Folge. England vereinigte Zeila mit dem ebenfalls besetzten Berbera zu Britisch-Somaliland, rückte jedoch nicht ins Landesinnere nach Harar vor. Die Italiener nisteten sich im vormals ägyptischen Massaua ein und breiteten sich in Eritrea aus. Frankreich beging in dieser Gegend ebenfalls Dummheiten und besetzte die Küste des Golfs von Tadschura, um sie mit Obok zur Französischen Somaliküste (Dschibuti) zu verbinden und die Ausgangspunkte der Karawanenwege nach Abessinien zu kontrollieren. Obok hatten die Franzosen schon während des Baus des Suezkanals den Ägyptern abgekauft, um über eine Bekohlungsstation und ein Gegengewicht zu Aden zu verfügen, von dem aus britische Schiffe die Einfahrt zum Roten Meer blockieren konnten. Faktisch besetzte Frankreich Obok aber erst 1883, als die Engländer Zeila kassierten. Die Kolonie Obok war nichts als Wüste, eine verbrannte Küste, wo die kleine französische Verwaltung sich laut Rimbaud damit beschäftigte, ein gutes Leben zu führen und die Gelder der Regierung zu verschleudern, die nicht die geringste Aussicht hatte, auch nur einen Sou aus dieser fürchterlichen, vorher von zehn Seeräubern beherrschten Kolonie herauszuholen, solange man nicht in die Hochebenen des Innern vordrang. Keine Nation trieb eine so unfähige Kolonialpolitik wie Frankreich, keine zweite Macht verstand es so gut, ihr Geld ohne allen Nutzen an unmöglichen Orten zu vergeuden. England machte Fehler und verschwendete gleichfalls Geld, aber es hatte wenigstens ernsthafte Interessen und handfeste Aussichten. In Aden stellte man sich bereits auf kriegerische Auseinandersetzungen ein und erneuerte das ganze Befestigungssystem. »Vielleicht bombardiert man uns demnächst. (…) Das würde mir Spaß machen, wenn dieser Platz zu Staub verwandelt würde, – aber nicht, wenn ich da bin!«

Rimbaud überlegt, wie er sich aus dem Staub machen kann. Aber wohin soll er sich wenden? Falls die Engländer sich doch noch in Harar festsetzen, könnte er dort von seinem Ersparten ein paar Pflanzungen – Kaffee, Bananen – kaufen und versuchen, einen kleinen Handel zu betreiben. In Indien würfe sein Kapital – nun 16 000 Francs – genug Zinsen ab, um dort davon leben zu können, in Aden ist alles sehr viel teurer, und außerdem ist Indien angenehmer als Arabien. Er könnte auch ins französische Protektorat Tongking (Vietnam) gehen, nach dem Krieg gegen China müsste es dort wohl ein paar Stellen geben, und wenn da nichts zu machen sei, könnte er weiter nach Panama ziehen, der Kanal ist noch lange nicht fertiggebaut. Aber letztendlich sind das alles grässliche Länder und klägliche Geschäfte, »es vergiftet einem das Leben«. Wie immer klagt er in seinen Briefen nach Hause, aber er sagt auch, seine Klagen seien »irgendwie so eine Art zu singen«. Später setzt er auf die Liste seiner möglichen Fluchtpunkte oder Sehnsuchtsorte noch den Sudan, Abessinien, Arabien, China und Japan. Sansibar, von wo er lange Reisen ins Innere Afrikas unternehmen könnte, ist nach wie vor eine ernsthafte Option. Doch am liebsten möchte er »Schluss machen mit all diesen verflixten Ländern«, schreibt er, »was soll dieses Hin und Her, diese Anstrengungen und Abenteuer bei fremden Rassen und diese Sprachen, mit denen man sich das Gedächtnis vollstopft, und diese unbeschreiblichen Plackereien, wenn ich nicht nach ein paar Jahren mich eines Tages an einem Ort, der mir einigermaßen gefällt, niederlassen und eine Familie gründen (…) kann«. – Rimbaud und eine Familie gründen? Sich zur Ruhe setzen? Familienvater und Spießbürger spielen?

Diese Anwandlung war vielleicht nichts weiter als eine freundliche Geste, eine Liebenswürdigkeit gegenüber der Mutter. Sogleich dämpft er die Hoffnung, eine Rückkehr nach Europa kommt für ihn nicht infrage. Solange er Sklave des elenden Verhängnisses ist, seinen Lebensunterhalt verdienen zu müssen, ist er dazu verurteilt, noch lange, unter Umständen für immer in diesen Gegenden zu leben, wo er jetzt bekannt ist und immer Arbeit finden kann, wohingegen er in Frankreich, wo man ihn vollständig vergessen hat und er ganz von vorn anfangen müsste, ein Fremder wäre, ohne Anstellung, ohne Einkommen, Unterstützung, Beziehungen, Kenntnisse und Beruf. Er muss bleiben, wo er ist, solange er nichts hat, wovon er in Ruhe leben kann. Um sich zur Ruhe zu setzen und zu heiraten, braucht es eine Rente, braucht er 50 000 Francs Kapital, freilich ist es mehr als wahrscheinlich, dass er das nie zusammenkriegen und er weder in Ruhe leben noch in Ruhe sterben wird. Außerdem könnte er den europäischen Winter nicht mehr ertragen, er würde an irgendeiner Lungenkrankheit verrecken. Er hat den Geschmack am Klima und an der Lebensweise und sogar an der Sprache Europas verloren, überhaupt kann er nicht mehr sesshaft leben, er hat sich zu sehr an das unstete Leben gewöhnt, es ist ihm ganz unmöglich, fest ansässig zu sein, »was soll ich in Frankreich? (…) Zurückkehren hieße mich begraben«. Er könnte sich nur mit einer Frau verheiraten, die ihn auf Reisen begleitete, ihm überallhin folgte. Dazu hätte er Lust: durch die Welt zu streifen. Wenn er die Mittel zum Reisen hätte, würde man ihn keine zwei Monate am selben Ort finden. »Die Welt ist sehr groß und voll herrlicher Länder, das Dasein von tausend Menschen würde nicht genügen, um sie alle zu besuchen.« Er will nicht im Elend herumvagabundieren, sondern von einer kleinen Rente und ein paar kleinen Geschäften leben und das Jahr in zwei oder drei verschiedenen Ländern verbringen, ständig am selben Ort zu leben, ist jämmerlich. Leider jedoch »ist es am wahrscheinlichsten, dass man eher hinkommt, wo man nicht hin will, und eher tut, was man nicht möchte, und dass man ganz anders lebt und stirbt, als man jemals wollte«.

Im Herbst 1885 gibt Rimbaud seine Stelle in Aden auf und geht nach Tadschura an der Somaliküste. Der Ort war seit einem Jahr als Protektorat der französischen Kolonie Obok angegliedert. Im ehemaligen ägyptischen Fort lagen sechs französische Soldaten unter dem Befehl eines Sergeanten. Alle drei Monate wurde die Besatzung ausgewechselt und auf Erholungsurlaub nach Frankreich geschickt, kein Posten hielt drei Monate durch, ohne vollzählig vom Fieber gepackt zu werden. Hauptgewerbe Tadschuras war der von den Franzosen tolerierte Sklavenhandel, Rimbaud wird aber nun nicht Sklavenhändler, sondern Waffenhändler. Er hat sich vertraglich verpflichtet, für den französischen Waffenhändler Pierre Labatut eine Karawane mit 2000 Gewehren zum koptisch-christlichen König Menelik von Schoa im zentralen Hochland zu bringen, einem tributpflichtigen Vasall des Kaisers Johannes IV. von Abessinien. Es handelt sich um antiquierte, seit 40 Jahren überholte Perkussionsgewehre, die bei den Altwaffenhändlern in Lüttich und Frankreich sieben oder acht Francs das Stück kosten und sich in Afrika für 40 Francs verkaufen lassen. Rimbaud rechnet nach Abzug der Transportkosten mit einem Profit von 25 000 bis 30 000 Francs in weniger als einem Jahr, drei Monate später reduziert er sein Gewinnkalkül auf 10 000 Francs, immer noch so viel, wie er sonst in drei Jahren nicht verdienen würde. Allerdings ist der Weg nach Ankober, der Hauptstadt von Schoa, sehr lang und gefährlich: zwei Monate Marsch durch Wüsten, deren Bewohner – Beduinen und fanatische Muslims – allen Europäern feindlich gesinnt sind, seit ein britischer Admiral dem Kaiser Johannes die Unterschrift unter einen Vertrag abgetrotzt hat, der den Menschenhandel verbietet, das einzige ein wenig florierende Geschäft der Eingeborenen. Alle Karawanen werden angegriffen, allerdings haben die Beduinen nur Lanzen. Wenn alles gut geht, schreibt Rimbaud nach Hause, ist er im Herbst 1886 in Frankreich, aber nicht, um sich zur Ruhe zu setzen, sondern um noch mehr alte Knarren aufzukaufen. Erst wenn er in diesem Geschäft 100 000 Francs zusammenbekommt, will er diese hoffnungslose Gegend verlassen.

In Tadschura stellt Rimbaud seine Karawane auf. Anfangs nahm er an, im Januar 1886 aufbrechen zu können, doch der Abmarsch verzögert sich. Erst heißt es, der Weg sei unpassierbar, dann müssen lokale Kleinpotentaten geschmiert und die europäischen Behörden an der französischen Somaliküste und in Aden, über dessen Hafen aller Import läuft, überzeugt werden, dann hält ein diplomatisches Gerangel zwischen Frankreich und England, das den Waffenimport über die Somaliküste unterbinden will, Rimbaud auf. Später erkrankt sein Kompagnon Labatut – dessen Waffen in Tadschura liegen –, dieser kehrt zurück nach Frankreich und stirbt. Rimbaud, der Vollmacht über Labatuts Ware hat, will sich nun der Karawane Soleillet anschließen, die in Tadschura ebenfalls auf Abzug wartet. Paul Soleillet, der französische Sahara-Reisende, Propagandist einer Transsahara-Eisenbahnlinie von Algerien zum Senegal und gescheiterte Timbuktu-Pilger, war 1881 im Auftrag einer französischen Handelsgesellschaft nach Obok gekommen und in den folgenden Jahren über Schoa nach dem Kaffeeland Kaffa im Südwesten Abessiniens gezogen, kannte also die Verhältnisse ein wenig. Doch in Tadschura erkrankt auch Soleillet, setzt nach Aden über und stirbt dort im September 1886 im Alter von 44 Jahren; seine Waffenladung für König Menelik bleibt in Tadschura liegen.

Nach Angaben des italienischen Forschungs- und Handelsreisenden Ugo Ferrandi, der Mitte 1886 nach Tadschura gelangte, bewohnte Rimbaud eine Hütte im Dorf, kam aber oft in den Palmenhain, in dem die verschiedenen Karawanen lagerten, auch die des französischen Journalisten Agosto Franzoj, zu dessen Treck Ferrandi gehörte. Mit Franzoj führte Rimbaud lange Gespräche über Literatur, mit Ferrandi über die Geografie des Gebiets und den Islam, in seiner Hütte hielt Rimbaud den lokalen Honoratioren regelrechte Vorträge über den Koran, den er überzeugend in seinem eigenen Interesse auszulegen verstand. Rimbaud beherrschte das Arabische vollkommen, die Eingeborenen hielten ihn für einen konvertierten Muslim, unter Kameltreibern war er geschätzt und gesucht, in Überzahl boten sie ihm ihre Dienste an, und er musste viele abweisen. Wie sie marschierte er zu Fuß, obwohl er ein Reittier hatte, wie sie trotzte er Sonne, Hunger und Durst, wie sie hockte er sich zum Urinieren hin, im Biwak unterhielt er sich mit ihnen und schlief zwischen den Lasttieren, Rimbaud, dieser hochgebildete Geist und Erneuerer der französischen Literatur, der eines Tages in Obok ein Gespräch mit einem gelehrten griechischen Popen führte, der Mühe hatte mitzuhalten; die Unterredung fand auf Altgriechisch statt.

Im Oktober 1886 bricht Rimbaud allein mit seiner Karawane von 100 Kamellasten und einer Eskorte von 34 Abessiniern nach Schoa auf. Über fürchterliche, katastrophale Wege, die gefährlichsten dieses Teils von Afrika, so Rimbaud, kommt er nur langsam voran – aus zwei Monaten werden vier –, aber er kommt durch. In Ankober trifft er König Menelik jedoch nicht an, dieser befindet sich auf einem Feldzug gegen Harar, außerdem hat er seine Residenz auf den Antoto-Berg verlegt, wo er bald darauf unter Fanfarenklängen aus erbeuteten ägyptischen Trompeten an der Spitze seines Heeres und der umfangreichen Beute, darunter zwei Krupp-Kanonen, von je 20 Männern gezogen, siegreich Einzug hält; in der Nähe von Antoto wird er später als Kaiser Menelik II. von Abessinien Addis Abeba gründen. Rimbaud zieht weiter nach Antoto, Menelik zahlt nicht den erwarteten Preis für die veralteten Gewehre; während Rimbaud in Tadschura festsaß, hat ein anderer Europäer dem König ein neueres Modell geliefert. Im Übrigen gibt sich Menelik als Gläubiger Labatuts aus und zieht dessen angebliche Schulden vom Kaufpreis ab. Von allen Seiten stürmen vermeintliche Gläubiger seines verstorbenen Teilhabers auf Rimbaud ein. Als er die Hinterlassenschaft Labatuts in Augenschein nimmt, hat dessen äthiopische Witwe alle bewegliche Habe bereits in Sicherheit gebracht, Rimbaud findet nur eine alte Hose und ein Dutzend schwangere Sklavinnen vor. Er hat Mühe zu retten, was er in das Geschäft reingesteckt hat, er hätte 30 000 Francs eingeheimst, wäre sein Kompagnon nicht gestorben, jetzt ist er nach zwei Jahren Quälerei sogar ärmer als vorher. »Ich habe kein Glück!«

Mit Erlaubnis Meneliks und in Begleitung des französischen Geologen Jules Borelli zieht Rimbaud von Antoto durch das bis dahin unerforschte Gebiet der Ittu-Stämme in das nun von Abessinien beherrschte Harar. Hier fühlt er sich maßlos erschöpft, klagt über Rheumatismus in Schulter, Hüften, linkem Oberschenkel und über Gelenkschmerz im linken Knie. Er ist vollkommen ergraut, glaubt – jetzt 32 Jahre alt –, dass sein Leben ernstlich in Gefahr ist, und findet, dass er nach sieben Jahren unvorstellbarer Anstrengungen und fürchterlicher Entbehrungen zwei oder drei Monate Erholung braucht. Am Roten Meer ist es ihm zu heiß – andauernd 50 bis 60 Grad –, er geht nach Kairo, trägt dort ständig 16 000 Francs in Gold in seinem Gürtel mit sich herum, was ihm Diarrhöen verpasst. Er schreibt für eine Kairoer Zeitung einen Bericht über seine Reise nach Schoa, die Eroberung Harars durch Menelik und dessen Politik und Pläne, verfasst für die französische Geografische Gesellschaft einen Bericht über den neuen, von Borelli vermessenen Weg von Schoa nach Harar; Arbeiten, die in geografischen Fachzeitschriften Englands, Italiens und Deutschlands zitiert werden. Einen Antrag Rimbauds auf Finanzierung einer neuerlichen Forschungsreise lehnt die Société de Géographie jedoch ab. Im Herbst 1887 ist er wieder in Aden, bittet beim Ministerium für Marine und Kolonien in Paris um Erlaubnis, Material und Ausrüstung zur Waffenfabrikation in die französischen Besitzungen in Ostafrika zu bringen. Der Minister lehnt den Antrag zunächst ab, genehmigt ihn jedoch nach einer Übereinkunft mit England, zieht die Genehmigung wegen neuer Verhandlungen mit England aber wieder zurück. Unterdessen bringt Rimbaud für den bedeutendsten Waffenhändler der Küste »dieses dreckigen Roten Meeres« ein Kontingent Gewehre illegal nach Schoa.

Im Mai 1888 lässt sich Rimbaud erneut in Harar nieder, eröffnet als Partner des »sehr ehrenhaften Handelsherrn« César Tian, der seit Jahrzehnten in Aden lebt, ein Kontor, schickt Karawanen mit Kaffee,

Elfenbein, Gummi, Gewürzen und Gold an die Küste, importiert Seide, Baumwolle, Mariatheresientaler – ein im Land gebräuchliches Zahlungsmittel –, kassiert bei seinen gemeinsamen Geschäften mit Tian die Hälfte des Gewinns, macht aber auch auf eigene Rechnung Geschäfte, unter anderem mit kleineren oder größeren Posten Waffen. Er ist viel unterwegs, allerdings sind die Wege nach Sturzregen häufig unbegehbar oder infolge von Aufständen und Kriegen versperrt, man »massakriert und plündert nicht schlecht in diesem Gebiet«, gleichwohl hält Rimbaud die Schwarzen weder für niederträchtiger noch für dümmer als »die weißen Neger in den sogenannten zivilisierten Ländern«, sie sind es nur auf andere Art, das ist alles. Sie sind sogar weniger boshaft, können dankbar und treu sein, es kommt darauf an, menschlich mit ihnen umzugehen. Sein Profit steht in keinem Verhältnis zu dem Ärger und den Scherereien, die er hat, wer nach Harar kommt, läuft auf keinen Fall Gefahr, Millionär zu werden – außer an Läusen. Wenigstens hat Rimbaud hier seine Freiheit, und das Klima ist gut. Gesundheitlich geht es ihm wieder bestens, nur langweilt er sich viel, eigentlich immer, in ganz Abessinien sind kaum 20 Europäer ansässig, die meisten von ihnen in Harar, ungefähr zehn, er ist der einzige Franzose. »Und ist es denn nicht ein Elend«, schreibt er nach Hause, was man zu Hause hören möchte, »dieses Dasein ohne Familie, ohne geistige Beschäftigung, verloren inmitten von Negern, deren Los man verbessern möchte und die ihrerseits versuchen, einen auszubeuten, und die es einem unmöglich machen, Geschäfte in kurzer Frist abzuwickeln? Genötigt, ihr Kauderwelsch zu reden, ihr dreckiges Essen zu nehmen, tausend Ärger über sich ergehen zu lassen, die von ihrer Faulheit, ihrer Verräterei, ihrer Stumpfsinnigkeit kommen!« Und das ist nicht einmal das Traurigste, vielmehr die Furcht, nach und nach selbst zu verrohen, zu vertieren, vereinsamt wie er ist und weit entfernt von aller vernünftigen Gesellschaft, »ich habe (…) nie jemand gekannt, der das Leben so satt hatte wie ich«.

Am 20. Februar 1891 schreibt Rimbaud nach Hause, was man zu Hause gar nicht gern hört: dass es ihm schlecht geht. Seit 15 Nächten macht er kein Auge zu wegen rheumatischer Schmerzen »in diesem verfluchten Bein«, diesmal ist es das rechte, und »in diesem verdammten rechten Knie«. Das ist es, »was einem die Plackerei in dieser traurigen Gegend einbringt«, die Fußmärsche von 15 bis 40 Kilometern täglich, die

Gewaltritte durch die schroffen Berge, das ungesunde Quartier, zu leichte Kleidung, die schlechte Ernährung, der ständige Ärger mit »ebenso dummen wie schurkischen Negern«. Er glaubt, die große Hitze in Aden würde ihm gut tun, aber er kann nicht mal eben so weg von Harar, er hat große Außenstände und verlöre viel Geld. Doch die Schwellung des Knies und die Schmerzen nehmen zu, Mitte März kann er keine Bewegung mehr machen und wird bettlägrig, in Harar gibt es keinen Arzt, er liquidiert sein Geschäft, lässt sich eine Trage anfertigen und mietet 16 »Negerträger« an, die ihn zwölf lange Tage lang durch die Wüste zum Hafen von Zeila schaukeln. In Aden bekommt er das einzige Zimmer im europäischen Krankenhaus, der englische Arzt diagnostiziert eine Gelenkwasser-Geschwulst im Knie und spricht von Beinabnahme, will aber doch erst einmal abwarten, ob die Schwellung bei Ruhe zurückgeht. Rimbaud liegt sich den Rücken wund, schläft nicht eine Minute, die Krankenhauskost ist miserabel, er magert zum Skelett ab, würde am liebsten zur Behandlung nach Frankreich gehen, aber erstens sind die Dampfer ausgebucht, weil im Frühling alle Welt aus den Kolonien nach Hause fährt, und zweitens hat er mit seinem Gesellschafter in Aden noch nicht vollständig abgerechnet. Er verliert ein paar Tausend Francs, kommt aber mit 35 000 Francs aus dem Geschäft heraus, »ein trauriger Lohn für so viel Arbeit, Entbehrungen und Mühen«.

Rimbaud bekommt einen Platz auf dem Liniendampfer, trifft am 20. Mai in Marseille ein, ist so schwach, dass er dort ins Krankenhaus muss, sein rechtes Bein ist jetzt riesengroß und gleicht einem gewaltigen Kürbis, sieben Tage später wird es amputiert, »ich bin ein toter Mann, verkrüppelt für mein ganzes Leben«. Dann müht er sich mit Krücken und einem Holzbein ab und hofft auf ein künstliches Bein mit Gelenken. Er bekommt heftige arthritische Schmerzen in Schulter und Arm, glaubt nicht, dass er inwendig gesund ist, verlässt trotzdem das Krankenhaus, um nach Hause zu fahren. In Roche verschlimmert sich sein Zustand, er braucht Wärme, ein anderes Klima, will nach Aden, seine Schwester Isabelle begleitet ihn, aber sie kommen nur bis Marseille, dort muss er wieder ins Krankenhaus. »Wo sind die Bergüberquerungen, die Gewaltritte, die Streifzüge, die Küsten, Flüsse und Meere? (…) Mein Leben ist vorbei, ich bin bloß noch ein unbeweglicher Stumpf.« Er leidet unter fortschreitender Lähmung aller Glieder, zwischen Hüfte und Bauch bildet sich ein riesiges Krebsgeschwür auf dem Knochen, die Metastasen breiten sich über das Knochenmark aus – oder ist es doch die Maladie française? Er will immer noch nach Aden oder Obok oder Algier, in diese verteufelten Länder, sieht zugleich, dass es nicht möglich sein wird, er träumt sich in den Orient, sagt unablässig »Allah kerim«, Gott ist gnädig, und stirbt am 10. November mit 37 Jahren.

2. *Abgetrieben – Alexander von Humboldt zwischen Südsee und Orient*

Der Drang, bestimmte Orte, Länder, Landschaften zu sehen, hängt nicht allein von ihrer Schönheit, Bedeutung oder Großartigkeit ab, sondern auch von zufälligen Eindrücken der Jugend, meinte Alexander von Humboldt. Die Unwahrscheinlichkeit, solche Reiseziele zu erreichen, erhöht dabei noch ihren Reiz, verstärkt die Sehnsucht. Schon als Kind beeindruckten Humboldt die Erzählungen von dem grauenhaften Marsch des Vasco Núñez de Balboa über die Landenge von Panama, wo dieser Abenteurer im Jahr 1513 als erster Europäer den Pazifischen Ozean erblickt hatte. In seiner Jugend erregten die jüngsten Südseefahrten und Weltumseglungen Bougainvilles, Cooks und anderer Entdecker Humboldts besonderes Interesse, in ihm wuchs die Leidenschaft für das Meer und längere Schiffspassagen heran. Als er dann in Göttingen Georg Forster kennenlernte, der an Cooks zweiter Pazifikfahrt teilgenommen hatte, und als Forster ihm auf ihrer gemeinsamen Reise den Rhein hinunter nach den Niederlanden und weiter nach England und Frankreich von den Inseln des Stillen Ozeans und besonders von O-Taheiti (Tahiti) erzählte, steigerte sich Humboldts schon von früher Jugend auf gehegter Wunsch noch, »in die schönen Länder des heißen Erdgürtels« zu reisen und ferne, von Europäern kaum berührte Welten zu erforschen. 1797 war es so weit: Nach dem Tod seiner Mutter und dem Antritt des Erbes, das ihn finanziell unabhängig machte, pfiff er auf seine Bergbeamtenkarriere, quittierte den Staatsdienst und schmiedete Pläne für ausgedehnte Forschungsreisen. Doch manche seiner Reisewünsche blieben unerfüllt, die Wirklichkeit verweigerte sich seinen Träumen, selbst ein Humboldt war ein Spielball der Umstände, und seine Reisen hingen ebenso vom Zufall ab wie die Eindrücke der Jugend.

Aus ihm wurde ein zweiter Kolumbus, der wissenschaftliche Entdecker Amerikas, wie man ihn genannt hat, er leistete eine immense Forschungsarbeit in vielen Einzeldisziplinen und zugleich in universeller Sicht, aber er befuhr nicht die Südsee, und er sah Indien nicht.

Alexander besuchte seinen Bruder Wilhelm in Jena, betrieb dort mit Goethe naturwissenschaftliche Studien, in Dresden astronomische, in Wien botanische, in Salzburg geologische Forschungen, anschließend wollte er nach Italien, um vulkanologische Untersuchungen am aktiven Objekt – Vesuv, Stromboli, Ätna – durchzuführen, musste aber davon absehen, weil in Italien erneut der Krieg ausbrach und Napoleon wieder einmal Ordnung schaffte. Zum Trost schlug ihm der exzentrische Reise-, Kunst-, Altertums- und Frauenliebhaber Lord Bristol, Bischof von Derry, Namensgeber der Hotels, einen kleinen Ausflug von nur acht Monaten nach Oberägypten vor, mit Zeichnern und astronomischen Instrumenten den Nil bis Assuan hinauf; Humboldt willigte ein, behielt sich aber vor, auf der Rückreise allein einen Abstecher nach Syrien und Palästina zu machen. Doch Lord Bristol wurde in der französischen Satellitenrepublik Mailand verhaftet, Napoleon ging selbst nach Ägypten, begleitet nicht nur von mehr als 30 000 Soldaten, sondern auch von bald 200 Ingenieuren und Gelehrten, die das Land erschließen sollten, sodass für fremdländische Einzelkämpfer überhaupt keine Aussicht bestand, dort in Ruhe forschen zu können. Humboldt begab sich in die damalige Welthauptstadt der Wissenschaften, Paris, um sich mit modernen Beobachtungs- und Messinstrumenten einzudecken und in den Instituten, Akademien und Salons Kontakte zu knüpfen, er tauschte sich mit Geologen, Astronomen, Mineralogen, Zoologen aus, traf den alten Bougainville und den jungen Aimé Bonpland, der als Naturforscher an der Weltumsegelung Kapitän Baudins teilnehmen sollte, die gerade vorbereitet wurde. Humboldt erhielt vom Direktorium, der französischen Regierung, die Erlaubnis, auf eigene Faust an der Baudin-Expedition teilzunehmen, die an die Küsten Südamerikas und um das Kap Hoorn bis nach Panama hinauf und durch die Inselwelt der Südsee nach Neuseeland, Tasmanien und Neuholland (Australien) führen und über Madagaskar und um das Kap der Guten Hoffnung herum zurückkehren sollte. Humboldt genoss einige Monate lang die Vorfreude, sich mit seinen Geräten auf einer der beiden Korvetten zu einem solch großen Unternehmen einzuschiffen, sich im Übrigen von der Expedition trennen zu dürfen, wo und wann es ihm beliebte, um seinen eigensten Interessen nachzugehen, da drohte ein neuer Krieg zwischen Frankreich und den antirevolutionären europäischen Koalitionsmächten auszubrechen, die Baudin-Expedition wurde abgeblasen und auf unbestimmte Zeit verschoben. »Da beschloss ich, nur so bald als möglich, wie es auch sei, von Europa wegzukommen.«

In Paris lernte Humboldt den schwedischen Konsul des türkischen Algier kennen, der sich auf der Durchreise nach Marseille befand, von wo ihn eine schwedische Fregatte nach Nordafrika bringen sollte. Der Konsul glaubte, beim Bey von Algier für Humboldt die Erlaubnis erwirken zu können, das noch von keinem Mineralogen untersuchte Atlasgebirge bereisen zu dürfen. Auch schickte der Bey jedes Jahr ein Schiff nach Tunis, mit dem Mekka-Pilger nach Ägypten fuhren; Humboldt sollte es ebenfalls benutzen können. Kurzentschlossen hasteten Bonpland und er nach Marseille, um die schwedische Fregatte nicht zu verpassen, aber die Fregatte kam und kam nicht nach Marseille. Nach zwei Monaten ungeduldigen Wartens erfuhren sie aus den Zeitungen, dass das Schiff vor der Küste Portugals in einen Sturm geraten und schwer beschädigt worden war und das spanische Cádiz hatte anlaufen müssen, um repariert zu werden, was mindestens ein halbes Jahr in Anspruch nehmen würde. Zertrümmerte Masten, zertrümmerte Hoffnungen. Doch Humboldt gab nicht auf. Im Hafen von Marseille lag ein kleines Schiff aus Ragusa (Dubrovnik), das im Begriff stand, nach Tunis auszulaufen: eine günstige Gelegenheit, näher an Ägypten und Syrien heranzukommen. Sie einigten sich mit dem Kapitän über den Preis für die Überfahrt, am nächsten Tag sollten sie unter Segel gehen, im letzten Moment verzögerte sich die Abfahrt wegen einer Kleinigkeit – glücklicherweise, denn so erreichte sie noch die Nachricht, dass die Regierung in Tunis neuerdings alle dort ansässigen Franzosen verfolge und alle aus französischen Häfen kommenden Personen ins Gefängnis werfe. Aus der Traum. Humboldt und Bonpland beschlossen, den Winter in Spanien zu verbringen, in der Hoffnung, sich im folgenden Frühjahr in Cádiz oder Cartagena nach dem Orient einschiffen zu können. Ende Dezember 1798 machten sie sich auf den Weg nach Katalonien.

In Madrid wies der sächsische Gesandte am spanischen Hof Humboldt darauf hin, dass die Möglichkeit bestehe, von der Regierung die Erlaubnis zu erhalten, auf eigene Kosten durch das Innere Spanisch-Amerikas zu reisen. Humboldt erhielt Zugang zur Regierung und in der Frühjahrsresidenz Aranjuez eine Audienz beim König, bei der er Gründe und Vorteile einer Forschungsreise in die spanischen Besitzungen von Amerika und nach den Philippinen darlegte, die er später in einer Denkschrift ausformulierte. Der Vorschlag wurde wohlwollend aufgenommen und Humboldt ermächtigt, mit seinem »Diener« (Bonpland) nach Spanisch-Indien überzusetzen und dort alle Beobachtungen, Messungen, Probeentnahmen und sonstige Studien durchzuführen, die er zur Förderung der Wissenschaften für angebracht hielt. Er begab sich mit Bonpland nach La Coruña, wo sich ihre Einschiffung nach Kuba verzögerte, weil drei britische Schiffe den Hafen blockierten; England hatte eine Seeblockade über das napoleonische Frankreich und verbündete Länder verhängt. Am 5. Juni 1799 stahl sich die Korvette »Pizarro« bei dichtem Nebel und günstigem Wind aus dem Hafen, obwohl die Küstenwacht ein britisches Geschwader vor der Nordwestecke Spaniens signalisiert hatte. Vor der Küste Portugals sichtete die »Pizarro« einen weiteren englischen Konvoi und wich im Schutz der Dunkelheit von ihrem Kurs ab, um nicht von den Brits gejagt zu werden. Bei ihrer Ankunft in Santa Cruz de Tenerife lief sie im dichten Nebel an mehreren britischen Schiffen vorbei, ohne sie zu bemerken und von ihnen bemerkt zu werden. Wäre sie aufgebracht worden, hätten Humboldt und Bonpland sich von ihrem amerikanischen Traum verabschieden können und wie alle anderen Passagiere ihrer Rückführung nach Europa entgegengesehen.

Humboldt war begeistert von Teneriffa, insbesondere von der Vegetation und der Gartenlandschaft im Westteil der Insel und vom Teide, gegen den der Vesuv bloβ ein Hügel war. Der Kapitän der »Pizarro« hatte Befehl zu warten, bis Humboldt von der Besteigung des Teide zurückkehrte. »Fast mit Tränen reise ich ab«, schrieb Alexander seinem Bruder Wilhelm in einem Brief aus Orotava, »ich möchte mich hier ansiedeln«. Vorerst aber lockten die Tropen. Auf der Überfahrt nach Amerika wurde er nicht müde, nachts die Schönheit des südlichen Himmels zu bewundern, und es erfüllte sich ein Jugendtraum, als er zum ersten Mal das Kreuz des Südens erblickte. Doch die Tropen zeigten sich auch von ihrer hässlichen Seite. Auf der »Pizarro« brach ein bösartiges Fieber aus, mehrere Infizierte delirierten schon am zweiten Tag nach den ersten Anzeichen, die Krankheit drohte epidemisch zu werden, nicht eine Unze Chinarinde befand sich an Bord, nur ein Ignorant von Wundarzt, der Aderlässe verordnete. Gleich vielen anderen Passagieren beschlossen Humboldt und Bonpland, in Cumaná (Venezuela), dem östlichsten Hafen Spanisch-Amerikas, an Land zu gehen und später mit einem anderen Paketboot nach Kuba oder Mexiko weiterzusegeln. Sie wollten den Zwischenstopp von ein paar Wochen dazu nutzen, das Hinterland Cumanás ein wenig zu erkunden; aus einigen Wochen wurde dann mehr als ein Jahr. Ohne die Seuche an Bord der »Pizarro« wären sie nie an den Orinoko und bis an die Grenze der portugiesischen Besitzungen am Río Negro gekommen.

Wunder über Wunder fanden Humboldt und Bonpland in Cumaná und Umgebung: Bäume mit ungeheuren Blättern und Blüten, Vögel und Fische in leuchtenden Farben, prachtvolle Pflanzen, von denen sie 1600 sammelten, darunter 600 unbekannte – eine verschwenderische Überfülle der Natur. »Ich fühle es, dass ich hier sehr glücklich sein werde«, gestand Humboldt seinem Bruder. Über Caracas zogen sie auf Maultieren in die Llanos, diese weite, unermessliche, völlig ebene Einöde ohne jegliche Anhöhe, ebener als die Wüste oder selbst das Meer, aber heiß und staub-erfüllt wie die Wüste, unter glühendem Himmel ohne einen Lufthauch, als wäre die ganze Natur erstarrt – großartig und deprimierend. Es schien, als wiche der Horizont beständig vor ihnen zurück, so wie er vor Georg von Speyer, Nikolaus Federmann und Philipp von Hutten und deren Landsknechten zurückgewichen sein musste, als sie Mitte des 16. Jahrhunderts für das Augsburger Bank- und Handelshaus der Welser, Statthalter von Venezuela, die Llanos durchquerten, um jenseits des Río Apure und anderer Flüsse einem Hirngespinst nachzujagen, nämlich Eldorado im reichen Land der Omagua zu suchen. Einige Jahre darauf machten sich Pedro de Ursúa und Lope de Aguirre mit ihren Spaniern und Indios von Peru auf den Weg, das sagenhafte Reich der Omagua zu erreichen, das Timbuktu des neuen Kontinents, wie Humboldt es nannte, fuhren den Amazonas hinunter und erreichten bloß, sich gegenseitig zu zerfleischen. Humboldt und Bonpland fuhren den Apure zu Beginn der Regenzeit hinunter, in einer Piroge mit vier indianischen Ruderern plus Steuermann und einer kleinen palmblattgedeckten Hütte am Heck, hier und da waren die Ufer bewaldet, Tapire, Wasserschweine und der Jaguar kamen zum Saufen an den Fluss, auf dem Sand lagen regungslos Krokodile, Vögel mit buntem Gefieder und Federbusch stolzierten am Wasser entlang, es war wie im

Paradies, alles erinnerte an den Urzustand der Welt, doch Humboldt wäre nicht Humboldt gewesen, hätte er nicht genau beobachtet und erkannt, dass die Tiere einander fürchteten und mieden. Einmal ging er am Ufer auf eine Gruppe von Krokodilen zu, um sie aus der Nähe zu beobachten, da stieß er auf die frische Fährte eines Jaguars, die in Richtung Wald wies, und sah das prächtige Kätzchen 80 Schritt entfernt im Gebüsch liegen. Er erschrak, tat aber doch, was die Indios für solche Fälle geraten hatten: weitergehen, ohne zu laufen, die Arme möglichst nicht bewegen. Dann kehrte er scheinbar ruhig zurück, spazierte vor den Augen der Bestie am Wasser entlang und widerstand eine Zeitlang der Versuchung, sich umzusehen. Manchmal ist das Paradies die Hölle.

An der Mündung des Apure in den Orinoko kamen sie in ein ganz anderes Land. Vor ihnen dehnte sich eine gewaltige Wasserfläche aus, einsam und majestätisch, wie ein See ohne Ende. Diesen Eindruck rief nicht nur die Breite des Orinoko hervor, sondern auch dessen kahle, sandige Ufer, die infolge der Luftspiegelung Lachen stehenden Wassers zu sein schienen und die Konturen des Stroms verwischten. In dieser flüssigen Wüste wären sie beinahe gekentert. Bei einem unglücklichen Manöver des Steuermanns mitten auf dem Fluss, den sie hinaufsegelten, fuhr ein heftiger Windstoß in das Segel, sodass die Piroge fast umgeschlagen wäre. Über ein Bord stürzte Wasser ins Boot, Humboldt schrieb gerade Tagebuch, im nächsten Augenblick schwammen Papiere, Bücher und getrocknete Pflanzen umher, die Piroge verharrte in ihrer Schieflage, die Bordkante im Wasser. Die Indios waren schon drauf und dran, ins Wasser zu springen, das voller Krokodile sein musste, und ans Ufer zu schwimmen, das eine halbe Meile entfernt lag. Selbst wenn sie Land erreicht hätten, wären sie dort vom Hunger oder vom Jaguar verzehrt worden. Sich durch die Wälder schlagen zu wollen, war aussichtslos, in 20 Tagen kam man kaum eine Meile vorwärts. Da rettete sie ein neuerlicher Windstoß, der das Tauwerk des Segels zerriss, sodass die Piroge sich wieder aufrichtete; nur ein Buch war verloren gegangen.

Vor den Katarakten wechselten sie das Boot und den Steuermann, der die Stromschnellen noch nie befahren hatte. Ein Missionar überließ ihnen einen hübschen Einbaum, 13 Meter lang und knapp einen Meter breit, für die Gepäckstücke, die getrockneten Pflanzen, den Sextanten, den Inklinationskompass und die meteorologischen Instrumente blieb kaum Platz in diesem elenden Fahrzeug, wollte man ein Gerät benutzen, musste man ans

Ufer fahren, um das Instrument auszugraben. Das niedrige Palmblätterdach über einem mit Ochsenhäuten und Jaguarfellen bedeckten Gitter aus Zweigen bot Schutz weder vor der erstickenden Hitze noch vor dem in Strömen fallenden Regen. Die indianischen Ruderer waren ganz nackt und sangen ihren eintönigen, trübseligen Gesang, dazu schrien die gefangenen Affen. Aber die Ufer des Orinokos wurden immer malerischer, und die Vegetation strotzte von Opulenz und Farbenglanz, leider auch die Luft von Moskitos, kleinen giftigen Mücken und großen Schnaken, die pausenlos Hände und Gesicht befielen, in Nase und Mund krochen und durch die Kleider stachen. Im sich verengenden Flussbett lagen immer mehr Granitblöcke, dann unzählige, von einem Ufer zum anderen laufende Felsdämme, natürliche Wehre, Schwellen, der Strom teilte sich in eine Unmenge Arme und Sturzbäche und löste sich in Schaum auf. Die Piroge musste gegen die mächtige Strömung am Seil über die Hindernisse gezogen werden, wozu ein Indio vorausschwamm, um das Seil an einer Felsspitze zu befestigen. War diese Operation undurchführbar, wurde das Gefährt über Land transportiert, wobei Äste als Walzen dienten.

Oberhalb, also südlich der Katarakte, begann ein unbekanntes Land, bewohnt von Völkern mit Hundeköpfen, einem Auge auf der Stirn oder dem Mund unter dem Magen, wollte man den frühen Missionaren oder alten Indianersagen Glauben schenken. Keiner der Missionare, die vor Humboldt den Orinoko beschrieben hatten, war über die Katarakte hinausgekommen, diese natürliche Schranke vor den wilden Ländern und Völkern des Innern. Humboldt fand auf den nächsten 450 Kilometern nur drei Missionsstationen längs des Orinokos, in denen eine Handvoll Weiße lebten, die ihre Hautfarbe zum Teil irgendwelchen Desperados, Goldsuchern oder Missionaren verdanken mochten. Dann bogen sie vom Orinoko ab, um über mehrere kleine Flüsse, durch einen überschwemmten Wald und über eine Landenge zum Río Negro vorzustoßen, dem großen Zufluss des Amazonas. Auf der Fahrt durch den jetzt in der Regenzeit auf zehn Quadratkilometern überfluteten Urwald stand ein Indio im Bug der Piroge und schlug mit der Machete die wuchernde Vegetation kreuz und klein. Beim Transport über die Landenge zwischen den beiden großen Flusssystemen des Orinokos und des Amazonas zogen 23 Indios aus einer Mission das Boot während vier Tagen durch den Wald, über einen Weg, der erst fünf Jahre zuvor geschlagen worden war. In dem ganzen Gebiet zwischen Orinoko und Río Negro lebten nicht mehr als zwei Mönche, und Humboldt gewöhnte sich beinahe an den Gedanken, dass der Mensch nicht notwendig zur Naturordnung gehöre. Krokodile und Boas waren die Herren der Flüsse, der Jaguar Gebieter des Dschungels, der Mensch nichts in der Fülle der Natur. Gerade hier, wo alles Fruchtbarkeit und ewiges Grün war, fand sich keine Spur vom Wirken des Menschen, und das hatte für Humboldt etwas Niederschlagendes, mehr noch als das Fehlen von Zeichen menschlichen Schaffens in der Ödnis der Wüste oder der Einsamkeit des Ozeans.

Die Frage, ob es eine natürliche Verbindung zwischen den Becken des Orinokos und des Amazonas gab, war unter Gelehrten jahrhundertelang umstritten gewesen. Seit ein Jesuitenpater 1744 einen Seitenarm des Orinokos befahren hatte, zweifelte man in den Missionen nicht mehr daran, dass dieser Orinoko-Arm, der Río Casiquiare, in den Río Negro floss, der seinerseits bei Manaus in den Amazonas mündet. Hauptzweck der ganzen Flussreise Humboldts war es, den Lauf des Casiquiares mittels astronomischer Beobachtungen verlässlich zu bestimmen. Während er sich auf dem Río Negro dem Casiquiare näherte, zog sich allerdings der Himmel zu, und Humboldt befürchtete schon, die lange und beschwerliche Fahrt vergebens unternommen zu haben. Doch über dem Casiquiare fraßen Sonne und Sterne die Wolken auf, wie der indianische Steuermann sagte. Humboldt und Bonpland hätten auch durch Brasilien bis zur Mündung des Amazonas weiterfahren können, was nicht viel mehr Zeit in Anspruch genommen hätte als die Rückfahrt über Casiquiare und Orinoko an die Küste Spanisch-Guayanas. Aber in einer Mission am Grenzfluss Río Negro riet man ihnen wegen akuter Spannungen zwischen Spaniern und Portugiesen, die sich seit drei Jahrhunderten über den Grenzverlauf stritten, davon ab. Was Humboldt nicht ahnte und erst nach seiner Rückkehr nach Europa erfuhr, war, dass seitens der portugiesischen Verwaltung Befehl ergangen war, sich der Person, Instrumente und insbesondere der astronomischen Aufzeichnungen Humboldts zu bemächtigen. Die portugiesischen Beamten vor Ort hatten von Humboldts Reise Wind bekommen und vermochten sich nicht vorzustellen, dass ein vernunftbegabter Mensch eine solche Reise tat, um Land zu vermessen, auf das er oder seine Auftraggeber keinen Anspruch erhoben; Humboldt wäre festgenommen und nach Lissabon verschickt worden.

Das Land am Casiquiare war äußerst wild und menschenarm. Die meisten Nächte verbrachten Humboldt und Bonpland im Freien, wobei sie ihr Lager mit einem Ring von Feuern umgaben, um die Jaguare fernzuhalten. Aber die Ameisen wanderten an den Stricken in ihre Hängematten oder ließen sich aus den Bäumen auf sie fallen und plagten sie mehr noch als die Moskitos. Außerdem machten ihnen die Feuchtigkeit und der Mangel an Nahrungsmitteln zu schaffen, es war die unangenehmste und entbehrungsreichste Zeit ihres Aufenthalts in Amerika. Seit einem Monat war ihnen auf den Flüssen, die sie hinauffuhren, kein Kanu begegnet, außer in nächster Nähe der Missionsstationen; auf dem Casiquiare, mehr als 300 Kilometer lang und so breit wie der Rhein, herrschte erst recht kein Verkehr. Keine 200 Menschen lebten am Fluss, weniger als vor Ankunft der Missionare, die Indios waren in die Wälder gegangen. In einem der Dörfer erzählte ihnen ein Pater, der seit 20 Jahren von den Moskitos zerstochen wurde und keine weiße Haut mehr hatte, sondern gefleckte, dass die Eingeborenen einen Teil des Jahres von den großen Ameisen lebten und auch Menschenfleisch nicht verschmähten. Ein Häuptling hatte unlängst eins seiner Weiber gemästet und verspeist, aber normalerweise aßen die Wilden ihre Feinde, das heißt alle, die nicht ihrem jeweiligen Stamm angehörten, wobei sie Frauen und Kinder bevorzugten. Einer der Ruderer Humboldts, der ihm bei den nächtlichen Beobachtungen gute Dienste leistete und so gutmütig wie gescheit war, versicherte, dass seine Stammesbrüder besonders die Handballen als Leckerbissen schätzten. Selbstverständlich fand Humanist Humboldt Kannibalismus abscheulich, aber er sah auch ein, dass es rein gar nichts half, den Eingeborenen deswegen Vorwürfe zu machen. Wir Europäer würden uns auch nicht von einem Brahmanen, der Europa besuchte, davon abhalten lassen, Tierfleisch zu essen. Und wie viel Grässliches war nicht schon bei zivilisierten Völkern vorgekommen, wenn sie Hunger schoben wie die Wilden?

Vom Casiquiare fuhren Humboldt und Bonpland den Orinoko hinauf, um der Lösung des zweiten geografischen Orinoko-Problems, der Lagebestimmung seiner Quellen, näherzukommen. Doch vor jenem strategischen Punkt, an dem selbst militärische Expeditionen schon gescheitert waren, weil die hungrigen Indios mit ihren Giftpfeilen alle Eindringlinge zu erlegen pflegten, machten sie kehrt, fuhren den Orinoko hinunter und kamen von den Menschen- zu den Erdefressern. Sie machten Station in einem kleinen Dorf, in dem Indios vom Stamm der Otomaken lebten. Diese ernährten sich während des größten Teils des Jahres hauptsächlich von Fischen und Schildkröten, aber in der Regenzeit, wenn der Orinoko auf eine Breite von fünf Kilometern anschwoll und das Land zwei, drei Monate lang überschwemmte, war es mit dem Fischfang vorbei, und die Indios bekamen nur selten einmal eine Farnwurzel, eine Eidechse oder einen toten, auf dem Wasser schwimmenden Fisch zu fassen. Dann aßen sie nicht nur gelegentlich Erde, um den Hunger zu beschwichtigen, vielmehr ernährten sie sich geradezu von Lehm, einer fetten Tonerde, die sie zu kleinen Kugeln formten und zu Pyramiden stapelten. Mit einer Tagesration von etwa einem halben Kilo kamen sie in Zeiten der Not über die Runden, aber auch den Rest des Jahres naschten sie gerne Erdkugeln. Das Erstaunlichste war, dass sie nicht vom Fleische fielen und keinen aufgedunsenen Bauch bekamen, sondern im Gegenteil sehr kräftig und gesund aussahen. Die Otomaken waren keineswegs die einzigen Indios am Orinoko und seinen Zuflüssen, die der Geophagie zusprachen, wie auch die Anthropophagie im Orinoko-Becken kein singuläres Phänomen darstellte. Vielleicht hatte Kolumbus ja doch Recht gehabt, als er auf seiner dritten Westindienfahrt im Jahr 1498 zum ersten Mal amerikanisches Festland erreichte und angesichts des Orinoko-Deltas nicht nur vermutete, sondern geradezu felsenfest überzeugt davon war, dass hinter der Orinoko-Mündung der Garten Eden, das irdische Paradies liegen müsse; das erste Land im Westen war für Kolumbus das östlichste Asiens, wo die Sonne aufging, von wo im Augenblick der Schöpfung der erste Lichtstrahl ausgegangen war, dort lag das Paradies, in dem Wasser und fetter Fango flossen. Und vielleicht lag Sir Walter Raleigh gar nicht so falsch, als er 1595 auf der Suche nach Eldorado den Orinoko hinauffuhr, aber nicht weit kam, und 1617 noch einmal nach Guayana segelte, um zwischen dem Quellgebiet des Orinokos und dem Amazonas die große Stadt Manoa und ihre mit massiven Goldplatten bedeckten Paläste zu entdecken, was ihm nicht gelang. Womöglich konnte man sich auch von Gold ernähren und gesund und kräftig bleiben. Humboldt jedenfalls wurde dort »vom Regen, fürchterlichen Mosquiten und Ameisen und vorzüglich vom Hunger grausam geplagt«, wie er seinem Bruder schrieb, nicht gerade vom Hunger nach Gold und Glückseligkeit wie Kolumbus und Raleigh, auch nicht vom Hunger nach Erkenntnis, denn den konnte er reichlich stillen. Als er nach zweieinhalb Monaten und 2250 Flusskilometern in die Zivilisation des Provinzstädtchens Angostura (Ciudad Bolívar) zurückkehrte, wo einfache Wohnräume ihm prachtvoll erschienen und jeder, der ihn anredete, beinahe geistreich war, verschlang er »mit unbeschreiblicher Freude« zum ersten Mal wieder Weizenbrot, zunächst mit den Augen. In den Schoß der Kultur zurückzukehren war ein Hochgenuss, doch er hielt nicht lange vor, die Natur rief erneut. Vorerst aber forderte der Urwald Tribut: Bonpland und Humboldt befiel ein Fieber, der Diener, der sie seit Cumaná begleitet hatte, starb nach wenigen Tagen, man war davon überzeugt, dass sie den Keim des Typhus aus den Regenwäldern am Casiquiare mitgebracht hatten, man gab Humboldt ein Gemisch aus Honig und dem Extrakt der Chinarinde, daraufhin verstärkte sich das Fieber, hörte am nächsten Tag jedoch auf, Bonplands Zustand hingegen verschlimmerte sich durch Beimischung von Ruhr, beinahe wäre er dem Fieber erlegen, sehr langsam genas er wieder.

Mit den gesammelten Pflanzen, Gesteinsproben, lebenden Tieren und menschlichen Skeletten zogen Humboldt und Bonpland auf Maultieren durch die venezolanischen Ebenen nach Neu-Barcelona. In einem kleinen offenen Schmugglerboot, das Kakao zur Insel Trinidad brachte, fuhren sie weiter nach Cumaná, um sich dort nach Kuba einzuschiffen, wurden aber auf der kurzen Küstenfahrt von einem Kaperschiff aus Halifax (Kanada) gestellt. Während Humboldt mit dem Kapitän verhandelte, weil er keine Lust hatte, nach Neuschottland verschleppt zu werden, schickte die Vorsehung eine englische Korvette vorbei, deren Kapitän mit George Vancouver die amerikanische Westküste zwischen San Francisco und Alaska erforscht und kartiert hatte und aus englischen Zeitungen über die Reise des Kollegen Humboldt informiert war. Die Korvette ließ das Kakaoboot laufen, aber von Cumaná ging es erst einmal nicht weiter. Die regulären Paketboote von La Coruña nach Mexiko und Kuba waren seit Monaten ausgeblieben, wahrscheinlich von britischen Kreuzern aufgebracht worden. Nur Humboldts Affen, die er der Menagerie im Pariser Botanischen Garten vermachen wollte, kamen von Cumaná weg, mit einem ganzen Geschwader französischer Schiffe, die nach Guadeloupe gingen. Humboldt und Bonpland entschlossen sich, wieder nach Neu-Barcelona zurückzufahren, denn von dort sollte ein kleines nordamerikanisches Schiff, das Pökelfleisch lud, nach Kuba abgehen. Nach 16 Monaten in Venezuela und 25-tägiger Überfahrt, bei der sie vor der Südküste

Jamaikas beinahe an den Klippen zerschellt wären, kamen sie kurz vor Weihnachten 1800 in La Habana an.

Auf Kuba entschloss sich Humboldt, nach Nordamerika überzusetzen, bis zu den Großen Seen hinaufzugehen, auf dem Ohio und dem Mississippi nach Louisiana hinunterzufahren und dort den wenig bekannten Landweg nach Mexiko einzuschlagen. Kaum hatte er diesen Entschluss gefasst, da brachten amerikanische Zeitungen die Meldung, dass die seit Langem geplante französische Expedition unter Kapitän Baudin nun endlich von Le Havre abgegangen sei und in einem Jahr in Lima erwartet werde. Humboldt hatte mit Baudin in Paris abgesprochen, von Algier oder Tunis aus zur Expedition zu stoßen, sobald die Fahrt losginge. Aus La Coruña hatte er Baudin mitgeteilt, dass er statt nach Nordafrika nach Spanien gegangen sei, im Begriff stehe, nach Amerika zu fahren, und sich Baudin anschließen wolle, wo immer in den spanischen Überseebesitzungen der Kapitän anlegen möge, ob in Montevideo, Chile oder Lima. Nun ließ Humboldt seinen Nordamerika-Plan fallen, um nach Lima zu gehen, und fragte Baudin brieflich, ob er dort an Bord gehen dürfe. Falls nicht, werde er seine Reise einfach nach Acapulco (Mexiko) und dann über die Philippinen und Persien bis Marseille fortsetzen. Eine Antwort konnte er nicht abwarten, zumal es fraglich war, ob Briefe, die zusammen mit anderen Dokumenten bei unangenehmen Begegnungen mit Schiffen verfeindeter Länder zuerst über Bord geschmissen wurden, überhaupt ankamen. Humboldt und Bonpland beeilten sich, wieder nach Südamerika zu kommen, sie entschieden sich für den Landweg über Bogotá und Quito anstelle des langwierigen und langweiligen Seewegs von Acapulco oder Panama über Guayaquil (Ecuador), auf dem sie gegen den später so genannten Humboldt-Strom hätten anschwimmen müssen. Auf dem Landweg mussten sie bloß über »die ungeheure Cordillere der Anden« steigen, aber das hatte unter anderem den Vorteil, dass Humboldt dann eine allein auf eigenen Beobachtungen beruhende Karte ganz Südamerikas nördlich des Amazonas erstellen konnte. Sie machten – großenteils zu Fuß – 3600 Kilometer über Land, das sie gar nicht hatten betreten wollen, doch Baudin trafen sie nicht, und die Südsee befuhren sie auch nicht. Ihre gesamte Amerikareise mutet erratisch an, erratisch wie das Leben selbst, aber darin besteht wohl auch ein Reiz, es wäre weniger lebhaft, verliefe es nach Plan.

In Batabanó an der Südküste Kubas nehmen Humboldt und Bonpland ein kleines Schiff, bei äußerst schwachen Winden brauchen sie fast einen Monat für die Überfahrt, kurz vor Cartagena de Indias (Kolumbien) geraten sie in einen Sturm und kentern fast, ganz wie auf dem Orinoko, das Schiff legt sich auf die Seite, das Steuer gehorcht nicht mehr, nur durch beherztes Kappen der Taue richtet das Boot sich wieder auf. In einer Piroge mit indianischer Rudermannschaft fahren sie den angeschwollenen, mächtig strömenden Río Magdalena wochenlang stromaufwärts, bis Honda, dort steigen sie mit schwer bepackten Maultieren einen schmalen Pfad nach Bogotá hinauf, wo sie zwei Monate bleiben, Bonpland hat wieder Fieber. Humboldts Gesundheit dagegen »ist so gut als sie vorher nie war«, und er ist »äußerst glücklich«, wie er seinem Bruder schreibt. Über Cartago, Popayán und Pasto gehen sie nach Quito, sie stapfen durch Sümpfe und reißen sich an den Stacheln des Bambusschilfs Schuhe und Füße auf, zwei Monate lang werden sie bei Tag und Nacht von Regengüssen durchnässt und ertrinken beinahe, als bei einem Erdbeben plötzlich das Wasser steigt. Auf den Hochebenen hingegen toben Schneestürme und herrscht eine erbärmliche Kälte. Sie besteigen die Vulkane bei Quito, legen sich über Kraterrände, schauen in abgrundtiefe Schlünde und ersticken fast an den Schwefeldämpfen, während alle zwei, drei Minuten heftige Erdstöße die Kraterränder erschüttern. Sie besteigen den Chimborazo, der bis zur Vermessung der Himalaya-Spitzen als höchster Berg der Welt galt, und obwohl sie den Gipfel nicht erreichen, stellen sie doch einen alpinistischen Rekord auf, der fast 30 Jahre halten sollte. In der dünnen Luft auf knapp 6000 Metern wird ihnen schwindelig und übel, sie bluten aus Zahnfleisch und Lippen, nicht einmal der Kondor lässt sich in diesen Höhen blicken.

Humboldt und Bonpland stiegen ins heiße Tal des Amazonas-Quellflusses Río Marañón hinab, kletterten die westlichste der Andenketten hoch, um in die Küstenebene Perus hinunterzusteigen, und sehnten sich schon seit Tagen danach, wie Núñez de Balboa den Pazifik zu erblicken, da zerriss auf dem höchsten Punkt des Passes tatsächlich die Nebelwand. Der ganze Westhang der Kordillere bis zur Küste bei Trujillo lag erstaunlich nah vor ihren Augen, und die Südsee strahlte wie eine große Lichtmasse, die in ihrer Unermesslichkeit gegen den Horizont anstieg. So mochte dem Kolumbus, als er an der Orinoko-Mündung Paradiesluft witterte, der Ort des ersten Lichtstrahls erschienen sein. Es war für Humboldt und Bonpland ein feierlicher und zugleich wehmütiger Anblick, denn inzwischen hatten sie erfahren, dass die Korvetten Baudins nicht den Hafen von Lima anlaufen würden. Statt nach Südamerika und in die Südsee zu fahren, hatte Baudin von der französischen Regierung Anweisung erhalten, um Afrika nach Australien zu segeln und mit den 20 Wissenschaftlern an Bord die Südwestküste des fünften Kontinents zu erkunden. Humboldt muss diese Nachricht wie der Schlag getroffen haben, es war wie ein böses Erwachen aus einem schönen Jugendtraum, und dies nach der strapaziösen Reise durch die Anden, die er nie beabsichtigt hatte. Und dennoch: Er sah keinen Grund, diese Reise zu bedauern, konnte vielmehr mit der wissenschaftlichen Ausbeute von 19 Monaten, zu deren Fortbewegung eine ganze Maultierkarawane nötig war, hochzufrieden sein. Und im Callao de Lima konnte er zum Trost noch den Durchgang des Merkurs vor der Sonnenscheibe beobachten.

Es hätte nun für Humboldt nahegelegen, den Marañón und den Amazonas bis zu dessen Mündung in den Atlantik bei Pará (Belém) hinunterzufahren und so Südamerika von West nach Ost vollständig zu durchqueren, das hätte seine Reise abgerundet, den Kreis oder vielmehr das Trapez geschlossen. Doch erstens hatte er dafür keinen Freibrief der portugiesischen Regierung, und zweitens hatte diese Fahrt Charles Marie de La Condamine bereits 1743 zu wissenschaftlichen Zwecken unternommen, nachdem er im Auftrag der Pariser Akademie der Wissenschaften in den Anden Vermessungsarbeiten durchgeführt und einigen Vulkanen ins Maul geschaut hatte. Condamine war keineswegs der erste Europäer auf dem Amazonas, 200 Jahre vor ihm war Francisco de Orellana von Quito kommend über den Río Napo auf den Strom gelangt und hatte ihn bis zur Mündung befahren, allerdings auf der Suche nach Eldorado. Für Humboldt und Bonpland hätte es auch jetzt noch Arbeit genug gegeben, das zeigten die Ergebnisse der Naturforscher des 19. Jahrhunderts wie zum Beispiel Alfred Russel Wallace und Henry Walter Bates. Zwar verlor Wallace seine botanischen und zoologischen Sammlungen auf der Rückfahrt nach England durch einen Brand an Bord, doch Bates brachte allein 14 000 Tier- und Pfanzenarten aus dem Amazonasgebiet mit, von denen 8000 bis dahin unbekannt gewesen waren. Humboldt hing wohl auch noch an seinem Südsee- und Weltumseglungstraum, er nahm sich nun vor, von Lima mit dem Schiff nach Mexiko, von Acapulco nach den Philippinen zu fahren und um das Kap der Guten Hoffnung nach Europa zurückzukehren, »so vollende ich meine eigene Reise um die Welt«. Dann gab er diesen Plan auf, er hätte eine ungeheure Seereise gemacht und doch nur Manila und das Kap gesehen, jetzt wollte er von Mexiko über Kuba direkt nach Spanien segeln, aber er machte noch einen Abstecher nach Philadelphia und Washington, wo er sich mit Thomas Jefferson austauschte, dem Präsidenten der Philosophischen Gesellschaft und der Vereinigten Staaten, und traf mit einer französischen Fregatte im April 1804 in Bordeaux ein.

Während Humboldt in Paris mit der Ausarbeitung und Herausgabe seines dreißigbändigen amerikanischen Reisewerks in französischer Sprache beschäftigt war, was 22 Jahre dauern und den Rest seines Vermögens verschlingen sollte, spielte er mit dem Gedanken, seinen Forschungen in der westlichen Hemisphäre solche im Ostteil der Erde an die Seite zu stellen. Ihm schwebte eine Reise von sieben, acht Jahren in die Tropenländer Asiens vor, besonders lockten ihn Indien, der Himalaya und Tibet. Als er 1811 von der russischen Regierung das Angebot erhielt, eine voll finanzierte Expedition ins weite Russische Reich zu unternehmen, erwiderte Humboldt, es falle ihm schwer, die Hoffnung aufzugeben, den Ganges zu sehen. Den Baikalsee und die Vulkane Kamtschatkas zum Beispiel fand er nicht so prickelnd, weniger noch den Kaukasus, ob man denn wenigstens nach Kabul, Samarkand und Kaschmir vordringen könne, fragte er. Aus dem Projekt wurde nichts, die Spannungen zwischen den seit dem Tilsiter Frieden verbündeten Staaten Russland und Frankreich verschärften sich und mündeten in Napoleons Russlandfeldzug von 1812. Erst Italien, dann Ägypten, jetzt Russland – wieder kam Napoleon seinem Altersgenossen Humboldt in die Quere. Doch 1817 ging für Humboldt erneut die Sonne im Osten auf: Bei mehreren Aufenthalten in England, wo Bruder Wilhelm gerade preußischer Gesandter war, gewann er den englischen Prinzregenten und die Ostindische Kompanie für seinen Asienplan, die Kosten wollte der preußische König übernehmen, Humboldt bereitete sich zwei Jahre auf die Reise vor, doch sie fand nicht statt, scheiterte vermutlich an verstecktem Widerstand der Ostindienkompanie, deren Direktoren wohl befürchteten, mit seinem forschenden Blick könnte der liberale Humboldt zu sehr hinter die Kulissen und ihnen in die Karten schauen.

Zehn Jahre darauf wandte sich Russland in Gestalt seines Finanzministers deutscher Herkunft, des Freiherrn, später Grafen Georg von Cancrin aus Hanau, erneut an den erst vor Kurzem von Paris nach Berlin übergesiedelten Humboldt und schlug ihm eine Reise zum Ural vor. Cancrin war außer an dem gefeierten Forschungsreisenden und angesehenen Naturwissenschaftler vor allem auch an dem Geognostiker und Bergbaufachmann Humboldt gelegen, die Reise sollte zu zahlreichen Gruben, Steinbrüchen, Salzflözen, Gold- und Platinseifen und -wäschen, Hüttenwerken und Schleifereien führen, Erkenntnisse über die Ergiebigkeit der Vorkommen und Verbesserungsvorschläge zur Steigerung der Produktion liefern und womöglich neue Lagerstätten entdecken helfen, im Ural hatte man 1822 Platin gefunden, Humboldt vermutete auch Diamantenvorkommen, zu Recht, wie sich herausstellen sollte. Die Idee führte bei Humboldt nicht gerade zu Begeisterungsausbrüchen, der Ural schien ihm nicht unbedingt Quintessenz der Tropen und Inbegriff der Exotik zu sein. In seinem höflichen Antwortschreiben an den hochwohlgeborenen Freiherrn und hochzuverehrenden Herrn Finanzminister erwähnte er vorsichtig den Berg Ararat und den Baikalsee, um zu verstehen zu geben: wenn schon Russland, dann der Süden, besser noch Gebiete südlich des russischen Südens. Der hochgeehrteste Herr Baron sei also geneigt, schrieb Cancrin, eine »gelehrte Reise nach unserem Osten« zu unternehmen, sprich nach dem Ural; den Ararat, die sibirischen Gebirge und ihren Baikal fand Cancrin zwar »auch sehr merkwürdig«, doch weiter entfernt, sollte wohl heißen: abwegig.

Der Königlich-Preußische Kammerherr von Humboldt wurde nun bald 60 Jahre alt, doppelt so alt wie zu Beginn seiner Amerikafahrt, er hatte sein Vermögen »für nicht ganz unrühmliche Zwecke vernichtet« und durfte nicht mehr darauf hoffen, eine längere Reise aus eigenen Mitteln bestreiten zu können, umso weniger konnte er sich seine Reiseziele aussuchen. Noch war er gut zu Fuß, lief trotz seines Alters und seiner grauen Haare neun bis zehn Stunden, ohne zu ruhen, wer weiß, wie lange er dazu noch imstande sein würde. Humboldt nahm Cancrins Anerbieten schließlich an, erbat sich aber von Seiner Kaiserlichen Majestät Nikolaus I. »die Gnade, mich wenigstens an den Irtysch gehen zu lassen«. Es sei nämlich ein heißer Wunsch seiner Jugend, sowohl den Amazonas als auch den Irtysch gesehen zu haben, fabulierte er, Armenien, der Ararat und das Kaspische Meer »würden freilich meine Einbildungskraft noch mehr anregen; aber für den Ararat ist es besser, friedlichere Zeiten zu erwarten«. Der Ararat lag auf osmanischem Gebiet, im russisch-türkischen Krieg von

1828/29 drangen die Russen über den Kaukasus vor und nahmen – während Humboldt in Russland unterwegs war – Erzurum in Ostanatolien ein, nicht weit von den Kupfer- und Silbergruben in Richtung Trabzon, und im Friedensvertrag von Adrianopel (Edirne) wurde Russland die Oberherrschaft über Georgien und Armenien übertragen. Als Humboldt kurz vor seiner Abreise nach Russland erfuhr, dass Cancrin andere Gelehrte zum Ararat und ins Elburs-Gebirge schickte, wurmte es den Wirklichen Geheimen Rat aber doch: »Ich bin (…) neidisch«, schrieb er Seiner Exzellenz dem Finanzminister.

Mitte April 1829 brach Humboldt zusammen mit dem Chemiker und Mineralogen Gustav Rose sowie dem Zoologen und Botaniker Christian Gottfried Ehrenberg in zwei mit astronomischen Instrumenten, physikalischen Apparaten und mit Material für chemische Versuche beladenen Kutschen von Berlin auf, die Fahrt führte über Königsberg (Kaliningrad), Memel (Klaipeda), Dorpat (Tartu) durch Eis und Schnee und Tauwettermatsch nach Sankt Petersburg, Humboldt hasste die Kälte. In der Hauptstadt des Russenreichs vergingen drei Wochen mit Besichtigungen, Besuchen, Gesprächen, Gesellschaften, Diners beim Zaren, abendlichen Visiten bei der Zarin, mit edler Hospitalität allenthalben, man überschlug sich, bot »überall Geld wie Heu an« und kam jedem Bedürfnis zuvor, doch »die ewige Notwendigkeit der Repräsentation« empfand Humboldt zunehmend als Last, er sehnte sich nach freier Luft fern der Städte, nach Luftgenuss sozusagen, denn »von großem Naturgenuss kann in so einförmigen Ländern, wo wahrscheinlich die Kiefern-Natur sich bis Asien hineinzieht (…), nicht die Rede sein«, schrieb er seinem Bruder. In drei gefederten, von insgesamt 16 Pferden gezogenen Wagen ging es in Begleitung eines hohen russischen Bergbeamten, eines Kuriers und eines Kochs über Moskau nach Katharinenburg (Jekaterinburg) im Ural, es war »ein ewiges Begrüßen, Vorreiten und Vorfahren von Polizeileuten, Administratoren, Kosakenwachen«, da war »fast kein Augenblick des Alleinseins«. Und weiter nach Tobolsk am Irtysch, das der östlichste Punkt der Reise hätte sein sollen, doch Humboldt nahm eine »kleine Erweiterung unserer Reisepläne« vor, ihn zog es gen Süden, am Irtysch hinauf zum Altai-Gebirge und an die Grenze zur chinesischen Dsungarei. »Eine sibirische Reise ist nicht entzückend wie eine südamerikanische«, schrieb er, »man reist oder vielmehr flieht durch diese einförmigen sibirischen Grasfluren wie durch eine Meeresfläche«.

Die Ausbeute an neuen Pflanzen war bescheiden, die Fauna arm außer an gelben Mücken, gegen die sie sich mit erstickenden Masken panzerten, dazu litten sie unter Hitze und Staub und kamen durch ein Gebiet, in dem die Sibirische Pest (Milzbrand) grassierte und jedem Infizierten den Tod nach fünf Tagen versprach. Sie tranken Tee mit den chinesischen Grenzsoldaten, die in kirgisischen Jurten hausten, dann ging es vom Irtysch durch die Staubsteppe zum Ural zurück und weiter an die Wolga. Dabei vermehrte »die große und allzu gütige Sorgfalt der Regierung« täglich ihr Begleitpersonal, Kosaken eskortierten sie, sogar ein russischer General gab sich die Ehre. Der Ausflug an die Wolga war Humboldts zweite eigenmächtige Planmodifikation, er galt weniger den Bodenschätzen oder den Wolgadeutschen als vielmehr dem Kaspischen Meer. »Ich kann (…) nicht sterben, ohne das Kaspische Meer gesehen zu haben«, rechtfertigte er sich vor Cancrin, dem Zaren und Gott. Über Sarépta (Wolgograd) gingen sie nach Astrachan, fuhren durch die Wolgamündung ein Stück weit auf den Kaspisee hinaus, entnahmen Wasserproben und kehrten per Kutsche über Moskau Mitte November 1829 nach Petersburg zurück. In 23 Wochen hatten sie mehr als 15 000 Kilometer zurückgelegt.

Vor Antritt seiner Russlandfahrt war Humboldt mit Cancrin so verblieben, dass er seine Reise in den folgenden Jahren auf Kosten des Zaren zum Ararat und in andere südliche Gefilde fortsetzen möge. 1831 kam ein konkretes Angebot: Finnland – seit 1809 russisch – oder Kaukasus. Nein danke, wird Humboldt sich gedacht haben, bitte nicht noch mehr Kilometer durch eintönige Großräume, nicht noch mehr Mücken und andere Plagegeister und charmante Gesellschafter.

Humboldt unternahm keine größere physische Reise mehr, wohl aber einen wissenschaftlichen Höhenflug in den Kosmos. Knapp drei Jahrzehnte waren ihm noch vergönnt, sein Hauptwerk, den *Kosmos*, zu schreiben, bevor er 1859 in seinem Berliner Bett starb.

3.
Verfehlt – Hermann Hesse jenseits von Indien

Im Jahr 1913 erschien ein Buch von Hermann Hesse mit dem Titel *Aus Indien – Aufzeichnungen von einer indischen Reise.* Der Band enthielt Impressionen, Reflexionen, Gedichte, Skizzen, Berichte von einer Seereise durch den Suezkanal, das Rote Meer und den Indischen Ozean zu Teilen der Malaiischen Halbinsel und Sumatras, nach Singapur und Ceylon. Nichts aus Indien. Zwar etwas über Indien, doch nichts von einer Reise nach Indien. Jedenfalls nichts aus Indien im heutigen Sinn. Hesse setzte seinen Fuβ nicht auf den Subkontinent, sofern man Sri Lanka nicht zum Kontinent zählt. Zwar hatte er vorgehabt, die südwestindische Malabar-Küste zu betreten, doch daraus wurde nichts. Hesse selbst nannte seine Reise von 1911 schon treffender Indonesienreise oder malaiische Reise, obgleich er nur zu einigen Punkten beiderseits der Straβe von Malakka vordrang, aber dies war das Zielgebiet seiner groβen Reise, die bloβ drei Monate dauerte, wovon er die Hälfte auf See zubrachte. Was ihn auf dieser Reise am meisten beeindruckte, das waren die Chinesen.

So wie der Orient von Marokko bis Japan reicht, obwohl Nordafrika nicht gerade im Osten Europas liegt, so lag auch Indien auf vielen Längengraden, etwa zwischen Amerika und Borneo: Westindien, Vorderindien, Zwischenindien, Hinterindien, Ostindien … Das geheimnisvolle Indien, für Jahrhunderte Inbegriff aller Schätze und Kuriositäten, war der Garten Adams und Evas persönlich. Für Hesse, dessen Groβvater, Vater und Mutter jahrelang in Indien gelebt hatten und wohl mehr von Indien missioniert worden waren, als dass sie dort protestantischen Glauben verbreitet hätten, und die das häusliche Ambiente, in dem Hesse aufgewachsen war, entschieden indisch geprägt hatten, für ihn war Indien eher das Land der Spiritualität, der Urquell ewiger Weisheit, Sitz Tausender Götter, wo die Menschen zu Tausenden in der Gosse lagen und zugleich über allem standen, dort waren die Wurzeln alles Menschenwesens und die Quelle alles Lebens, von dort waren die Völker und ihre Lehren und Religionen ausgegangen, dort standen die Bilder der Götter und die Tafeln der Gesetze, im Asien des ehrwürdigen Bobaums, des goldenen Drachens und der heiligen Schlange. Als Hesse erfuhr, dass sein Freund Hans Sturzenegger, der Maler aus begüterter Schaffhausener Kaufmannsfamilie, eine »Indienreise« plante, um seinen Bruder Robert, der das Überseegeschäft der Familie in Singapur übernommen hatte, zu besuchen, schloss er sich ihm kurzerhand an. Für Hesse, der damals noch am deutschen Ufer des Bodensees lebte, war es eine Gelegenheit zur Flucht aus seiner ersten Ehe und zur Flucht aus Europa mit seiner grellen Geschmacklosigkeit, seinem lärmenden Jahrmarktsbetrieb, seiner hastigen Unruhe und seiner rohen Genusssucht. Hans Sturzenegger machte 1913 eine zweite Reise nach Südostasien, arbeitete in Singapur längere Zeit im Atelier und kehrte mit noch mehr Zeichnungen und »indischen« Bildern zurück, die den Einfluss Gaugins erkennen lassen.

Hesse und Sturzenegger schifften sich Anfang September 1911 in Genua auf der »Prinz Eitel Friedrich« des Norddeutschen Lloyd ein, lagen einen halben Tag im Hafen von Neapel, sahen den unheimlichen, elenden schwarzen Kohlenträgern zu, Italienern und Chinesen, »darunter hübsche nackte Kulis«, wie Hesse in sein Tagebuch notierte. Sie hörten den kitschigen Volkssängern zu, die abends an Bord kamen, um sich folkloristisch zu prostituieren, aus Quarantänegründen durften die Passagiere bis Colombo nirgendwo an Land gehen. Hesse hat eine winzige Kabine mit kleinem Fensterloch und elektrischem Fächer in der ersten Klasse, Mitreisende sind der deutsche Generalkonsul in Batavia nebst Gemahlin, ein Italiener, der in Singapur reich geworden ist, ein deutscher Gummibauer aus Borneo mit norwegischer Frau, ein Petroleumbohrer, der von Rumänien und Indien erzählt, ein britischer Captain, der den Zulukrieg mitgemacht hat und im Burenkrieg in Gefangenschaft geraten war, ein deutscher Botaniker aus Neuguinea, ein Chinese aus Schanghai, der das alte Weisheitsbuch *I Ging* auswendig kann und mit einem englischen Beamten aus Ceylon über Gummipreise redet, Rubber ist das beherrschende Wort im Osten, das Hesse bisher unbekannt war. Die meisten Mitreisenden kehren von kurzen Ferien oder Besuchen in der Heimat zurück oder fahren zum ersten Mal hinaus wie die sieben Bräute an Bord, die nach Übersee verheiratet werden.

Man speist in wechselnden Gruppen, plaudert und gibt Anekdoten zum Besten, man ruht in Deckstühlen, die manchmal angebunden werden müssen, dann liegt man matt und apathisch, doch still und gesittet, die weißbeschuhten Füße der Reling zugekehrt, schaukelt im Seegang und starrt in die ewige Meeresöde. Man spielt Scheffelbord und Schach, veranstaltet Dicht- und Rätselspiele, Wettrennen an Deck, Kissenkämpfe, Kotillons, Maskenbälle im Saal, man knobelt um Bowle, im Rauchsalon würfeln junge Deutsche unter Führung eines alten Australienkapitäns und saufen alles deutsche Bier weg. So hätte Rimbaud reisen mögen. Oder auch nicht. Wo sind die Streifzüge, die Gewaltritte, wo die Freiheit? Das Bordleben erster Klasse ist eine angenehme Mischung aus bequem und elegant, etwas leichthin und träge, man macht Ausflüge in die zweite und dritte Klasse, wo mehr Leben ist und bessere Laune herrscht, in der zweiten reisen Missionare aus dem Schwarzwald, eine Opernsängerin, der Schweizer Direktor eines Elektrizitätswerks bei Kuala Lumpur, Hesse leidet an Schlaflosigkeit sowie Magen- und Darmbeschwerden, mehr noch vielleicht unter dem Vegetieren, an Untätigkeit und Smalltalk, »er meint«, schreibt Sturzenegger nach Schaffhausen, »man komme hier aus der Operette nicht heraus«.

Nach fünf Tagen kommt die ägyptische Küste am Nildelta in Sicht, ein schmaler Streifen gelben Landes mit einzelnen, merkwürdig verlassenen und seltsam zwischen Himmel und See schwebenden Palmen. Port Said liegt grell und öde, neu und kahl in der Sonne, hat nur wenige arme Bäume, aber der Hafen ist voller Boote mit schönen Arabern und voll prächtiger Kohlenträger. Dann der schmale, endlose Suezkanal, zur einen Seite Sand und Schlamm, zur anderen der lange gerade Bahndamm mit Gebüsch, dahinter Lachen, Sümpfe, Binsenteiche. In der Nacht verstummt die Maschine, das Schiff verharrt regungslos in unerhörter Stille, bleiche Sandhaufen liegen im matten Mondlicht, giftige Reflexe zucken über den schwarzen Wasserstreifen, entfernte Scheinwerfer ziehen genauso lautlos und unheimlich ihre geradlinige Bahn wie der fürchterliche Kanal, es ist die ödeste Gegend, unsäglich tot und unwirklich, hier ist zum ersten Mal alles fremd, ein anderer Erdteil, die »Prinz Eitel Friedrich« liegt wie verzaubert in der Wüste. Das Rote Meer wird seinem Ruf gerecht, eine tolle Hitze und schwere Schwüle lasten auf ihm, Hesse schwitzt ohne Pause, die fliegenden Fische und springenden Delphine sind quicklebendig, die Passagiere aber liegen wie tot herum, erschöpft und schläfrig, die Dritte-Klasse-Chinesen halbnackt.

Die Inseln im Bab al-Mandab sind völlig nackt, purer glühender Fels, es ist eine quälende Hölle, besonders abends im Smoking. Hinter Aden sorgt eine leichte Brise für Erleichterung, beim Verlassen des Golfs werden Wind und Seegang stärker, bald ist alle Welt seekrank und liegt abermals elend herum, bei Tisch sind mehr Stühle leer als besetzt. Hesse hält sich leidlich aufrecht, das Meer ist wild und aufregend schön, dann lässt der Sturm nach, es wird wieder wärmer, viele Tage lang ist nichts als die blauschwarze Scheibe des Indischen Ozeans zu sehen, das kreisrunde Meer in seiner grausigen Unendlichkeit, darüber der glühende Himmel und nachts die in sattem Dunkelblau strahlende Weite des Sternenzelts, und inmitten des Kosmos schleicht verloren und sinnlos das Schiff dahin, Hesse lehnt melancholisch an der Reling und gibt sich der »Trauer des ungeheuren leeren Horizonts« hin.

Nach 16 Tagen an Bord endlich neun Stunden Landgang in Colombo, neun Stunden bunter, greller Orient, die erste Kostprobe der Tropen. Die Bordkapelle schmettert, die Passagiere drängen in die Motorboote und in die Barken mit den nackten Ruderern, am Strand wedeln die Kokospalmen, in der Ferne ragen fantastisch schöne Berge auf, die Damen entfalten ihre Sonnenschirme, die Herren setzen sich ihr Wahrzeichen auf, den Tropenhelm. Die neue Stadt ist hübsch und lebendig, doch brutal europäisiert, ein kleiner Tempel mit hundert Figuren an der Fassade und heilig goldener Dämmerung im Innern repräsentiert das alte Colombo. Auf dem Eingeborenenmarkt sieht er wunderliche, aromatische, saftige Früchte und schöne dunkelbraune Menschen, der Orient ist köstlich und märchenhaft, die Frauen tragen Goldplatten in den Nasenflügeln, die Kinder betteln, überall liegen Würde und Groteskerie nah beieinander. Man fährt mit der Pferdekutsche zum eleganten Galle Face Hotel ans Meer, Händler und Gaukler mit Kobras und Mungos lagern davor, man trinkt Whisky und spielt Billard, dann nimmt man eine Rikscha und fährt mehrere Stunden an herrlichen Gärten mit seltsamen Bäumen und großen Schmetterlingen, an Sportanlagen, Polospielfeld und Badeplatz vorbei und durch schillernde Gassen mit kleinen Läden. Die leicht und zart gebauten Singhalesen mit ihren mageren Prinzengesichtern und ergebenen Rehaugen sind höflich, kindlich, lachen gern, die weißen indischen Soldaten mit Turban sind schöne stolze Männer und haben die Zähne rot vom Betelkauen, Ceylon ist unwirklich, fabelhaft in seiner grellen Farbenfülle. Für Hesse ist Europa grell, Arabien grell, Indien grell, aber jeweils anders grell.

In George Town auf Penang (Pinang), einem der britischen Straits Settlements an der Malaiischen Halbinsel, werden Hesse und Sturzenegger von dessen Bruder abgeholt und als Erstes zum malaiischen Schneider geführt, der den Neuankömmlingen Maß zu nehmen hat für standesgemäße weiße Tropenanzüge. Weiter per Rikscha zum Eastern and Oriental Hotel, dem schönsten Europäerhotel der hinterindischen Halbinselwelt, in dem Hesse eine fürstliche Wohnung angewiesen wird: Vorzimmer, Schlafzimmer, ein Riesenbett mit Moskitonetz, Waschraum, Ankleidezimmer, ausschweifend bequeme Liegestühle, vor der Veranda klatscht das blaugrüne Meer an die Mauer, ehrwürdige Palmen stehen im roten Sand, die rotbraunen und gelben Segel der Dschunken leuchten. Vom stickigen Kabinenloch in die luxuriöse Sahib-Suite, in den Tropen wird man automatisch befördert und ist gleich wer. Ein kleiner Chinese mit Philosophenaugen und Diplomatenhänden trägt im luftigen Vorzimmer geräuschlos Tee und Bananen auf, zum Dinner geht es in den hübschen Speisesaal, wo man bei ganz guter Tafelmusik das üble Essen eines anglo-indischen Hotels mit leiser Enttäuschung hinunterwürgt. Dafür entschädigt die Nacht, die keine ist, denn hier gibt es keinen Sonntag und keine Nacht, sondern überall und zu jeder Stunde brennendes Leben. Der flinke, starke Rikschakuli läuft in frohem Trab in die drollig elegante Stadt, an allen Amtsgebäuden und großen Kaufhäusern prangt eine Art Pseudorenaissance, die Chinesenhäuser hingegen sind einfach, leicht und hübsch, überall sieht man Chinesen, die heimlichen Herrscher des Ostens, überall chinesische Läden, Werkstätten, Schaubuden, Teehäuser, Freudenhäuser, hin und wieder geht es durch eine Malaien- oder eine Hindugasse an weißen Turbanen über dunklen Vollbärten und an Frauengesichtern voller Goldschmuck vorbei. Köche sieden und braten auf der Straße, ihre Klienten essen an langen Brettertischen für zehn Cents nicht schlechter als Hesse für drei Dollar im Hotel gegessen hat, kleine Straßenhändler kauern auf hohem Brett über ihrer Bude und warten geduldig auf Abnehmer für eine Handvoll getrocknete Fische oder ein Häuflein Betel, in einer Schusterwerkstatt hämmern und nähen 20 Arbeiter, ein Barbier schert ruhig und würdevoll am Rand der brausenden Straße, Obsthändler verkaufen fantastische Erfindungen einer überbordenden Natur, auf Arbeit wartende Träger hocken zusammen und erzählen sich Geschichten, ein muslimischer Kaufmann breitet auf seinem Ladentisch Tücher aus, die fast immer aus Europa stammen. Auf dem Bordstein sitzen japanische Dirnen und gurren wie fette Tauben, in den chinesischen Bordellen glänzt golden der Hausaltar gegenüber dem Eingang, auf offenen Veranden über der Straße spielen sich alte Chinesen beim Glücksspiel heiß, andere liegen und rauchen, alle Gestalten der östlichen Märchen sind hier versammelt, nur die Könige, Wesire und Henker fehlen.

Man besucht eine Bretterbude von chinesischem Theater, die Chinesen sitzen Zopf an Zopf, die Männer still und rauchend, die Frauen still und Tee trinkend, in alten Kostümen wird ein altes Stück gespielt, von dem Europäer wenig verstehen, Gebärden und Bewegungen sind streng vorgeschrieben und perfekt einstudiert, alles ist stilisiert und zeremoniell, alles greift rhythmisch und harmonisch ineinander, Schritte, Gesten, Stimmen und Musik sind tadellos aufeinander abgestimmt, die einfache Melodie kehrt immer wieder, monoton, mit winzigen Variationen, die ewigen Becken- und Paukenschläge stören allerdings, sonst ist alles fein und delikat, nur etwas zirpend. Leider geht man auch noch in ein Malaientheater, malaiische Mimen singen und tanzen die Räubergeschichte von Alibaba, die Musik ist völlig europäisch und stammt aus einer modernen Harmoniummaschine, übler Operettenstil, varieteeartig, die Prachtkulissen sind wahnsinnig grell und von grotesker Hässlichkeit, in gelungener Spekulation auf die »Affeninstinkte« der Malaien fabriziert, es ist eine unfreiwillige Parodie auf alle Entgleisungen europäischer Kunst. Hier und jetzt wie auch später und überall sieht Hesse die armen Malaien, diese lieben, schwachen Kinder, rettungslos den schlimmsten europäischen Einflüssen ausgeliefert. Anderntags Visite in Sturzeneggers hiesigem Geschäft, dort arbeiten chinesische Schreiber mit feinen zarten Händen klug und still und machen freundliche Gesichter, malaiische, chinesische und indische Händler kaufen ein, der Import versaut den Osten mit Kleiderstoffen, üblen Tassen, Tellern, Schuhen, Whisky, Spielkarten. Ausflüge führen im Autobus am Strand und an Kokos- und Fächerpalmen und primitiven Rohrhütten der Fischer entlang, durch Europäerstraßen mit hübschen Villen in weiten dunklen Gärten, zu Fuß den Penang Hill hinauf zum Cray Hotel, wo man ein Bad nimmt und die Kleider wechselt und den Lunch einnimmt, zurück durch Farnwildnis und den Dampf fruchtbarer Täler, durch Kokoshaine und Dörfer, vor deren Hütten Muskatnüsse auf Tüchern trocknen.

Auf dem Festland fährt man per Eisenbahn durch Kautschukpflanzungen und Urwaldrodungen Richtung Singapur. In jedem Coupé erster

Klasse sind vier breite Ledersessel, draußen wälzen sich Wasserbüffel träge im Sumpf. Bei der Ankunft in Ipoh vermisst Hans Sturzenegger zwei Koffer, sein Bruder hat hier geschäftlich zu tun, die Stadt ist ohne Reiz. Im Kinematographen gibt es üble europäische Filme, dazu spielt eine Malaienband europäische Musikfragmente miserabler und rührender als jede kleine, hilflose, besoffene heimische Dorfkapelle. Die Koffer tauchen nicht auf. Kuala Lumpur macht einen eleganten, wohlhabenden, gediegenen Eindruck, das feine Hotel Empire ist äußerlich imposant, doch Kost und Service sind zum Kotzen. Sturz kriegt seine Koffer wieder, Hesse geht in den Blumengärten eines öffentlichen Parks auf Schmetterlingsfang. Besuch zweier Tropfsteinhöhlen, Rückweg durch Rubber-Estates und Tamilendörfer, die Weiber tragen all ihr Vermögen an sich. Ein bequemes Bett aus zwei Sitzen im Nachtzug nach Johore, doch kein Schlaf, sondern ein schnarchender Holländer. Übersetzen nach Singapur, viel Jungle und Sumpf, Autofahrt über rote erdene Straßen und durch Kokoswald ans Meer, dann Besuch eines malaiischen Theaters, lustiges Zeug weit besser gespielt als in George Town. Bis Mitternacht Whisky im Singapore Club, morgen, vier Wochen nach Genua, geht's erst richtig los.

Mit ihren 15 Kisten und Koffern schifften sich Hesse und die Brüder Sturzenegger auf einem kleinen holländischen Küstendampfer ein. Sie waren die einzigen Passagiere der ersten Klasse und hatten das Hinterdeck für sich. Dort saßen sie in altväterlichen Lehnstühlen am weiß gedeckten Tisch und ließen sich von drei aufmerksamen und hübschen Javanen bedienen. Im Unterschied zu den chinesischen Boys der Hotels in den Straits Settlements und den Malay States, die ebenso schlecht und lieblos zu servieren pflegten wie europäische Kellner in einem Durchschnittshotel, umkreisten jene Javanen die Gäste mit der einschmeichelnden Treue guter Krankenschwestern, kamen jedem Wunsch lächelnd und ohne Hast zuvor, schenkten die Gläser nach jedem Schluck wieder voll, standen mit brennendem Streichholz bereit, noch bevor der Raucher bemerkte, dass seine Zigarre ausgegangen war. In holländischer Behaglichkeit tuckerten die Reisenden an hundert Inseln vorüber durch die brütende Nacht, überquerten den Äquator und sprachen über Sumatra, Krokodile und Malaria, tranken Whisky und waren nass vom unablässig rieselnden Schweiß, dann legten sie sich zum Schlafen an Deck oder in die Kabine.

Am Morgen fuhr das Schiff mit der Flut in die breite braune Mündung eines der großen Ströme Sumatras ein. In Tonkal verließen viele aus der dritten Klasse das Schiff, und der einzige Europäer am Ort, ein holländischer Beamter, kam kurz an Bord. Vom Dorf waren nur etwa zwei Dutzend Hütten zu sehen, Pfahlbauten, die alle durch einen schmalen Laufsteg hoch über dem Schlamm miteinander verbunden waren, dahinter erhoben sich Kokospalmen. Stundenlang ging es den Batang Hari hinauf, durch ununterbrochenen Urwald mit wirrem Farn- und Baumgewimmel direkt hinter dem Ufer. Ab und zu tauchten spitze schmale Einbäume auf, die von den Eingeborenen mit bewundernswerter Geschicklichkeit gerudert wurden, vielfach diente ihnen nur ein abgeschnittenes Palmblatt als Ruder. In der Abenddämmerung stieg in einem der kleinen Dörfer ein neuer Passagier zu, Hiese aus Ulm, mit dem Hesse aus Calw die Kabine teilte. Der Kapitän meinte, er habe seit Langem nicht mehr so viele Kajütenpassagiere gehabt. Hiese lebte seit 16 Jahren im Busch allein unter Natives, Tigern, Schlangen und Krokodilen, er sprach fließend Holländisch, besser und lieber noch Malaiisch, lobte Land und Leute und verachtete die Europäer, die er fast alle für Gauner hielt.

Das Schiff blieb früh in der Nacht wegen Niedrigwasser weit unterhalb von Djambi liegen. Louis Hasenfratz, Schweizer Kaufmann und Kompagnon der Holzhandelsfirma Djambi-Maatschappji, holte seine Gäste am Morgen im kleinen Boot vom Dampfer ab. Der breite Batang Hari lag jetzt fünf, sechs Meter unter dem Uferrand, bei Hochwasser füllte der Fluss sein Bett aus. Die Fischer- und Handwerkerhütten an der Einfahrt zum Städtchen schwammen auf Flößen aus Baumstämmen oder Bambus. Hasenfratz wohnte mit Frau und Tochter und einem drolligen, schwanzlosen Affen in einem Bungalow am Fuß eines kahlen Hügels. Nahm man ein Bad, erschien das kleine schwarze, vom weißen Bart eingerahmte Gesicht des Affen im Giebel der offenen Hütte, und man musste um seine Kleider fürchten. An den Wänden saßen rosagraue Echsen, die Fliegen und Motten fingen und im Kampf mit größeren Insekten auch schon mal zu Boden gingen. Draußen im Wasserbecken lagen sechs junge, ganz reizende Alligatoren.

Mit einem kleinen chinesischen Raddampfer fuhren Hasenfratz und seine Gäste weiter flussaufwärts. Das Unterdeck war voller Kisten mit Paranusspflanzen, das Oberdeck gehörte den Passagieren. Ein javanischer

Schneider arbeitete fleißig an seiner Singer-Nähmaschine, Chinesen spielten Karten. Der Strom wand sich durch den Dschungel, hinter den hohen Ufern ragten einzelne Urwaldriesen aus dem Dickicht. Kokospalmen zeigten Dörfer an, Kinder spielten im Wasser, Büffel badeten. In einem dieser Kampongs erntete ein dressierter Affe Kokosnüsse. Flink lief er den Stamm hinauf, drehte die Nuss um ihren Stiel und ließ sie fallen. Wollte der angebundene Affe eine grüne Frucht pflücken, wurde ihm durch Zurufe und Ziehen an der Schnur signalisiert, dass die Nuss noch nicht reif war. Am Abend breiteten die Passagiere ihre Matten und Matratzen auf Deck aus und verbreiteten einen großen Gestank. Die Natives pflegten nicht nur mit Kokos- oder Citronellaöl zu kochen, sondern sich auch den Körper damit einzureiben, und dieser zähe, ekelhafte Geruch war für Hesse während seines ganzen Aufenthalts im Osten der einzige, aber zwingende Anlass, Widerwillen gegenüber den Eingeborenen zu empfinden. Er fand keinen Schlaf und ging aufs Vorderdeck, wo der Steuermann mit rätselhafter Sicherheit durch die rabenschwarze, undurchdringliche Nacht ins Herz der Finsternis fuhr, diese abgrundtiefe Dunkelheit, die genauso zäh und dicht war wie die heißfeuchte Luft und der schwere Kokosölgeruch; er musste Tigeraugen haben. Dann sah und hörte Hesse zu, wie der Raddampfer an einem Floß anlegte und Holz für die Feuerung aufnahm. Zwei Stunden lang gingen Tausende Scheite im Fackellicht von Hand zu Hand, und der Oberkuli zählte sie mit lautem Singsang, was die Geister der Toten, die nachts über dem Fluss schwebten, und die Krokodile fernhalten sollte.

In Pelaiang wohnten Hasenfratz und Gefolge in einem gelben Käfig, der zwischen dem steilen Flussufer und dem Urwald zweieinhalb Meter über dem Boden hing, in einer Hütte aus Bambus und geflochtenen Palmblättern, die auf Pfählen stand. Pelaiang war eine kleine Siedlung mit hundert malaiischen Kulis der holländischen Handelsgesellschaft sowie einem chinesischen Kaufladen. Das Gebiet war erst seit drei Jahren befriedet, das heißt die Ureinwohner waren vertrieben oder niedergeschossen worden. Hasenfratz' Djambi-Maatschappji hatte in dem noch völlig ungenutzten Land die erste Holzkonzession bekommen und begann nun, Eisenholz zu gewinnen. Scharen keuchender und singender Kulis schleppten und zerrten die eisenschweren Stämme mit Winden und Hebeln, an Drahtseilen, Tauen und Ketten, auf Rollen und Schlitten aus den Schluchten, durch

Sumpf und Urwald, um sie zu 20 Meter langen Balken hauptsächlich für den Werftenbau zu verarbeiten, die auf dem Fluss, der einzigen Straße, verschifft werden mussten, denn Eisenholz schwimmt nicht. Wir Weißen – so Hesse – »schreiten ruhig und herrisch durch die Wildnis, erteilen in unserem verdorbenen Malaiisch kalte Befehle und sehen die dunklen, uralten Eisenholzbäume ohne Rührung fallen«. Die Malaien aber täten es auch in Zukunft niemals den Europäern, Chinesen oder Japanern gleich und betrieben solche Werke als Unternehmer, blieben vielmehr immer nur Holzfäller und Schlepper, und was sie dabei verdienten, das ginge fast alles für Bier und Tabak und Uhrketten und Sonntagshüte wieder an die ausländischen Unternehmer zurück.

Hesse ging mit dem Schmetterlingsnetz auf Falterjagd, stapfte zum Schutz vor Blutegeln und Schlangen in Lodengamaschen durch den Urwald wie durch ein fabelhaftes Bilderbuch, von Farnen und Dorngestrüpp überwucherte Baumstämme lagen faulend herum, baumdicke Lianenstränge hingen von aufrechten Riesen herab, auf dem Boden wuselte es in erstickendem Zeugungstaumel, fußlange Tausendfüßler rannten durcheinander, ganze Ameisenvölker waren unterwegs, schillernde Schmetterlinge flogen unerreichbar über Hesse hinweg, grüne Vögel sahen ihn aus großen Augen an, er schoss auf einen Nashornvogel und verfehlte ihn, die Insekten summten tausendstimmig, Affenfamilien sprangen durchs Geäst und schrien, die Natur war im Rausch, alles war geiles Gären, war Fruchtbarkeit und Verschwendung, und ein Leben zählte nicht viel. Hesse, Hasenfratz und die Sturzeneggers fuhren in einer schlanken, flachen Prau den Fluss hinauf, schossen Waldtauben und kehrten gerade noch rechtzeitig nach Pelaiang zurück, um sich am Ufer ein paar Eimer Flusswasser über den Kopf zu gießen, bevor die Nacht und die Krokodile kamen. Hasenfratz' chinesischer Koch bereitete das Nachtmahl zu und trug auf, die Herren saßen auf der Veranda ihres goldenen Käfigs und verfügten über vier große Kisten mit Whisky und Sodawasser, Weiß- und Rotwein, Sherry, Schnaps und Bremer Schlüsselbier. Sie sahen in die tiefe, satte Dunkelheit, vor und hinter dem schwarzen Vorhang sangen und surrten Millionen Insekten, aus der unergründlichen Finsternis strömte der Geruch wollüstigen Wachstums, »was Nacht ist, weiß man nur in den Tropen«. Dann legten sie sich unters Moskitonetz und schliefen oder lauschten dem Konzert der Insekten oder hörten dem Regen zu, wie er zart übers Blätterdach rieselte oder wütend auf den Wald trommelte, sogen durchs offene Fensterloch den schweren Geruch des aufgewühlten Urwaldbodens ein und spürten die wilde Natur vor Geilheit brodeln. Hier fühlte sich Hesse im Schoß der Natur, hier war die Welt noch genauso wie vor hunderttausend Jahren, an die gefällten Eisenbäume dachte er nicht mehr. Ihre leeren Flaschen versenkten sie im Fluss, bevor sie mit dem chinesischen Raddampferchen zurück nach Djambi fuhren, auf ihm den nächsten Saufabend veranstalteten und 19 Flaschen auf dem Tisch hinterließen.

Pelaiang war der erste Ort auf dieser Reise, der Hesse sehr gefiel und wo er gern länger als vier Tage geblieben wäre; er sollte der einzige bleiben, von dem er dies sagte. Hans Sturzenegger hingegen war von Pelaiang und dem Urwald enttäuscht, für ihn war der Dschungel »zu chaotisch in der Form, nicht darstellbar, unsere Wälder sind schöner«, schrieb er in sein Tagebuch. Außerdem ärgerte er sich über die Malaienweiber, gerade die hübschesten wollten sich partout nicht abzeichnen lassen, jedes Mal, wenn er sich ihnen mit dem Malkasten näherte, stoben sie davon. Im Übrigen ermüdete ihn das Klima: »Das kleinste Aquarell strengt mich hier zehnmal mehr an als zu Hause«.

Auf einem holländischen Schiff fuhren die Kumpane über das ölglatte Meer nach Palembang im Südosten Sumatras, Hasenfratz war mit von der Partie. Palembang war eine 75 000 Einwohner zählende, fantastische Pfahlbau- und Wasserstadt, die sich zu beiden Seiten des Musis und an den sumpfigen Ufern zahlloser Zuflüsse und Kanäle entlangzog. Auf dem Wasser herrschte viel Betrieb, im kleinsten Kanal drängelten sich hundert schlanke Prauen, Marktfrauen mit Fischen und Krebsen im Boot, fliegende, sprich schwimmende Händler mit Erfrischungen, Hausierer mit ihrem Kram, die alle Buden abklapperten. Auf dem Fluss lagen Flöße mit chinesischen Kaufläden oder mit Bambushütten, in denen Baumwolle aus dem Hinterland lagerte, über das Wasser zogen Kähne, auf denen Kochfeuer brannten. Außer im Strom mit seinen Krokodilen badete alle Welt in den Wasserstraßen, die Kinder nackt, die Frauen verhüllt, und überall sah man Leute, die in aller Unschuld auf der untersten Stufe der Treppe, die von jedem Haus ins Wasser führte, ihre Notdurft verrichteten, gleich daneben putzte sich der Nachbar die Zähne oder wusch seinen Reis. Und überall in der malerischen Stadt spiegelten sich die Pfahlbauten in dem bräunlichen, wenig bewegten Wasser.

Den halben Tag lag Palembang im Wasser, die andere Hälfte des Tages im Schlick. Viermal am Tag wechselte das Wasser die Fließrichtung, zweimal am Tag floss es flussaufwärts. Palembang lag 70, 80 Kilometer vom Meer entfernt, aber nur zwei Meter über dem Meeresspiegel. Bei Ebbe sog das Meer den Strom aus, und Palembang blieb in einem Brei aus grauem, zähem Schlamm und schwarzem Wasser und all seinem Markt- und Küchenabfall und Mist und Kot liegen, ein Dreck, der unter der unbarmherzigen Äquatorsonne rasch gärte und fabelhaft stank. Die Locals badeten trotzdem in dieser Brühe. Der Giftgestank überzog die ganze Stadt und verfolgte besonders Hesse bis in sein Zimmer im Hotel Nieukerk und in den Schlaf. Auf dem Fischmarkt erhielt der Güllegeruch eine extravagante Note, lebende Fische aller Art lagen herum und abgeschlagene Köpfe auf großen Haufen. Palembang handelte mit Gummi und Rotang, Kaffee und Pfeffer, Elfenbein und Baumharz, mit Spitzen und den Erzeugnissen seiner Erdölraffinerien und importierte imitierte Sarongstoffe aus England und der Schweiz, Bier aus München und Bremen, sterilisierte Milch aus Holland und Mecklenburg, eingemachte Früchte aus Kalifornien. Japanische Schundgeschäfte versorgten die Einheimischen mit billigem, goldglitzerndem Schmuck aus Deutschland und Amerika, in den Europäerläden gab es Uhren, Schnitzereien, geschmacklose und hinterwäldlerische Geschenkartikel aus Glas, Zinn und Silber, die selbst in Europas Kleinstädten wohl nicht mehr an den Mann zu bringen waren. Hesse kaufte auf dem großen bunten, üppig stinkenden Basar einen alten chinesischen Seidenschal für dreieinhalb Gulden, nur anderthalbmal so viel wie eine Zwölfdutzendschachtel europäischer Stahlfedern kostete. Trotz der hohen holländischen Zölle war das Leben hier halb so teuer wie in den Freihäfen der britischen Straits Settlements mit ihren Prachthotels und dem Essen, das man dort vorgesetzt bekam, gegen das eine hiesige Reistafel im ungünstigsten Fall Manna war.

Im würzigen Urwald holten Hesse und Genossen tief Luft. Sie ließen die stinkende, zugegebenermaßen unvollendete städtische Zivilisation hinter sich und fuhren mit der Flut ein schmales Nebenflüsschen hinauf, vorbei an fischenden Malaien, badenden, schreienden Kindern, hinter den letzten Hütten kamen nur noch Sumpf und Busch und Bäume am Ufer und im Wasser. Der Bach wurde zusehends schmaler und seichter, aber die Prau hatte kaum eine Handbreit Tiefgang, und schwankend tauchte sie tief in die schweigende Wildnis ein. Bald ließen sich die Bäume nicht mehr voneinander unterscheiden, Wurzeln, Luftwurzeln, Äste, Schlingpflanzen, Lianen, alles wuchs durcheinander und bildete ein dichtes Blätterdach, das Boot schob sich durch großblättrige Wasserpflanzen, ein Eisvogel flog auf, der Bach wand sich jeden Augenblick in neuer Biegung, alle saßen stumm und staunend da, trieben durch die grüne Dämmerung und verloren das Raum- und Zeitgefühl, der Dschungel umschlang sie. Plötzlich wurde der Zauber durch wildes Geschrei gebrochen, eine Horde großer grauer Affen schwang sich durch das Dickicht, die langschwänzigen Tiere glotzten aus der Höhe Boot und Insassen fassungslos an, knurrten und schnaubten empört, schimpften und fauchten, zeterten und fletschten aus nächster Nähe die Zähne. Da zogen es die Eindringlinge vor, still und behutsam umzudrehen, statt sich von hundert Affen erwürgen zu lassen. Sie probierten es mit einem bereits profanierten Fluss, dem breiten Ogan, und gingen auf die Suche nach malaiischer Unschuld und Krokodilen. Weiber und Kinder standen am Strand und starrten sie an, und sobald das Dampferchen näher kam, rannten sie mit den Händen vorm Gesicht davon. In einem Dorf wurde ihnen eine junge Tänzerin vorgeführt, die krallenartige Verlängerungen mit Silberglöckchen an den Fingern trug und zu Trommel-, Pauken- und Kesselklängen leise mit Armen, Händen und Fingern tanzte. Einen Fischadler verfehlten sie, und die drei Krokodile, die sie sichteten, verschwanden im Wasser, bevor sie zum Schuss kamen.

Nach fünf Tagen in Palembang wollten sie mit einem chinesischen Dampfer nach Singapur zurückfahren. Nach fünf Tagen in dieser sonderbaren Stadt voller Jauche und Moskitos, Hitze und Schweiß und ohne Bad fieberte Hesse schlaflos der Abfahrt entgegen. Doch das Schiff kam nicht. Zu lesen hatte er längst nichts mehr, seine Bücherkiste stand in Singapur, er konnte nichts anderes tun als sich in der Stadt herumtreiben und viele lange Stunden lang liegen und warten und malaiische Vokabeln lernen und sich bei dem Gedanken beruhigen, alles Widerwärtige dieser Tage würde bald vergessen sein und nur das Schöne und Bunte in der Erinnerung überleben. So vergingen zwei Tage, ehe der Dampfer einlief, und ein weiterer Tag, bis es hieß, am nächsten Tag liefe er vielleicht aus, man solle sich aber schon abends einschiffen. Hesse & Co. vermieden mittels zweier Zigarren eine erneute Zollkontrolle, fuhren im Boot zum Schiff hinaus, tasteten sich in der Dunkelheit mit ihrem Gepäck halsbrecherisch über Boote und schlafende Ruderkulis zum Fallreep des Dampfers, der noch beladen wurde, 20 Lastkähne mit Rotang lagen beim Schiff, hundert Kulis liefen an Deck herum, man kletterte über Kisten und Balken und traf auf den holländischen Kapitän. Hesse bekam eine von Dampfrohren umgebene Kabine über dem Heizraum, das elektrische Licht und der Ventilator funktionierten nicht, ein stinkendes Petroleumlämpchen übernahm die Beleuchtung, das Bullauge war so groß wie das Zifferblatt einer Taschenuhr. Heftiger Regen brach aus, der das Verladen hinauszögerte, man saß auf Deck im kümmerlichen Regenschutz und hielt sich mit Zigarren wach, alle waren sie halbtot vor Müdigkeit und genervt von Hitze, Gestank, Lärm und Enge. Schließlich zog sich Hesse in seine Kabine zurück, lag dort wie im Dampfbad, von seiner herabhängenden Hand fielen große Tropfen, über ihm liefen die Kulis mit dröhnenden Schritten hin und her, das Schiff hallte von den Ladekränen wider, es wurde die ganze Nacht hindurch beladen. Hesse stand wieder auf, irrte auf Deck umher, stieß sich an Kisten, fiel über Schläfer, warf einen Käfig mit Affen um und fühlte sich bei Tagesanbruch vollkommen zerstört. Es war die schlimmste Nacht der ganzen Reise.

Hesse hatte noch nie frühmorgens eine Flasche Bordeaux getrunken, jetzt tat er es aus lauter Verzweiflung. Der Dampfer, der vor drei Nächten hätte auslaufen sollen, lag immer noch da und nahm Rotang auf. Doch gegen Mittag legte er ab und fuhr langsam flussabwärts. An Bord nahm Hesse sein erstes Bad nach zehn Tagen, seifte sich gründlich ein und begoss sich mit frischem Flusswasser, danach konnte er wieder aus den Augen sehen. Ein halber Zoo fuhr mit nach Singapur, der Kapitän hielt sich ein halbes Dutzend Katzen, einen räudigen Hund und zehn oder elf Singvögel, und die chinesischen Matrosen hatten einen jungen Jaguar, zwei Gürteltiere und ein Stachelschwein billig eingekauft, um die Tiere in Singapur teuer zu verkaufen. Hesse unterhielt sich mit den niedlichen Affen, von denen es verschiedene Sorten gab, leider stanken sie bestialisch. Beim Abendessen wurde die holländische Kapitänsfrau munter und warf den Gästen zu Ehren ihr großes Grammophon an, Dollarprinzessin und Caruso, alle Europäer in den Tropen besaßen Grammophone und lebten in einer Art Operetten-Atmosphäre. Noch auf dem offenen Meer hatte Hesse den kolossalen Gestank von Palembang in der Nase und ein Gefühl von Ekel und Fieber.

Großer Kontrast: In Singapur quartierten sich die Urwald-Urlauber im Raffles ein. Das Riesenhotel war teuer aber gut, so Hesse, obwohl es eine schauderhafte Akustik hatte, in seinen ungeheuren Gängen und Treppenhäusern dröhnte es wie eine Trommel. Im Säulensaal, unter dessen hoher Decke die Flügel der Fächer surrten, trugen die ganz in Weiß gekleideten Chinesenboys still und gelassen das miserable indisch-englische Essen auf. Man konnte Billard spielen und im großen Ballsaal Rollschuh laufen, und es kam vor, dass sich ein paar junge angetrunkene Tommys die halbe Nacht in der Hall herumtrieben, wie die Säue tobten und schrien und dem armen Postkartenhändler seinen Schaukasten in Scherben schlugen. Geschäftsführer Müller, seit drei Jahren im Raffles, vertraute Hesse an, dass ein Hotelleiter nach einigen Jahren in den Tropen für Europa nicht mehr tauge, da er sich hier draußen daran gewöhnen müsse, in hundert Dingen ein Auge zuzudrücken. Vor dem Hotel verkaufte ein kluges, geschäftstüchtiges elfjähriges Chinesenmädchen Spielzeug, ernährte damit seit sechs Jahren seine Familie und ließ sich von keinem alten Orienthasen beim Feilschen übers Ohr hauen.

Singapur war eine Schatzinsel. Diamanten und grüne Jettsteine, dünne Halskettchen mit bleichen bläulichen Mondsteinen, goldene Armbänder mit Rubinen und dergleichen Sachen lagen bei den indischen Juwelieren aus, die den europäischen Geschmack schon zu gut kannten und nach englischem und französischem Design arbeiteten. In den chinesischen Läden gab es alles, von Zahnbürsten und Blechkoffern bis zu alten Göttern und Vasen und Porzellantellern mit Drachen und Pfauen, vieles zwar Imitat und Fälschung, doch echt in den Formen. Bei den Japanern war der Schwindel am größten, und man durfte eigentlich nur kleine, wertlose Dinge kaufen, hölzerne Geduldspiele, Holzschachteln mit eingelegten Verzierungen, die sich auf Fingerdruck an verborgener Stelle öffneten, oder verspielte Fächer mit feinsten Holzstäbchen. Bei den Javanen und Tamilen lohnten sich alte Batik-Sarongs mit Blätter- und Vogelmustern, Kopftücher und Schärpen aus chinesischer oder indischer Seide, Sarongs aus schwerem Goldbrokat, aus Elfenbein geschnitzte Buddhas, Tempel, Götzen und Elefanten mit erhobenem Rüssel. Und dann die Antiquitätengeschäfte und Trödelläden der North Bridge Road, in denen es verschlissene Soldatenstiefel und die schönsten chinesischen Schmucksachen wie Goldkettchen gab, an denen Fische mit tausend Schuppen und glotzenden Augen aus Opalen hingen, oder Broschen und Manschettenknöpfe aus alten chinesischen und siamesischen Goldmünzen. Aber wer so arm wie Hesse war und so viel Geld für Erste-Klasse-Kabinen und Luxushotels ausgeben musste, weil er mit den reichen Sturzeneggers reiste, konnte das meiste nur mit den Augen in Besitz und im Gedächtnis mit nach Hause nehmen, nachdem er tagelang den großen, bunten asiatischen Basarglanz eingesogen und manchmal stundenlang in einem Laden verweilt und nach allem gefragt hatte, ohne etwas zu kaufen, das war no problem, denn die Zeit, Geduld und Höflichkeit der asiatischen Händler schienen unendlich zu sein.

Chinatown war ein hunderttausendköpfiges Gewimmel in Blau, Weiß und Schwarz, wo das uniforme gelbe Ameisenvolk fleißig seinem ernsthaften Bienenleben nachging – »eine geschlossene Welt, die uns nicht braucht«. Das heftige Straßenleben erinnerte Hesse an italienische Städte, kam aber völlig ohne das Gebrüll aus, mit dem in Italien jeder Streichholzhausierer seine Bagatelle ausschrie und jeder Zeitungsjunge sich als schallender Mittelpunkt der Welt darstellte. Zwischen den diskreten Chinesen in blauen Leinenhosen und weißen Hemden und den Chinesinnen in weiten schwarzen Hosen und blauen Blusen schritten schwarzbraune, hochgewachsene, hagere Inder und Tamilen stolz einher, jeder ein entthronter Radscha, die jedoch ebenso wie die Malaien »mit negerhafter Hilflosigkeit« auf jeden Importartikel hereinfielen und sich kleideten wie Dienstmägde am Sonntag, nämlich in grelle, schreiende Farben. Die smarten Kaufleute des Westens hatten die indischen Seiden und Leinen entbehrlich gemacht, Baumwolle und Kattune noch viel greller, giftiger, indischer gefärbt und bedruckt, und die Inder und Malaien waren gute Kunden geworden für die billigen Stoffe aus Europa. Zehn solcher indischer Papageienfiguren genügten, um eine belebte, dabei aber fast stille Straße im Chinesenviertel optisch unruhig zu machen, doch sie wurden schnell umschlossen, zugedeckt und erstickt von der Masse der Chinesen. Nachts noch waren diese in ihren Werkstätten produktiv, Hunderte Verkaufsbuden noch geöffnet und hell erleuchtet und die Papageien, Kolibris, Affen in den Käfigen der Tierläden müder als sie.

Hesse und die Sturzeneggers besuchten Landsleute in ihren wohnlichen Bungalows draußen in herrlicher Garten- und Parklandschaft, man traf sich zum Lunch oder Dinner in den Hotels der Stadt, man kegelte im deutschen Klub Teutonia und trank Whisky, man speiste fein und scheußlich teuer im Singapore Club und trank Rheinweinbowle, im Chinesischen Klub Tee bei monotoner und zugleich leidenschaftlicher Musik, man ging in die Town Hall, saß im Smoking unter lauter Chinesen und applaudierte den Akrobaten, in der Star Opera war man wieder vom malaiischen Theater enttäuscht, man unternahm nächtliche Rikschafahrten in tollem Galopp und trieb sich in den Hurengassen herum. Die chinesischen Bordelle sahen sehr hübsch aus, schienen aber nur für Gelbe da zu sein. Für Weiße waren offenbar Japanerinnen vorgesehen, auch gab es viele russische Dirnen. Die Mehrzahl der Freudenhäuser, die hohen Profit abwarfen, gehörten dem Hörensagen nach portugiesischen und französischen Missionspatres. Am Sonntag dann fuhr man mit Bahn und Boot zu den Spielhöllen von Johore, ganze Züge voll Chinesen trieb es zum Glücksspiel hinaus, darunter eine Menge Freudenmädchen und Hurenmütter. Die schweizerdeutsch-deutsche Truppe nahm erst einmal einen Cocktail im Hotel Johore zu sich, dann stürmte sie eine der Höllen, wo Chinesen und ihre Weiber sich still und gespannt um die Spieltische drängten. Die weißen Herren verloren die Schlacht um das Glück, versuchten es am Nachmittag in drei weiteren Höllen, in denen es wie in Bienenkörben summte. Fast hätten sie das letzte Boot verpasst, und auf dem letzten Wagen des überfüllten Zuges kamen sie als Trittbrettfahrer nach Singapur zurück.

Fahrt nach Colombo via Penang, Hesse hat eine große, aber heiße Innenkabine und das wohlige Gefühl, wieder auf der vertrauten »Prinz Eitel Friedrich« zu sein, der Schiffsarzt zeigt ihm seine Einkäufe aus Japan, dann knobelt Hesse mit dem Arzt und dessen Tafelrunde, sie würfeln um Bier und Wein, Schnaps und Zigarren und sind fidel wie die Studenten, die vier oder fünf jungen Doktoren erzählen Medizinerwitze, was für den Augenblick ganz lustig ist, doch auf Dauer fad. Unter den Mitreisenden befindet sich ein Herr mittleren Alters aus reicher Berliner Familie, der in jungen Jahren all sein Vermögen in Monte Carlo verlor und nun Sprachlehrer in Japan ist, auch den Prinzen unterrichtet, viele Sprachen spricht, von feinstem Schliff ist und stark trinkt. Nach Tagen auf hoher See, ohne Blick auf Küsten und bergige Inseln, fühlt sich Hesse müde und leer, Schwermut umfängt ihn wie das endlose Meer. Doch Ceylon empfängt ihn mit offenen Armen, auch mit aufgehaltener Hand. Das Hotel Bristol ist anständig, doch teuer – zehn Rupien pro Nacht –, abends geht er mit Sturzeneggers in ein Freudenhaus, um singhalesische Mädchen zu sehen, erst in ein europäisches, das sie sofort wieder verlassen, dann in ein primitives, echtes. Die Sahibs wünschen einen singhalesischen Tanz zu sehen –

fünfzehn Rupien –, sechs Mädchen von 16, 17 Jahren erscheinen nackt, können aber nicht allzu viel. Die Herren besuchen ein singhalesisches Theater, das wie die malaiischen ist, nur noch übler. Am nächsten Morgen fährt Hesse allein nach Kandy – zwischen ihm und den Sturzeneggers ging es nicht immer reibungslos zu –, auf dem Bahnhof in Colombo spricht ihn alle naselang irgendjemand an, der ihm irgendetwas erzählt und am Ende Geld haben will, doch dann ist er im Coupé erster Klasse fast allein, der Schaffner erscheint und fragt, ob alles all right sei, und sagt, er erscheine kein weiteres Mal, also bitte Trinkgeld, das sagt er nicht, aber Hesse versteht es.

Flaches Sumpf- und Reisland, Täler voll überquellender Fruchtbarkeit, dunkelbraune Männer durchqueren mit Ochsen einen rotbraunen Fluss, an den Hängen liegen sorgfältig gestufte Reisterrassen, darüber bewaldete Höhen und kühne Felsen. Vom Hotel Florence Villa in Kandy ist Hesse auf Anhieb enttäuscht, er bekommt ein schäbiges Zimmer, nebenan schreit ein Baby. Kaum installiert geht er auf die Suche nach einer besseren Bleibe und findet ein Zimmer im noblen Queen's Hotel, das er hatte vermeiden wollen. Die erste Nacht bleibt er aber noch im Florence Villa, isst dort auch zu Mittag und zu Abend, die Boys reden ihn mit Master an, man speist schweigsam an englischen Familientischen, die Küche ist überraschend gut, fast bereut er seinen Entschluss umzuziehen, doch nach Tisch spielen lärmende Kinder vor seiner Tür, die Sanitäranlagen sind nicht sauber, es ist doch nichts. Mitten in der Nacht wacht er fröstelnd auf und wird von Übelkeit und Bauchkrämpfen befallen, den Rest der Nacht wandert er zwischen Zimmer und Lokus hin und her. Mit Sack und Pack übersiedelt er ins Queen's, legt sich ins Bett und wird immer wieder von Diarrhöe heimgesucht. Er hat seine große Reiseapotheke durch die halbe Welt geschleppt und nichts weiter als Schlafmittel und Chinin benutzt, und nun, da er Opium braucht, liegt sie in Colombo. Im Nebenzimmer hört er Schweizerdeutsch sprechen, der Schweizer Chemiker aus Ostafrika hat zwar kein Opium, ist aber nett, und sein Freund gibt Hesse Bismuth. Tags darauf kommen die Brüder Sturzenegger nach Kandy, Hesse bekommt sein Opiat, und statt zu essen befolgt er den Rat Roberts, der selbst an Ruhr erkrankt, und trinkt halb und halb Brandy und Port. Erst zwei Wochen später, nach sechstägiger strenger Diät nebst Arznei auf dem Dampfer, der ihn nach Europa bringt, geht es Hesse wieder besser.

Zwischen den Darmexplosionen, geschwächt vom Liegen und Fasten und den Koliken, benebelt vom Wein und betäubt von Opiaten macht Hesse Spaziergänge durch Kandy, um den künstlichen See herum, durch den Botanischen Garten, er jagt sogar Schmetterlinge im Hotelgarten und in der nächsten Umgebung. Die Vegetation ist wunderbar: herrliche große Bäume mit riesigen roten Blüten, mächtige Talipotpalmen mit weißen Kronen von Blütenzweigen, 20 Meter hoher Bambus, und überall blühen die weißen, kelchförmigen temple flowers. Das Menschengeschlecht blüht dunkelbraunschwarz, glänzt bronzefarben und leuchtet rot aus dem Betelmund, viele Mädchen und junge Frauen sind wunderschön, große schöne Augen haben sie alle ohne Ausnahme, die Singhalesen besitzen von Natur aus eine liebenswürdige Sanftmut und einen geräuschlosen, rehartigen Anstand, wie man sie im Westen nicht findet. Kandy, dieser Rest einer alten Königs- und Tempelstadt, ist lieblich-schön, gilt als der hübscheste Ort der Insel, dem englischen Geld ist es gelungen, ein bequemes, sauberes Fremdenstädtchen à la Interlaken daraus zu machen und es systematisch zu verderben. Von der kriechenden und schamlosen Aufdringlichkeit der Kutscher, Rikschakulis, Händler und Bettler fühlen sich die englischen Spaziergänger nicht belästigt, sondern belustigt, denn den Briten, diesen genialen Kolonisatoren, bereitet es ein Vergnügen, dem Untergang der von ihnen erdrückten Völker zuzuschauen, der überaus human, freundlich und fröhlich vor sich geht, denn die britische Herrschaft ist kein Morden, nicht einmal Ausbeutung, sondern stilles, mildes Korrumpieren und moralisches Unterminieren. Dieser englische Betrieb hat immerhin Stil, Deutsche und Franzosen würden es viel schlimmer und dümmer machen. Wer aber ein Herz, ein zartes Gemüt und offene Ohren hat, für den ist das Spazierengehen eine Qual, ein anstrengender Spießrutenlauf zwischen den Hyänen der Fremdenindustrie, alle drei Meter steht ein Bettler, ein kleines Mädchen mit den traurigsten schwarzen Augen, ein weißhaariger Greis mit Heiligenschein, doch sein suchender Beterblick ist keineswegs ein Ruf nach Göttern und Erlösung, sondern nach money. Grinsende Eltern schicken ihre zahlreiche Nachkommenschaft hinter Hesse her, just for money, ein Rudel Jungen schließt sich ihm an, die ihm gute Schmetterlingsplätze zeigen wollen, ihn auf jede Fliege aufmerksam machen und dabei jedesmal die Hand um einen Penny ausstrecken, ein raffinierter, hartnäckiger Falterhändler heftet sich an Hesses Fersen, lauert ihm ständig und überall auf und nimmt ihn aus. Hesse bleibt nie allein, kommt keinen Augenblick zur Ruhe, die Natives sind höchst lästig, obendrein beschämt es ihn, dass die meisten von ihnen besser Englisch sprechen als er.

Morgens wieder Durchfall. Am späten Nachmittag geht Hesse in den Regen und die schon schwarze Nacht hinaus und biegt in den Tempelweg ein. Am Eingang des alten Heiligtums schallt ihm eine traumhaft dumpfe Musik entgegen, durchs Tempeltor sieht er in düstere Räume, in denen dünne Kerzen brennen, hier und da hocken Betende und murmeln, der heftig süße Duft der temple flowers erfüllt die Luft. Sofort bemächtigt sich Hesses ein Führer und schiebt ihn vorwärts, zwei sanftäugige Jünglinge eilen mit Kerzen in den Händen herbei und gehen voran, beleuchten jede kleine Stufe und jeden Säulenvorsprung, und Hesse steigt wie in eine Schatzhöhle aus einem arabischen Märchen. Man hält ihm eine Schale vor und fordert eine Eintrittsgabe, man bietet ihm Tempelblumen dar, er bezahlt und opfert die Blüten verschiedenen Bildnissen. Bei dem bisschen Flimmerlicht ist nicht viel zu sehen, aber das Ganze macht einen geheimnisvollen, mystischen Eindruck. Vorbei an steinernen Löwen und Lotosblütenbildern gelangt Hesse zu einem gläsernen Schrein voller Schmutz und Buddhafiguren aus Gold, Messing, Silber, Elfenbein, Granit, Holz, Alabaster, in einem Silberschrein sitzt still und fein ein alter, aus einem einzigen großen Kristall geschnittener Buddha, Silber- und Messingschalen und blanke Hände werden Hesse vorgehalten. Priester zeigen ihm die alten, in Silber gebundenen, in Sanskrit und Pali verfassten heiligen Bücher des Tempels, was sie selber auf Palmblätter schreiben, ist eine prosaische Quittung für das Trinkgeld. Man führt ihn zum Altarschrein und zum heiligen Zahn Buddhas, und Hesse entrichtet seinen Obolus. Ihn beschleicht keinerlei Achtung vor den lächerlichen Bildnissen und Schreinen, den miserablen Priestern und ihren unterwürfigen Helfern und dem ganzen Heiligtum, in dem der schöne, lichte Buddhismus zu einer wahren Rarität von Götzendienst verkommen ist, gegen den auch der spanischste Katholizismus noch durchgeistigt wirkt. Er hat nur Mitleid mit den sanften indischen Völkern, die eine herrlich reine Lehre hier zur Fratze entstellt haben. Man zieht und schiebt Hesse über Treppenstufen in die Nacht hinaus, zerrt ihn über nasses Gras zu einem zweiten, kleineren Tempel, dort opfert er Blumen und Rupien und sieht plötzlich einen großen, grellrot und gelb bemalten Buddha aus Granit vor sich in der Wand liegen. Nun ist er fertig, steht draußen im Regen, bemerkt mit Befremden, dass der ganze nächtliche Tempelspuk nicht mehr als 20 Minuten gedauert hat, und stellt fest, dass er pleite ist. Er hat etwa 25 Trinkgelder ausgeteilt, aber er muss noch den Führer, die Kerzenträger und den Priester des zweiten Tempels entlohnen. Ein Tempeldiener begleitet ihn im Auftrag seiner Gläubiger zum Hotel, Hesse holt Geld und kauft sich von allem Buddhismus frei.

Ceylon war ziemlich verunglückt. Alle drei Morgenlandfahrer fühlten sich erschöpft und krank, die Opiumkur blieb ohne die erwünschte Wirkung, zudem regnete es unaufhörlich, Kandy lag grau unter triefenden Wolken oder im Nebelbrei, in Colombo hatten sie noch unter der grausamen Hitze gestöhnt. Hesse war reisemüde, außerdem knapp bei Kasse, diese Art Leben und Reisen ging über seine Verhältnisse. Die indische Malabar-Küste wurde aus dem Programm gestrichen, doch bis zur Abfahrt des Schiffes nach Europa musste noch eine volle Woche hingebracht werden. Sie fuhren nach Nurelia (Nuwara Eliya), sechseinhalb Stunden mit der Bahn durch grüne Täler ins Gebirge hinauf, an Teeplantagen, Schluchten, Wildbächen vorbei, die letzte Stunde in einer wackeligen Schmalspurbahn. In Nurelia war es kühl, im Hotel gab es Tee und Kaminfeuer und ein schlechtes Zimmer, der Manager war ein Deutscher, sprach aber nur noch mühsam Deutsch. Am nächsten Tag bestieg Hesse allein den Pedrotallagalla (Pidurutalagala), dessen Höhe in englischen Fuß beachtenswert und noch in Metern nicht allzu unbedeutend klang, immerhin handelte es sich um den höchsten Berg der Insel, doch seine Besteigung war ein Spaziergang. Fröstelnd ließ Hesse das kühle Hochland mit dem See, den Hotels, den großzügig angelegten Golf- und Tennisplätzen und den Singhalesen, die sich vor ihren Hütten lausten, hinter sich, wanderte durch dichten Wald, dürres Buschdickicht und lästige Mückenschwärme, über Moor, Bergbäche und Heideland auf den kahlen Gipfel zu. Da fegte der Wind Wolken und Nebel aus dem Tal von Nurelia und legte auch die anderen Täler frei, das ganze Hochgebirge von Sri Lanka lag nah vor Hesses Augen, er konnte die gesamte Insel überblicken, die auf dem blauen, glatten Meer lag und tatsächlich das Paradies der alten Sagen zu sein schien. Diese Urlandschaft berührte ihn mehr als alles, was er auf dieser Reise gesehen hatte, mehr als alle Palmen und Paradiesvögel, Tempel, Reisfelder und selbst der Urwald. Erst hier oben in der kalten Luft wurde ihm vollkommen klar, wie stark der westliche Mensch in raueren, nördlichen Ländern verwurzelt war. »Wir kommen voll Sehnsucht nach dem Süden und Osten (…), und wir finden hier das Paradies, die Fülle und die reiche Üppigkeit aller natürlichen Gaben, wir finden die schlichten, einfachen, kindlichen Menschen des Paradieses. Aber wir selbst sind anders, wir sind hier fremd und ohne Bürgerrecht, wir haben längst das Paradies verloren, und das neue, das wir haben und bauen wollen, ist nicht am Äquator und an den warmen Meeren des Ostens zu finden, das liegt in uns und unsrer eigenen nordländischen Zukunft.«

Hesse hatte diese Reise getan, nicht um den Urwald zu besichtigen, Krokodile zu streicheln und Schmetterlinge zu fangen, wie er drollig Ludwig Thoma schrieb, sondern um zu lernen, ruhig, geduldig, gleichmütig, heiter durchs Leben zu ziehen. Er lernte es nicht, fand nur sich selbst und seine Unruhe, auch wenn er hundertmal um Weisheit flehte und nach Frieden rang. Diese Reise war ein »Traumbesuch bei fernen Vorfahren«, eine erhoffte »Heimkehr zu märchenhaften Kindheitszuständen der Menschheit«. Aber die indische und malaiische Welt war nur ein bunter ethnischer Maskenball, auf dem die Reste einer Paradiesmenschheit tanzten, gutmütige, unbekümmerte Naturvölker, die vom Westen gefressen wurden. Inder und Malaien waren schwach und ohne Zukunft, doch anstatt sie wie jüngere Geschwister zu behandeln, führte sich der Europäer ihnen gegenüber als Eroberer, Dieb und Ausbeuter auf. Hesse wunderte und verletzte die Selbstverständlichkeit, mit der selbst nette und redliche Weiße wie Hasenfratz die Natives als Unterworfene und weit niedrigere Wesen ansahen. Das war ein Zeichen von Schwäche, die sich als Stärke ausgab und sich zum Beispiel in der holländischen Version rühmte, die Eingeborenen besser in Zucht zu halten als die Briten, die ihre Natives angeblich verwöhnten. Was die Engländer »da draußen im Pfefferland treiben und (…) als europäische Kultur servieren«, so Hesse, war bei aller Einseitigkeit doch recht schön. Am meisten imponierten ihm jedoch die Chinesen. Im Unterschied zu den Japanern, die allgemein unbeliebt und als Gauner verhasst waren, sprachen die europäischen Kaufleute von den Chinesen mit Achtung, trotz oder aufgrund einer Ahnung von Rivalität und Furcht vor ernsthafter Konkurrenz. Für Hesse waren die Chinesen das erste wirkliche Kulturvolk, das er sah, dem Westen zwar unterlegen in äußeren Vervollkommnungen der Zivilisation, doch überlegen als Volk, als Einheit von Rasse und Kultur, in der das Individuum mit dem Ganzen verschmolz, als Gemeinschaft, die in langer Geschichte ihre Eigenart herausgebildet und gepflegt hatte, eine allgemein geteilte und zugleich spezifische Lebensart, wovon in Europa nur die Engländer eine Vorstellung hatten. Starken Eindruck auf Hesse machte die religiöse Ordnung und Gebundenheit all der Millionen Seelen Asiens, der Osten atmete Religion, wie der Westen von Vernunft und Technik lebte. Was Europa brauchte, wenn es überleben und seine Kultur bewahren wollte, war eine Art seelischer Lebenskunst oder seelischen Gemeinbesitzes, aber nicht über den Weg eines Religionsimports aus dem Osten, auch nicht durch Rückkehr zu Kirchenchristentum, schon gar nicht zu Urmenschentum und Paradiesunschuld, »zur Urwelt führt kein Weg zurück«. Es gab in Europa genauso wie in Asien eine zeitlose, gleichsam unterirdische Schicht von Gemeinsamkeit, eine Welt der Werte und des Geistes, und es war gut und richtig, im Frieden einer solchen geistigen Welt leben zu wollen, an der die Veden und die Bibel, Buddha und Goethe gleichermaßen Anteil hatten, dann endeten auch Europaflucht und Indiensucht. Dann konnte es auch eine Gemeinschaft über die Völkergrenzen und Erdteile hinweg, Zusammengehörigkeitsgefühl, Brüderlichkeit, Einigkeit, die Menschheit als Einheit, eine Weltgemeinschaft geben.

Bald darauf begann der Erste Weltkrieg.

Hesse fror elendiglich, als sie in Nebel und Regen von Nurelia aufbrachen. Nach neun Stunden Bahnfahrt erreichten sie das heiße Colombo. Die »York« brauchte 16 Tage und 17 Nächte bis Genua. Äußerlich war alles gleich, in Hesses Innerem alles anders als bei der Hinfahrt. Am Golf von Aden brannten die kahlen Felsen und weißen Sandwüsten. Am Roten Meer ging die Sonne hinter Abessinien unter, über den ganzen Himmel spannte sich ein Fächer nordlichtartiger Strahlung, auf der anderen Seite färbten sich die Berge Arabiens rosa. Fünf Sonnenuntergänge später glühten am Suezkanal tausend winzige Wolken über Afrika, über der arabischen Wüste zog der große Vollmond herauf. Port Said schlief bereits, doch bei Einlaufen des Schiffs öffneten die Läden und Cafés wieder. Hesse schloss sich ein paar Lebemännern von Passagieren an und besuchte drei Bordelle, interessant war es nicht. Im Hafen von Neapel lag eine Menge Soldaten, die auf ihre Verschiffung in den Krieg warteten, nach Libyen, wo sie die Türken aus ihren letzten nordafrikanischen Besitzungen vertreiben sollten; die meisten sahen ernst und beklommen aus. Hesse ging ins Teatro Bellini, man gab Verdis *La forza del destino*.

II
Meer der Träume, Meer der Verzweiflung

4.
Das unentrinnbare Ich – Paul Gauguin in Polynesien

Im gleichen Alter, in dem Rimbaud starb, wurde Gauguin wiedergeboren. Vorher führte der gelernte Seemann als Börsenmakler und Sonntagsmaler ein komfortables bürgerliches Leben mit Gattin und fünf Kindern, nachher verschrieb er sich der Kunst als Vollzeitmaler und hielt sich mit Gelegenheitsjobs, sporadischem Verkauf seiner Arbeiten und der Hilfe von Freunden über Wasser. Nachdem er im Zuge des Börsenkrachs von 1882 seine einträgliche Stelle bei der Bank Bertin in Paris verloren oder aufgegeben und sich in Kopenhagen mit der Familie seiner dänischen Frau überworfen hatte, kehrte er im Juni 1885 allein mit seinem sechsjährigen Sohn Clovis nach Paris zurück. Er hatte kein Geld, hoffte auf den Verkauf einiger Bilder, suchte an der Börse erneut Fuß zu fassen, arbeitete zeitweise als Plakatkleber auf Bahnhöfen, schlug jedoch eine feste Anstellung als Inspektor bei der Werbefirma aus. Im kalten Winter 1885/86 lebte er mit dem tapferen Clovis »kümmerlich« zwischen den vier Wänden seiner unbeheizten Mietwohnung und litt Hunger, abends lag auf dem Tisch nichts weiter als ein Kanten Brot, nachts lag Gauguin in seine Reisedecke gewickelt auf der Pritsche und fand keinen Schlaf, wie er in Briefen an seine Frau Mette klagte, die es vorgezogen hatte, mit den übrigen vier Kindern im Schoß ihrer Familie in Kopenhagen zu bleiben. »Möge Gott geben, dass der Tod uns alle dahinrafft. Das wäre das schönste Geschenk, das er für uns bereithalten könnte.«

Ein Grafiker kauft Gauguin für 250 Francs ein Bild ab und vermittelt ihm die Bekanntschaft eines Keramikers, der Gauguin vorschlägt, für ihn im nächsten Winter Kunstvasen herzustellen. Man bietet ihm auch eine Stelle als Plantagenarbeiter in Ozeanien an, doch das würde seine ganze Zukunft als Künstler aufs Spiel setzen, an die er glaubt. Das Vernünftigste wäre, meint er, sich in ein kleines Nest der Bretagne zurückzuziehen, um ungestört arbeiten zu können, in der Bretagne sei es noch am billigsten. Mit Mühe bringt er das Fahrgeld auf, gibt Clovis in eine Pension, mietet sich im Fischerdorf und Künstlertreff Pont-Aven gegen monatlich 65 Francs für Kost und Logis in einem Gasthof ein – und lebt auf Kredit. Er arbeitet viel und mit gutem Erfolg, man hält ihn für den fähigsten Künstler der Kolonie, allerdings bringt ihm das nicht einen Sou ein. Er wird in diesem Beruf nicht fett, sagt er, sondern trocken wie ein Hering, die Geldsorgen bedrücken ihn, er will sich lieber das Leben nehmen als abermals ein Bettlerdasein wie im letzten Winter fristen. Glücklicherweise verbringt er Ende 1886 fast einen Monat in einem Pariser Krankenhaus, immer suchen ihn im Winter Katarrhe heim, schreibt er, diesmal glaubte er schon draufzugehen, aber sein verteufelter Körper aus Eisen gewann wieder die Oberhand, und zu seinem Leidwesen wird er aus dem Krankenhaus entlassen. Dann arbeitet er als Kunsttöpfer bei dem Keramiker, der Gauguins Tongefäße für Meisterwerke hält, jedoch für allzu kunstvoll, als dass sie sich verkaufen ließen. Im April 1887 fährt Gauguin nach Panama.

Gauguins Schwester Marie, die sich in Paris zeitweise um Clovis kümmerte, hatte ihrem Bruder einen Floh ins Ohr gesetzt. Ihr Mann, der kolumbianische Kaufmann Juan Uribe, der in Panama eine Handelsniederlassung hatte, dachte – vielleicht – daran, dort ein Kommissions- und Bankhaus zu eröffnen, und brauchte jemanden, der zuverlässig und im Bankfach bewandert war, ihn vertrat, wenn er auf Reisen in Europa weilte, und ihn nicht bestahl. Gauguin versetzte diese Perspektive nicht gerade in Verzückung, doch er fuhr trotzdem nach Panama. Ihn trieb vor allem der Wunsch, aus Paris zu fliehen, »das eine Wüste für einen armen Teufel ist, wie ich es bin«. Sein Ruf als Künstler wuchs von Tag zu Tag, manchmal hatte er jedoch tagelang nichts zu beißen, hinzu kam die Hoffnungslosigkeit, an der sein Leben zu zerbrechen drohte, schrieb er seiner Frau. All das untergrub seine Gesundheit und vornehmlich seine Energie, und um diese zurückzugewinnen, hatte er eine bessere Idee, als ins Bankgeschäft zurückzukehren. Eine Meile von Panama-Stadt entfernt gab es eine kleine, vom Stillen Ozean umspülte Insel, die er aus seiner Zeit bei der Handelsmarine kannte: Taboga, fast unbewohnt und sehr fruchtbar, Früchte und Fische bekam man spottbillig, und die Luft war sehr gesund. Dort wollte er »wie ein Wilder leben«, fern von allen Menschen neue Kraft schöpfen und malen.

Zusammen mit Charles Laval, den er in Pont-Aven kennengelernt hatte, schifft sich Gauguin in Saint-Nazaire ein, die Überfahrt bei schlechtem Wetter ist sehr beschwerlich, in der dritten Klasse sind die Passagiere zusammengepfercht wie die Hammel. Nach Zwischenstopps in Guadeloupe und Martinique kommt er so gut wie mittellos in Colón an, doch er ist zuversichtlich, in acht Tagen werden sie sich auf Taboga eingerichtet haben und wie die Wilden leben, was nicht das schlechteste Los ist. Und wenn man einmal in der Klemme steckt, findet man in drei Tagen Arbeit, in Panama braucht man sich keine Sorgen zu machen. Wenige Tage später klingt Gauguin schon ganz anders, die Reise ist »so blöde wie nur möglich verlaufen«, schreibt er nach Kopenhagen, jetzt sitzen sie in der Patsche. Sein einfältiger Schwager, dessen Geschäft nicht im Mindesten den Eindruck macht, als florierte es, hat sie praktisch vor die Tür gesetzt, das billigste Hotel kostet 15 Francs pro Person und Nacht. Seit dem Baubeginn des Panamakanals sind auch die Grundstückspreise explodiert, und diese Trottel von Kolumbianern – Panama gehörte damals zu Kolumbien – überlassen einem kein Stück Land für weniger als sechs Francs pro Quadratmeter. Unmöglich, sich auch nur ein Kellerloch zu graben und auszubauen und von Früchten zu leben. Von Taboga, der 20 Kilometer vor Panama-Stadt gelegenen Insel, die Núñez de Balboa Isla de San Pedro genannt hatte und deren Name in der Eingeborenensprache »viel Fisch« bedeutet, ist fortan keine Rede mehr. Es wäre schlauer gewesen, gesteht Gauguin, auf Martinique zu bleiben, einem herrlichen Land mit freundlichen, heiteren Menschen, wo es für einen Maler viel zu tun gibt und das Leben billig ist. Jetzt gilt es, Geld zu verdienen, um nach Martinique zurückzukommen, Gauguin und Laval verdingen sich als Erdarbeiter beim Kanaldurchstich, von halb sechs morgens bis sechs Uhr abends hacken und schippen sie bei tropischer Sonne und täglichem Regen, nachts werden sie von Moskitos zerstochen. Die Sterblichkeit ist nicht so hoch, wie in Europa behauptet wird, schreibt Gauguin mit schwarzem Humor, von den »Negern«, denen man die schlechtesten Arbeiten gibt, sterben drei von Vieren, von den anderen nur jeder Zweite. Nach zwei Wochen werden Gauguin und Laval entlassen, die skandalumwitterte Compagnie Universelle du Canal Interocéanique, unter deren Leitung der Kanalbau stand und die ein Jahr später zahlungsunfähig wurde, baute Personal ab. Das rettete die beiden Maler vielleicht vor dem Tod.

Von Martinique ist Gauguin begeistert, er zeichnet und malt die tropische Natur der Blumeninsel und die exotische Natürlichkeit ihrer Bewohner, am besten gefallen ihm die Menschentypen, zumal die schwarzen Frauen mit ihren bunten Kleidern, ihrem anmutigen Gang unter der Last auf dem Kopf und ihren graziösen, mit den wiegenden Hüften harmonierenden Gesten. Eine etwa sechzehnjährige Schwarze schenkt ihm eine eingedrückte Guajave, Gauguin beginnt zu essen, da reißt ihm ein Mann die Frucht aus der Hand und wirft sie weit von sich und erklärt, die Guajave sei verhext, die Schwarze habe sie an ihrer Brust gerieben, damit Gauguin ihr ins Netz gehe. Bald darauf wirft es Gauguin und auch Laval um, doch das hat seinen Ursprung im Sumpf von Panama, als Kanalarbeiter haben sie sich Ruhr, Malaria, Gelbfieber oder sonstwas eingefangen. Im August schreibt Gauguin seiner Frau aus Saint-Pierre, er sei gerade dem Tod entronnen, kraftlos liege er in einer Negerhütte auf einer Seegrasmatte, er könne jetzt wieder aufstehen, doch nicht auch nur einen Kilometer zu Fuß gehen, er sei zum Skelett abgemagert, das wenige, was er esse, bereite ihm grausame Leberschmerzen, »wie bedaure ich, nicht gestorben zu sein«. Seine letzten Geldreserven sind für Medikamente und einige Arztbesuche draufgegangen, der Arzt hält es für absolut notwendig, dass er nach Frankreich zurückkehrt, Gauguin unternimmt alles, um repatriiert zu werden. »Auf baldiges Wiedersehen, meine liebe Frau! Ich küsse dich und ich liebe dich!« Manchmal klingt er in seinen Briefen sentimental.

Laval wurde auf Staatskosten nach Frankreich zurückgeführt, Gauguin heuerte als Matrose auf einem Segler an, die Seeluft ließ ihn wieder etwas zu Kräften kommen, doch die Schmerzen in den Eingeweiden hielten an. In Paris nahm ihn sein Freund Émile Schuffenecker auf, der Maler, Zeichenlehrer und ehemalige Kollege im Bankhaus Bertin, der Gauguin bei dessen ersten Schritten in die Welt der Malerei an die Hand genommen hatte. Gauguins Bilder aus Martinique finden »nur Bewunderer«, sie treffen den Geschmack am Exotischen und Ursprünglichen, das so unverdorben nicht mehr war, schließlich gehörte die Insel – mit kurzen Unterbrechungen – seit zweieinhalb Jahrhunderten zu Frankreich. Einige Bilder werden gekauft, von dem Erlös geht Gauguin in die Bretagne, wo er wilde Natur findet, aber auch die Ruhr ihn wieder packt, mehrere Rückfälle fesseln ihn ans Bett, und in der Pension gerät er in Zahlungsrückstand. Im Oktober 1888 fährt er in die Provence nach Arles, um dort mit Vincent van Gogh auf Kosten dessen Bruders Theo, des Kunsthändlers, zusammenzuleben und zu arbeiten. Sie lernen voneinander, aber passen nicht zusammen, wenigstens unternehmen sie gemeinsam nächtliche Gesundheitstrips in Kneipen und Bordelle. Aus Arles schreibt Gauguin an Schuffenecker: »Die Hygiene und der Beischlaf gut geregelt, dazu die Chance, in völliger Unabhängigkeit arbeiten zu können, nur so wird es einem rechten Mann gelingen, sich aus der Schlinge zu ziehen«. Am Ende geht Vincent van Gogh mit dem Messer auf Gauguin los, schneidet sich aber doch lieber das eigene Ohr ab.

Gauguin schlüpft wieder bei »Schuff« unter, in den folgenden beiden Jahren ist er mal in Paris und viel in der Bretagne, er macht Fortschritte in seiner Kunst, stellt seine Arbeiten aus, sie erregen Aufsehen, werden jedoch nicht gekauft, eine Ausstellung avantgardistischer Künstler während und neben der Exposition Universelle von 1889 wird ein Lacherfolg. Gauguin weiß selber, dass seine Bilder noch unvollkommen sind, ungewisse Versuche, schwebende Ideen ohne einen bestimmten und endgültigen Ausdruck, doch dieser flüchtige Traum, in dem er die Vollendung ahnt, diese Minute, in der er den Himmel berührt, ist etwas viel Gewaltigeres als alle Materie, lieber nimmt er alles materielle Elend auf sich, als von seinem Traum zu lassen. Malen, nur um vom Verkauf seiner Bilder zu leben, will er nicht, selbst wenn er es könnte. Seiner Frau wirft er vor, die Kunst nur zu lieben, wenn der Künstler gut verdiene, sie habe ihn immer als Dukatenesel betrachtet. Als Angestellter würde er zwei- oder viertausend Francs verdienen, doch zwischen ihnen würde sich nicht viel ändern, sie hätten den gleichen Ärger miteinander, die gleichen Streitereien, die gleiche Hölle im Haus. Er darf die errungene Freiheit nicht gegen ein Schattendasein als Angestellter eintauschen, die Kunst ist sein Kapital, im Übrigen auch die Zukunft ihrer Kinder, denen sich alle Türen öffnen werden, weil sie Gauguin heißen. Er kann nichts Besseres tun, als seine Kunst zu perfektionieren, das bringt ihm gegenwärtig nichts ein, aber er setzt alle Hoffnung auf die Zukunft. »Möge der Tag kommen, möge er nicht fern sein, an dem ich in die Wälder einer einsamen Insel im Stillen Ozean entfliehen werde, vom Wunsch beseelt, mich der Verzückung, dem Frieden und der Kunst hinzugeben, umringt von einer neuen Familie, fernab von diesem europäischen Kampf ums Geld. Dort auf Tahiti könnte ich in der Stille der schönen tropischen Nächte den sanft rauschenden Klängen in meinem Inneren lauschen (…). Endlich frei, ohne Sorgen um das Geld, würde ich alsdann lieben, singen und sterben.« Manchmal klingt Gauguin pathetisch-romantisch, kehrt den Idealisten, Träumer, Visionär, Besessenen heraus, der niemandem, nicht einmal sich selbst, nur seiner Mission verpflichtet ist, genauso wie Charles Strickland, der Gauguin Somerset Maughams in *The Moon and Sixpence*.

Im April 1890 schreibt Gauguin an Émile Bernard, den er in der Bretagne kennengelernt hat, er sei am Ende seiner Kunst, bei ihm herrsche jetzt Ebbe, und er halte es für überflüssig, den Kampf fortzusetzen, ohne Trümpfe in der Hand zu haben. Er steht kurz vor dem Verkauf einer Anzahl Bilder für 5000 Francs, von dem Geld will er sich neue Eindrücke, Ideen kaufen, sein Entschluss steht unwiderruflich fest, »ich fahre nach Madagaskar«. Er will dort auf dem Land ein Lehmhaus erwerben und vergrößern, die Erde bearbeiten und bepflanzen und wie die Eingeborenen leben, sich Modelle und alles andere für seine Studien beschaffen und das »Atelier der Tropen« gründen. Jemand aus Bourbon (La Réunion) hat ihm versichert, mit 5000 Francs könne man auf Madagaskar 30 Jahre lang leben, es sei spottbillig dort, allein die Jagd liefere genug Nahrung, »ich werde mich der Freiheit freuen und Kunstwerke schaffen«. Drei Jahre zuvor hatten Geschäftsleute ihn nach Madagaskar schicken wollen, wo er ein Unternehmen führen sollte, doch daraus war nichts geworden, und Gauguin hatte sich nach Panama gewandt und von Taboga fantasiert. Zwei Monate nach seinem Brief an Bernard schreibt er ihm, er bemühe sich um eine gute Stelle in Tongking, um dort ein, zwei Jahre zu arbeiten, Ersparnisse anzulegen, zu malen und neue Kraft zu schöpfen. Der ganze Ferne Osten sei der Mühe wert, studiert zu werden, der Westen dagegen sei verfault, aber alles, was noch gesund und lebensfähig, herkulisch sei, vermöge aus der Berührung mit dem Boden dort unten gestärkt hervorzugehen. Einen Brief später schwärmt er wieder von Madagaskar und besonders der Insel Mayotte (Komoren), wo die Frauen sehr sanft seien, genauso wie auf Tahiti, wo man fast ohne Geld leben könne, stattdessen von wilden Bananen, Brotfrüchten und Kokosnüssen. Gauguin und Bernard hatten gemeinsam von Tahiti geträumt und erwogen, zusammen nach Polynesien zu gehen.

Das Geschäft über 5000 Francs kam nicht zustande, obendrein verfiel Theo van Gogh, der Gauguin häufig unterstützt und viel unternommen hatte, um den Verkauf seiner Bilder anzukurbeln, nach dem Selbstmord seines Bruders Vincent dem Wahnsinn. Das war »ein entsetzlicher Schlag« für Gauguin, sein Madagaskar-Mayotte-Tahiti-Traum schien sich aufzulösen. Er organisierte eine Versteigerung seiner Werke, rührte die Werbetrommel, sogar in England wurde man auf ihn aufmerksam, die Auktion verlief glücklich, wenn auch in kommerzieller Hinsicht nicht übermäßig erfolgreich, doch der künstlerische Erfolg war nach Ansicht Gauguins »immens und wird in kurzem seine Früchte tragen«. Er ersuchte das Ministerium für Unterricht und Schöne Künste um Unterstützung, wurde mit der offiziellen, ebenso unbesoldeten wie unbestimmten künstlerischen Mission betraut, den Charakter und das Licht Tahitis zu erforschen, erhielt vom Staatssekretär für Kolonien eine verbindliche Empfehlung an den Gouverneur Französisch-Polynesiens, von der Schifffahrtsgesellschaft eine Fahrpreisermäßigung und vom Direktor der Schönen Künste die mündliche Zusage für den Ankauf eines Bildes nach seiner Rückkehr. Bevor er – ohne Bernard – nach Tahiti aufbrach, sah er Frau und Kinder in Kopenhagen wieder und schrieb, zurück in Paris, seiner »angebeteten Mette«, er ginge einer gesicherten Zukunft entgegen, und er werde sehr glücklich sein, wenn Mette bereit sei, die Zukunft mit ihm zu teilen. Er werde in den kommenden drei Jahren eine Schlacht schlagen, nach deren siegreichem Ausgang sie in Sicherheit leben könnten, »wenn ich zurückkomme, werden wir uns wieder verheiraten«. So schrieb er, während er seit Monaten mit einer Geliebten zusammenlebte, der er ein Kind machte. Seine Freunde gaben Gauguin noch ein Abschiedsbankett unter Vorsitz Mallarmés, dann nahm er den Nachtzug nach Marseille.

Im gleichen Jahr, in dem Rimbaud in Marseille starb, begann Gauguins polynesisches Leben. Nach zehnwöchiger Überfahrt mit Stationen in Aden, im französischen Mahé auf den Seychellen, in mehreren Häfen Australiens und in Nouméa (Neukaledonien) landete er Anfang Juni 1891 in Papeete. Gauguin kam 100 Jahre zu spät. »Dies war ja Europa – das Europa, von dem ich mich befreit zu haben glaubte –, nur noch vergröbert durch die Spielarten des kolonialen Snobismus und eine kindliche, bis zur Karikatur groteske Nachahmerei. Das war es nicht, was ich gesucht hatte«, schrieb er in seinem autobiografischen Bericht *Noa Noa*. Marinesoldaten, Matrosen von Walfängern, Deserteure wie Herman Melville, Abenteurer, Strandläufer, Missionare hatten Feuerwaffen, Alkohol, ansteckende Krankheiten und christliche Tugenden eingeschleppt, die Europäer hatten einen der acht Stammesfürsten Tahitis, Pomare I., gegen andere Stämme militärisch unterstützt und als König der gesamten Insel anerkannt, Pomare II. zum rechten Glauben bekehrt und ihm einen von anglikanischen Missionaren ausgeklügelten Katalog drakonischer Strafen für unchristliche Praktiken wie Götzenverehrung oder Unzucht zur Unterzeichnung vorgelegt. Als die französisch-katholische Konkurrenz auf den Plan trat und vom britischen Konsul, einem Missionar, ausgewiesen wurde, erschien die französische Fregatte »Reine Blanche« unter Konteradmiral Du Petit-Thouars auf der Bildfläche, und la Grande Nation nahm 1842 Tahiti als Protektorat unter ihre Fittiche, schließlich dankte Pomare V. 1880 ab, der ganze Archipel der Gesellschaftsinseln war nun französische Kolonie. Als Gauguin in Papeete eintraf, lag der pensionierte König gerade im Sterben, er wurde begraben und mit ihm die Tradition Tahitis; die Zivilisation – Militär, Verwaltung, Kirche, Handel – triumphierte. »War ich einen so langen Weg gekommen, um dies zu finden, eben dies, vor dem ich geflohen war? Der Traum, der mich nach Tahiti geführt hatte, wurde von der Gegenwart grausam zerstört: Es war das Tahiti der Vergangenheit, was ich liebte«, das romantische, exotische Tahiti aus Pierre Lotis Erfolgsroman *Le Mariage de Loti* von 1880 zum Beispiel.

Enttäuscht und »angeekelt von dieser ganzen europäischen Banalität« entschloss sich Gauguin, Papeete zu verlassen, um das Echte und Schöne der tahitianischen Kultur zu suchen, das sich unter dem »unpassenden Putz unserer Importe« erhalten haben mochte. Doch vorher musste er sich noch ins zivilisatorische französische Hospital begeben, er spuckte Blut, einen Viertelliter pro Tag. Der Arzt verordnete Senfumschläge für die Beine, Schröpfköpfe für die Brust und eine Digitaliskur gegen Herzschwäche, Gauguin schrieb zwar, dass es sich um die Überbleibsel einer Bronchitis handele, die er sich im Winter in Paris zugezogen habe, doch es war wohl ein erneuter Ausbruch jener venerischen Krankheit, die man Gauguin vor seiner Abreise aus Europa noch in Paris diagnostiziert hatte. Als er wieder auf den Beinen war, nahm er Titi an die Hand und ging mit ihr in den Busch, um ganz wie die Eingeborenen zu leben. Titi war eines jener gefälligen leichten Mädchen, die mit der Geschmeidigkeit und Anmut gesunder junger Tiere, mit schwingendem Hintern, spitz vorgestreckter Brust und einer wohlriechenden Blüte im Haar oder hinter dem

Ohr barfuß durch den Straßenstaub patschten. »Diesen Frauen von Tahiti liegt allen die Liebe so sehr im Blut, ist so sehr ein Teil ihres Wesens, dass sie, eigennützig oder uneigennützig, immer Liebe ist.« Unpassenderweise war Titi nicht gerade ein Ausbund an Reinheit und Schönheit des tahitianischen Menschenschlags, vielmehr halb Engländerin und halb Maori und nicht mehr ganz jung, aber sie wollte bei Gauguin bleiben und mit ihm in die Wildnis gehen, sprach praktischerweise auch etwas Französisch.

Die Hütte, die Gauguin im Bezirk von Mataeia an der Südküste mietete, 45 Kilometer von Papeete entfernt, lag zwischen dem Meer und einem ungeheuren Spalt im zerklüfteten Gebirge mit einem Mangohain davor. Zwischen Gauguin und dem Himmel war nichts weiter als das hohe, leichte Dach aus Pandanusblättern, über dem er nachts Mond und Sterne stehen sah. Tagsüber stand Titi zwischen ihm und dem Himmel. Er begann zu arbeiten, Material zu sammeln, Skizzen, Studien, Notizen zu machen, nicht nach dem Bild, das die Natur ihm zeigte, vor allem blickte und suchte er in sich selbst. Derweil langweilte Titi sich und redete zu viel, dies war nicht ihre Welt, sie war den städtischen Betrieb, die Schmeicheleien und den Luxus der französischen Kolonialbeamten gewohnt, Gauguin wurde ihrer überdrüssig, sie trennten sich. Monatelang sprach er kein Wort Französisch, nur die paar aufgeschnappten Brocken Tahiti-Maori mit seinen Nachbarn, die ihn nicht verhungern ließen, hier konnte man für Geld nichts kaufen, musste alles aus der Natur holen, doch die Bananen wuchsen nicht in den Mund und die Fische sprangen nicht an Land, man musste in die Berge steigen und mit den Stauden auf dem Rücken zurückkehren, auf den Meeresgrund tauchen und die Muscheln von den Steinen lösen, musste wissen, wie man Fische fängt und auf hohe Bäume klettert, um eine Kokosnuss zu pflücken. Nicht die braunhäutigen Eingeborenen mit ihren Kannibalenkiefern, die ihm Essen brachten oder ihn einluden, waren hier die Wilden, sondern Gauguin, der weder die einfachsten Handgriffe noch Sprache und Sitten kannte. Nach dieser Logik zivilisierte er sich, während die westliche Verwilderung von ihm abfiel. Er begann, unkompliziert zu denken, sich von Hassgefühlen, Eitelkeit, innerer Unruhe und allem Erkünstelten zu befreien, wie er sich der Kleidung entledigte. Er ging barfuß wie die Eingeborenen und nur mit einem geblümten Baumwolltuch um die Lenden, also nackt bis auf die Hauptsache, die die Frauen nicht sehen mochten, wie sie sagten. Wenn er nicht arbeitete, teilte er das Müßiggängerdasein seiner

Nachbarn und lernte ihre Sprache. Abends versammelten sie sich in einer Art Gemeinschaftshütte oder unter den Kokospalmen, um zu plaudern und zu singen, die matten Farbtöne ihrer Körper passten gut zu dem Samt des Buschlaubs, und aus der bronzefarbenen Brust einer Sängerin stiegen schwingende Melodien und leidenschaftliche Schreie auf. Gauguin wurde fast einer von ihnen, trotzdem fühlte er sich einsam.

Er unternahm eine Reise zu Pferd, das ihm ein Gendarm lieh, zog an der Ostküste entlang, ein Eingeborener lud ihn in seine Hütte ein, eine Maori fragte ihn beim Essen, wohin er wolle und was er dort vorhabe, und Gauguin verriet ihr spontan den wahren, bis dahin ihm selbst vielleicht unbewussten Zweck seiner Reise: eine Frau für sich suchen. Und die Maori sagte: Ich gebe dir meine Tochter. So unkompliziert war das. Die Tochter hieß Tehura und war ein Mädchen von vielleicht 13 Jahren, eine Kindfrau, die von den Tonga-Inseln abstammte. Tehura folgte dem Pferd zu Fuß, unterwegs machten sie Halt in einer großen, reich ausgestatteten Hütte, in der Tehuras zweite Mutter wohnte, ihre Ziehmutter, die Gauguin fragte, ob er Tehura glücklich machen werde. Ja. Sie gab ihm Tehura zur Probe mit, nach acht Tagen sollte er sie zurückschicken, und sie werde nicht zu ihm zurückgehen, wenn sie mit ihm nicht glücklich sei. Tehura ging nach acht Tagen und kehrte wenig später in Gauguins Hütte zurück. Und so begann »das vollkommen glückliche Leben«. Morgens badeten sie im nahen Bach wie Adam und Eva im Paradiesfluss, mittags hielten sie Siesta alle Tage nackt, wenn Gauguin malte oder schnitzte oder träumte, schwieg Tehura, sie störte ihn nicht und fiel ihm nicht lästig, sie kümmerte sich gewissenhaft um den Hüttenhaushalt, abends im Bett führten sie lange Gespräche über Gott und die alten Götter Tahitis und den Ursprung der Welt, und Gauguin erzählte ihr vom verfaulten Europa und schwängerte sie. »Himmel und Hölle! Ich muss also überall meine Saat aussäen.« Aber das war nicht weiter schlimm, auf Tahiti gab es kein schöneres Geschenk als ein Kind, welche Pflegemutter es wohl bekommen werde, fragte sich der vierundvierzigjährige, halb verfaulte Europäer.

In *Noa Noa*, diesem romantischen, idealisierenden Text, den Gauguin mit Nachhilfe des Schriftstellers Charles Morice im Winter 1893/94 in Paris ausarbeitete, um nicht zuletzt Stimmung für den Verkauf seiner Tahiti-Bilder zu machen, ließ er sich über die Entstehung der Welt nach der Maori-Version, den Götterhimmel Tahitis, die Geheimgesellschaft der Insel, über Menschenopfer, Kannibalismus, Kindestötung und rituelle Prostitution aus, also über das alte Tahiti, das er liebte und nur aus dem Mund der jungen Tehura kannte und aus dem Buch *Voyages aux Îles du Grand Océan* von 1837 des belgischen Kaufmanns Jacques-Antoine Moerenhout, der von Chile aus durch die polynesische Inselwelt geschippert und zeitweise Konsul zunächst der Vereinigten Staaten, dann Frankreichs auf Tahiti gewesen war. Und in *Noa Noa* beschrieb Gauguin sein Leben als glücklicher Wilder unter den Relikten der besiegten Rasse und ihrer unterdrückten Kultur. In seinen Briefen aus Tahiti hingegen erzählte er eine andere Geschichte. Von Anfang an war er in Geldnot, zumindest wollte er den Adressaten seiner Briefe glaubhaft machen, dass er es sei, hauptsächlich seinem engsten Freund in dieser Zeit, dem Maler Daniel de Monfreid, der – neben Morice – für ihn als Verbindungsmann zur Pariser Kunstszene fungierte. Die Benefiz-Vorstellung im Pariser Théâtre d'Art zugunsten Gauguins und des verarmten Verlaine, die acht Wochen nach Gauguins Abreise aus Frankreich stattfand, warf keinen Gewinn ab, Gauguin hatte für sich mit etwa 1500 Francs Ausbeute gerechnet, »die werden mir hier schrecklich fehlen«, schreibt er im November 1891. Morice schuldet ihm Geld, aber schickt es nicht, Gauguin ist fassungslos, bereits im Mai 1892 überlegt er, nach Frankreich zurückzukehren, denn ohne Geld und ohne Aussicht auf Geld geht er vor die Hunde. Im Juni fährt er nach Papeete, will mit dem Gouverneur sprechen, um sich repatriieren zu lassen, vor der Tür des Gouverneurs trifft er einen Kapitän, der mit seinem Segelschiff alle Inseln abklappert und als Freibeuter gilt. Der Kerl drückt ihm 400 Francs in die Hand und sagt, er solle ihm ein Bild dafür geben, dann seien sie quitt. So etwas kann auch nur ihm passieren, meint Gauguin. »Meine ganze Existenz ist so: Ich stehe am Rande des Abgrundes und falle nicht hinein.« Wenig später sind die 400 Francs fast aufgegessen, er ist in der gleichen Lage wie zuvor und beantragt seine Rückführung nach Frankreich. Seit mehr als einem Jahr lebt er nun auf Tahiti, und die Pariser Galerien haben nichts verkauft. Er hat keine Leinwand mehr, aber zwei Holzschnitzereien gemacht und für 300 Francs verkauft. Dann bekommt er 300 Francs von Monfreid, damit kann er für den Augenblick durchhalten. Vor seiner Heimkehr nach Frankreich würde er gerne noch auf den Marquesas-Inseln arbeiten, doch dazu braucht er eine Summe, die ihm für einige Monate Ruhe verschafft. Die elenden Sorgen um das verfluchte

Geld bereiten ihm geradezu Schmerzen, nicht dass er krank wäre, aber er ist abgemagert und schwach und ganz plötzlich erstaunlich alt geworden. Er isst und trinkt ja auch nichts, nur ein bisschen Brot und Tee, wollte er wilde Bananen im Gebirge holen, könnte er nicht arbeiten und bekäme einen Sonnenstich. Natürlich drückte er auf die Tränendrüse, doch übermäßig glücklich hörte er sich nicht gerade an.

Im November 1892 bekommt Gauguin aus Papeete Bescheid, er könne abreisen, wann er wolle. Anfang Dezember spricht er beim Gouverneur vor, der ihm eröffnet, er könne doch nicht abreisen, Paris habe gebeten zu prüfen, ob die Kolonie die Reisekosten tragen könne, eine solche Ausgabe erlaubten deren Finanzen jedoch nicht. Gauguin hatte sich schon darauf eingestellt, im Januar Tahiti zu verlassen; bis die Entscheidung eingeht, ob Paris die Kosten übernimmt, wird es Ende April werden, jetzt sitzt er wieder mit 150 Francs in der Tasche da. Ende Dezember sind es noch 50 Francs, Gauguin ist vollkommen niedergeschlagen. »Wenn ich richtig darüber nachdenke, so muss ich nach meiner Rückkehr mit der Malerei aufhören, die mich nicht zu ernähren vermag.« In 18 Monaten hat er nicht einen Centime mit seiner Malerei verdient, wovon soll er leben, wovon auch nur seine Farben kaufen? Gewiss, er wird einige Bilder nach Frankreich mitbringen, und diese Bilder sind besser als alles, was er bisher gemalt hat, doch das heißt auch: noch schwerer zu verkaufen. »Ich sitze in der Tinte.« Im Februar 1893 steckt er »im größten Dreck«, er muss mindestens noch drei Monate warten, bis er abfahren kann, vorausgesetzt, der Minister genehmigt seine Repatriation. Gauguin erfährt, dass Morice ihm die erkleckliche Summe von 1353 Francs schuldet und Madame Gauguin in Kopenhagen Bilder für mehr als 2000 Francs verkauft hat; das Geld behält sie ein, schließlich zahlt er keinen Unterhalt für sie und die fünf Kinder. Von dem Geld könnte er seine Rückreise und den geplanten Abstecher nach den Marquesas selbst finanzieren, »ich bin toll vor Wut! Nur der Zorn hält mich noch aufrecht«. Dann findet er jemanden, der ihm gegen Zinsen und einige Bilder als Bürgschaft das Reisegeld vorschießt, falls die französische Regierung ihn nicht auf Staatskosten zurückführt; so oder so wird er sich Anfang Mai einschiffen. Monfreid schickt ihm 300, dann noch einmal 700 Francs, hätte er das Geld einen oder zwei Monate früher erhalten, wäre er nach den Marquesas gefahren, aber das nächste Schiff zu den Inseln geht nun erst anderthalb Monate später ab, und er ist müde von dem ganzen

Gerangel, er begräbt also seine Marquesas und wird eines Tages in Paris auftauchen, mit 66 mehr oder weniger guten Bildern und einigen ultrawilden Schnitzereien unter dem Arm.

In *Noa Noa* heißt es am Schluss, gebieterische Familienangelegenheiten hätten Gauguin heimgerufen. »Ich scheide um zwei Jahre älter, um zwanzig Jahre jünger, barbarischer auch als bei meiner Ankunft, und doch wissender. Ja, die Wilden haben den alten Kulturmenschen viele Dinge gelehrt, (…) Dinge vom Wissen um das Leben und von der Kunst, glücklich zu sein.« Als Somerset Maugham im Jahr 1916 den Weg nach Mataeia fand, zeigte man ihm ein Haus, in dem sich drei Bilder Gauguins befinden sollten. Es war ein höchst schäbiges Holzhaus, so Maugham, grau und baufällig, auf der Veranda wimmelte es von schmutzigen Kindern, ein junger Mann lag auf dem Boden und rauchte, eine Frau saß müßig daneben – die glücklichen Eingeborenen. In dieser Hütte war Gauguin eine Zeitlang von den Eltern des jetzigen Besitzers gepflegt worden, zum Dank hatte er die Bilder hinterlassen. Im Innern gab es keine Möbel, nur Strohmatten, und in einem der beiden Zimmer befanden sich drei Türen, zur Hälfte aus Glas, die Glasscheiben hatte Gauguin bemalt. An zweien waren Reste zu erkennen, die die Kinder noch nicht abgekratzt hatten, das dritte war ganz gut erhalten, dieses wollte Maugham käuflich erwerben. Der Hausherr verlangte nur den Wert einer neuen Tür als Bezahlung; was Gauguin so viel wert gewesen war, die Malerei, war dem edlen Wilden nichts weiter wert. Der Kulturmensch Maugham gab ihm das Doppelte, schraubte die Schaniere ab und sägte die untere Türhälfte ab, um das Bild leichter transportieren zu können.

Völlig abgebrannt kommt Gauguin im August 1893 in Marseille an. Von den 1000 Francs Monfreids hat er auf Tahiti seine Schulden beglichen, in Nouméa, wo er 25 Tage auf ein Anschlussschiff warten musste, Hotel und Gepäckaufbewahrung bezahlt und auf dem Schiff 400 Francs Zuschlag für die zweite Klasse abgedrückt, denn es befanden sich 300 Soldaten an Bord und jeder in der dritten Klasse hatte nur einen halben Quadratmeter Platz. »Teufel, welch dreckige Reise!« In Sydney herrschte Kälte, bis zu den Seychellen schlechtes Wetter, im Roten Meer unerträgliche Hitze, drei Hitzetote wurden über Bord gekippt. Gauguin telegrafiert seinen Freunden, sie sollen ihm Geld schicken, damit er von Marseille nach Paris fahren kann.

In Paris erfährt er, dass sein Onkel in Orléans »den glücklichen Einfall zu sterben« hatte, die kleine Erbschaft muss er sich mit seiner Schwester teilen, für sich erwartet er etwa 10 000 Francs, mit deren Auszahlung ist aber erst in ein paar Monaten zu rechnen. Er stürzt sich in die Arbeit zur Vorbereitung der großen Ausstellung seiner Tahiti-Bilder, die ihm den erhofften Durchbruch bringen soll, sowohl die breite Anerkennung als Künstler als auch die Aussicht auf eine finanziell einigermaßen gesicherte Zukunft. Er kauft Rahmen auf Pump, lässt Plakate und den Katalog drucken, zu dem Morice das Vorwort verfasst, zusammen mit Morice arbeitet er an *Noa Noa*, das Opus soll Verständnis für seine Kunst wecken, erscheint allerdings erst 1897 in der *Revue Blanche* in Fortsetzungen und 1901 als Buch. Mehr als 40 Bilder aus Tahiti hängt er in der Galerie Durand-Ruel aus, doch die Ausstellung wird ein Fiasko. Blaue Bäume, rote Hunde und überhaupt die grellen Farben, nachgeäffte Götzen primitiver Blumenkinder, unbegreifliche Symbole des heidnischen Aberglaubens der Wilden vom anderen Ende der Welt und die unverständlichen Titel in Maori-Sprache – das soll Kunst sein? Die Reaktion des Publikums verletzt Gauguin, die Kritik, der Hohn, das Gelächter, wo er doch mit Bewunderung, Begeisterung gerechnet hat, er wendet sich abermals innerlich von Europa und den Europäern ab, im Übrigen deckt der Verkaufserlös nicht einmal seine Unkosten.

Als er sein Erbteil erhält, löst er Schulden ab, schickt Mette eine Summe, gibt seiner Pariser Geliebten von 1890/91, die ein Kind von ihm hat, etwas ab und richtet sich ein Atelier ein, in dem er mit Annah »la Javanaise« lebt, der dreizehn- oder vierzehnjährigen Mulattin indisch-singhalesisch-malaiischer oder sonst welcher Herkunft, die mitsamt einem Äffchen zu ihm gekommen ist und als Hausmädchen, Modell und Gespielin dient. Mit Annah und dem Äffchen zieht er sich im April 1894 in die Bretagne zurück, eines schönen Maitages macht die malerische Malertruppe nebst aufgetakelten Gattinnen und Geliebten einen Ausflug von Pont-Aven zum alten Fischerort Concarneau, wo man schrille Aufzüge extravaganter Bohemiens und zirkusreifer Artisten mit Affen an der Leine nicht gewohnt ist. Kinder laufen hinter ihnen her, machen sich vornehmlich über Annah und den Affen lustig, werfen schließlich mit Steinen nach der Gruppe. Einer der Maler zieht einem Bengel die Ohren lang, da stürzt dessen Vater aus der Hafenkneipe und streckt den Maler mit einem Faustschlag nieder, woraufhin dem Vater das Gleiche durch Gauguins Faust widerfährt. Ein

Haufen Seeleute macht sich über Gauguin her, der sich wehrt, bis er über ein Loch im Boden stürzt und sich den Knöchel bricht. Bis ans Ende seiner Tage sollte er unter den Folgen dieser Schlägerei zu leiden haben.

Die unmittelbare Folge war, dass er monatelang das Bett hüten musste. Er hat »furchtbare Schmerzen«, besonders nachts, wenn er nicht schlafen kann, also nimmt er Morphium und ist ganz benommen. Als er wieder aufstehen kann und Gehversuche macht, hinkt er und muss am Stock gehen. Obendrein hat er hohe Ausgaben für Arzt und Medizin und Kost und Logis. »Das alles ist nicht sehr lustig und trägt nicht eben dazu bei, dass ich in diesem schmutzigen Europa zu bleiben wünsche«, schreibt er Monfreid. Er fasst den Entschluss, »für immer in Ozeanien zu leben«. Schuffenecker kündigt er an, sobald wie möglich werde er sein »Talent bei den Wilden vergraben«, und man werde nichts mehr von ihm hören. »Leb wohl, Malerei.« Sowie er dazu imstande sei, will er nach Paris zurück und seinen »ganzen Laden« verhökern. Als er im November in Paris eintrifft, ist sein Laden leer. Annah, die schon im September von Pont-Aven abgereist war, hat das Atelier geplündert und ist verschwunden. Was ihr Wert zu haben schien, hat sie mitgehen lassen, nur der »Schund« ist Gauguin geblieben: die Bilder.

Er organisiert die Versteigerung seines Restbesitzes und bittet August Strindberg, den er durch seine Nachbarn, schwedische Künstler, kennengelernt hat, das Vorwort für den Katalog zu schreiben. Strindberg erklärt ihm in einem langen Brief, er könne und wolle das Vorwort nicht liefern, weil er Gauguins Kunst nicht begreife und nicht liebe. Prompt druckt Gauguin diesen abschlägigen, doch wohlwollenden Brief als Vorwort ab, zusammen mit seinem erhellenden Antwortschreiben. Die Versteigerung vom Februar 1895 wird trotzdem ein Reinfall, die Ausbeute bleibt weit hinter Gauguins Erwartungen zurück. Zu allem Überfluss schlägt die Syphilis wieder zu, sein ganzer Körper ist mit Ausschlag bedeckt, außerdem machen sich bereits Sehschwäche und Gedächtnisschwund bemerkbar. Anfang Juli kann er endlich in See stechen, bloß weg von Europa.

Über Australien und Neuseeland erreichte Gauguin im September 1895 Tahiti. In Punaauia an der Westküste ließ er sich auf einem gepachteten Stück Land eine Hütte bauen, »einen großen Vogelkäfig mit Bambusstäben und Kokosdach« zwischen dem Strand und dem »überwältigenden

Gebirge« im Rücken. Vorhänge teilten die Hütte in ein helles Atelier und ein dunkles, aber luftiges Schlafzimmer, »alle Nächte treiben sich verteufelte Mädchen in meinem Bett herum, gestern sind drei angetreten«, schreibt er im November an Monfreid, »ich bin im Augenblick nicht zu beklagen«. Auch Tehura, seine vormalige Gefährtin, die jetzt ganz christlich verheiratet ist, besucht ihn und schwänzt acht Tage lang die Ehe, Gauguin ist »gezwungen, ihrem Gatten Hörner aufzusetzen«, aber Tehura bleibt nicht bei ihm. Da nimmt er die dreizehnjährige Pahura zu sich, mit der er bis ans Ende seiner Tahiti-Tage zusammenleben wird, ohne Trauschein, versteht sich. Das Leben ist so heiter und leicht auf Tahiti wie die Mädchen, und künstlerische Arbeit ist so heilsam, dass es Wahnsinn wäre, woanders nach dem Paradies zu suchen. Er fühlt sich groß in Form, will auf Teufel komm raus arbeiten und glaubt, bessere Bilder als früher machen zu können. Er will weder Ruhm noch Luxus, einzig und allein in seinem »herrlichen Erdenwinkel« in Ruhe leben, in voller Freiheit zur eigenen Befriedigung arbeiten und sein Leben in seiner stillen Hütte beschließen.

Gauguins Leben auf Tahiti verlief in Wellen, die meiste Zeit trieb er im Tal. Schaffensphasen wechselten mit langer Untätigkeit ab, je nach Gesundheitszustand, finanzieller Lage und Moral. »Wie immer, wenn ich Geld in der Tasche habe, gebe ich es aus, ohne zu rechnen (…), und eines Tages sitze ich wieder auf dem Trockenen.« Im selben Atemzug rechnet er: Nach Bezahlung seines Hauses bleiben ihm noch 900 Francs, und seine Außenstände belaufen sich auf mehr als 4000 Francs. Fünf Monate später ist er nicht nur am Ende seines Geldes, vielmehr hat er schon wieder 1000 Francs Schulden und ist auch am Ende seiner Kräfte. Seit seiner Ankunft verschlechtert sich sein Gesundheitszustand »mit jedem Tag«, sein gebrochener Knöchel bereitet ihm große Schmerzen, der Arzt bekommt es nicht fertig, die Wunde zu schließen, und offene Wunden sind in den Tropen eine heikle Sache. Er liegt am Boden und fühlt sich als Versager, lässt sich im Hospital behandeln, das er nicht bezahlen kann, wird zur Hälfte geheilt, wenigstens hören die Schmerzen auf, aber er ist sehr schwach, und das ist auch kein Wunder, er hat nur Wasser zu trinken und in Wasser gekochten Reis zu essen, seit einem Jahr, das er nun auf Tahiti ist, bekommt er von seinen Schuldnern in Paris nicht einen roten Heller, klagt er. Da erhält er 400 Francs, die Schuffenecker für ihn aufgetrieben hat, davon zahlt er die dringendsten Schulden zurück, er will versuchen, von dem Rest ein paar

Monate zu leben. »Wann hört dieses Martyrium auf!« Es macht ihm keine Freude mehr, einen Pinsel anzurühren, sein Fuß ist immer noch nicht heil, Gauguin ist demoralisiert, mutlos und müde.

Nur einen Monat später geht es Gauguin »viel besser«, er beginnt, gesund zu werden, meint er, wäre es nicht so, würde er sich eine Kugel durch den Kopf jagen. Er arbeitet wieder, macht Tonskulpturen für seinen Rasen, eine nackte Frau, einen Löwen, seine eingeborenen Nachbarn sind ganz platt, auf Tahiti gibt es keine wilden Tiere. Stolz berichtet Gauguin, dass er bald Vater eines Mischlings wird, »meine reizende Dulcinea hat sich zu brüten entschlossen«. Und er bekommt eine größere Summe von seinen Galeristen, mit dem Geld bezahlt er ausstehende Rechnungen, kauft Medikamente und Malutensilien und hofft, sechs oder acht Monate in Ruhe leben zu können. Doch kaum steht er im Begriff zu gesunden, kaum hat er ein bisschen Geld und malt wieder Bilder, da erreicht ihn aus Kopenhagen die »fürchterliche« Nachricht vom Tod seiner Tochter Aline. Mette teilt ihm kurz und kühl, »rücksichtslos« mit, dass Aline nach wenigen Tagen an einer Lungenentzündung gestorben ist. Gauguins einzige Tochter mit Mette war gerade 20 Jahre alt geworden, in seiner Antwort weist Gauguin seine Frau darauf hin, dass Aline den Namen seiner Mutter trug, es sollte sein letzter Brief nach Kopenhagen bleiben. Später unterrichtet Mette ihren Mann nicht einmal über den Tod Clovis', des nach Gauguins Vater geheißenen Sohnes, der den Winter 1885/86 mit ihm im Pariser Elend verbracht hatte und mit 21 Jahren nach einer Operation an Blutvergiftung starb. Kurz vor Aline war auch Gauguins Tochter mit Pahura wenige Tage nach der Geburt gestorben. Und er hat erfahren, dass er seine Hütte räumen muss. Gauguin ist »ganz verzweifelt«.

Der Eigentümer des Grundstücks, auf das Gauguin seine Hütte gestellt hat, ist gestorben und hat verwickelte Verhältnisse hinterlassen, Gauguin muss die Hütte abreißen, ein anderes Stück Land suchen und ein neues Haus bauen. Ganz in der Nähe steht die einzige verfügbare Parzelle zum Verkauf, die mit ihren 100 Kokospalmen viel zu groß für ihn ist, für 700 Francs kann er sie haben. Das rentiert sich, die Kokosbäume bringen 500 Francs im Jahr ein, kalkuliert er, außerdem will er Vanille pflanzen, die nicht viel Aufwand erfordert und guten Ertrag abwirft. Da der Nachschub an Geld aus Paris wieder stockt, ist er gezwungen, vor der widerspenstigen Bank in Papeete einen Kniefall zu machen, um einen Kredit von 1000

Francs über ein Jahr zu bekommen. »Mein Leben voller Schulden soll also wieder beginnen.« Die Schulden wachsen und wachsen, bald kriegt er beim Chinesen nicht einmal mehr Brot auf Kredit, die Geldsorgen tragen nicht unerheblich dazu bei, dass es gesundheitlich abermals bergab mit ihm geht, »meine Krankheit«, die Maladie française, befällt ihn mit Macht von neuem, das Brennen in den Beinen, der Ausschlag, Schwindelanfälle, Augenentzündung, Fieber, Herzbeschwerden, Atemnot und das Blutspeien, er fürchtet sehr, nie wieder ganz gesund zu werden. Er sieht schwarz und ist ohne jede Hoffnung, sieht nichts als den Tod, der von allem befreit. »Wahnsinniges, aber trauriges und böses Abenteuer, meine Reise nach Tahiti.« Das Paradies ist nicht anderswo – wo, wenn nicht auf Tahiti, sollte es liegen? –, es ist entweder nirgendwo, denn man schleppt sich und seine Vergangenheit überallhin mit, oder es liegt in einem selbst, dann kann es überall sein.

Bevor er Hand an sich legt, rafft er noch einmal all seine Energie zusammen und malt »in unerhörtem Fieber«, wie besessen während eines Monats Tag und Nacht sein Monumentalgemälde *Woher kommen wir? Was sind wir? Wohin gehen wir?*, das aus ihm herausbricht wie Lava aus einem Vulkan, unter furchtbaren Umständen und mit schmerzlicher Leidenschaft in einem Moment existenzieller Krise aus der Tiefe seines Wesens hervorbrodelt, in einem jener Augenblicke, in denen der Künstler aus der irdischen Hölle steigt, den Himmel berührt und die höchste Vollendung streift. Dabei ist das Bild nichts weniger als perfekt, es hat »gewaltige mathematische Fehler«, wie er selbst sieht, alles ist ohne Skizze, ohne Modell gemacht, frisch vom Pinsel weg, aber es soll so bleiben wie es ist, im Skizzenzustand sozusagen, er will es nicht retouchieren, der Verstand dämpft nur die Gewalt der Vision, raubt dem Bild die Kraft der Inspiration und verpfuscht es zur billigen Kopie. Erschöpft schleppt sich Gauguin in die Berge, er hat keinen Revolver, aber Arsenik, das er für seinen Ausschlag bekommen hat, er schluckt all das Gift, bald werden die Ameisen ihn fressen. Doch er erbricht sich, die ganze Nacht hat er Magenkrämpfe und furchtbare Schmerzen, am Morgen taumelt er zu seiner Hütte hinunter. Einen ganzen Monat hindurch quälen ihn das Hämmern in den Schläfen, Brechreiz nach dem bescheidensten Essen und Ohnmachten. In dieser Zeit erhält er wieder Geld von Kunsthändlern aus Paris, davon will er seine aufdringlichsten Gläubiger ruhigstellen und so weiterleben wie bisher, in

Elend und Schande, bis die Bank ihn fasst und seinen ganzen Besitz verschleudert, das Grundstück, seine Hütte, auch die Bilder.

Gauguin scheint nach seinem gescheiterten Selbstmordversuch gebrochen und zugleich ruhiger, phlegmatischer, fatalistischer zu sein, resigniert zu haben. Er legt seinen Stolz ab, bettelt im Gouverneurspalast von Papeete um einen Job, wird im Amt für Öffentliche Arbeiten für sechs Francs täglich mit Schreib- und Zeichenarbeiten unter Aufsicht eines Artilleriewachtmeisters betraut und mietet sich in Papeete ein. »Warum bin ich nicht gestorben?« Monfreid schickt ihm Geld, damit erwirkt er einen Aufschub des Zahlungsbefehls und eine Verlängerung seines Bankkredits, begleicht seine Schulden in der Apotheke und beim Brotchinesen, zum Glück braucht er dank seiner Anstellung bei den Travaux Public keine neuen Schulden zu machen, abermals stürzt er nicht in den Abgrund, über dem er fast ständig schwebt. Er führt ein mühseliges und stumpfes Dasein, will aber aushalten, bis er so viel Geld im Rückhalt hat, dass er wieder in Freiheit malen kann. »Warum bin ich nicht gestorben, als ich es versuchte!« Sein Fuß schmerzt wieder, er geht ins Krankenhaus, ihm scheint, dass er gesund wird, zwei Monate später, dass er immer kränker wird. »Wenn ich doch nicht mehr gesund werden soll, ist mir der Tod hundertmal lieber. (…) Wenn ich niemals mehr malen soll, ich, der ich nur das liebe – keine Frau, keine Kinder –, so ist mein Herz leer.« Er gibt seinen Job in Papeete auf, zumal er wegen seines Fußes oft Verdienstausfälle hat und andererseits das Geld aus Paris jetzt besser fließt. Er geht nach Punaauia zurück und will seine Pinsel wieder in die Hand nehmen, sobald sein Fuß ihn etwas in Frieden lässt.

Gauguins Hütte, monatelang unbewohnt, ist bei seiner Rückkehr in kläglichem Zustand. Die Ratten haben das Kokosdach zerfressen, der Regen ist eingedrungen und hat viel verwüstet, die Kakerlaken haben Zeichnungen und Entwürfe und ein großes, unvollendetes Bild zuschanden gemacht. Auch Gauguin ist in beklagenswertem Zustand, der neue Krankenhausarzt meint, seine verschleppte Maladie sei sehr kompliziert und werde lange dauern, zu allen bekannten Übeln sind Krampfaderbruch und Roseola hinzugekommen, außerdem werden seine Augen immer schlechter, fatal für einen Maler. Er ist jetzt 50 Jahre alt und fühlt sich ausgelaugt und müde, »warum bin ich im letzten Jahr nicht gestorben?« Dass er abermals Vater wird, ist ein Lichtblick insofern, als das Kind ihn vielleicht wieder ans Leben fesselt. Mit zwei Monaten ist sein ganz weißer Junge »hübsch wie alles, was ehebrecherisch ist«, bei der Ehe, dieser »blödsinnigen Einrichtung«, dreht es sich in Wahrheit um Geld, um Prostitution sogar. Zum Glück kostet sein Sohn so gut wie nichts, er ist nicht teurer »als ein Tier, das die Mutter nährt«, danach wächst er ohne Mühe in Leinenfetzen auf, die sie aus ihren alten Lumpen schneiden. Gauguin lässt aus Frankreich Blumensamen kommen, die Schwertlilien, Dahlien und Gladiolen werden zusammen mit den heimischen Blumenbüschen um seine Hütte herum ein wahres Eden erstehen lassen. Er möchte auch einen Gemüsegarten anlegen, dazu muss er einen Brunnen bauen lassen, als das Loch gegraben ist, geht ihm das Geld aus. Aus dem Plan, Vanille und Kaffee anzupflanzen, wird ebenso wenig, und seine Kokospalmen werfen nicht 500 Francs jährlich ab, wie er angenommen hatte, sondern 150. Kein Centime ist mehr im Haus, er isst sein Brot wieder auf Pump, und seine Krankheit wird »immer grausamer«. Er will es mit Homöopathie versuchen und fordert aus Frankreich Mittel gegen Haut-, Geschlechts- und Atemwegserkrankungen an, auch die Eingeborenen sollen davon profitieren, die sich mehr oder weniger auf gut Glück mit zum Teil gefährlichen Kräutern behandeln. Dann möchte er wieder ins Krankenhaus, muss aber monatelang warten, bis eine anständige Geldsendung aus Frankreich eintrifft. Zusätzlich zu seinen angestammten Leiden hat er sich eine Influenza zugezogen, auf Tahiti wütet seit Monaten eine Epidemie, die viele Opfer fordert. Und was noch schlimmer ist: In Sydney und San Francisco – so heißt es – ist die Beulenpest ausgebrochen, auf Tahiti haben alle Angst, und man spricht davon, den Hafen zu schließen.

In den letzten fünf Jahren haben sich die Lebenshaltungskosten auf der Insel verdoppelt, was zum großen Teil darauf zurückzuführen ist, dass immer mehr Waren aus Neuseeland kommen. Die persönlichen Steuern, schreibt Gauguin Anfang 1900, sind um ein Drittel gestiegen, und jetzt sollen auch alle Produkte, die Tahiti verlassen, besteuert werden, was den Erlös für sein bisschen Kopra schmälert. Ein Jahr später zwingt die Beulenpest Tahiti, alle Schiffe in Quarantäne zu halten, und die Preise steigen ums Dreifache, das Leben ist nun teurer als in Paris. Und voraussichtlich geht das so weiter. Gauguin entschließt sich, Tahiti den Rücken zu kehren, trotz aller Liebe zu Haus und Garten seinen Besitz zu veräußern und auf eine der Marquesas-Inseln zu ziehen, dort ist das Leben sehr billig und unbeschwert. Und wenn es hart auf hart kommt, kann man von der Jagd und etwas selbst gezogenem Gemüse leben. Seit mehr als einem Jahr hat Gauguin sich nicht ernsthaft mit Malerei beschäftigen können, doch auf den Marquesas wird er schöne Dinge machen, redet er sich ein. Auf den Marquesas wird er mit Leichtigkeit Modelle bekommen, was auf Tahiti nicht mehr so einfach ist, und ganz neue, wilde, fürchterliche Elemente vorfinden, dort gibt es noch Menschenfresser, dort wird sich seine Fantasie erneuern, wird das Feuer seiner Schaffenskraft noch einmal auflodern und seine Kunst zu letzter Vollendung führen, und seine Bilder werden die aus Tahiti in den Schatten stellen. Wieder träumte der unverbesserliche Gauguin von der unverfälschten, ursprünglichen, wilden, barbarischen Insel. »Der kluge Mann reist nur in Gedanken«, schrieb Somerset Maugham in einer seiner Südseegeschichten, *Honolulu*, was ihn nicht davon abhielt, selbst viel unterwegs zu sein. »Die Reisen, die man vor seinem eigenen Kamin unternimmt, sind wahrlich die schönsten; denn dabei büßt man keine Illusionen ein.« Gauguin war nicht klug, meistens war er kompromisslos und konsequent. Pahura blieb mit dem Kind auf Tahiti zurück, sie wollte nicht zu den Wilden gehen.

Als Robert Louis Stevenson im Jahr 1888 mit einer gecharterten Schonerjacht von San Francisco auf seine erste Südseereise ging und als Erstes die Marquesas erreichte, zunächst auf Nuku Hiva landete und dann vor der zweitgrößten Insel Hiva Oa ankerte, war er hingerissen von dem Landschaftsbild, das sich ihm bot: steil aufragende, zerklüftete grüne Berge, nackte, scharfkantige Lavafelsen, tiefe Schluchten mit üppiger Vegetation, kompakte Wolkenfelder, die auf dem Gebirgskamm klebten, oder bizarre Wolkenfetzen, die über die Gipfel fegten. Die Schönheit der Insel beeindruckte ihn, zudem hatte Hiva Oa ein gesundes Klima, es gab keine Moskitos, keine Überträger der Malaria oder Elephantiasis, nicht einmal die hässliche Fliege von Nuku Hiva. Der Hauptort Hiva Oas, Atuona, lag zwischen dem schwarzen Kiesstrand, auf dem sich mit aller Gewalt die Wellen brachen, und den Bergen, aus denen ein Fluss durch sein enges, fruchtbares Tal schoss, und in der Mündungsebene standen die Häuser verstreut zwischen Kokospalmen und Taro-Gärten. »Ich halte das Dörfchen auf der Küstenmarsch (…) für das idyllischste Fleckchen auf unserer Erde.« Nicht mehr und nicht weniger. Ein gewagtes Urteil für einen, der gerade erst ausgezogen war. Zwar hatte der mit Worten gar nicht geizige Schotte schon ein paar Länder gesehen, doch Asien, Afrika, Lateinamerika, Australien und Ozeanien noch nicht. Man könnte sein Verdikt für eine Ausgeburt des ersten, überwältigenden Eindrucks halten, er formulierte es jedoch zwei Jahre später auf seiner dritten Kreuz- und Querfahrt durch die Südsee, nachdem er bereits den Tuamotu-Archipel, Tahiti, Hawaii, die Gilbert-Inseln und Samoa kennengelernt hatte. Auf dieses Fleckchen des Planeten, in dieses Idyll zog sich nun, 13 Jahre später, Gauguin zurück, nach Atuona auf La Dominique.

Diesen Namen, La Dominica, hatte Álvaro de Mendaña der Insel gegeben, jener Goldsucher, der die Salomon-Inseln für Ophir hielt. Im Jahr 1563 war er mit seinem Onkel, der zum Präsidenten des Gerichtshofs von Lima ernannt worden war, nach Peru gegangen. Die Quechua-Indianer erzählten den Spaniern, hinter dem Meer im Westen läge Land voller Gold, und der Onkel, der vorübergehend das Amt des Vizekönigs ausübte, weil dieser Posten gerade vakant war, rüstete eine Expedition zur Terra Australis incognita aus. 1567 stach sein Neffe vom Callao aus mit zwei Schiffen in See, stieβ nach 14 Monaten auf die Salomon-Inseln, die er für vorgelagerte Inseln des unbekannten Südkontinents hielt, und durchkämmte sie. Unter anderem wegen des mageren Ertrags – weder Gold noch Kontinent – dauerte es ein Vierteljahrhundert, bis Mendaña zu seiner zweiten Salomonen-Fahrt aufbrechen konnte, diesmal mit vier Schiffen und dem Auftrag, dort eine Kolonie zu gründen, die auch als Stützpunkt im Kampf gegen englische Korsaren dienen sollte. Auf dem Weg zu den Salomonen entdeckte er die Islas Marquesas, die er nach dem neuen Vizekönig von Peru benannte, dem vierten Marqués de Cañete. Knapp zwei Jahrhunderte später entdeckte James Cook auf seiner zweiten Pazifikfahrt die Marquesas erneut, ihm folgte zwei Jahrzehnte später der für einen Pelzhändler fahrende Amerikaner Joseph Ingraham, der einige kleinere Inseln der Gruppe aufstöberte und sie zum Beispiel Washington's Island (Ua Huka), Lincoln's Island (Motu One), Franklin's Island (Motu Iti), Knox Island (Eiao) nannte. Im gleichen Jahr 1791 bekamen die Marquesas Besuch aus Frankreich, Étienne Marchand entdeckte die gleichen Inseln wie Ingraham, nur gab er ihnen andere, französische Namen. Dann hielt er Kurs auf die Nordwestküste Nordamerikas, um Pelze einzutauschen, fuhr über Hawaii nach China, um sie dort zu verkaufen, traf im portugiesischen Macao den schwerkranken Ingraham und entdeckte, dass der Kollege und Rivale zwei Monate vor ihm die Marquesas entdeckt hatte. Seine Pelze wurde Marchand in China nicht los, doch sein fünfbändiger Bericht über die zweite französische Weltumseglung nach der Bougainvilles wurde ein kommerzieller Erfolg, erschien allerdings erst fünf Jahre nach dem Tod seines Autors. Und dann kamen seit dem Ende des 18. Jahrhunderts Missionare auf die Marquesas – aus England, aus Amerika, von Hawaii – und im Jahr 1838 die ersten katholischen Missionare, nämlich im Schlepptau desselben Du Petit-Thouars, der vier Jahre später erneut aufkreuzte und sowohl die Marquesas als auch Tahiti vereinnahmte.

Gauguin erreicht Hiva Oa im September 1901 auf einem Schoner der Deutschen Handels- und Plantagen-Gesellschaft der Südsee-Inseln zu Hamburg, die in Samoa ihr Epizentrum und auf Tahiti und den Marquesas Niederlassungen hat. In deren Zweigstelle in Atuona wird Gauguin seine Paketpost aus Frankreich in Empfang nehmen, bei ihr lässt er seine Schecks gutschreiben, die über eine Hamburger Bank laufen, in ihrem Lager wird er seinen Grundbedarf an Waren decken: Rum, Absinth, Whisky, Konserven, Baumaterial. Gauguin macht sich auf die Suche nach einem Grundstück, in Atuona befindet sich fast aller Grundbesitz in Händen der katholischen Mission, sie hat den Eingeborenen alles abgeluchst, manchmal mit dem Versprechen einer viel schöneren Parzelle im Jenseits. Gauguin geht fleißig in die Messe, bald ist der Bischof und apostolische Vikar der Marquesas bereit, ihm das einzige freie Grundstück für 650 Francs zu verkaufen: einen halben Hektar Kieselsteine und Gestrüpp unter Palmen neben dem Haus Monseigneurs und der Kirche, die Gauguin ab sofort nicht mehr betritt. Abgesehen von der unangenehmen Präsenz der Priester ist es ein schönes Fleckchen Erde, 300 Meter vom Strand entfernt, versteckt hinter Bäumen, durch die der Meereswind weht. Mithilfe einiger Eingeborener wird das Haus in wenigen Wochen aus Holz, Bambus und Palmflechtwerk zusammengezimmert, es steht auf Pfählen, über ein paar Stufen erreicht man das untere Stockwerk mit Küche, Essraum und kleiner Werkstatt, oben befinden sich das geräumige, helle Atelier und eine halbdunkle Schlafkammer, »jetzt habe ich alles, wovon ein bescheidener Künstler träumen kann«. Nackte Maori-Frauen zieren die Wandtafeln des Schlafzimmers, ins Holz seines Bettes hat Gauguin eine erotische Szene geschnitzt, an die Wand heftet er pornografische Fotos, die er auf seiner zweiten Tahiti-Reise in Port Said erworben hat. Und über der Eingangstür thront der einladende Name der Hütte zwischen Frauen, Tieren und Blattwerk auf Reliefs: Maison du Jouir, Haus der Wonne, des Genusses, der Freude, Freudenhaus.

Monsieur Gauguin, 53 Jahre alt, nimmt die vierzehnjährige Vaeoho zur illegitimen Gattin und vergnügt sich nebenbei und sporadisch mit »Modellen«, die den Weg ins Maison du Jouir finden, sowie neugierigen Mädchen aus der Missionsschule, er betatscht sie und sagt: Dich muss man malen. »Modelle!! Wundervoll«, schreibt er Monfreid, »offenbar wächst meine Wildheit mit dem Alter«. Das Paradies liegt doch nicht in Tahiti, sondern auf Hiva Oa, er verlebt glückliche Tage, hat keine Schulden, vielmehr Ersparnisse, das Leben ist viel billiger als auf Tahiti, nur Wein und andere Importartikel sind etwas teurer, mit 250 Francs im Monat kann er sehr gut leben. Sogar seine Gesundheit scheint sich zu festigen, er ist zwar noch krank, hat aber die Ruhe, die er braucht, jeden Tag freut er sich aufs Neue, Tahiti den Rücken gekehrt zu haben, er ist voller Energie und malt wieder. »Hier in der Einsamkeit kann man wieder erstarken. Hier löst sich die Poesie von ganz allein, und es genügt, sich beim Malen den Träumen zu überlassen, um sie wiederzugeben.« In der Tat malt Gauguin eher seinen Traum von den Marquesas als deren Realität und zeichnet ein paradiesisches Bild der Inseln, das er selbst nie sah. Im April 1902 schickt er 20 Bilder nach Frankreich.

Gauguin ist wilder als die Wilden. Die Marquesaner enttäuschen ihn, sie sind keine Wilden mehr. Die Exotik ist dahin. »Loti! Du lieber Himmel, wie reizend«, notiert er in sein Buch *Vorher und Nachher*, das kein Buch ist, wie er mehrfach betont, keine Autobiografie, sondern bestenfalls ein Schwatz, ein Konglomerat von Anekdoten, Einfällen, Erinnerungen, Reflexionen, eine spontane und nicht überarbeitete Abrechnung mit sich und der Welt, die er in seinen schlaflosen Nächten Anfang 1903 zusammenstellt. Der Marquesaner erregt keinen Schrecken mehr, im Gegenteil, er ist ein kluger Mann, völlig unfähig, eine Gemeinheit auszuhecken, sanft bis zur Dummheit und schüchtern jeder Autoritätsperson gegenüber. Er ist zwar noch Menschenfresser, aber nur in Gedanken, ein paar überlebende Greise schmatzen hin und wieder noch im Geiste, ein alter Kannibale aus Gauguins Nachbarschaft, vor Jahren der Menschenfresserei überführt und eingelocht, entblößt – darauf angesprochen – seine formidablen Kannibalenzähne und lächelt verzückt, erinnert sich an den Wohlgeschmack von Menschenfleisch, nein, die Marquesaner sind jetzt zahme Kannibalen, Wilde ohne Wildheit. Statt Menschengrillfeste veranstalten sie gelegentlich heimliche Saufgelage mit gegorenem Kokosnusswasser oder Orangensaft, bei denen sie nackt tanzen und sich wild durcheinander paaren, heimlich, weil der Verkauf von Alkohol an »Kanaken« verboten ist, von Gauguin werden sie allerdings großzügig bewirtet, er hat einen großen Rumvorrat angelegt. Im Busch finden vielleicht noch ab und zu kollektive Entjungferungen statt, zu denen die gesamte männliche Bevölkerung eines Dorfes antritt und jedes reife Mädchen um so mehr Ehre auf sich lädt, je mehr Wilde sie zur Frau machen. Wie schade, dass Gauguin kaum noch gehen kann.

»Nichts Pittoreskes mehr zu finden«, befindet Gauguin. All die schönen Gegenstände aus Schildpatt, Bein und Eisenholz haben die Missionare als Fetische verteufelt und die Gendarmen gestibitzt und an Sammler verhökert. Die Marquesaner hatten wie die Maori Neuseelands ein sehr fortgeschrittenes Kunstgewerbe, dank der Missionare ist es verschwunden. Um die Reste der Bildhauerkunst aufzufinden, die Steinskulpturen, Götterfiguren, hätte Gauguin in den Busch gehen und die alten überwucherten Kultstätten suchen müssen, die Marquesaner waren auch große Steinmetze gewesen. Relikte der hochentwickelten Tätowierkunst sah Gauguin noch in Atuona, von Kopf bis Fuß tätowierte Männer, wie Cook sie schon erblickt hatte. Wenige Jahre vor Gauguin dokumentierte der deutsche Ethnologe Karl von den Steinen die Muster und Figuren und deutete ihre Sprache, gerade noch rechtzeitig, bevor sie verstummte. Nach einer Weltumrundung, der Teilnahme an einer deutschen Polar-Expedition und zwei Forschungsreisen nach Zentralbrasilien kam er 1897 auf die Marquesas und fragte die Alten über die Motive der Körperbemalung aus, aber auch über Rituale, Legenden, Mythen. Die Missionare und die französische Verwaltung hatten nicht nur Hautmalerei, Menschenopfer, Initiations- und Fruchtbarkeitsriten als barbarisch, heidnisch und Beleidigung des Herrn verdammt, verboten, verfolgt, sondern auch Tänze und Gesänge der Eingeborenen, den Genuss von Kawa, das Baden ohne Feigenblatt, Hochwürden ärgerte sich sogar, wenn ein Mädchen kunstvoll einen Blumenkranz band und sich aufs Haar drückte, wie Gauguin bemerkte. Die neue Generation sang von Kindesbeinen an Kirchenlieder und Choräle in hochgeschlossenem Missionskittel und unverständlichem Französisch und sagte den Katechismus auf. »Alle fangen an, Stiefel zu tragen«, so Gauguin, bald werde der Marquesaner nicht mehr fähig sein, auf eine Kokospalme zu klettern, seit Jahren schon biete er das traurige Schauspiel einer aussterbenden Rasse. Dank der Importe der Weißen – Tuberkulose, Rum, Pocken, Opium, Syphilis – schrumpfte die indigene Bevölkerung der Marquesas von rund 20 000 Köpfen im Jahr 1842 auf etwa 3500 um 1900.

Auch Gauguin geht dem Tod entgegen, den Anfang vom Ende markiert ein prosaischer Steuerbescheid über 60 Francs. Wie, selbst im Paradies muss man Steuern zahlen? Und wofür? Die Verwaltung unterhält auf Hiva Oa nicht einmal eine Straße. Um die Kassen und Taschen von Tahiti zu füllen? Gauguin weigert sich. Die Gendarmerie warnt ihn, durch sein Beispiel die »Kanaken« zu zivilem Ungehorsam zu verleiten, Gauguin ist kein unbeschriebenes Blatt, auf Tahiti hatte er sich bereits unbeliebt gemacht, an einer polemischen Zeitschrift mitgewirkt und ein eigenes Blättchen herausgegeben und in seinen Artikeln und Zeichnungen gegen die Kolonialverwaltung gehetzt. Jetzt rät er den Eingeborenen, die Steuern zu verweigern und ihre Kinder nicht länger in die Missionsschulen zu schicken. Die Gendarmerie zeigt die Eltern an, die ihre Kinder aus der Schule nehmen, der Bischof untersagt seinen Schäflein, mit dem unsittlichen Maler zu verkehren. Gauguin verspottet den Pfaffenhäuptling, über den das Gerücht umläuft, mit seiner Haushälterin intim zu sein, und stellt zwei obszöne Holzskulpturen, *Vater Wollüstling* und *Heilige Thérèse*, am Aufgang seines Hauses auf, zudem entführt er dem Prälaten das zweite, jüngere Hausmädchen, das seine Hauptfrau Vaeoho ersetzt, als diese in ihr Dorf zurückkehrt, um Gauguins Kind zu gebären. Gauguin richtet Briefe, Eingaben, Beschwerden, Bittschriften an den Administrateur der Marquesas auf Nuku Hiva, den Gouverneur der Kolonie in Papeete, die Kolonialinspekteure aus Paris, prangert Missstände an, stellt im Namen der Eingeborenen Forderungen auf, reklamiert für sie unter anderem das Recht auf Alkohol, das man ja auch »Negern« und Gelben einräumt, zieht mit Vorliebe gegen die Gendarmen zu Felde, gegen ihre Willkür und Korruption und den Missbrauch, den sie mit Strafanzeigen treiben, die oft exorbitanten Geldstrafen, mit denen sie die Eingeborenen überziehen und an denen sie ein Drittel verdienen und durch deren Androhung sie Sachleistungen erpressen oder eine gewisse Dienstleistung, gegen die sie sich erweichen lassen, von einer Anzeige abzusehen. Gauguin schwingt sich zum Anwalt der Eingeborenen auf, stachelt sie auf, widersetzt sich den weltlichen und kirchlichen Autoritäten, er ist wilder als die Wilden, nicht nur wegen seines libertinären Lebenswandels und seiner Ausschweifungen, sondern auch und vor allem, weil er subversiv ist.

All der Streit und Ärger ist seiner Gesundheit und seiner Malerei nicht gerade förderlich. Er hat wieder Schmerzen, der Ausschlag brennt, die alten Wunden eitern, die geringste Bewegung fällt ihm schwer. Wenn er einmal ein Stück zu Fuß geht, dann am Stock, den geschnitztcn Knauf des einen ziert ein Paar in Umarmung, den des anderen ein Phallus. Er malt kaum noch und wenn, dann schlecht, aber das ist nicht weiter tragisch, es ist ohnehin besser, mit dem Verkauf seiner Bilder von den Marquesas keine Eile an den Tag zu legen, »die Bretagne ist verdaut, während Tahiti erst noch heruntergewürgt werden muss«, schreibt er Monfreid, der jetzt in den Pyrénées-Orientales lebt. Gauguin denkt daran, nach Frankreich zurückzukehren, denn wenn seine Krankheit, die ihm keine Ruhe lässt, unheilbar bleibt, dann ist es wegen der Luftveränderung besser, dass er sich in der Gegend Monfreids im Süden niederlässt und von dort aus nach Spanien geht, um irgendwelche neuen Elemente für die Malerei zu entdecken; Stiere, Spanierinnen, das ist alles schon gemacht worden, er jedoch stellt sich Spanien ganz anders vor, er, der in mütterlicher Linie von einer alten Adelsfamilie aus Aragonien abstammt, die in Peru zu Reichtum, Macht und Einfluss gelangt war, wo Gauguin seine frühe Kindheit verlebte. »Wie schade, ein so schönes Land wie die Marquesas zu verlassen«, doch auf den Inseln fühlt er sich nicht mehr sicher, er glaubt, dass man ihn beim erstbesten Fehltritt, bei der geringsten Blöße, die er sich gibt, »mit den Füßen zertreten«, zumindest ausweisen wird. Tatsächlich hätte der Gouverneur, wie er bekannte, einen solchen Halunken wie Gauguin, der durch sein schlechtes Beispiel den Frieden Frankreichs fernster Inselgruppen störte, lieber heute als morgen rausgeschmissen, leider waren ihm aber die Hände gebunden, Gauguin schützte die französische Staatsbürgerschaft, der Gouverneur bedauerte es alle Tage. Monfreid antwortet Gauguin, er dürfe nicht nach Frankreich zurückkommen, das würde eine Entwicklung stören, die sich gerade in der öffentlichen Meinung vollziehe. »Sie sind jetzt dieser seltsame, legendäre Künstler, der aus der Tiefe Ozeaniens seine bestürzenden, unnachahmlichen Werke schickt, (…) der sozusagen aus der Welt verschwunden ist. (…) Sie genießen die Immunität der großen Toten, Sie sind in die Geschichte der Kunst eingegangen.« Tot war Gauguin noch nicht ganz, doch er windet sich in Schmerzen, spuckt wieder Blut, sieht, dass er nicht mehr gesund wird, fürchtet zudem zu erblinden. Und dann kam auch noch der Zyklon aus der Tiefe Ozeaniens.

Es war ein Zyklon, wie man ihn auf den Marquesas noch nicht erlebt hatte, man nahm an, dass ihn ein submarines Beben ausgelöst hatte. Die niedrigen Inseln des benachbarten Tuamotu-Archipels wurden durch eine fürchterliche Springflut verheert, fast die gesamte Bevölkerung kam um, die bergigen Marquesas wurden weniger in Mitleidenschaft gezogen. Nach zwei Tagen Sturm, Donner und Regen ging es erst richtig los, Gauguin saß am Abend in seiner Hütte, als das Unwetter bedrohliche Formen annahm. Böen erschütterten das leichte Dach aus Kokospalmblättern und drangen durch alle Ritzen, zu allen Seiten krachten die ungeheuren Bäume, dann hörte er ein Geräusch, das von einem einstürzenden Steingebäude herzurühren schien, aber nicht aufhörte. Er trat aus der Tür und stand im Wasser, mitten in einem Gießbach, der Kiesel mit sich führte, die gegen die Holzpfosten der Hütte schlugen. Zum Glück lag das Haus zwei Meter über dem Boden und waren die Pfähle doppelt so dick wie normal, trotzdem befürchtete er, dass die Hütte jeden Augenblick vom Sturm hochgehoben und fortgeweht oder vom Wasser weggeschwemmt würde. An Flucht war nicht zu denken, wohin auch? Es wurde eine lange Nacht. Am Morgen bot sich ihm ein grauenhafter Anblick: Er sah sich von einer weiten Wasserfläche umgeben, von Granitblöcken, riesigen Baumstämmen, die Dorfstraße war in zwei Stücke gebrochen, sodass er auf seiner kleinen Insel wie der Teufel im Weihwasserbecken festsaß. Der Atuona-Fluss hatte sich ein neues Bett gesucht, alles mit sich gerissen und die Ebene überschwemmt. Im Ort gab es keine Brücken, keine Wege mehr, überall lagen Brotbäume, Felsen, Kadaver herum, viele Häuser waren zerstört – eine »Orgie der empörten Götter«.

In der Ruhe nach dem Sturm, als Gauguin seine Hütte wieder herrichten lässt, braut sich ein ganz persönlicher Wirbelsturm über seinem Haupt zusammen. Sein Erzfeind, ein Brigardier der Gendarmerie in Atuona, fädelt eine Klage gegen ihn ein. Am 27. März 1903 erhält Gauguin eine Vorladung, die Verhandlung vor dem provisorischen Gericht soll vier Tage später stattfinden. Man lässt ihm also keine Zeit, in Papeete einen Rechtsanwalt zu konsultieren und sich um Zeugen zu bemühen. Da weiß er, dass man ihn verurteilen will. Was er nicht gewusst hat, ist, dass alle Wi-wis (Franzosen, von oui oui) unter einer Decke stecken, die Gendarmen, der Administrateur, der Polizeichef in Papeete, der Gouverneur, der Richter, der Staatsanwalt, den er vor vier Jahren in Tahiti öffentlich verhöhnt und durch den Kakao gezogen hat. Gauguin geht erst gar nicht hin, verzichtet darauf, an dieser Farce von Verhandlung als Opfer teilzunehmen, und wird wegen Verleumdung eines Soldaten der Gendarmerie in Abwesenheit zu drei Monaten Haft und 500 Francs Geldstrafe verurteilt. Aber er will auf Tahiti in Berufung gehen und wenn nötig bis vors Schwurgericht in Paris ziehen. Um nach Tahiti zu fahren und sich einen Anwalt zu nehmen, braucht er dringend Geld, zur Zeit hat er 1400 Francs Schulden bei der deutschen Handelsgesellschaft und sonst nur Außenstände, die nicht hereinkommen. Wenn er von der Handelsgesellschaft keinen neuen Kredit bekommt, ist das sein Ruin und der vollkommene Zusammenbruch seiner Gesundheit. Er sendet einen Notruf an Monfreid: »Es geht darum, mich zu retten.« Seine Krankheit verschlimmert sich, er wird bettlägrig und schickt nach dem protestantischen Pfarrer von Atuona, der über medizinische Kenntnisse verfügt. »All diese Sorgen bringen mich um.« Am 8. Mai verliert Gauguin zweimal das Bewusstsein, der Pastor entdeckt ein großes Geschwür am Rückgrat und schneidet es auf, Gauguin kommt wieder zu sich, doch wenige Stunden später versagt sein Herz. Er starb an Erschöpfung und Verzweiflung, schrieb Victor Segalen, der Schiffsarzt, Schriftsteller und Bewunderer Gauguins, der drei Monate nach dessen Tod auf Hiva Oa landete. Der Bischof ließ es sich nicht nehmen, Gauguin auf dem Friedhof der Mission unter die Erde zu bringen, wo 75 Jahre später auch Jacques Brel beigesetzt wurde, der sich 1976 auf Hiva Oa niedergelassen hatte. Woher kommen wir? Aus dem verfaulten Europa. Wer sind wir? Versager, Gescheiterte. Wohin gehen wir? Zu den Ameisen. Es gab kein Paradies, in das man flüchten konnte, auch im abgelegensten Erdenwinkel nicht, allenfalls in den ewigen Schlafgründen.

5.
Zauber und Entzauberung – Das Ende der glücklichen Tage

Je näher sie dem Land kamen, desto mehr Pirogen umringten sie. In ihnen befanden sich auch viele junge Frauen von schönem Wuchs und hellbrauner Hautfarbe. Die meisten dieser Nymphen waren nackt; die Männer und alten Weiber hatten ihnen den Lendenschurz abgenommen. Die Eingeborenen bedeuteten den Seeleuten, sich eine Frau auszusuchen und mit ihr an Land zu gehen, und gaben ihnen zu verstehen, wie sie sich mit ihr beschäftigen sollten. »Man kann sich vorstellen«, schrieb der Kommandant der Fregatte »Boudeuse«, »wie schwer es angesichts eines solchen Schauspiels hielt, vierhundert junge französische Seeleute, die sechs Monate lang keine Frauensperson mehr gesehen hatten, zu bändigen«. Trotz aller Gegenmaßnahmen gelang es einem der Mädchen, auf das hintere Verdeck zu klettern, es bezog Posten an einer der offenen Luken über der Ankerwinde, ließ ungeniert auch die letzte Hülle fallen und »stand vor den Augen aller da wie Venus, als sie sich dem phrygischen Hirten zeigte. Sie hatte einen göttlichen Körper«. Die Matrosen und Marinesoldaten glühten, aber sie trauten sich nicht, ans Werk zu gehen, zu dem sie sowohl die Schöne als auch ihre Stammesgenossen aufforderten. Nachdem Venus lange gewartet hatte, kehrte sie verärgert in ihr Kanu zurück.

Welch eine Missachtung der heiligen Gesetze der Gastfreundschaft! Welch ein Affront gegen die Willkommenskultur der Wilden und die Offenheit und Freigebigkeit ihrer liebenswerten Töchter! Wie verzogen mussten die Söhne der Kulturnation Frankreich sein, wie erkünstelt ihre Anstandsbegriffe, verquer ihr Taktgefühl und überzüchtet ihre Schamhaftigkeit, dass sie sich einen solchen Fauxpas leisteten? An Land bemühten sie sich allerdings, ihren verzeihlichen Fehler wieder gutzumachen. Sie gingen allein oder in Gruppen und unbewaffnet spazieren, Insulaner gesellten sich ihnen zu, irgendwo wurden sie in ein Haus geladen und mit Kokosnüssen und Bananen bewirtet, doch dabei blieb es nicht, der Hausherr bot ihnen auch ein junges Mädchen an, eine Tochter von vielleicht zwölf oder dreizehn Jahren. Die Eingeborenen bereiteten ein Lager aus Blättern und Blüten, legten eine Matte in die Mitte und bildeten einen Kreis um das Ganze, einer spielte ein Lied auf der Flöte, das Mädchen setzte sich auf die Matte, entblößte sich gänzlich, streckte sich aus, und jeder der französischen Gäste gab sein Bestes, der Venus ein Opfer darzubringen. Manch einer hatte allerdings Hemmungen, öffentliche Begattung vor 50 anfeuernden Zuschauern entsprach so wenig den europäischen Sitten, dass es nicht jedem gelang, auf Anhieb über den Schatten seiner Erziehung zu springen. Nicht nur die Öffentlichkeit der ganzen Angelegenheit, sondern auch das geringe Alter mancher der dargebotenen Mädchen wird für die meisten Gäste ein Hinderungsgrund gewesen sein. Die Eingeborenen waren bei verzögerter oder ausbleibender Begattung sehr unzufrieden, für sie war der Liebesakt ab der Geschlechtsreife ganz natürlich und ein Volksfest, Venus – Göttin der Schönheit und der geschlechtlichen Liebe und auf Tahiti in Personalunion auch der Gastfreundschaft – hatte keine Geheimnisse.

Kapitän Bougainville verriet in seinem Bericht nicht, wie er selbst sich schlug oder aus der Affäre zog, nur, dass Häuptling Tutaa, der ihn auf der »Boudeuse« besucht und mit Früchten, Schweinen, Hühnern und Stoffen beschenkt hatte, ihm bei einem Gegenbesuch »eines seiner Weiber« anbot, das »sehr jung und überaus artig war. Die Gesellschaft war zahlreich, und die Musiker hatten schon das Hymenslied angestimmt.« Die Sitten schienen auf der Insel so locker zu sein, dass Karl Heinrich von Nassau-Siegen, der als Glücksspieler und Libertin an den Höfen Europas gewirkt und sich Bougainville angeschlossen hatte, um nicht zuletzt seinen Gläubigern zu entgehen, nichts dabei fand, anlässlich des Empfangs bei einem vornehmen Wilden mit einer von dessen Frauen anzubändeln, woraufhin der deutsch-französische Prinz von einem anderen Häuptling auf der Stelle zurückgepfiffen wurde. Die Frau war verheiratet, und bei Ehebruch ohne Einwilligung ihres Gatten hätte sie ihre Untreue vielleicht mit dem Leben bezahlen müssen. So streng waren offenbar die Sitten auf O-Taheiti. Die Erlaubnis zum Fremdgehen war aber nicht schwer zu erlangen, die glücklichen Insulaner schienen Eifersucht nicht zu kennen, die Männer waren sogar die ersten, die ihre Frauen anhielten, sich anderen Männern und insbesondere Fremden hinzugeben. Unverheiratete Mädchen – und Witwen – waren völlig frei, ihren Neigungen und Trieben nachzugeben, sie kannten weder Scham noch Skrupel, ernteten für ihre Freigebigkeit und frenetische Aktivität vielmehr Anerkennung und öffentlichen Beifall. So jedenfalls der Eindruck der Franzosen.

Glückliches Tahiti! War dieses Land nicht wie die Insel aus Camões *Lusiaden*, jene Insel der Liebe, die Venus vor den aus Indien zurückkehrenden Mannen Vasco da Gamas aus dem Meer aufsteigen ließ, damit die Portugiesen sich in den Armen der Nymphen erholten? Für die Franzosen war das Glück nicht Fiktion, sondern handfeste Realität. Bougainville nannte Tahiti Neu-Kythera nach der Insel, auf der die schaumgeborene, dem Meer entstiegene Aphrodite alias Venus an Land gegangen und kultisch verehrt worden war. Herrschte auf Tahiti nicht freie Liebe, und das zu einer Zeit, als in Europa das Recht auf Liebesglück durch Standesgrenzen beschnitten war und in Romanen wie Rousseaus *Julie ou la Nouvelle Héloïse* oder Jacques-Henri Bernardin de Saint-Pierres auf Mauritius spielender Erzählung *Paul et Virginie* eingefordert werden musste? Tahiti war in jeder Beziehung ein Garten Eden, die Menschen so freigebig wie die Natur, jedermann pflückte Früchte vom erstbesten Baum und bediente sich in fremden Häusern, ohne um Erlaubnis zu fragen. Zu arbeiten gab es nicht viel: ein wenig Fischfang, ein bisschen Bootsbau, ab und zu Baumrinde klopfen, um Baststoff daraus zu machen. Die Insulaner ernährten sich hauptsächlich vegetabilisch und von Fischen, aßen selten Fleisch, die Männer waren groß und wohlproportioniert, vom Typ Mars oder Herkules, die Frauen hatten feine, geradezu europäische Züge, ihre größte Schönheit residierte jedoch in ihrer Figur. Und alle blieben bis ins hohe Alter gesund und kräftig. Bougainville sah während seines Aufenthalts nur einen einzigen gebrechlichen Mann, dessen Unglück von einem Sturz herrührte. Venerische Krankheiten schienen unbekannt zu sein. Die Tahitianer waren sanftmütig und gutherzig und hilfsbereit, sie halfen den Franzosen beim Wassereinholen und trugen das geschlagene Holz zu den Landungsbooten, brachten ihnen frische Lebensmittel und sammelten Kräuter für die Skorbutkranken. Und sie luden die Europäer ein, sich mit ihnen zusammen die Zeit zu vertreiben bei Gesängen, Tänzen – und Liebe natürlich. Einmal spazierte Bougainville an einem Insulaner vorbei, der unter einem Baum lag, ihn bat, sich gleichfalls niederzulassen, und begann, »ganz langsam ein vermutlich anakreontisches Lied« zu singen, zu den Tönen einer Flöte, die ein anderer Indianer mit der Nase blies. So ruhig und glücklich verbrachten die Insulaner ihre Tage. War das nicht Arkadien? Waren die Franzosen in das mythische Goldene Zeitalter des Menschengeschlechts zurückgesegelt? Bougainville jedenfalls wähnte sich in den Elysischen Gefilden.

Der Arzt und Naturforscher Philibert Commerson hingegen, der auf Vorschlag der Pariser Akademie der Wissenschaften vom Hof Bougainville mitgegeben worden war, um zu botanisieren, nannte Tahiti Utopia, die Wirklichkeit gewordene Utopie sozusagen, doch mit der totalitäre Züge tragenden Nova insula Utopia des Thomas Morus, die der Portugiese Raphael Hythlodeus gefunden und besucht haben wollte, nachdem er mit Amerigo Vespucci dreimal nach Amerika gefahren war, hatte Tahiti nicht viel gemein. Das Bild, das Commerson von Tahiti malte, entsprach in etwa dem, das etliche Autoren seit dem Altertum vom irdischen Paradies gezeichnet hatten und das Montaigne nach der Lektüre von Berichten französischer Brasilien-Reisender in den Stammesgemeinschaften edler Wilder, dieser Erben des arkadischen Schäfers, in den Verbänden nobler Kopfjäger und Kannibalen erblickt und Rousseau nach jahrelangem Studium einschlägiger Reiseberichte erst wenige Jahre zuvor in seinem *Discours sur l'origine et les fondaments de l'inégalité parmi les hommes* an den Horizont einer besseren Zukunft gehängt hatte. Ewiger Friede, ewiger Frühling und ewige Freude, gutmütige, naive, ungebildet-unverbildete, bescheidene, hilfsbereite, gastfreundliche Menschen von großer Schönheit und entzückender Nacktheit – wie es sich fürs Paradies gehört –, ein Leben im Überfluss, ohne Arbeit, nur mit geringfügigen Beschäftigungen, doch viel Muße, eine Gemeinschaft ohne Privateigentum und Geldwirtschaft, Profitstreben und Expansionsdrang, ohne Herren und Knechte, Reiche und Arme, aber mit freier, schamloser Liebe, ohne Einschränkung durch Moral und Mieder – dies waren einige der postulierten Ingredienzen des Schlaraffenlandes. Was Tahiti in den Himmel hob, war laut Commerson, dass seine Bewohner keinen anderen Gott als die Liebe kannten, »jeder Tag ist ihr geweiht, die ganze Insel ist ihr Tempel, alle Frauen sind ihre Priesterinnen (…). Und was für Frauen das sind!« Entsprach diese Sexophilie nicht dem Naturzustand des reinen Menschen, »der in seinem Ursprung wesentlich gut, von jedem Vorurteil frei ist und der ohne Argwohn und ohne Gewissensbisse den sanften Trieben eines stets sicheren Instinktes folgt, welcher noch nicht zur Vernunft degeneriert ist«? Dabei waren die Tahitianer beileibe keine Horde grobschlächtiger, stumpfsinniger Wilder, »alles bei diesem Volke trug den Stempel der vollkommensten Intelligenz«, wohingegen Bougainville beobachtet hatte, dass das geringste Nachdenken ihnen eine unerträgliche Arbeit zu sein schien und sie sich noch mehr scheuten, den Geist anzustrengen als den Körper. Die Frauen, so der Rousseau-Jünger Commerson, waren bei ihnen keineswegs unterdrückt wie sonst bei den Wilden, während Bougainville meinte, die Weiber seien ihren Männern vollkommen unterworfen. Commerson beeindruckte es, mit welchem Grausen die Insulaner Messer und Scheren von sich wiesen, als ahnten sie den Missbrauch, den man mit solchen Geräten treiben konnte; sie empfanden Abscheu vor dem Vergießen menschlichen Blutes. Bougainville gab zu, dass es unter ihnen kein Misstrauen, keinen Hass und keine Stammeskriege gab, wohl aber führten sie Kriege mit den Nachbarinseln und opferten Menschen aus ihren eigenen Reihen. Commerson blieb dabei: Tahiti war vielleicht das einzige Land auf der Erde, »wo Menschen ohne Laster, ohne Vorurteile, ohne Mangel, ohne inneren Zwist leben«.

Die im Jahr 1769 im *Mercure de France* erschienenen Ausführungen Commersons stellten die erste veröffentlichte Nachricht und Würdigung der Entdeckung Tahitis durch die Franzosen dar. Zusammen mit dem zwei Jahre später publizierten Bericht Bougainvilles begründeten sie den Tahiti-Mythos.

Nachdem Captain Wallis durch die Magellan-Straße und an einigen der flachen Inseln des Tuamotu-Archipels entlanggesegelt war, sichtete er am 18. Juni 1767 sehr hohes Land und hielt darauf zu. Bei der Suche nach einem Ankerplatz zog am nächsten Morgen Nebel auf, und als er sich lichtete, war der mit 24 Kanonen bestückte »Dolphin« von einigen hundert Kanus umringt. In ihnen mochten mehr als 800 Mann sitzen, die das Schiff andächtig bestaunten. Die Engländer zeigten ihnen »allerlei Spielsachen« und forderten sie auf, an Bord zu kommen, die Eingeborenen beratschlagten sich, ruderten um das Schiff herum und gaben den Briten Freundschaftszeichen. Schließlich kletterte ein starker junger Mann hinauf und wurde beschenkt, woraufhin andere ihm folgten; keiner von ihnen wusste, wie man dieses Riesenkanu richtig bestieg. Eine der an Bord mitgeführten Ziegen gab einem der Indianer von hinten einen Stoß mit den Hörnern, erschrocken drehte sich der Wilde um, sah die auf den Hinterfüßen stehende, zum nächsten Schlag bereite Ziege und sprang augenblicklich über Bord, und alle seine Genossen, die den Vorgang beobachtet hatten, sprangen hinterher. Doch bald fassten sie wieder Zutrauen und kamen aufs Schiff zurück, wurden mit bunten Glasperlen, eisernen Nägeln und anderen »Kleinigkeiten« beschenkt und gebeten, Früchte, Schweine und Federvieh von der Insel zu holen und an Bord zu bringen, was sie jedoch nicht zu begreifen schienen. Stattdessen lauerten sie auf Gelegenheiten, herumliegende Sachen zu mausen. Einer riss einem Unteroffizier seiner Majestät des Königs von Großbritannien und Irland einen neu bordierten Hut vom Kopf, sprang damit in die See und schwamm auf die Küste zu. Der »Dolphin« fuhr weiter, um besseren Ankergrund zu suchen.

An einer großen Bucht sandte Wallis die Boote zum Sondieren aus. Sie wurden bald von einer Menge Kähne umgeben, und da der Captain befürchtete, die Indianer könnten seine Leute angreifen, gab er diesen ein Zeichen, zum Schiff zurückzukehren, und ließ einen Neunpfünder über die Köpfe hinwegfeuern, um den Wilden »ein wenig Ehrfurcht einzuflößen«. Der Kanonendonner erschreckte sie ein bisschen, doch hielt er sie nicht davon ab, den Booten nachzustellen und eins mit Steinen zu bewerfen, wobei ein Bootsmann verletzt wurde. Daraufhin schoss der Offizier im Boot mit Schrot auf denjenigen, der den ersten Stein geworfen hatte, und verwundete ihn. Alle anderen sprangen aus dem Kanu, und die restlichen Kähne ergriffen die Flucht. Beim nächsten Versuch, irgendwo vor Anker zu gehen – drei Tage, nachdem Wallis die Insel gesichtet hatte –, spielte sich eine ähnliche Szene ab, die Insulaner machten Miene, mit Keulen und Rudern ein Landungsboot zu entern, die Bootsleute feuerten auf die Angreifer, töteten einen und verwundeten einen zweiten schwer. Später kamen einige Pirogen ans Schiff, um Handel zu treiben. So lernten die Eingeborenen, »dass sie nichts von uns zu befürchten hätten, solange sie sich nur friedlich aufführten«. Samuel Wallis war gekommen, mit Feuerwaffen die Wilden Mores zu lehren.

Es dauerte noch ein paar Tage, bis Wallis eine geeignete Ankerstelle fand, unterwegs schlug er eine kleine Seeschlacht. Erst kamen von der Küste viele kleine Kähne mit Lebensmitteln ans Schiff, dann große Doppelkanus, die nichts als Kieselsteine an Bord hatten, zuletzt immer mehr Kanus mit einer ganz anderen Ladung, nämlich Weibspersonen, die ihre Reize zur Schau stellten und alle erdenklichen unzüchtigen Gebärden machten. Währenddessen zogen sich die großen Kanus um das Schiff zusammen, ruderten auf ein Zeichen schnell auf den »Dolphin« zu und bedachten ihn von allen Seiten mit einem Steinhagel. Wallis gab Befehl, Flinten und zwei kleine Kanonen abzufeuern, was die Eingeborenen für einen Augenblick verwirrte, dann griffen sie erneut an. Nun ließ Wallis schweres Geschütz »spielen« und nicht nur auf die um das Schiff wuselnden 300 Kähne mit etwa 2000 Mann halten, sondern auch auf die Küste, wo immer noch mehr Pirogen bemannt wurden. Als die Wilden etwas auf Distanz gingen, nahm Wallis an, sie wären nun hinlänglich davon überzeugt, »wie sehr wir ihnen überlegen waren«, doch darin täuschte er sich, sie änderten nur ihre Taktik, paddelten auf Bug und Heck des »Dolphin« zu, um erneut Steine regnen zu lassen, wobei viele Matrosen verletzt wurden. Wallis ließ einige Geschütze an Deck bringen, und ein Schuss traf so genau ein Kanu, in dem sich ein Anführer befand, dass es in tausend Stücke gerissen wurde. Nun war Ruhe, die Kähne suchten das Weite, und die Leute an der Küste flohen ins Gebirge.

Kein Kahn bewegte sich auf dem Wasser, kein Mensch ließ sich am Strand blicken, keine Weiber mehr, die sich nackt auszogen und eindeutige Gesten machten, um die Seefahrer an Land zu locken. Wallis ließ den »Dolphin« an einer Flussmündung mit der Breitseite zum Land vor Anker legen, alle Boote bemannen und bewaffnen und schickte seinen Zweiten Leutnant samt Seesoldaten mit dem Befehl an Land, eine sichere Stellung einzunehmen. Die Boote landeten, ohne auf den geringsten Widerstand zu stoßen, der Offizier pflanzte eine Stange mit wehendem Wimpel auf, nahm im Namen Seiner Majestät von der Insel Besitz und nannte sie King's George III. Island; es handelte sich um nichts anderes als Tahiti. Am nächsten Morgen war der Wimpel weg. Da aber alles ruhig war, schickte Wallis seine Leute an Land, um Frischwasser aus dem Fluss zu holen. Während sie die Fässer füllten, beobachtete der Captain, der seit 14 Tagen krank und so schwach war, dass er kaum auf dem Schiff »herumkriechen« konnte, mit dem Fernglas die Insel, erblickte etliche Eingeborene, die sich von der anderen Seite dem leicht zu durchwatenden Fluss näherten, erspähte eine Meute Wilder hinter der Wasserstelle durchs Gebüsch schleichen, einen Trupp den Berg herabmarschieren, Tausende durch die Wälder anrücken und von den beiden Landspitzen und dem Ufer der Bucht unzählige Pirogen schnell auf das Schiff zukommen. Wallis erschrak über diese Anstalten, schickte sogleich ein Boot ab, um seine Mannen zum Schiff zurückzurufen, und entschloss sich, allen Feindseligkeiten ein für alle Mal ein Ende zu setzen. Zunächst ließ er die Kanonen mit allem Nachdruck auf die Kanus feuern, sodass die übrig gebliebene Flotte zurückwich, dann auf verschiedene Stellen des Waldes schießen, woraufhin die Wilden auf einen Berg rannten, auf dem Frauen und Kinder sich versammelt hatten, um dem Gefecht zuzuschauen, sodann auf diesen Berg halten, wo sich viele Tausende aufhielten, die meinten, dort vor den Kugeln sicher zu sein. Wallis überzeugte sie vom Gegenteil, ließ vier Schüsse in der Hoffnung abgeben, die Eingeborenen glauben zu machen, die britischen Kugeln könnten sie überall treffen, mochten sie auch noch so weit entfernt sein. In weniger als zwei Minuten war keine Seele, die noch laufen konnte, mehr zu sehen. Als er die Küste dergestalt »gereinigt« hatte, sandte er unter starker Bedeckung seine Zimmerleute aus, mit ihren Beilen die Kähne auf dem Strand zu zertrümmern.

Nun war endgültig Ruhe, und die Zeit des Friedens und der Freundschaft brach an. Nahe der Wasserstelle wurde ein Zeltlager für die Kranken aufgeschlagen und eine Tauschbörse eingerichtet, die Eingeborenen lieferten alles, was die Insel hergab, ihre Töchter inklusive, und verlangten für deren Gefälligkeit je nach Schönheit des Mädchens einen kleineren oder größeren Eisennagel. Da die Matrosen nicht unbegrenzt bei Kasse waren, begannen sie, den »Dolphin« zu demontieren, vorzüglich die Nägel herauszuziehen, mit denen die Klammern für das Tauwerk befestigt waren, und als sie keine Nägel mehr fanden, entwendeten sie Blei, schnitten es in Nagelform und betrogen die Eingeborenen. Eine Folge davon war, dass das Schiff auseinanderzufallen drohte, eine andere, dass die Lebensmittelpreise stiegen. Hatte der Konstabler für Schweine mittlerer Größe zuvor kleine Nägel gezahlt, so zogen die Eingeborenen nun längere hervor und gaben ihm zu verstehen, dass sie solche verlangten. Das führte zu einem Rückgang des Handels und einem Versorgungsengpass, der durch Intervention der »Inselkönigin« behoben wurde, mit der Wallis sich anfreundete, sobald er – noch schwach und kränklich – an Land gehen konnte. Königin und Captain tauschten artig Geschenke aus, gegen Proviant erhielt sie sukzessive Beile, Messer, Schaufeln und Pflanzensamen, Hähne, Gänse und Fasanen, eiserne Töpfe, gläserne Flaschen und Porzellan, Nadeln, Zwirn,

Stoff und Bänder, Scheren, Spiegel und einen blauen Mantel. Wenn er von baldiger Abreise sprach, brach sie jedes Mal in eine Flut von Tränen aus, und als alle Mann wieder gesund, die Wasserfässer frisch gefüllt, die Decks voller Schweine und Federvieh waren und der »Dolphin« Ende Juli unter Segel ging, nahm die Königin in so zärtlicher Freundschaft und rührender Betrübnis Abschied von Wallis, »dass ich selbst (…) mich der Tränen nicht enthalten konnte«.

Die hochintelligenten Wilden hatten die Lektion gelernt, und Wallis' britischer Nachfolger, Lieutenant Cook, wusste es. Als er im April 1769 mit dem »Endeavour« Tahiti ansteuerte, erwartete er keinen bewaffneten Konflikt auf der Insel. »Wir wussten, dass die Einwohner derselben von unserer Macht bereits überzeugt waren, und hatten Ursache zu vermuten, dass sie uns ohne allen Widerstand aufnehmen (…) würden.« Bougainville hingegen hatte es nicht gewusst. Als er im April 1768 auf Tahiti landete, war ihm unbekannt, dass Wallis die Insel zehn Monate vor ihm entdeckt hatte und was dabei vorgefallen war. Erst auf der Weiterfahrt erfuhr er von Aoturu, dem Häuptlingssohn, den Bougainville mit nach Frankreich nahm, dass ein englisches Schiff auf Tahiti gewesen war und die Tahitianer die Engländer angegriffen hatten, um ihnen das Schiff wegzunehmen. Deswegen vielleicht hatte es Häuptling Ereti anfangs missfallen, dass Bougainville ein Lager an Land aufschlug, und ihn gedrängt, so bald wie möglich weiterzusegeln. Deshalb vermutlich kannten die Tahitianer bereits das Eisen und nannten es Auri nach dem Klang des englischen Iron.

Tahiti – ein Missverständnis also? Das Tahiti-Bild, das Bougainville und Genossen prägten, ein Kurzschluss, der ganze Südseezauber, der bis heute in den Köpfen spukt, ein Trugbild? Anbiederung, Einschmeichelung, Unterwürfigkeit und Geschäft anstelle echter Gastfreundschaft, Prostitution statt freier Liebe? Welch Ironie: Bougainville empfand Tahiti als Paradies – dank britischer Kanonen.

Im Allgemeinen bestätigte James Cook Bougainvilles positiven Eindruck von den Tahitianern, sie waren höflich, freundlich, friedfertig, offenherzig und freimütig, ohne Argwohn, Hinterlist, Verrat, Grausamkeit oder Rachsucht, liebe Kinder, die noch nicht gelernt hatten, sich zu verstellen oder ihre Empfindungen zu unterdrücken, und ihre Tränen so schnell vergaßen wie vergossen. Cook befremdete es allerdings, dass nach einem Gottesdienst im Fort, das die Engländer angelegt und mit Wällen, Gräben, Palisaden, zwei Kanonen und sechs Drehbassen versehen hatten, ein junger Bursche draußen vor dem Tor in Gegenwart der Briten und einer Menge Eingeborener eine grundverschiedene Messe zelebrierte, nämlich »ganz öffentlich bei einem Mädchen lag«, das elf oder zwölf Jahre zählen mochte und von den Frauen, selbst von der Königin beraten wurde, wie es seinen Part erfüllen sollte, was das Mädchen im Übrigen gar nicht nötig hatte. Auch schien es auf der Insel nicht ungehörig, sondern allgemeiner Brauch zu sein, dass ein Häuptling eine seiner Frauen, ein Vater seine Tochter, ein Bruder seine Schwester den Fremden anbot, und das war noch nicht alles, »es gibt hierzulande einen Grad ausgelassener Üppigkeit«, sprich Promiskuität, »den keine andere Nation (...) je erreicht hat«. Eine sehr beträchtliche Anzahl vornehmer Leute gehörte dem gar nicht so geheimen Geheimbund der Arioi an, einer Gesellschaft, in der »ein jedes Frauenzimmer einer jeden Mannsperson gemeinschaftlich ist«. Dieser religiös-kultische Swingerclub veranstaltete Zusammenkünfte, bei denen die Männer Ringkämpfe austrugen und die Frauen Tänze aufführten, nackt und aufreizend, um »die Lüste zu erregen«, die nicht selten an Ort und Stelle befriedigt wurden; dass die Früchte der Wollust bei der Geburt erstickt werden mussten, hielt Cook selbstverständlich für unmenschlich. Mochten die Frauen der Insel auch zum Teil Gemeingut sein, die Fruchtbäume waren es nicht, darin irrte Monsieur de Bougainville gewaltig. Tahiti war kein Selbstbedienungsladen, allenfalls ein Paradiesgarten für Diebe.

Es kostete Cook erhebliche Mühe, die Eingeborenen vom Schiff fernzuhalten, zumal »sie in der Kletterkunst den Affen ebenbürtig sind«, noch schwieriger aber war es, sie vom Diebstahl aller Dinge abzuhalten, derer sie nur habhaft werden konnten, sogar die Glasscheiben der Kajüte ließen sie mitgehen. Die Tahitianer waren »die größten Diebe auf Erden« und stahlen »mit einer Geschicklichkeit, die den erfahrensten Taschendieb in Europa beschämen könnte«, und zwar ziemlich wahllos Messer, Wasserfass und Quadranten, Kleider, Degen und Fernrohr, Pistolen und Schnupftabaksdose, abgesehen von solchen Kleinigkeiten wie Nägeln, von denen Cooks Matrosen gleich einen Zentner klauten, um sich peu à peu die wohlfeile Gunst der Insulanerinnen zu erkaufen. Gleich in den ersten Tagen raubte ein Indianer eine Muskete, er schlug die Wache nieder, riss ihr das Gewehr aus der Hand, rannte fort, mit ihm die Menge, Cooks Leute feuerten augenblicklich in den dicksten Haufen, trafen den Dieb aber nicht, setzten ihm nach und erschossen ihn. Cook hatte Anweisung gegeben, »Freundschaft mit den Eingeborenen zu halten«, nicht, sie bei der erstbesten Unbotmäßigkeit umzulegen. Dass Diebe in England damals gehängt wurden, war für Cook kein Grund, sie auf Tahiti zu erschießen, wo es kein entsprechendes Gesetz gab und englisches Recht nicht mal eben so implementiert werden konnte, noch dazu rückwirkend, dazu sah sich Cook nicht befugt, überhaupt war die Dieberei hier auf der Insel kein solches Verbrechen, das den Tod verdiente. Wie hätte Cook, der die Kindestötung bei den Arioi verurteilte, diese Kinder von Insulanern auch exekutieren sollen, die es ihrerseits schon unmenschlich fanden, einen diebischen Matrosen auszupeitschen, im Schlaraffenland herrschten halt andere Eigentums- und Rechtsbegriffe. Cook sann auf Mittel und Wege, den Dieben auf andere Art und Weise ein für alle Mal das Handwerk zu legen.

Als eines Nachts ein Eingeborener einen eisernen Kohlen-Rechen aus dem Fort stahl und es sich glücklich fügte, dass gerade mehr als 20 Pirogen vom Fischfang zurückkehrten, beschlagnahmte Cook kurzerhand die Kähne und erklärte öffentlich, sie alle verbrennen zu lassen, falls der Rechen und alles, was bis dahin gestohlen worden war, nicht herbeigeschafft würde. Es funktionierte – zu einem geringen Teil, nur der Rechen kam zurück. Und als kurz vor Cooks Abreise zwei seiner Seesoldaten desertierten und sich mit ihren Mädchen, in die sie sich heftig verknallt hatten, in die Berge verkrochen, setzte er mit beeindruckender Konsequenz – als hätten die Mädchen seine Männer geraubt – mehrere Häuptlinge, die seine Gäste waren, im Fort gefangen, entführte sie vor Einbruch der Nacht auf den »Endeavour« und hielt sie so lange in Haft, bis die Entlaufenen von den Eingeborenen aufgestöbert und ausgeliefert wurden, eine Methode, die Tuti – wie die Tahitianer Cooks Namen nicht anders auszusprechen vermochten – Jahre danach zum Verhängnis wurde. Auch Bougainville hatte Probleme im Paradies, bereits bei seinem ersten Landgang entwendete ein Spitzbube eine Pistole, und in den ersten Nächten wurde das Lager trotz der Schildwachen und Patrouillen von Dieben heimgesucht. Bougainville gab Befehl, künftig auf die Diebe zu schießen, und ließ jeden Abend drei mit Mörsern und Donnerbüchsen bewaffnete Boote vor dem Lager ankern. Er schrieb die Stehlerei einer kindlichen Neugier der Eingeborenen auf fremde Dinge zu, untereinander schienen sie sich nicht zu beklauen, denn in ihren unverschlossenen Hütten lag und hing alles griffbereit umher. Nachdem ein Insulaner erschossen und drei in ihren Hütten mit Bajonetten erstochen worden waren, flohen Frauen und Kinder mit ihren Habseligkeiten ins Gebirge, Bougainville befürchtete schon einen Angriff auf das Lager, der aber ausblieb, die ängstlichen Tahitianer beruhigten sich, als Bougainville vier seiner Soldaten, die man für die Mörder hielt, in Fesseln legen ließ, was bei den Indianern wiederum Mitleid erregte. Bougainville glaubte, dass es für Diebstahl auf Tahiti keine härtere Strafe als ein paar Stockschläge gab, später erfuhr er »mit Gewissheit«, dass die Insulaner mit ihren Dieben genauso verfuhren wie die Franzosen mit ihren diebischen Soldaten im Feld und sie an Bäumen erhängten.

Die aufgeklärten Entdecker des 18. Jahrhunderts fingen keine Menschen mehr ein wie die Portugiesen im 15. Jahrhundert an den Atlantikküsten West- und Zentralafrikas, um die »Neger« zu versklaven und von ihrem Unglauben zu erlösen. Sie kamen nicht mehr mit dem Schwert in der einen Hand, der Bibel in der anderen und Gold im Kopf wie Kolumbus, sondern mit Nägeln und Schnupftüchern in Händen und dem Naturrecht unter dem Arm. Sie brannten keine Hütten und Dörfer mehr nieder wie Magalhães auf den Diebesinseln (Marianen), nachdem die Eingeborenen ein Beiboot entwendet hatten, oder auf den Philippinen, wo zwei Häuptlinge sich weigerten, Christen zu werden und sich dem König von Spanien zu unterwerfen, Tribut zu zahlen und Magallanes zu gehorchen, und wo der Erfinder der Magellan-Straße im Kampf um das Seelenheil der renitenten Insulaner den Tod fand wie Cook auf Hawaii im Kampf um die Rückgabe eines profanen Beiboots. Doch sie machten sich ebenso – wenn auch unter Skrupeln – ihre Waffenüberlegenheit zunutze, um Widerstand zu brechen, Wohlverhalten zu erzwingen, Fehlverhalten zu bestrafen.

Sie landeten auf Inseln, auch wenn die Eingeborenen ihnen signalisierten, nicht zu landen, schlugen Holz und pflückten Früchte auch gegen den Willen der Wilden, und wenn diese Steine warfen oder Pfeile abschossen, antworteten sie mit Gewehrsalven und Geschützfeuer – Vorsprung durch Waffentechnik. Es gab Situationen, in denen sie periodisch Busch und Wald bestrichen, wo die Indianer sich womöglich zusammenrotteten, und prophylaktisch in Menschenhaufen am Strand feuerten, um unbehelligt Frischwasser einzuholen. Sie forderten von den Eingeborenen, die

Waffen niederzulegen, behielten sich aber das Recht vor, Waffen zu tragen, und wenn die Eingeborenen dachten, es sei ja lächerlich, dass ein Haufen Fremder ihnen in ihrem eigenen Land Vorschriften machen wollte, so flogen ihnen Kugeln aus allen Flinten und Musketen und allem großem Geschütz um die Ohren, damit sie sahen, zu was der Weiße imstande war. Sie ballerten zur Abschreckung in Mengen nackter Menschen, die ihnen allein durch ihre Überzahl gefährlich werden konnten, und ahndeten Diebstahl, Raubüberfälle oder Betrug beim Handel mit der Beschlagnahme von Vieh, Früchten, Booten oder der Geiselnahme von Häuptlingen oder durch Erschießung, zumal wenn es sich bei dem Objekt der wilden Begierde um eine Schusswaffe handelte und der Täter noch in Reichweite war. Schwirrten die Insulaner in ihren Pirogen um das Schiff und fingerten zum Beispiel an einem ans Heck gebundenen Netz herum, in dem Pökelfleisch gewässert zu werden pflegte, oder machten sich an einer Ankerboje zu schaffen und ließen auf Zurufe und Zeichen hin nicht davon ab oder betrogen beim Tauschgeschäft an der Bordwand, pfiffen Kugeln über ihre Köpfe oder schlugen vor ihnen ins Wasser, und wenn auch das nicht half, bekamen sie schon mal eine feine Schrotladung ins Gesicht, so von Cook persönlich vor Malakula und Tanna in den von Quirós, der Mendañas zweite Expedition nach den Salomonen mitgemacht hatte, 1606 entdeckten Neuen Hebriden (Vanuatu), die er für einen Teil des legendären Südkontinents hielt, den auch Cook suchte.

Die Kapitäne bemühten sich, ihre Leute im Zaum zu halten, insbesondere Cook empörte deren »angeborene Grausamkeit« oder die Leichtfertigkeit, mit der sie Gewalt in dem Glauben gebrauchten, dank ihrer Feuerwaffen unbesiegbar zu sein; der Missbrauch, den sie mit ihren Waffen trieben, brachte ihn auf die Palme. Unmenschlich war es, dass zwei oder drei Knaben, die aus dem Gebüsch heraus Steine auf Cooks Leute warfen, von diesen unter Feuer genommen wurden. Unverhältnismäßig war es, dass einer der Seinen auf einen Eingeborenen schoss, der einen Pfeil auf den Bogen gelegt hatte – was bloß eine alltägliche Geste war –, und noch dazu einen Unbeteiligten traf. Eine Überreaktion stellte es dar, dass eine Bootsmannschaft Bougainvilles eine Küste unter beständigem Feuer aus Flinten und Donnerbüchsen abfuhr, als würde sie von einer ganzen Einbaumflotte angegriffen, dabei waren nur zwei Pfeile aus dem Gebüsch abgeschossen worden. Bougainville bestand darauf, »unsere überlegene

Macht nicht derart zu unserer Schande« zu gebrauchen. Vor der Küste Neuseelands verfolgte Cook mit seinen Booten zwei Kanus, um mit den Maori Kontakt aufzunehmen, anstatt aber längsseits zu kommen, ergriffen sie die Flucht, Cook ließ eine Muskete über ihre Köpfe feuern, da nahmen sie »ihre Waffe oder was sie sonst mit sich führten« und griffen an, Cook ließ auf sie schießen, zwei oder drei wurden getötet, einer verwundet – das war dann Notwehr. Hätte er »daran gedacht«, rechtfertigte sich Cook, »dass sie auch nur den geringsten Widerstand leisten würden, wäre ich ihnen nicht nahe gekommen«. Fliehen war falsch, zur Keule oder zum Paddel greifen aber erst recht.

Die nackten Kannibalen von Tanna – die Männer trugen nichts weiter als Geschlechtsbeutel, die Frauen aparte Gras- oder Blätterbüschel – erwiesen sich »als zivilisierte und gutmütige Menschen«, so Cook, und ihr anfängliches Misstrauen war durchaus verständlich. »Wir trachten, auf friedfertige Weise zu landen, so dieses von ihnen nicht gestattet wird, so landen wir nichtsdestoweniger und behaupten unsere Überlegenheit mithilfe unserer Waffen: In welch anderem Licht denn können sie uns zunächst sehen denn als Eroberer ihres Landes.« Gleichwohl hielt es Cook für seine Pflicht, dem Zweck seiner Reise zu genügen und Informationen über diese Länder zu sammeln, zur Not auch durch gewaltsames Eindringen – die Erlösung der Menschheit durch Erkenntnis lohnte offenbar die Opfer. Georg Forster, der als Zeichner und Assistent seines Vaters, des Naturforschers Johann Reinhold Forster, siebzehnjährig an Cooks zweiter Südseereise teilnahm, schrieb später hinsichtlich eines Vorfalls auf Tahuata, Mendañas Insel Santa Cristina in den Marquesas, bei dem ein Insulaner mit einer stibitzten Eisenstange über Bord sprang, woraufhin Cook zwei Warnschüsse abgeben ließ und ein Offizier den Eingeborenen eigenmächtig erschoss: »Die ersten Entdecker und Eroberer von Amerika haben oft und mit Recht den Vorwurf der Grausamkeit über sich ergehen lassen müssen, weil sie die unglücklichen Völker dieses Weltteils nicht als ihre Brüder, sondern als unvernünftige Tiere behandelten, die man gleichsam zur Lust niederzuschießen berechtigt zu sein glaubt. Aber wer hätte es von unseren erleuchteten Zeiten erwarten sollen, dass Vorurteil und Übereilung den Einwohnern der Südsee fast ebenso nachteilig werden würden« und sie aus so geringen Anlässen den Tod finden sollten, und zwar von Hand »gesittete(r) Europäer, die so viel Menschenliebe im Munde und so wenig im Herzen haben«.

Dabei sahen auch gesittete Europäer in den Eingeborenen mit ihrer Nacktheit, ihrem instinktiven Verhalten und ihrer unmittelbaren Triebbefriedigung manchmal so etwas wie tierhafte Wesen, unter anderen Commodore John Byron, der Großvater des Dichters, als er vor Nikunau in den Gilbert-Inseln (Kiribati) – von seinen Offizieren Byron's Island getauft – die Indianer auf dem »Dolphin«, den Wallis nach Byrons Rückkehr übernahm, beobachtete. Sie kletterten die Bordwand hinauf und sprangen auf dem Schiff herum wie Affen, waren ganz nackt, »fraßen« Brot und nahmen alles an sich, was sie erhaschen konnten. Cook und Forster wunderten sich vor Malakula über die Wilden mit Gesichtern wie Affen und affenartigem Gebaren, sie schwatzten unaufhörlich, fletschten dabei aus Freundlichkeit die Zähne, was außer ihrer Hässlichkeit und schwarzen Hautfarbe bewirkte, »dass sie uns beinahe wie ein Affengeschlecht vorkamen«, so Forster. Zwar tat es ihm herzlich leid, »Herrn Rousseau und den seichten Köpfen, die ihm nachbeten, auch nur einen Schattengrund für sein Orang-Utan-System angegeben zu haben; ich halte vielmehr den Mann für beklagenswert, der sich und seine Verstandeskräfte so sehr vergessen und sich selbst zu den Pavianen herabsetzen konnte«. Doch passte es zu den Beinah-Affen der gerade von Bougainville wiederentdeckten Neuen Hebriden, Neuseelands oder der zu den Salomonen gehörenden Bougainville-Insel, dass sie wie wilde Tiere Menschenfleisch nicht verschmähten und sich unbekümmert in freier Wildbahn paarten.

Der zwingendste Grund, Inseln anzulaufen, bestand darin, dass die vernunftbegabten Weltumsegler sich aus purem animalischen Selbsterhaltungstrieb mit Trinkwasser, Nahrung und Brennholz versorgen mussten, sollte es ihnen nicht wie dem ersten von ihnen, Magellan, ergehen, der seinen Leuten nur noch Zwiebackstaub mit Würmern und Mäusekot, gebratenes Leder, faules Wasser und Sägemehlsuppe zu bieten hatte, weil er fast vier Monate lang den Stillen Ozean durchfuhr, ohne auf Inseln zu stoßen mit Ausnahme zweier unbewohnter Eilande, vor denen er keinen Ankergrund fand. Zur Bereicherung des Speisezettels fingen seine Leute Ratten und würgten sie roh durch die Kehle, und Magellan ließ die Skorbuttoten augenblicklich über Bord kippen, bevor seine Männer Stücke aus den Verstorbenen schneiden konnten, um sie ungeröstet hinunterzuschlingen – der Reisezweck lohnte offenbar die Opfer. Noch auf Bougainvilles »Boudeuse« reiste der Hunger mit, zwischen den Gesellschaftsinseln und den

Neuen Hebriden, die er Große Zykladen nannte, erkrankten die meisten Mannschaftsmitglieder und fast alle Offiziere an Skorbut, zwischen den Neuen Hebriden und Neu-Irland wurden Brot und Gemüse rationiert, das gesalzene Fleisch verdarb, sie schlachteten das letzte Schwein und die letzte Ziege, verspeisten Katze und Hund und dinierten exquisite Ratten, wie auch Prince Charles de Nassau-Siegen befand. Die Insel Neu-Irland, die Bougainville für einen Teil Neu-Englands (Neu-Britanniens) hielt, erwies sich als Reinfall, sie fanden weder Kokosnüsse noch Bananen, nur ein paar Mangle-Äpfel und eine Art Pflaumen, sehr wenig Palmkohl, noch dazu voller Ameisen, sodass sie die bereits gefällten Bäume liegen lassen mussten. Fischfang und Taubenjagd waren unergiebig, sie sahen fünf, sechs Wildschweine, konnten aber keins erlegen, und trafen keine Eingeborenen, denen sie Lebensmittel hätten abkaufen können, in dieser Nahrungswüste gab es nur Wasser und Holz. Auf der Flucht zu den Rettung verheißenden Molukken verfaulten die letzten Vorräte, es gelang ihnen lediglich, einige Jamswurzeln einzuhandeln, kein Mann war mehr frei von Skorbut, die Hälfte des Schiffsvolks völlig arbeitsunfähig, schließlich bewirteten die Holländer sie für teures Geld reichlich.

Da hatte Philipp Carteret etwas mehr Glück. Der Captain, der bereits mit Byron um die Welt gesegelt, dann auf der »Swallow« gemeinsam mit Wallis von Plymouth ausgelaufen war, den »Dolphin« aber beim Verlassen der Magellan-Straße aus den Augen verloren hatte und mit seiner lahmen Schaluppe später von Bougainville im Atlantik überholt wurde, ankerte ebenfalls vor Neu-Irland, erlebte – wie die meisten Europäer in diesen Gewässern – beim Fischfang mit Netz und Angel eine komplette Pleite, doch fand er hinter der Küste einige Kokosnüsse und Palmherzen und erntete in einer benachbarten Bucht mehr als 1000 Nüsse plus Kohl, und von diesem Kraut und dem Wasser der Nüsse genasen seine Leute bald wieder vom Skorbut, nachdem sie nicht einmal mehr in der Lage gewesen waren, mit vereinten Kräften einen Anker zu lichten. Es tat Carteret »unendlich leid«, dass sie jedes Mal einen Baum umhauen mussten, wenn sie einen Kohlkopf haben wollten – weil die gesitteten Europäer nicht wie die Affen eine Palme zu erklettern wussten –, es war traurig, »so viele Stämme allhier zu verderben, deren jeder noch manche Frucht hätte tragen können«, doch Not kennt keine Rücksicht. Sie stießen auch auf einige verlassene Hütten, halb verbranntes Holz an der Feuerstelle und Schalen von Muscheln, die erst vor Kurzem aus dem Meer geholt worden sein konnten, also hatten die Bewohner kurz vor Ankunft der Engländer das Weite gesucht. Den erbärmlichen Hütten nach zu urteilen handelte es sich um die elendeste Klasse von Wilden – ausgerechnet an deren Existenzgrundlage mussten sie sägen. Auch Bougainville fand zwei kürzlich verlassene Hütten mit Feuerstelle, Gerippe von Tierköpfen, Muschelschalen und frischen Bananen. Und die Überreste eines mit Blei beschlagenen Bretts, auf dem noch einige englische Wörter zu lesen waren, die Nägel, mit denen das Brett an einem hohen Baum befestigt worden war, steckten noch im Stamm, von dem die Eingeborenen die Tafel erst vor wenigen Tagen heruntergerissen haben konnten. Aus den Schößlingen der gefällten Palmen schloss Bougainville, dass die Engländer etwa vier Monate vor ihm auf der Insel gewesen waren. Carteret hatte für Seine Majestät King George von diesem Land Besitz ergriffen, die Anker gelichtet und die Durchfahrt zwischen Neu-Britannien und Neu-Irland entdeckt.

Bei Auftauchen von Fremden den Kontakt zu vermeiden und sich ins Land zurückzuziehen war für die Insulaner nicht die schlechteste Option, zumal wenn sie wenige waren. Trafen die Weißen auf Indianer, so war es fast immer das gleiche Lied: Entweder die Wilden benahmen sich anständig, ließen die Weißen nach Lust und Laune landen, kampieren und über die Insel streifen, kooperierten mit ihnen und stillten ihren Kokosnusshunger und Wissensdurst, oder sie zogen den Kürzeren. Und die Europäer wussten, was sie taten. Sie wussten oder ahnten zumindest, dass das Paradies sich auflösen würde, sobald sie es berührten. Dass sie, die Zauberkünstler der Technik, im gleichen Moment, in dem sie sich vom Paradies bezaubern ließen, es zu entzaubern begannen. Wird das Paradies entjungfert, vergeht es. Sie suchten auch nicht das Paradies, sondern Erze und Mineralien, edle Steine und Fossilien, Bodenschätze und Landesprodukte, mit denen sich Handel treiben ließ. Sie suchten eine kürzere und wirtschaftlichere Schiffspassage um Nordamerika oder Sibirien herum nach Ost- und Südasien und die mythische, große, rohstoffreiche Terra Australis, deren Nichtexistenz Cook auf seinen drei Fahrten bewies. »Alle Reichtümer der Erde gehören Europa«, das dank seiner Wissenschaft Souverän aller Weltteile geworden war, hatte Bougainville vor Antritt der Reise geschwärmt. Das Südmeer werde ein unerschöpflicher Markt für französische Produkte sein, »zum Nutzen der zahllosen Völker, die dort wohnen und die, in der

Unwissenheit, in der sie leben, unbegrenzt aufnehmen werden, was unser Wissen für uns so selbstverständlich und spottbillig gemacht hat«. Pech nur, dass die intelligenten Europäer ihre Kundschaft radikal dezimieren sollten. Blieb, aus der Südsee zu beziehen, »was wir für unseren Luxus und zur Befriedigung unserer Bedürfnisse so teuer im Ausland kaufen müssen«. Was sie fanden, waren jedoch keine Rohstoff- oder potenziellen Absatzparadiese, sondern archaische Paradiese fortschrittsfreier Selbstgenügsamkeit und Selbstzufriedenheit, die allenfalls in Versorgungsstationen für europäische Schiffe verwandelt werden konnten, wie Cook bereits bei seinem ersten Aufenthalt auf Tahiti erkannte. Die Südsee – ein Missverständnis? Bougainville verabschiedete sich von seinem Neu-Kythera mit einem »Lebt wohl, glückliche und weise Menschen, bleibt immer so wie ihr seid«. Das war ein frommer Wunsch, zu dessen Nichterfüllung er selbst beitrug. Der alte, ehrwürdige Vater Häuptling Eretis hatte es gleich am ersten Tag gewusst, seine ernste Miene schien zu sagen: Der Einfall der Weißen ins Paradies ist der Anfang vom Ende der glücklichen Tage.

Doch das war eine Projektion Bougainvilles. Ohne Gegenbegriff zum Paradies, ohne eine Vorstellung davon zu haben, wie es außerhalb des Paradieses aussieht, kann das Paradies logischerweise nicht Paradies genannt werden. Nur die Europäer empfanden es als Paradies, für seine Bewohner war es ganz neutral ein immergleicher Normalzustand. Die Europäer fanden hier und da auch Paradiese von anderer Art als solche Sexparadiese wie Tahiti und andere Gesellschaftsinseln, einige Marquesas- und Tonga-Inseln oder Hawaii, wo nackte Nymphen sich im Wasser tummelten, ihre Körper ausstellten und die Männer mit Schweinen und Weibern handelten. Auf Nomuka, Abel Tasmans Rotterdam in den Freundschaftsinseln (Tonga-Inseln), wurde Cook beim ersten Landgang eine junge Frau gegen ein Hemd oder einen Nagel angeboten, sein Hemd wollte er aber nicht hergeben und einen Nagel hatte er nicht dabei, da durfte er mit ihr auf Kredit kopulieren. Bei seinem ersten Besuch auf den Freundschaftsinseln, seinen Lieblingsinseln, war er noch unschlüssig, ob die Insulanerinnen mit ihrer Gunst so frei verfuhren wie die Frauen von Tahiti, vier Jahre später war er überzeugt, dass viele der Frauen, von denen seine Männer »eifrigen Gebrauch« machten, berufsmäßige Prostituierte waren. Bei seinem ersten Aufenthalt auf Tasmans Neu-Seeland (1769/70) hielt er die Frauen für relativ keusch, beim zweiten (1773) zwangen die Männer sie zur Prostitution, beim dritten (1777) waren die Weiber nur noch ein Handelsartikel wie Maori-Souvenirs und Fisch. »Das also sind die Konsequenzen eines Handels mit Europäern, und was uns zivilisierten Christen noch mehr zur Schande gereicht: Wir verderben ihre Moral zu bereitwillig, und wir wecken unter ihnen Begehrlichkeiten und möglicherweise auch Streit und Missgunst, welche sie vorher nie gekannt haben (...). Sollte irgendjemand die Wahrheit dieser Behauptungen leugnen, so möge er mir doch erklären, was wohl der Nutzen der Eingeborenen in ganz Amerika durch den Handel sein mag, den sie mit den Europäern hatten.«

Otto von Kotzebue, der im russischen Reval (Tallinn) geborene Sohn des aus Weimar stammenden Schriftstellers und Juristen August von Kotzebue, hatte in den Jahren 1803 bis 1806 an der ersten russischen Weltumseglung unter Adam Johann von Krusenstern teilgenommen, deren Aufgabe es war, mit Japan Handelsbeziehungen anzuknüpfen und die damals zu Russland gehörenden Gebiete im Nordwesten Nordamerikas zu erforschen. Mit von der Partie war der deutsch-russische Arzt und Naturforscher Georg Heinrich von Langsdorff, der die Expedition auf der Halbinsel Kamschatka verließ, nach Russisch-Amerika übersetzte und durch Sibirien nach Sankt Petersburg zurückkehrte, während Krusenstern die Fregatte »Nadeschda« um das Kap der Guten Hoffnung nach Europa steuerte. Auf der Hinfahrt um Kap Hoorn machten sie Halt auf Nuku Hiva in den Marquesas, wo die Inselschönheiten »sehr aufdringlich« waren. Für geschlechtsreife Mädchen war es eine Schande, von den Männern verschmäht zu werden und keine Gunstbezeugungen austeilen zu können, sie wurden um so mehr geschätzt, je mehr Liebhaber sie hatten, wie Langsdorffs Gewährsleute versicherten, ein gestrandeter Franzose und ein englischer Matrose, der auf der Insel als Lotse fungierte. Verheiratete sich ein Mädchen, so hatte jeder der männlichen Hochzeitsgäste das Recht, »mit Einwilligung der Braut die Freuden der Hochzeitsnacht mit dem Bräutigam zu teilen«. Danach musste die Frau allen Verkehr mit anderen Männern einstellen, es sei denn, ihr Mann willigte ein.

1815 ging Otto von Kotzebue mit Wohlwollen Seiner Majestät des Kaisers und Selbstherrschers aller Reussen, Zar Alexanders I., und auf Kosten Seiner Erlaucht des Reichskanzlers Graf Rumanzoff erneut in die Südsee, diesmal, um von der Beringsee aus die Nordost-Passage zu erforschen. Mit ihm fuhren der baltendeutsche Arzt und Naturforscher Johann Friedrich von Eschscholtz und der deutsch-französische Dichter und Naturforscher Adelbert von Chamisso. Dessen Freund und späterer Biograf Julius Eduard Hitzig kannte den literarischen und juristischen Fachkollegen August von Kotzebue, dessen zweite und dritte Frau wiederum Kusinen Krusensterns waren, der seinerseits die Expedition der Brigg »Rurik« unter dem Kommando Otto von Kotzebues organisierte. Kotzebue nahm Chamisso »als Ballast« mit, wie der Poet in dem humorvollen Septett *Die Reise um die Welt* formulierte. Im März 1816 sichteten sie die nackten Felsen von Salas y Gómez, die sie nur in Chamissos Terzinen *Salas y Gomez* bestiegen, wo das lyrische Ich einen sterbenden Schiffbrüchigen findet. Salas y Gómez war ein »verfluchtes Felsennest«, genauso wie die später entdeckte Chamisso-Insel am Eingang der Eschscholtz-Bucht im Kotzebue-Sund südlich des Kaps Krusenstern (Alaska). Sie landeten auf der nahen Osterinsel, die unbewaffneten Eingeborenen waren misstrauisch und feindselig, um Ruhe zu schaffen, ließ Kotzebue Messer als Geschenk unter sie werfen und Flinten in die Luft feuern, ein Wilder bekam eine Schrotladung ab, als er klauen wollte, die ganz in Stoff aus Baumrinde gehüllten Weiber hielten sich im Hintergrund. Wahrscheinlich hatten die Indianer in jüngerer Zeit unerfreulichen Besuch von Europäern bekommen, vermutete Kotzebue, auf Hawaii erfuhr er später, dass vor wenigen Jahren ein amerikanischer Robbenfänger in der Cook Bay der Osterinsel Männer und Frauen eingefangen hatte, um sie auf die unbewohnte Insel Más Afuera im Juan-Fernández-Archipel zu verschleppen (Alejandro-Selkirk-Insel, benannt nach dem realen Vorbild Robinson Crusoes), wo sie eine bestimmte Seehundart jagen sollten, die Felle brachten in China a lot of money. Auf Oahu, der drittgrößten der Sandwich-Inseln, wie Cook die Hawaii-Inseln nach dem Ersten Lord der Admiralität genannt hatte, war der »Rurik« sogleich vom schönen Geschlecht umzingelt, doch die planschenden Nixen wurden enttäuscht, Kotzebue erklärte das Schiff wegen dringender Reparaturarbeiten für tabu. Wie die Mädchen sich über eine solche Grausamkeit entrüsteten, so echauffierte sich Chamisso über »die allgemeine, zudringliche, gewinnsüchtige Zuvorkommenheit des anderen Geschlechts«, den Fremden wurden von allen Seiten, von allen Weibern, von allen Männern im Namen aller Weiber laut Anträge zugeschrien. Seit Cooks Entdeckung Hawaiis waren noch keine 40 Jahre vergangen, und schon hatte sich aus tugendreicher Gastfreundschaft dargebrachte Liebe in schamlose Prostitution verwandelt. »Wir haben (diesem Volk) Hab- und Gewinnsucht eingeimpft und die Scham von ihm abgestreift.«

Eigentlich wollte Kotzebue im Nordwinter 1816/17 zu den Karolinen segeln, stieß aber auf die Marshall-Inseln, die John Marshall und Thomas Gilbert 1788 – ein Vierteljahrtausend nach den Spaniern – auf der Heimfahrt nach England wiedergefunden, doch weder kartografiert noch erforscht hatten, nachdem sie mit der First Fleet, dem ersten Sträflingskonvoi, nach Australien gefahren waren. Kotzebue sichtete am 1. Januar 1817 eine niedrige, bewaldete Insel, die er Neujahrsinsel (Mejit) nannte, sieben Kanus kamen auf den »Rurik« zu und blieben in gehöriger Entfernung auf dem Wasser liegen. Die mit geflochtenen Matten oder mit Grasfäden bekleideten, mit Halsketten aus roten Muscheln, Blumen- und Muschelkränzen im zusammengebundenen Haar und zusammengerollten Blättern oder Rollen aus Schildpatt in den drei Zoll weiten Ohrlöchern geschmückten, tätowierten Wilden betrachteten den »Rurik« voll Bewunderung, kamen auf Zuspruch ans Schiff, wagten aber nicht, es zu betreten, tauschten jedoch fröhlich und ehrlich ihre aufwendigsten und kunstvollsten Arbeiten gegen kleine Eisenstücke von alten Fassbändern, ihr Anführer trennte sich für ein solches Schrottteilchen sogar von seinem schönen Muschelhorn. Am Strand ging der Handel weiter, die Eingeborenen, unter denen sich nur wenige Frauen befanden, brachten außer Kunsthandwerk Kokosnüsse, Pandanusfrüchte und frisches Wasser in Kokosschalen und boten auch ihre Lanzen feil, als aber ein alter Mann seine Hände auf die Bordkante der Schaluppe legte und ein anderer am Steuerruder des kleineren Bootes herumfummelte und der Steuermann auf ihn schießen wollte, wovon ihn die Herren Gelehrten abhielten, zog der Befehlshabende es vor, aufs Schiff zurückzukehren, um unangenehme Vorfälle zu vermeiden.

Zwei Tage später sichteten sie eine ganze Gruppe kleiner, von Korallenriffen umgebener Inseln und fanden eine Durchfahrt, nannten sie Rurik-Straße und ankerten im glatten Wasser der Lagune vor einer Insel, von der sie Rauchsäulen hatten aufsteigen sehen. Ein Kanu näherte sich dem »Rurik«, der alte Mann am Steuer zeigte ihnen Früchte, wollte aber nicht näher ans Schiff herankommen, Kotzebue setzte ein kleines Boot aus, da nahm das Kanu Reißaus, und als es eingeholt wurde, warfen die Wilden ganz erschrocken Brotfrucht, Kokosnüsse und Pandanusfrüchte ins

Boot der Weißen. Sie ließen sich mit ein paar Stückchen Eisen beruhigen und luden die Fremden durch Zeichen auf ihre Insel ein. Als Kotzebues Offizier am nächsten Tag an Land ging, erblickte er einige Menschen, die sogleich in den Wald flüchteten. Endlich kamen drei auf ihn zu, blieben jedoch 20 Schritt vor ihm stehen, einer brach einen belaubten Zweig vom Baum, der Leutnant tat es ihm gleich und trat vor, der Eingeborene wich scheu zurück, überreichte aber schließlich das Friedenssymbol und sagte immerzu Aidara, Freund. Blumenkränze, Muschelschmuck und Eisenstücke wechselten den Besitzer, die geflüchteten Insulaner kamen zurück, alle waren unbewaffnet und gehörten derselben Familie an, das Oberhaupt lud zum Pandanus-Imbiss in eine Hütte und zeigte den Besuchern eine Stelle fast im Zentrum der Insel, wo sich gutes Regenwasser in einer Grube sammelte. Am Nachmittag landete Kotzebue persönlich, kein Eingeborener befand sich mehr auf dem Eiland, wahrscheinlich wohnten sie woanders und kamen nur zeitweise her. Kotzebue pflanzte Jams und Chamisso säte Samenkörner aus, sie ließen sechs als Geschenk mitgebrachte Ziegen laufen und nannten die Insel Ziegeninsel (Goat Island). Wie sie tags darauf erfuhren, warfen die zurückgekehrten Insulaner verstohlene Blicke auf die bärtigen, gehörnten Tiere und liefen mit lautem Geschrei auseinander, sobald sich ihnen eins näherte oder gar meckerte.

Auf seiner Erkundungsfahrt durch die Inselgruppe machte Kotzebue die Bekanntschaft des hiesigen Häuptlings, eines großen, schlanken Mannes von etwa 30 Jahren, der mit majestätischer Haltung auf Kotzebue zukam und ihm unter wiederholten Aidara-Ausrufen sein Muschelhorn überreichte, was – wie sich später herausstellte – ein Zeichen der Unterwerfung war. »Wahrscheinlich hielten sie uns für überirdische Wesen«, so Kotzebue. Die Begleiter des Chiefs legten dem außerirdischen Wesen Früchte zu Füßen, wobei sie am ganzen Leib zitterten. Kotzebue ließ am Ufer ein rotes Tuch ausbreiten und lud den Häuptling ein, neben ihm Platz zu nehmen. Majestät wurde nun ganz lebhaft, fragte viel und insistierend, ohne eine Antwort abzuwarten, wies bald aufs Meer, bald auf Himmel und Sonne, endlich begriff Kotzebue, dass der Herrscher der Inselgruppe wissen wollte, ob die Fremden aus dem Meer aufgetaucht oder vom Himmel gefallen waren. Seine Augen huschten von einem ihm unbekannten Gegenstand zum anderen, er konnte es sich nicht verkneifen, nach allem zu greifen und sich nach dessen Funktion zu erkundigen, eine Blechdose erregte sein besonderes Interesse, er besah sie von allen Seiten, und als Kotzebue den Deckel abnahm, sprang der Häuptling vor Erstaunen zurück. Er bekam ein paar Eisenstücke, ein Messer und eine Schere geschenkt, fasste diesen Schatz mit beiden Händen und drückte ihn an seine Brust, seine Mannen bekamen große Augen und rückten immer näher, auch sie wurden beschenkt, und »alle sprangen mit ihrem Eisen wie wahnsinnig umher«. Bei einer späteren Gelegenheit schlug der Häuptling vor, mit dem gottgleichen Häuptling der Weißen nach altem, allgemeinem Südseebrauch Brüderschaft zu schließen und die Namen zu tauschen, Kotzebue hieß fortan Rarik und Rarik Totabu, anders kam es nicht über dessen Lippen.

Wohin Kotzebue und die Seinen auch kamen, sie weckten Neugier, riefen Staunen und Verwunderung hervor und verbreiteten Angst und Schrecken unter den gutmütigen, unschuldigen, unverdorbenen Naturkindern. Die Kleidung der Weißen war Gegenstand höchsten Interesses, ihre Schuhe provozierten unmäßiges Gelächter, dagegen horchten sie mit Furcht auf das Ticken der Uhr Kotzebues, und als er sie repetieren ließ, entsetzten sie sich ob so viel Zauberei. Der Blick in einen Spiegel verschreckte sie zuerst, dann aber griffen sie hastig ins Glas, um ihr Ebenbild einzufangen. Schriftzeichen waren der Gipfel der Zauberei, Kotzebue schrieb den Namen des hellsten Kopfes der Inseln auf die Tafel und sagte: Das ist Lagediak, da glaubte dieser, er müsse nun die Gestalt der Buchstaben annehmen, und erwartete voller Angst seine Verwandlung. So ein großes Stück Eisen wie ein Beil, das Holz spalten konnte, war für die Eingeborenen, die ihre Kanus mihilfe von Korallensteinen und Muschelschalen bauten, ein Wunderwerk der Technik, so große Stücke wie ein Anker oder eine Kanone, dieses Muschelhorn der Weißen, waren unermessliche Schätze. Und erst die Schmiede, die an Land aufgestellt wurde, um Eisenwerk zu reparieren! Als der Blasebalg Wirkung zeigte, die Kohlen glühten und das geschlagene Eisen Funken sprühte, ergriffen die Männer ihre Weiber, diese ihre Kinder, und alles entfloh. Frauen kamen – mit einer Ausnahme – nicht an Bord des »Rurik«, Männer erst, nachdem sie genügend Zutrauen gefasst und Mut gesammelt hatten, sie hielten zunächst wie vom Blitz getroffen inne, waren wie versteinert, als sie all die neuen Gegenstände sahen, dann sprangen sie wie wahnsinnig auf Deck herum, um alles zu befühlen. Als sie die vielen blanken, glänzenden Messinggegenstände in der Kajüte erblickten, gerieten sie außer Rand und Band. »Ich war wie von wilden Kindern umgeben«, amüsierte sich Kotzebue. Kochendes Wasser hielten sie für lebendig, am heißen Tee verbrannten sie sich, doch Schiffszwieback nahmen sie gern zum Tee, und Zucker mundete ihnen über alle Maßen. In der Kajüte gaben drei Matrosen, »lauter Stümper in ihrer Kunst«, ein Konzert für Violine, Flöte und Tamburin, den Wilden schien es, »als stiegen die Himmlischen hernieder«. Der Hund andererseits, den Kotzebue an der chilenischen Küste aufgelesen hatte und der ihm überallhin folgte, verursachte an Land Aufruhr, sein Gebell trieb die Eingeborenen mit Affengeschwindigkeit auf die Bäume, außer Ratten kannten sie keine Vierbeiner. Und seine letzten beiden Schweine, die Kotzebue den Insulanern überlassen wollte, versetzten sie mit ihrem furchtbaren Grunzen und Gequieke in Panik, bereits bei ihrem Anblick liefen die Weiber in den Wald. Als Kotzebue die Unbesonnenheit beging, dem Häuptling und dem aufgewecktesten der Wilden die Wirkung seiner Flinte zu demonstrieren und aus 50 Schritt Entfernung auf einen Strandläufer schoss, warfen sich die beiden auf den Boden, lagen mit dem Gesicht im Gras dem Lieutenant der Russisch-Kaiserlichen Marine zu Füßen, zitterten heftig und wimmerten laut. »Der Anblick des blutenden Vogels war nicht geeignet, aus dem Vorfall einen Scherz zu machen«, nie wieder durfte sich Kotzebue mit einer Flinte blicken lassen. Die Kanonen schwiegen selbstverständlich.

Der »Rurik« fuhr weitere Gruppen der östlichen Marshall-Inseln (Ratak-Kette) ab, und überall zeigte sich das gleiche Bild. Die Inseln waren ein Paradies der Friedfertigkeit, Freundlichkeit, Herzlichkeit und Sittlichkeit, so Chamisso alias Tamiso, Titulargelehrter der Expedition, die Paradieskinder waren gastfreundlich und von zarter Zuvorkommenheit, sie übervorteilten nicht und betrogen nicht, handelten nicht einmal, sondern tauschten Geschenke aus, und Diebstahl kam selten vor, in zweieinhalb Monaten weniger oft, als an einer Hand abzuzählen war. Wenn ihnen etwas in die Augen stach und sie der Versuchung nicht widerstehen konnten, ließen sie schon mal ein Messer, einen silbernen Löffel, ein kupfernes Trinkgefäß, einen Eimer mit eisernem Band mitgehen, meistens lieferten sie die Beute wieder ab, nur einmal wurde ein Wiederholungstäter bestraft. Die von den Hüften bis zu den Füßen in Matten gehüllten Weiber waren schamhaft und zurückhaltend, von »natürlicher Sittsamkeit«, die »den anderen Südseeinsulanerinnen so ganz fremd ist«, wie Kotzebue meinte, sie lehnten es sogar ab, den entblößten Arm des Kapitäns zu berühren, um sich davon zu überzeugen, dass die weiße Haut kein Stoff war, obwohl ihre Männer sie dazu ermunterten. Nur einmal setzte eine Frau ihren Fuß auf den »Rurik«, die mit Rarik, dem Häuptling der Rumanzoff-Gruppe (Wotje-Atoll), an Bord kam und zu dessen Familie gehörte, eine zahnlose, aber sehr geschwätzige Alte, die »unliebenswürdigste ihres Geschlechtes«, die allgemeinem Südseebrauch entsprechend nicht der Einladung Kotzebues folgte, mit den Männern in der Kajüte zu tafeln, sondern draußen auf der Schanze am Fenster Platz nahm. Und nur einmal wurde Kotzebues Truppe so etwas wie ein unsittlicher Antrag gemacht, von Männern der Ligiep-Gruppe, die die Schönheit der Frauen von Ligiep rühmten und die Fremden einluden, an Land zu gehen.

Doch das Paradies hatte Schönheitsfehler. Die dünn besiedelten oder unbewohnten Inseln schwammen nicht im Überfluss, es herrschte Nahrungsmangel, es gab bewaffnete Konflikte zwischen Inselgruppen, Kriege um Kokosnüsse und andere Lebensmittel, Überfälle und Raubzüge und Strafexpeditionen. Jede Frau durfte nur drei Kinder haben, alle weiteren mussten bei der Geburt umgebracht werden, Übervölkerung hätte Hungersnot nach sich gezogen. Die Inseln der Ratak-Kette hatten nichts, was Europäer anlocken konnte, weder Bodenschätze noch Handelswaren, weder Luxusgüter noch Kaufkraft, nicht einmal Gratis- oder Billigsex, nur liebe Insulaner. Chamisso hoffte, dass die Weißen sich noch eine Zeitlang von diesen dürftigen Riffen fernhielten, sie würden »nur den Schmutz von O-Waihi« (Hawaii) auf die Inseln bringen. Er wünschte seinen »kindergleichen Freunden Glück, in ihrer Abgeschiedenheit zu verharren«, auch das blieb ein frommer Wunsch.

Trotz manch (selbst-) kritischer Töne der Südseefahrer feierte Tahiti in der europäischen Literatur berauschende Feste. Die Tahiti-Begeisterung im Gefolge Bougainvilles war dabei auch ein Reflex auf Europas Umbruch und Wirren im Zuge der Krise des Ancien Régime, der Französischen Revolution, der Napoleonischen Kriege und der beginnenden Industrialisierung. Tahiti kam gerade zur rechten Zeit, um die Transformation der Rousseau'schen Vision in Realität für möglich halten zu können, und die Literaten beeilten sich, den aus der Europamüdigkeit und dem Unbehagen an der Zivilisation entspringenden Wunsch nach Flucht und Zuflucht, den Hang zum Eskapismus, die romantische Inselsehnsucht zu bedienen und zu neuen Ufern in die Südsee zu lenken. Und der Tahiti-Mythos war zäh, noch Loti nährte ihn und zehrte von ihm, selbst Somerset Maugham strickte weiter an ihm, zum Beispiel in der Erzählung *Edward Bernards Untergang*, in der Tahiti als Gegenentwurf zu Chicago und dem American way of life erscheint: Glück statt Geld. Überhaupt ist der Tahiti-, Südsee-, Inseltraum nicht totzukriegen, allenfalls derjenige, der ihn zu verwirklichen trachtet, wie etwa bei George Gordon Lord Byron, dem Enkel des Weltumseglers, in dessen letztem Versepos, *The Island* von 1823, die Rede ist von lächelnden Sommern und Mädchen, Liebe, die keinen Preis begehrt, von Feldern ohne Arbeit und Herrn, wo selbst das Brot als reife Frucht vom Baum man pflückt, wo kein Herrscher ist als die eigene Lust, zu der Natur und Frauenschönheit laden. Durchaus nachvollziehbar, dass Lieutenant Blighs Leute keine besondere Lust verspürten, das Schlaraffenland zu verlassen, in dem sie schlappe fünf Monate geschwelgt hatten, während die »Bounty« mit Stecklingen des Brotfruchtbaums für den Export des Paradieses in die Karibik versorgt wurde. Gleich bei der Ankunft auf Tahiti im Oktober 1788 drängten sich die Eingeborenen an Bord, »in weniger als zehn Minuten«, so Bligh, der an Cooks dritter Südseefahrt teilgenommen hatte, »stand alles auf dem Verdeck so gedrängt voll, dass ich meine eigenen Leute kaum mehr finden konnte«. Da waren sie zum ersten Mal verschwunden. Auch der Oberhäuptling kam mit Gattin und einem Frauenzimmer an Bord, das mit einer großen Menge Zeug bekleidet war. »Man nahm es ihr ab und machte mir ein Geschenk damit, wozu man auch noch ein großes Schwein und etwas Brotfrucht gab.« Egal, ob Bligh nun das nackte Frauenzimmer oder dessen Kleider oder den Striptease geschenkt bekam, es war kein Wunder, dass die Mannen des gestrengen Patrons, nachdem er sie aus dem Paradies gerissen hatte, sich eines Besseren besannen, den herzlosen Kommandanten mit 18 Getreuen und etwas Proviant auf hoher See in einer offenen Barkasse aussetzten und mit der »Bounty« nach Tahiti zurücksegelten, während Bligh den mehr als 3000 Seemeilen weiten Weg ins holländische Kupang auf Timor antrat. Nach dem gescheiterten Versuch, sich auf Tubuai in den Tubuai-Inseln anzusiedeln, und nach einer Odyssee durch die Cook-, Tonga- und Fidschi-Inseln verzog sich ein Teil der Meuterer mit einigen Tahitianern und vorzüglich Tahitianerinnen auf die von einem Seekadetten Carterets entdeckte

Pitcairn-Insel und vermehrte sich dort, derweil die von der britischen Admiralität ausgesandte Fregatte »Pandora« die auf Tahiti gebliebenen Kollegen gefangen nahm, dann monatelang in der Südsee herumkreuzte, doch weder die »Bounty« noch den Rest Meuterer fand und schließlich in der Torres-Straße beziehungsweise Endeavour Strait zwischen Australien und Neuguinea zerschellte, die Bligh in seiner Barkasse tadellos passiert hatte. Bei Byron endet die Geschichte schon auf Tubuai mit der Jagd des britannischen Kriegsschiffes auf die Verbrecher und dem Tod aller außer einem, gerettet von seiner Inselmaid, »ein Weib an Wuchs, an Jahren noch ein Kind«.

Hätte Gauguin Melville statt Loti gelesen, bevor er sich nach Polynesien absetzte, hätte er wissen können, dass Tahiti seit mindestens einem halben Jahrhundert nicht mehr so war, wie er sich die Insel vorstellte; eine französische Übersetzung von Melvilles *Omoo* erschien allerdings erst 1947, 100 Jahre nach der ersten englischen Ausgabe. Mit 21 Jahren heuerte Herman Melville im Januar 1841 in Massachusetts als einfacher Matrose auf einem amerikanischen Walfänger an. Die Walfangschiffe, die um Kap Hoorn in den Pazifik zogen, waren oft jahrelang unterwegs, kreuzten so lange, bis sie Wale sichteten oder kaum noch Proviant für die Rückfahrt hatten. Die Kapitäne vermieden es nach Möglichkeit, Inseln anzulaufen, damit ihnen die Matrosen nicht wegliefen. Auf Melvilles Schiff, das seit Monaten abseits allen Landes Pottwale suchte, waren die frischen Lebensmittel bereits vor Wochen ausgegangen, es gab nur noch Pökelfleisch und Schiffszwieback in kümmerlichen Portionen, da steuerte der Kapitän im Juli 1842 Nuku Hiva in den Marquesas an, und Melville beschloss durchzubrennen, auch wegen der tyrannischen Behandlung an Bord. Bei einem Landgang floh er zusammen mit einem Gleichgesinnten in die Berge, um sich dort versteckt zu halten und von Früchten zu ernähren, bis das Schiff wieder abfuhr. Sie gerieten ausgerechnet in die Hände der Taipi, des berüchtigtsten Kannibalenstammes der Marquesas, der Leidensgenosse konnte bald fliehen, woran Melville eine Verletzung am Bein hinderte. Nach vier Wochen gelang ihm die Flucht, er ging auf einem australischen Walfänger nach Tahiti, und als die Mannschaft dort nicht an Land gelassen werden sollte, rebellierte sie und landete in Handschellen und Fußringen auf der französischen Fregatte »Reine Blanche« Konteradmirals Du Petit-Thouars, die gerade vor Papeete lag, und – als sie nach ein paar Tagen auslief – im englischen Gefängnis von Papeete. Nach sechs Wochen lockeren Einsitzens – der australische Walfänger war mit neuer Mannschaft längst abgesegelt – streifte Melville wie ein Omu (Wanderer, Vagabund, Inselhopper) über Tahiti und die Nachbarinsel Moorea, fuhr dann auf einem amerikanischen Walfänger nach Hawaii und von dort als Matrose eines amerikanischen Kriegsschiffes zurück nach Boston, wo er im Oktober 1844 ankam.

Melville idealisierte und desillusionierte. Sein autobiografischer Erstlingsroman *Typee* von 1846 war eine Hymne an die Wilden mit der Pointe, dass das Paradies ausgerechnet bei Kannibalen zu finden war. Die Wilden des Taipi-Tals waren die sympathischsten Menschen der Welt, die Menschenfresser die besseren Menschen, sogar die besseren Christen. An Tugenden übertrafen sie die Weißen so wie diese die Insulaner an Lastern. Die wilden Barbaren und unverbesserlichen Langschweinfresser waren menschlicher als die gottesfürchtigsten Christen, brüderlich, einmütig, friedfertig, liebenswürdig und dergleichen mehr. Bei ihnen lebte es sich wie im Märchenland, es herrschte »unablässige Heiterkeit«, »unaufhörliche Glückseligkeit«, vor allem auch, weil sie Geld nicht kannten. Die Nahrung wurde einfach vom Baum gepflückt, Feuermachen war die anstrengendste Arbeit, die jungen Mädchen sprangen in der ursprünglichen Sommermode des Paradieses umher, und die mit Schwanzfedern des Tropikvogels, dem bunten Gefieder des Hahns, mit Ketten aus Eberzähnen, Fuß- und Armbändern aus gelocktem Menschenhaar und mit Pottwalzähnen in den Ohrlöchern geschmückten, mit wunderschönen geschnitzten Speeren ausgerüsteten und kunstvoll tätowierten, prächtigen Krieger im Lendenschurz hatten selten etwas zu tun. Unter Wilden konnte man es bestimmt nicht besser antreffen als bei den Taipi. Melvilles paradiesischer Aufenthalt bei ihnen, den er im Roman von vier Wochen auf vier Monate verlängerte, wurde nur ein wenig von der Vorstellung getrübt, Zeuge oder gar Mittelpunkt eines Bratfestes und Festschmauses zu werden, selbst das Objekt der Begierde abzugeben und häppchenweise im Kochtopf zu schmoren. Nicht, dass die Taipi ihm Anschauungsunterricht in Kannibalismus gegeben hätten, aber sie wollten ihn beziehungsweise den Ich-Erzähler nicht mehr weglassen, mästeten ihn vielmehr. Jedenfalls führten die Wilden ein »unendlich viel glücklicheres«, wenn auch weniger geistiges Leben als die selbstgefälligen Weißen in der vergifteten Atmosphäre ihrer fieberhaften Zivilisation, welcher Laster, Grausamkeiten und Gräuel aller Art entsprangen, alles Unheil, das sie über die Wilden brachten. Erst die Weißen machten die Insulaner zu Wilden, die wahren Wilden waren die Weißen, besser wäre es gewesen, die so genannten Barbaren wären vom weißen Mann, dem wildesten Tier auf dem Erdboden, nie berührt worden. Wir Weißen, hatte Montaigne geschrieben, übertreffen sie »in allen Arten der Barbarei«.

Daran, dass die Kannibalen nicht unberührt blieben, war Melville nicht ganz unschuldig, er fungierte gleichsam als Speerspitze der Zivilisation, sein Buch wurde ein Riesenerfolg, so empfänglich war das vergiftete Publikum, ganz wild auf penetrant paradiesische Texte, so groß war sein Südseehunger, es verschlang Melvilles authentische oder gut erfundene Geschichte, die keineswegs verhinderte, dass die Menschenfresser von den Bazillen, Viren, Mikroben des zivilisierten Teils der Menschheit verzehrt wurden. Als Jack London 60 Jahre später Nuku Hiva besuchte und durch das Taipi-Tal ritt – er hatte als kleiner Junge *Typee* gelesen und viel von Taipi geträumt und sich vorgenommen, dorthin zu reisen –, sah er nichts als Wildnis, Urwald, wo Melvilles Garten Eden gewesen war, und nur noch elende Geschöpfe, die an Tuberkulose, Lepra und Elephantiasis litten, wo Melville die schönsten und kräftigsten Insulaner der Südsee gesehen und ihre Anzahl auf etwa 2000 geschätzt hatte. »Der Tod hauste im Typeetal«, so London, »und das Dutzend, das vom Stamm noch am Leben war, atmete nur noch schwach und mühselig wie eine Rasse, die in den letzten Zuckungen liegt«.

War *Typee* ein Lobgesang auf die Wilden, so *Omoo* ein Abgesang auf Tahiti. Natürlich war die Insel landschaftlich reizvoll, geradezu zauberhaft, von so traumhafter Schönheit und Ruhe, als sei sie gerade erst aus der Hand des Schöpfers hervorgegangen, und als sie Europa in die Augen fiel, hatte ihrer äußeren Schönheit auch eine innere entsprochen, die Schönheit und Liebenswürdigkeit ihrer Bewohner. Nun aber waren die Tahitianer ihrer Bräuche, Traditionen, Religion, ihrer Identität, ihrer selbst verlustig gegangen, ihre Kleidung – weil unanständig – war verboten, Halsketten und Blumengehänge – weil heidnisch – verboten, ihre Tänze, Volkslieder, Flötenspiel, Feste, Kampfspiele, Tätowierung verboten, ihr Götzendienst abgeschafft. Seit nahezu 60 Jahren standen die Tahitianer unter dem Einfluss und der Fuchtel der Missionare, hatten sich im Gefolge ihrer korrumpierten, auf weltliche Vorteile bedachten Häuptlinge bekehren lassen, die jetzige Generation war bereits christlich erzogen, die Religionspolizei streifte auf der ganzen Insel umher und spionierte, stöberte Liebespaare in den Hainen, Badende in den Flüssen auf, schlich auch nachts um die Häuser herum, schnüffelte jederzeit in den Hütten nach Sünden, trieb die Schäflein der Gemeinde mit dem Rohrstock dem Gottesdienst zu und trieb Bußen für hartnäckiges Schwänzen desselben oder für Sittlichkeitsvergehen ein. Dabei waren manche Missionare »entsetzlich bigott«, hielten sich »ein Sortiment hübscher, kleiner, eingeborener Hausmädchen«, ihre größte Ruhmestat stellte die Übersetzung der Bibel dar, aber sie beraubten die Insulaner ihres »Nationalcharakters«. Folge davon war, dass die guten Wilden ihre Fertigkeiten etwa in der Tapaherstellung oder im Bootsbau verloren, sich sinnlichen Genüssen hingaben, der Heuchelei verfielen und immer unsittlicher wurden. Trunksucht, Pocken und die Lustseuche wüteten unter ihnen, Cook hatte die Bevölkerung auf 240 000 Seelen geschätzt, der ersten Volkszählung von 1842 zufolge waren es nur noch 9000. »Ihre Aussichten sind hoffnungslos«, kommentierte Melville in *Omu*, mehr Reisebericht oder Reise-Essay denn Abenteuerroman, sie gingen »ihrem vollständigen Untergang« entgegen.

Die Südsee entleerte sich von Insulanern und füllte sich mit entlaufenen Matrosen, entwischten Sträflingen, verkrachten europäischen Existenzen, mit Abenteurern, Vagabunden, Beachcombers und Zivilisationsdeserteuren, mit Sandelholz- und Koprahändlern, Pflanzern, chinesischen und indischen Kulis, Angestellten der Handelsgesellschaften, Kolonialbeamten und leider auch mit Missionaren des fanatischen Typs, denen Somerset Maugham in der Erzählung *Miss Thompson* und der Figur des auf den Samoa-Inseln stationierten Mr. Davidson ein Denkmal setzte, der in Pago Pago auf Tutuila eine amerikanische Hure aus Honolulu mit seiner Religion terrorisiert und ihr doch in die Falle geht wie alle Männer und sich am Ende die Kehle durchschneidet; die Originalausgabe dieses bigotten amerikanischen Missionars, die Maugham in Pago Pago kennenlernte, rettete auf den Gilbert-Inseln Heidenseelen, ob sie wollten oder nicht. Die Südsee füllte sich auch mit Weltenbummlern, (Reise-) Schriftstellern und Schriftstellerinnen wie der Wienerin Ida Pfeiffer, die auf ihrer ersten Weltreise 1847 in Tahiti Station machte und die Sittenlosigkeit schon der sieben-, achtjährigen Mädchen, die Prostitution und Geldgier, Gewinnsucht, Trägheit, Arbeitsscheu der Indianer beklagte, sie sah in Papeete, das voll französischen Militärs war, nur Sinnlichkeit und schamloses Betragen.

Friedrich Gerstäcker kam 1850 mit einem Bremer Walfänger von Honolulu zu den Gesellschaftsinseln und ließ sich auf Maiao westlich von Tahiti aussetzen, einem Stück Land wie aus seinen Träumen vom Paradies und Glück, die er hegte, seit er in jungen Jahren dem Zauber Daniel Defoes *Robinson Crusoe* erlegen war. Und Moorea, weiter östlich schon in Sichtweite Tahitis, war noch so eine von aller Zivilisation abgeschnittene Trauminsel, Melville hatte »kein Wort übertrieben«, aber mit der Zeit sehnte sich Gerstäcker »nach einer vernünftigen Unterhaltung«. Bei der Ankunft in Papeete umarmte er erst einmal eine Straßenlaterne, Heimatgefühle überwältigten ihn. Der Hamburger besuchte die anglikanische Kirche, der Prediger predigte hier seit 30 Jahren, die Schwarzröcke waren entweder Schwärmer oder Heuchler und Geschäftemacher. Die katholische Konfession sagte den Tahitianern mehr zu, sie bot ihnen etwas fürs Auge, die Franzosen hatten auch Blumengewinde, Tanz und andere Vergnügungen wieder zugelassen. Die Mädchen waren nach außen fromm, doch innerlich wild, wilde Ehen »ziemlich allgemeine Sitte« und die Europäer zumeist »sehr oberflächlich« mit den Eingeborenen verheiratet. In Gerstäckers Roman *Tahiti*, einer Liebesgeschichte wie *Paul et Virgine*, spielt Tahiti die gleiche Rolle wie Frankreich bei Saint-Pierre, hier wie dort sterben Liebe und Glück, während sie auf Mauritius wie auf Gerstäckers Atiu in den Cook-Inseln leben können. Tahiti war als Paradies bereits verloren, trotz der wundervollen Natur und aller Exotik und des ewigen In-den-Tag-hinein-Lebens und der immer gleichen Tage, der Gerstäcker überdrüssig wurde.

Sie nahmen ihre Pistolen, ein paar Gewehre und Munition für das Mausergewehr mit an Bord der »Minota«, denn die Salomon-Inseln lagen jenseits von Recht und Gesetz. Die Jacht sollte Plantagenarbeiter, die ihre Zeit abgearbeitet hatten, nach Malaita zurückbringen und neue anwerben. Vor einem halben Jahr hatten die schwarzen Buschmänner das Schiff an der Küste von Malaita geentert und mit ihren Streitäxten den Kapitän zerhackt, man sah noch die Spuren von Axthieben in der Kajütentür. Kurz vor Malaita wurde eine doppelte Reihe Stacheldraht um die niedrige Reling gezogen. Die doppelte Besatzung bestand aus 15 »Kanaken« von Malaita, sonst waren noch zwei Dutzend Heimkehrer an Bord, die aussahen wie richtige Menschenfresser. In ihren durchbohrten Nasen und Ohren steckten polierte Knochen und Holzpflöcke, Spieße aus Schildpatt oder auf ein Stück Stahldraht gereihte Perlen, Tonpfeifen, leere Patronenhülsen und sonstige als Schmuck entfremdete Utensilien. Der erste Ankerplatz lag bei Suu an der Westküste Malaitas, wo ein Dutzend Rückkehrer an Land gesetzt werden sollte. Es war ein tiefer Einschnitt in den Mangrovensümpfen, die »Minota« fuhr hinein, und die Mangroven schlossen sich über ihr. Kapitän Jansen gefiel die Stelle nicht, er war zum ersten Mal hier, auf die einheimische Besatzung konnte er sich nicht verlassen, auf die Arbeiter schon gar nicht, sie machten mit den »Niggern« an Land bestimmt gemeinsame Sache, wenn es galt, das Schiff zu plündern und Köpfe abzuschneiden. Ein Kanu mit völlig nackten Eingeborenen kam längsseits, der alte einäugige Häuptling, der vor Schmutz dermaßen starrte, dass eine Feile an ihm stumpf geworden wäre, warnte den Kapitän, seine Leute an Land gehen zu lassen. Jansen schwang das Langboot aus, es fuhr die Küste auf und ab, der Busch war voll bewaffneter Wilder, die die Werber an Land locken, aber sich nicht zu drei Jahren Plantagenarbeit für sechs Pfund Sterling im Jahr verpflichten wollten. So bekam die »Minota« keine Arbeiter und die Horde Buschleute keinen Kopf von der »Minota«. Doch bei Malu gelang es, sieben »Kanaken« zu engagieren, der Ankerplatz war gut, aber er lag zwischen der Küste und einem hässlichen Korallenriff. Als die »Minota« absegelte, war der Wind sehr launisch, und die Strömung ging stark nach der Riffspitze zu. Die Jacht hatte schon fast das offene Meer erreicht, da fiel der Wind ab, und das Schiff landete auf dem Riff. Plötzlich tauchten von allen Seiten Kanus voller Wollköpfe auf, bereit, über die »Minota« herzufallen, und am Ufer lauerten die Buschmänner mit Speeren, Pfeilen, Keulen und Snidergewehren.

So berichtete Jack London in *The Cruise of the Snark* über seinen Ausflug von Guadalcanal nach Malaita, der wildesten der wilden Salomon-Inseln. Der ehemalige Austernpirat, Robbenfänger, Goldgräber und Abenteurer des Schienenstrangs war mit seinem Zweimaster von San Francisco über Hawaii, die Marquesas, Tahiti – »eins der schönsten Fleckchen der Erde«, aber von weißen Dieben, Räubern und Lügnern »verpestet« –, über Bora Bora und andere Gesellschaftsinseln, Fidschi und Samoa zu den Salomonen gelangt und beendete 1909 die auf sieben Jahre angelegte Weltumsegelung nach zwei Jahren in einem australischen Krankenhaus. Was London in seinem Bericht und seinen Kurz- und Langgeschichten beschrieb, entsprach so gar nicht der idealistischen Südsee-Vision. Es waren Geschichten über Extremsituationen, Geschichten von Orkanen und auf entwurzelten Palmen durch die Luft fliegenden Menschentrauben, von Perlentauchern und angreifenden Haien, erschlagenen und gebratenen Missionaren, von einem brennenden Geisterschiff, das ein Nachkomme der »Bounty«-Meuterer durch die Tuamotus lotste, von einem versteckten Schatz, den die Schwarzen ausgegraben hatten: Sie waren mit Gold- und Silbermünzen in den Ohrläppchen und um den Hals herausgeputzt und ließen sich das Geld von schlitzohrigen Weißen gegen ein bisschen Tabak abluchsen, denn sie kannten den Wert von Gold und Silber nicht. London erzählte von Goldsuchern auf Guadalcanal und Malaita – noch dreieinhalb Jahrhunderte nach Mendaña –, deren Köpfe aufgespießt wurden, »um von den Dachsparren der Buschleute herabzugrinsen«, und von der Expedition des österreichischen Geologen Heinrich Foullon von Norbeeck, der mit einem k.u.k. Kanonenboot auf Guadalcanal landete, wo er Nickelerz vermutete, an dem der österreichische Metallindustrielle Arthur Krupp interessiert war; Norbeeck drang ins Innere der Insel vor und wurde »in Stücke gehauen«. Es ging nicht mehr um den Tausch von Tand und Plunder wie Glasperlen, Schnupftüchern oder Eisenstückchen von alten Fassreifen gegen Kokosnüsse und Kunsthandwerk, sondern um Kopf und Kragen, auf einigen Inseln Melanesiens wollten die schwarzen Krausköpfe das Fleisch der Weißen als Nahrungs- und Genussmittel und ihre Köpfe, um sie an der Sonne zu trocknen und über dem Feuer zu räuchern und als Trophäen aufzupflanzen, während es den Weißen um Arbeitskräfte für die Plantagen im australischen Queensland und in Peru, in Deutsch-Neuguinea und Britisch-Neuguinea, auf Samoa, Fidschi oder Hawaii zu tun war. Da den Polynesiern die Früchte vom Baum in den Mund und den Schoß fielen und sie daher träge, faul und arbeitsscheu, auch sonst ziemlich genügsam und bedürfnislos waren und also als Arbeiter ausfielen, musste man woanders Manpower ausheben. Man wurde fündig auf den Neuen Hebriden, den Loyalitätsinseln, den Salomonen, auf Neu-Britannien, Neu-Irland, den Gilbert-Inseln, manchmal fand man aber auch den Tod und sah sich als zierlicher Schrumpfkopf unter dem Dach baumelnd wieder und seinen Rest im Stammestrog der herausgeputzten »Nigger«, die zwar »bis an den Hals barfuß« gingen (Gerstäcker), ab Hals aber dick auftrugen, Nasenringe aus den Schalen der Venusmuschel, in den Nasenflügeln Nägel oder Sicherheitsnadeln, in den ausgeweiteten Ohrläppchen Pfeife, Tabak, Büchsenöffner, Pfannen- oder Zahnbürstenstiele, im Haar ein Federmesser und um den Hals einen halben Porzellanteller oder den Henkel einer Tasse trugen. Klar, sie hatten keine Hosentaschen.

London verarbeitete Geschichten, die er von Schiffern, Superkargos, Kopra-, Perlenhändlern, Pflanzern oder Blackbirders hörte, Kapitänen und Werbern, die Schwarze jagten und einfingen und den Pflanzern als Arbeiter zuführten. London erzählte solche Geschichten ohne den moralgetränkten Zeigefinger, den Fanny Stevenson erhob, die über die dritte Südseefahrt der Stevensons berichtete, nach der sich der Stevenson-Clan auf Samoa niederließ, wo Fanny sich zusammen mit zwölf eingeborenen Domestiken um Haus, Garten und Plantage kümmerte und Louis Südseegeschichten, Romane und eine Abhandlung über den jahrelangen Konflikt zwischen Deutschland, Großbritannien und den Vereinigten Staaten um die Samoa-Inseln schrieb und 1894 starb. Der Dampfer »Janet Nicoll«, mit dem die Stevensons von Sydney bis hinauf zu den damals deutschen Marshall-Inseln fuhren, brachte Kontraktarbeiter von Australien nach Savage Island (Niue) und Danger Island (Pukapuka) zurück, nahm von Swains Island (Olosenga) ein paar Arbeiter mit, die von Danger Island stammten, einer von ihnen hatte nach Ablauf seines fünfjährigen Vertrags noch drei Jahre auf eine Mitfahrgelegenheit warten müssen und wäre darüber fast an Heimweh gestorben; das Wiedersehen mit den Eingeborenen auf Danger Island war »wunderschön und anrührend«, so Fanny. Die Geschichten, die man ihr auf Funafuti (Ellice-Inseln, Tuvalu) erzählte, erfüllten sie »mit Abscheu«. So waren vor wenigen Jahren zwei amerikanische Schiffe unter peruanischer Flagge auf der Insel gelandet, die Mannschaften hatten Geschenke unter alle Eingeborenen verteilt, die an den Strand kamen, und ihnen vorgeschlagen, mit nach Peru zu fahren, zwei Drittel der Inselbevölkerung schiffte sich ein und ward nie wieder gesehen. Den Weihnachtsmann zu spielen oder sich zum Beispiel als Missionar zu verkleiden und das Blaue vom Himmel zu versprechen gehörte noch zu den unschuldigsten, zivilisiertesten, geradezu christlichen Rekrutierungsmethoden.

Vorspiegelung falscher Tatsachen, Desinformation, Verschweigen von Vertragsbedingungen, Täuschung über Arbeitsverhältnisse und Entlohnung oder Rückführung – mit den Analphabeten verständigte man sich auf Seegurken-Englisch (Trepang) –, Erpressung, Nötigung, Androhung oder Anwendung von Gewalt, das Abbrennen von Hütten und ganzen Dörfern, Menschenjagden, Raub, Kidnapping waren probate Mittel, zwar unmoralisch, aber effektiv und faktisch kaum anfechtbar. Manchmal wurden Eingeborene, die draußen am Riff fischten, ohne weiteres in die Boote genommen und verschleppt. Normal, dass die »Kanaken« – falls sie mit den Weißen nichts zu tun haben wollten – sich ins Land zurückzogen, sobald ein Werbeschiff auftauchte, oder Speere aus dem Busch schleuderten und auf die Bootsmannschaften prasseln ließen. Normal, dass auf den wildesten Inseln Landungsboote und Werbeschiffe angegriffen wurden, damit musste man rechnen, deshalb wurden stets zwei bewaffnete Boote ausgeschickt, eins zur Bedeckung des anderen, das näher an den Strand heranfuhr, und beide blieben mit dem Heck zum Land unter Riemen liegen. Wenn ein Schiff strandete und auf dem Riff festsaß, hatten die Wilden meistens leichtes Spiel, die Besatzung konnte sich glücklich schätzen, wenn sie in den Booten entkam, ansonsten fehlten ihr hinterher die Köpfe. London erzählte jedoch auch Geschichten, nach denen ein einziger guter Schütze alle »Nigger« unschädlich machte oder ein kaltblütiger Kapitän Dynamit unter sie warf, das man zum Fischen benutzte. Eine besonders perfide Art der Eingeborenen, sich des Schiffes und des Menschenfleisches zu bemächtigen, bestand darin, sich zum Schein anwerben zu lassen, an Bord zu gehen und auf ein verabredetes Zeichen gleichzeitig auf dem Schiff und an Land loszuschlagen. Manchmal sandten die britischen und deutschen Behörden dann Kriegsschiffe zu Strafexpeditionen aus. Zur gleichen Zeit, als London mit der »Minota« auf Malaita weilte, führte ein Kreuzer der Royal Navy eine Vergeltungsaktion für den Überfall auf die »Minota« vor einem halben Jahr durch, warf Granaten meilenweit in den Busch, äscherte drei Dörfer ein und tötete 30 Schweine. Sehr effektvoll war das nicht, die Grashütten waren schnell neu gebaut, die Wilden hatten zwar Schweine eingebüßt, jedoch Longpigs von der »Minota« bekommen. Ein deutscher Kreuzer, so erzählte London in *A Son of the Sun*, bombardierte das Innere der kleinen Francis- oder Barbour-Insel in der Bismarcksee zwischen Neuguinea und Neu-Irland, brannte ein halbes Dutzend Dörfer nieder und tötete eine ganze Menge Schweine, nachdem der Dampfer »Castor«, der dort Leute für die Plantagen auf Deutsch-Samoa anwerben sollte, vernichtet und die gesamte Mannschaft niedergemacht worden war.

Wie die Arbeiterfangzüge manchmal die Form von Sklavenjagden annahmen und die Werbeschiffe Sklavenschiffen glichen, so wurden die Kontraktarbeiter auf den Plantagen oftmals wie Sklaven gehalten. Ab und zu kam es zu Fluchtversuchen, die die Pflanzer nicht durchgehen lassen konnten, schon damit das Beispiel nicht Schule machte, aber auch aus materiellen Gründen. »Da die Schwarzen bis zu dreißig Dollar das Stück wert waren, je nachdem, wie viel sie von ihrer Zeit abgearbeitet hatten«, schrieb London in *Adventure*, »durfte sich die Berande-Plantage einen solchen Verlust kaum erlauben«. Die Flüchtigen wurden verfolgt und oftmals eingefangen, falls sie sich aber ins Innere der Insel wagten und es sich um eine Kannibalen-Insel wie Berande handelte, konnte es ihnen passieren, dass sie von den Buschleuten gefressen wurden. Aussichtsreicher war es, mit einem Boot der Plantage oder gar einem ankernden Schoner oder zumindest mit einem gestohlenen Eingeborenenkanu über See zu fliehen, allerdings wurden sie am Ende doch meist von anderen Weißen aufgegriffen und zurückgeschickt. Oder aber – wenn es sich bei den Ausreißern um Kannibalen verschiedener Stämme oder Inseln handelte – sie fraßen sich unterwegs gegenseitig auf. Fluchtversuche wurden mit Auspeitschung geahndet sowie mit Geldstrafen, die umgerechnet wurden in zusätzliche Arbeitsjahre, genauso wie mitgenommene Tabakstangen oder Gewehre. Lief ein von Heimweh geplagter Krauskopf wie Londons Mauki in Serie weg, so verlängerte sich sein Engagement auf der Pflanzung mit Leichtigkeit von drei auf zehn Jahre. Es ist äußerst sonderbar: Im letzten Drittel des 19. und ersten Drittel des 20. Jahrhunderts fingen die Weißen wieder Menschen ein wie die Portugiesen des 15. Jahrhunderts und brannten abermals Hütten und Dörfer nieder wie Magellan.

Die Südsee war voll schwarzer Teufel und weißer Teufel, sollte man meinen, voll weißer und schwarzer Headhunter, voll wilder Kannibalen, die einen herzhaften Appetit auf Menschenfleisch hatten und deren Hobby es war, Schrumpfköpfe zu sammeln, und voll wilder weißer Scheusale, Land-, See- und Menschenräuber, durchsetzt mit ein paar wohlwollenden, gerechten Tausendsassas wie dem Sohn der Sonne, der ein fiktives Feigenblatt für die Charakterblöße der Weißen war. Jedenfalls schien es die Bestimmung, Bürde und Verdammnis des Weißen zu sein, die »Nigger« und die ganze Welt beherrschen zu müssen. »Erzählt dem weißen Manne, dass es irgendwo in einer Lagune, die mit zehntausend heulenden Kannibalen behaftet ist, Perlmuscheln gibt, und er wird ihnen entgegentreten, ganz allein, nur mit einem halben Dutzend kanakischer Taucher (...). Flüstert ihm zu, dass am Nordpol eine Goldmine sei, und dasselbe unvermeidliche weißhäutige Wesen macht sich auf mit Hacke und Schaufel (...). Gebt ihm einen Wink, dass die rotglühenden Wände der Hölle mit Diamanten besetzt seien, und Mr. Weißer Mann wird die Hölle stürmen und den alten Satan selbst mit Hacke und Spaten arbeiten lassen«, lässt London Charley Roberts in dessen Wirtschaft in Apia auf Upolu sagen. Der weiße Mann brauchte die Schwarzen, Gelben und Braunen nicht zu verstehen, um die Welt ausbeuten und beherrschen zu können, er musste nur gut schießen können. Die Welt verstehen zu wollen, war der Sache nur abträglich, besser war es, über eine gewisse Unbekümmertheit, Gedankenlosigkeit, Selbstzufriedenheit und einen gesunden Rassenegoismus zu verfügen. Freundlichkeit legten die Wilden als Dummheit aus, Milde hielten sie für Angst, sanfte Weiße endeten als Schrumpfköpfe, wer behauptete, die »Nigger« zu verstehen, wurde als Erster gefressen. »Je größer die Dummheit des weißen Mannes ist, desto mehr Erfolg hat er dabei, die Welt in die Höhe zu bringen«, meinte Roberts. Vielleicht war es ihre Dummheit, der die weiße Rasse ihren Siegeszug um die Welt verdankte, so Kapitän Woodwards.

Der weiße Mann brachte vielleicht seine Welt in die Höhe, die der Insulaner eher in die Tiefe. Und dennoch ist »Südsee« für den westlichen Menschen ein Zauberwort geblieben.

6.
Gefühlsleben eines Feldforschers – Bronislaw Malinowski im westlichen Pazifik

Der Küstendampfer hatte dem König von Siam als Jacht gedient, die Expedition charterte ihn von der Hamburg-Amerikanischen Paketfahrt-Actien-Gesellschaft. Nach den Umbauten zum Forschungsschiff bot er reichlich Komfort, jeder Expeditionsteilnehmer verfügte über eine Schlaf- und Arbeitskabine, der große Salon war luftig und kühl, eine Eismaschine sorgte für die Frischhaltung der Lebensmittel und des Biers, auf ein Klavier hatte man verzichtet. Wenn die Forscher von einem Landausflug an Bord zurückkehrten, schmissen sie ihre schweißdurchtränkten Khakiklamotten in die Ecke und erschienen bald darauf im schneeweißen Tropenanzug zur Mahlzeit im Salon. Dann und wann ließen sie sich des Abends von den »Kanaken« etwas vortanzen, saßen in weißen Segeltuchschuhen mit übergeschlagenen Beinen und europäischen Strohhüten da, rauchten Pfeife und genossen ihr Herrenmenschentum. Jeder Expeditionsteilnehmer hatte seinen persönlichen melanesischen Diener zu seinem Wohlergehen und Schutz, die Lakaien waren ebenso mit Karabinern ausgerüstet wie die zwölf melanesischen Polizeisoldaten, die der Gouverneur von Deutsch-Neuguinea zur Verfügung gestellt hatte; selbstverständlich war auch jeder Europäer mit Gewehr und Repetierpistole bewaffnet. Der »Peiho« dampfte durch die Bismarcksee zu den St.-Matthias-Inseln und den Admiralitätsinseln, an den Küsten Neu-Pommerns (Neu-Britanniens) und des Kaiser-Wilhelms-Landes (Nordost-Neuguinea) entlang und den Kaiserin-Augusta-Fluss (Sepik) hinauf, das Schiff ankerte jeweils wenige Tage vor einem Ort, gemeinsam gingen die Forscher für jeweils wenige Stunden an Land, zusammen mit ihren Dienern und Polizeisoldaten bildeten sie eine für diese Gegenden ansehnliche Streitmacht, und es konnte ihnen wie schon Carteret und Bougainville auf Neu-Irland, nun Neu-Mecklenburg genannt, passieren, dass die Eingeborenen vor ihnen wegliefen. So wurde das nichts mit der Völkerkunde.

Aufgabe der von der Hamburgischen Wissenschaftlichen Stiftung finanzierten und vom ersten Direktor des Hamburgischen Museums für Völkerkunde, Georg Thilenius, organisierten Südsee-Expedition von 1908 bis 1910 war es, bestimmte Gebiete des deutschen Kolonialbesitzes in der Südsee ethnografisch zu untersuchen und Objekte für das Museum zu sammeln. Die Arbeit der Ethnologen, Linguisten, physischen Anthropologen, Naturwissenschaftler und Mediziner sollte darüber hinaus dem praktischen Zweck dienen, zur Erhaltung und Vermehrung der einheimischen Bevölkerung als Arbeitskraftressource beizutragen. Bei weiterem Rückgang oder gar Aussterben der indigenen Bevölkerung sei – so Thilenius – mittelbar der europäische Besitz gefährdet. Der Eingeborene sei der prädestinierte Arbeiter des Weißen und »billiger« als ein »importierter«. Statt dem »Raubbau« seitens der Europäer zum Opfer zu fallen, müsse das Bevölkerungswachstum »in einer den Ansprüchen des Weißen genügenden Kopfzahl« gefördert werden, um so eine kontinuierlich sprudelnde Arbeiterquelle »zum vollen Nutzungswert« zur Verfügung zu haben. Dazu konnte eine anwendungsorientierte Völkerkunde als wissenschaftliche Politikberatung Dienste leisten. Die Vorstellungen Thilenius' kamen den Bestrebungen des damaligen Gouverneurs Deutsch-Neuguineas, Albert Hahl, entgegen, der Schutzmaßnahmen für die Eingeborenen gegen kurzfristige Interessen und die Praktiken der Pflanzer durchzusetzen versuchte, wie sie im Mutterland seit der Industrialisierung von Sozialreformern für die Arbeiterschaft gefordert und von der Politik auch umgesetzt wurden: Verbot der Kinderarbeit, Sonntagsruhe, auch keine Strafarbeit an Sonntagen, Verbesserung der Wohnverhältnisse und Krankenversorgung sowie – spezifisch melanesisch – Sperrung »ausgesogener« Werbegebiete und Verbot der Anwerbung von Frauen. »Ein tropisches Land als Kolonie wird nur dann blühen, wenn die Menge billiger, fleißiger Bevölkerung farbiger Herkunft dem Beherrscher, dem Europäer, dauernd zur Verfügung steht«, konstatierte Hahl. Manchmal aber lässt die Zukunft einer vorausschauenden Politik und Verwaltung keine Chance, macht ihr vielmehr einen Strich durch die Rechnung; die Zukunft trat wenig später in Gestalt des Ersten Weltkriegs und des Verlusts der deutschen Kolonien auf den Plan.

Es war natürlich schwierig, wissenschaftlich zu arbeiten und die Politik zu beraten, wenn das Studienobjekt ausriss. Doch selbst in einem solchen Fall liefen die Forscher nicht ins Leere, sondern bedienten sich in den verlassenen Hütten. Was dabei herauskam, waren Ethnografika ohne allzu hohen Informationswert, nackte Objekte der materiellen Kultur, deren örtliche Bezeichnungen man nicht einmal erfuhr. Als »Völkerkunde ohne Völker« bezeichnete ein Expeditionsmitglied das. Honorigerweise hinterließen die deutschen Wissenschaftler Tauschwaren als Bezahlung oder händigten sie dem im Dorf ausharrenden »Repräsentationsgreis« aus. Waren die Eingeborenen ausgebüxt, hielten sich jedoch in der Nähe des Dorfes in Sichtweite auf, so versuchten die Forscher, mit ihnen Kontakt aufzunehmen, indem sie ihre »schwarzen Jungen«, die Melanesier der Schutztruppe, mit Geschenken vorschickten. Fruchtete dies nicht, gingen sie zum »anonymen Ankauf« über, wie sie das Ausräumen der Hütten unter Hinterlegung einer Entschädigung nannten. Die »Kanaken« hatten schiere Angst, die Erinnerung an Überfälle der Walfänger und an die Rekrutierungen für die Salpeterfelder in Queensland und Südamerika war noch nicht erloschen, die Anwerbung für Plantagen und die inzwischen entdeckten Phosphatlagerstätten auf der deutschen Insel Nauru westlich der Gilbert-Inseln sowie auf einigen der zu Deutschland gehörenden Karolinen und Palau-Inseln wie Angaur stellte eine akute Bedrohung dar, die Eingeborenen sahen keinen Unterschied zwischen einem Werbe-, Kriegs- und Forschungsschiff und hielten die Forscher für Sklavenjäger oder Agenten der Phosphatgesellschaften.

Auch wenn die Dorfbewohner nicht im Busch verschwanden, stießen die Wissenschaftler oft genug auf Misstrauen, Ablehnung, Widerstand, die zu Erforschenden wollten manchmal nichts tauschen und sich nicht vermessen, zeichnen und befragen lassen. Allein schon die Verständigung bereitete Probleme, die Expeditionsteilnehmer sprachen nicht nur keins der Hunderten von Eingeborenenidiomen, auch das Trepang, dieses Südsee-Pidgin, beherrschte zu Beginn der Expedition nur einer von ihnen. Sie waren auf Dolmetscher angewiesen, die ihrerseits das Trepang vielfach nur radebrechten, es war schon schwierig genug, überhaupt Dolmetscher zu bekommen, und da die Wissenschaftler nicht zuletzt aus Sicherheitsgründen gemeinsam, gleichzeitig an Land zu gehen pflegten, aber meist nur einer von ihnen via Dolmetscher mit den Eingeborenen arbeiten konnte, mussten die anderen sich solange auf das Sichtbare beschränken oder in die Röhre gucken, »spazieren stehen« und »Maulaffen feilhalten«. Selbst zum Vermessen von Schädeln oder zum Fotografieren brauchte man einen

Dolmetscher, die »Kanaken« hatten vor jedem Instrument mit seiner verteufelten Technik Angst und kniffen, man musste sie mit viel Geduld überreden. Bei den Interviews musste man eine Frage in Variationen mehrfach wiederholen, gelegentlich war das Ergebnis ein- oder zweistündiger Arbeit ein einziger Satz, und nachher stellte sich heraus, dass der Kollege eine abweichende oder gar gegenteilige Auskunft über den gleichen Gegenstand erhalten hatte.

Was verstockte Eingeborene mit Nachdruck folgsam und gefügig machte, waren kleine Schießübungen zu Demonstrationszwecken sowie Drohungen, sie aufs Schiff abzuführen oder von den Schusswaffen nicht nur gegen hochhängende Kokosnüsse Gebrauch zu machen. Vorzuführen, wie Revolver und Karabiner funktionierten und wirkten, verfehlte den beabsichtigten Eindruck nicht, erregte vielmehr nachhaltig Schrecken, Frauen und Kinder verweigerten die Nahrungsaufnahme, die Männer brachten den Weißen Geschenke, Opfergaben wie Eier, Nüsse, ethnografisch verwertbares Tauwerk, Schüsseln, Hühner und fragten, wann die Herren denn wohl wieder abführen. Meistens bekamen die Weißen ihren Willen, wenn auch zweifelhafte wissenschaftliche Ergebnisse, mehrmals kam es allerdings zu gewalttätigen Auseinandersetzungen. Auf Tench im Bismarck-Archipel drängten die Expeditionsmitglieder in das einzige Dorf, ohne auf das Geschrei und Gestikulieren der aufgeregten Einwohner zu achten, sie machten sich ungeniert breit, begutachteten, zeichneten, drangen in ein Haus und verletzten vielleicht ein Tabu, rückten weiter vor, überstiegen die von den Eingeborenen eilig errichteten Verhaue, da versuchten die indignierten Indigenen, den Polizeisoldaten die Gewehre wegzunehmen, einem der Weißen wurde ein Speer auf den Arm gesetzt, die melanesischen Jungs brannten darauf, alles niederzuschießen, mit Mühe konnten die Weißen das Feuer stoppen, sie nahmen den Häuptling als Geisel mit aufs Schiff, um ein entwendetes Gewehr zurückzubekommen, nach dessen Rückgabe der Häuptling freigelassen wurde, alle erhaltenen Geschenke zurückbrachte und die Weißen nochmals aufforderte wegzufahren. Es war wie im 18. Jahrhundert. In Neu-Pommern stieß die Expedition einmal auf eine Gruppe Einheimischer, die sich überrascht sahen, wild ihre Speere schüttelten und in Kriegsgeheul ausbrachen. Der Dolmetscher rief ihnen zu, die Weißen wollten Handel mit ihnen treiben, worauf sie schreiend antworteten, sie wollten mit den Weißen nichts zu tun haben, und Steine warfen, was Gewehrfeuer zur Folge hatte. Auf dem Kaiserin-Augusta-Fluss in Neuguinea wurde der »Peiho« aus Kanus mit Speeren angegriffen, die Schutztruppe schoss zurück. Es kursierten Gerüchte, das Schiff sei überfallen und die Besatzung ermordet worden, und als der »Peiho« nach Rabaul auf Neu-Pommern, Hauptstadt Deutsch-Neuguineas und Sitz des Gouverneurs, zurückkehrte, lag das Vermessungsschiff »Planet« der Kaiserlichen Marine in Simpsonhafen, Stützpunkt des Ostasien-Geschwaders, die Besatzung hatte sich schon auf eine Strafexpedition gefreut. Auf dass kein Chinese es mehr wage, »einen Deutschen auch nur scheel anzusehen«, wie Kaiser Wilhelm II. anlässlich des Boxeraufstands in China feinfühlig formulierte – ein »Kanake« schon gar nicht.

Den Gelehrten der Hamburger Südsee-Expedition war durchaus bewusst, dass Trepang-Englisch völlig unzureichend war, wenn es sich um mehr als bloße Bezeichnungen für irgendwelche Artefakte handelte, und dass die von kooperationswilligen Eingeborenen gewonnenen Informationen etwa über soziale Organisation oder Geisterglauben der Zuverlässigkeit entbehrten. Trepang, das der eine oder andere frühere Kontraktarbeiter sprach, mochte für die Plantagen oder den Koprahandel taugen, aber nicht für ethnologische Arbeit. Auch die Forschungssituation war dieser nicht gerade förderlich, die Ankunft eines europäischen Schiffes rief immer Aufregung, Neugier oder Angst hervor, die Eingeborenen ließen von ihren Beschäftigungen ab, unterbrachen ihren Alltag, den man gerade studieren wollte, und fanden es nicht vordringlich, Auskünfte über ihre Lebensverhältnisse und -gewohnheiten zu erteilen. In einer solchen Ausnahmesituation bei rudimentären Sprachkenntnissen und umständlicher, langwieriger Kommunikation zweifelhafte Informationen zu erhalten, war frustrierend. Nicht nur Leerlauf und Ineffizienz, mehr noch das Gefühl, die ganze Arbeit sei oberflächlich, fragwürdig, zweck- und nutzlos, war deprimierend. »Völkerkunde im Handumdrehen«, »Pfuscharbeit« nannten sie das, was sie taten, im Grunde war wissenschaftliches Arbeiten auf diese Weise nicht möglich, als Wissenschaftler fühlten sie sich »gänzlich überflüssig«, sie waren eigentlich nur Sammler auf »relativ komfortable(r) Tropenfahrt«, die Expedition nichts anderes als eine Sammelreise für das Museum. Wirkliche ethnografische Forschung konnte man ihrer Einsicht nach nur betreiben, wenn man sich die Sprache des zu erforschenden Volkes aneignete und sich mindestens ein Jahr bei diesem Volk aufhielt.

Intensive, stationäre Feldforschung über einen längeren Zeitraum statt extensiver, mobiler Oberflächenforschung in einem größeren Gebiet war geboten. Im zweiten Expeditionsjahr fuhr der »Peiho« die Karolinen und Marshall-Inseln zwecks gemeinsamer Besuche durch den ganzen Forschertrupp ab, setzte aber auch einzelne Wissenschaftler für mehrere Tage, Wochen oder Monate auf jeweils einer Insel aus, wo sie ansatzweise Feldforschung betrieben.

Eine Sache war es, den Wilden einen Besuch abzustatten, eine andere, unter ihnen zu leben. Bronislaw Malinowski schlug sein Zelt in Eingeborenen-Dörfern auf, wohnte im Versammlungshaus oder in einer leer stehenden Hütte, ernährte sich von dem, was auch die Eingeborenen aßen, lernte einige ihrer Sprachen, befragte sie systematisch, beobachtete ihr Alltagsverhalten, fuhr mit ihnen zum Fischen hinaus, nahm an ihren Vergnügungen und Festen teil und bei Krankheits- und Todesfällen Anteil. Er arbeitete mit Häuptlingen, Zauberern, Regenmachern, einfachen Wilden und Spezialisten wie Bootsbauern, mit eingeborenen Missionaren, Lehrern und Polizisten, auch mit Kindern oder Außenseitern, um verschiedene Blickwinkel und Meinungen und auch Nebensächlichkeiten zu berücksichtigen, so viel Material und so konkrete Daten wie möglich zu sammeln und ein abgerundetes Bild zu gewinnen. Malinowski war einer der Begründer ethnologischer Feldforschung, wie sie vor allem auch der Deutsch-Amerikaner Franz Boas betrieb, und legte besonderes Gewicht auf »teilnehmende Beobachtung«. Wenn sich die Gelegenheit bot oder die Umstände es nahelegten, trat er ebenfalls in Kontakt zu Weißen, wohnte bei Pflanzern, Händlern oder Missionaren, traf Kolonialbeamte und andere Forscher und tauschte sich mit ihnen aus. Doch im Grunde war er ein Einzelgänger, der sich in die Fremde einer fernen Kultur stürzte, in seinem Tagebuch Zwiesprache mit sich hielt und sich seiner selbst zu versichern suchte, in diesem 25 Jahre nach seinem Tod veröffentlichten, intimen Zeugnis seiner emotionalen Zerissenheit und seelischen Kämpfe in einer so überwältigenden tropischen Natur und exotischen Gesellschaft.

Schuld war *Der Goldene Zweig* James G. Frazers, diese monumentale Studie über Magie und Religion bei indigenen Völkern ebenso wie in antiken Hochkulturen und im modernen Europa. Malinowski hatte an der Universität Krakau, wo sein Vater Professor für Slawische Philologie war, Mathematik und Physik studiert, auch etwas Philosophie und Psychologie belegt und im Jahr 1908 in Physik promoviert, war dann nach Leipzig, wo der baltendeutsche Chemiker und Nobelpreisträger Wilhelm Ostwald lehrte, gegangen, um sich in physikalischer Chemie zu habilitieren. Als er Frazers *Golden Bough* las, verliebte er sich in die Ethnologie, wie er im Vorwort zu seinem bahnbrechenden Werk *Argonauts of the Western Pacific* bekannte. Es muss Magie gewesen sein, Ethnologie wurde mit einem Mal Malinowskis goldener Wissenschaftszweig. Er wechselte für ein Jahr an die London School of Economics and Political Science (LSE), wo insbesondere Charles G. Seligman ihn unter seine Fittiche nahm, aus dem einen Jahr wurden vier. Seligman hatte 1898/99 an der Cambridge Anthropological Expedition to the Torres Straits teilgenommen, die Sprachen, Physiologie, Kunst und Kunsthandwerk, Magie und Religion der Inselbewohner in der Torres-Straße untersuchte und nicht ohne Einfluss auf die Herausbildung der britischen Schule der Sozialanthropologie blieb. Durch Vermittlung Seligmans erhielt Malinowski ein Stipendium der LSE aus Mitteln einer Industriellen-Stiftung für einen Forschungsaufenthalt in Britisch-Neuguinea, das als Territory of Papua unter australischer Verwaltung stand. Die Überfahrt nach Australien ging auf Kosten der British Association for the Advancement of Science, die 1914 ihre Jahresversammlung in Australien abhielt, Malinowski fungierte als Sekretär des Berichterstatters für Anthropologie, Robert R. Marett, der in Oxford Social Anthropology las. Während der Überfahrt spitzte sich die politische Krise in Europa zu, und derweil der Kongress in Australien tagte, erklärte unter anderem Großbritannien Österreich-Ungarn den Krieg. Das brachte Malinowski in eine heikle Lage. Polen war damals eine Nation ohne Staat, unter Russland, Deutschland und Österreich-Ungarn aufgeteilt, als Pole aus Krakau war Malinowski Staatsbürger Österreich-Ungarns, er hatte einen österreichischen Pass, im Normalfall wäre er in Australien interniert worden. Doch er hatte einflussreiche Fürsprecher unter Briten und Australiern, und die australischen Behörden zeigten sich nicht nur entgegenkommend, sondern förderten seine Feldarbeit in Neuguinea gar mit einem Zuschuss seitens des Home and Territories Department of the Commonwealth of Australia. Anfang September 1914 verließ Malinowski Brisbane per Schiff.

Malinowski hatte Angst. Es begann ein neuer Abschnitt in seinem Leben, er nahm Abschied von der Zivilisation, ging ganz allein in die Tropen, hatte panische Angst vor Hitze und Schwüle und fürchtete, seiner Aufgabe nicht gewachsen zu sein. Im Korallenriff vor Port Moresby lag das Wrack der »Merry England«, die eine Strafexpedition zur Kannibalen-Insel Goaribari im Papua-Golf unternommen hatte, um den Tod zweier Missionare zu rächen. Die Hauptstadt Britisch-Neuguineas schien Malinowski einer dieser Orte zu sein, von denen man viel hört und sich viel verspricht, die doch dann ganz anders sind als gedacht. Er ist noch erschöpft von langer Seekrankheit, wird aber doch gleich ganz rührig, macht Antrittsbesuche beim Gouverneur, beim Sekretär der Regierung, beim Richter und anderen Beamten, liest Berichte und bekommt einen eingeborenen Informanten, der jedoch als Dolmetscher sehr bei Gericht eingespannt ist. Beim Abendspaziergang erlebt er einen wundervollen Sonnenuntergang, das violette Leuchten gleitet über das saphirblaue Wasser der Bucht und strahlt durch den Palmenhain, er hat das sichere Gefühl, dass zwischen ihm und diesem Land sich eine innige Verbindung anbahnt, er begreift das Naturschauspiel als »Verheißung fruchtbarer Arbeit und unerwarteten Erfolgs«. Neuguinea ist nicht die scheußliche Hölle, die er befürchtet hat, sondern ein Paradies. Von der Veranda seiner Pension blickt er auf das Meer und die Hügel rund um die Bucht, morgens, wenn alles in leichten Nebel gehüllt ist, sind die Hügel bloß blassrosa Schatten, die gekräuselte See glitzert in Grün- und Blautönen, wo das Wasser glatt ist, spiegeln sich Himmel und Berge in allen Farben, an seichten Stellen liegen seegrasbewachsene, tiefrote Steine zwischen türkisgrüner Vegetation. Nachmittags überziehen sich die Berge mit geisterhaften schwarzen Schatten, und über den Himmel wandern heitere, vom Purpurglanz der untergehenden Sonne entflammte Federwölkchen. Es ist eine »wahnsinnige Orgie intensivster Farben« von festlicher, verfeinerter Reinheit und Erhabenheit. Stört nur, dass der steil zum Meer abfallende Hang mit Abfall aller Art übersät ist, eine Müllkippe gleich vor dem Haus, wie praktisch.

Mit einem Führer macht Malinowski einen Ausflug ins Land, reitet an Eingeborenengärten mit Bananen, Zuckerrohr und Taro vorbei, durch ein Tal mit versengtem Gras, Schraubenpalmen und anderen merkwürdigen Bäumen, durch einen Wald mit Farnpalmen und Eukalyptus, durch Dörfer mit nackten Wilden, ein paar hübschen Frauen sowie Eingeborenen, die ein Känguruh zerlegen, er ist schier entzückt, »in einem so interessanten Teil der Tropen zu sein«. Dann schaut er beim Regierungsgebäude dem Tennisspiel zu und trinkt Bier. Er folgt Einladungen zum Tee, diniert beim Gouverneur und anderen Weißen und langweilt sich manchmal, andere Male glänzt er in der Konversation, er tanzt Walzer und Tango, genießt herrliche mondhelle Abende auf der Veranda bei Mr. und Mrs. McGrath und ist gleichzeitig »voll Widerwillen gegen diese gewöhnlichen Menschen, die unfähig sind, den Glanz der Poesie in gewissen Dingen zu finden, die mich mit Begeisterung erfüllen«. Nach zwei Wochen merkt er, dass er vor lauter Vergnügungen, gesellschaftlichen Verpflichtungen und Gesprächen mit Regierungsbeamten und dem Missionar recht wenig mit den Wilden zu tun hat und sie nicht genug beobachtet, er beginnt, Motu zu lernen, die Eingeborenensprache der Gegend von Port Moresby. Er beobachtet die schöne Kori, deren reizvolle, bronzefarbene, tätowierte Haut ihm eine Ahnung des Ewigweiblichen einflößt, er blickt in den flammenden Abendhimmel und die roten Reflexe auf dem Meer inmitten saphirblauer Schatten und träumt davon, sich für immer in der Südsee niederzulassen, er bricht sein sich selbst gegebenes Versprechen, keine Romane zu lesen, und hat einen homoerotischen Traum mit seinem eigenen Doppelgänger als Partner, er denkt kaum an den Krieg in Europa, doch viel an T., mit der er gebrochen hat, die er aber immer noch liebt, sowie an N., die Sehnsucht nach ihr und nach London überwältigt ihn, er hat Anfälle von Niedergeschlagenheit, »Momente schweren moralischen Zusammenbruchs«, zuweilen befällt ihn »die schwärzeste Depression«.

Nach einem Monat in Port Moresby fährt Malinowski mit seinem Motu-Boy, Koch und Dolmetscher Igua zur Insel Mailu. Der Kapitän des Schiffes ist ein untersetzter, brutaler Deutscher, der die Papuas der Mannschaft ständig beschimpft und schikaniert, der Maschinist ein vulgärer, grober, arroganter Schotte. Ein britischer Mitreisender schimpft auf die Australier und bewundert die Papuas, ein Captain mit künstlerischen Interessen ist unglücklicherweise ein Trinker. Malinowski hat genug von ihnen allen, fühlt sich verloren und auch wegen des Seegangs miserabel. Unterwegs macht das Schiff Station in Küstendörfern und auf vorgelagerten Inseln, hier und da geht Malinowski an Land, spricht mit einem Bezirksamtmann, mit einem Polizisten, der von nichts Ahnung hat. Die Küste ist von einer üppigen, mit Blautönen gesättigten Vegetation gesäumt, die sich an die Mauer der Berge lehnt, doch der unvergleichlich schöne Mangrovendschungel ist aus der Nähe ein höllischer, stinkender, glitschiger Sumpf voll Schmutz und Reptilien und Moskitos, feucht, schwül, feindselig, ein Gewirr von Wurzeln und weichem Morast, in dem man keine drei Schritte gehen kann und nichts berühren darf. Mailus steile Hügel hingegen sind baumlos und grasbewachsen, zu ihren Füßen stehen Palmen, am Strand liegt ein Papua-Dorf, Malinowski ist glücklich, an einem so herrlichen Ort zu landen. Er wohnt bei Missionar Saville von der London Missionary Society, der eine Grammatik der Mailu-Sprache ausgearbeitet hat, und besucht den Abendgottesdienst. Trotz der Komik der auf Mailu gebrüllten Psalmen bleibt Malinowski ernst und bewahrt Haltung bei »all diesem possenhaften Humbug«. Was ihm Saville verhasst macht, ist dessen Gleichgültigkeit und Nachlässigkeit gegenüber seiner (Malinowskis) Arbeit, abgesehen von der Anmaßung, mit der Saville die Überlegenheit des Weißen verkörpert. »Dieser Mann widert mich an.« Malinowski räumt allerdings ein, dass die englische Mission noch relativ gnädig mit den Eingeborenen verfährt, sie mit einigem Anstand und einer gewissen Liberalität behandelt; Saville spielt Kricket mit ihnen. Wäre er ein Deutscher, »er wäre gewiss geradezu unausstehlich«.

»Wie anders stellt sich der Mensch doch sein Leben vor als das, was dann auf ihn zukommt.« Malinowski hatte sich – als er die Insel vom Schiff aus sah – das Leben unter Palmen wie ewige Ferien vorgestellt und einen Hauch von Freude, Freiheit, Glück verspürt. Doch schon nach wenigen Tagen flüchtet er sich in die Gesellschaft von Thackerays Snobs und begleitet sie durch die Straßen Londons, sehnt sich nach dem Hyde Park, nach Bloomsbury. Er ist unfähig, sich in seine Arbeit zu vertiefen, seine freiwillige Gefangenschaft zu akzeptieren und das Beste daraus zu machen. Er liest *Vanity Fair*, dann Joseph Conrads und Ford Madox Fords Gemeinschaftswerk *Romance* in einem Zug, kann sich nicht losreißen, ist wie berauscht. Er denkt an T., die Poesie ihrer Gegenwart, den Zauber ihres Körpers, bereut versäumte Gelegenheiten, verpasste Chancen. Er vertrödelt die Tage, macht einen Rundgang um die Insel, badet im Meer, fährt mit einem Kanu hinaus, handhabt den Ausleger falsch und kippt ins Wasser. Im Dorf schaut er zu, wie Armreifen angefertigt werden, wohnt einem Konklave alter Männer bei und sieht sich Tänze an, in mondloser Nacht hüpft eine Horde Wilder rhythmisch im Licht der Feldfeuer – sehr beeindruckend. Dann engagiert er einen Informanten, Omaga, den Dorfpolizisten, das Gespräch ist ziemlich unbefriedigend, mit einem Häuptling will er die Mailu-Monatsnamen durchnehmen, aber der Chief kennt sie nicht, mit Gewährsmann Kawaka hat er mehr Glück und erfährt etwas über Begräbnisriten und den Sago-Spaten, am nächsten Tag ist Kawaka irgendwie unwillig und träge. Malinowski macht einen Abendspaziergang über den Strand, zum ersten Mal sieht er die exotische Vegetation im verfremdenden Mondlicht, er geht in den Busch, hat Angst, muss sich erst sammeln, er blickt in sein Herz, auf sein Innenleben, ist nicht mit sich zufrieden, seine Arbeit ist eher Opiat denn schöpferischer Akt, Romane lesen ist katastrophal, er muss sich auf die Arbeit konzentrieren und sie organisieren.

Er fährt mit dem Missionar zu den Dörfern an der Küste Neuguineas, in Derebai versucht er, Informationen zu sammeln – »nichts klappte« –, er erntet nur Gelächter. Mit ein paar Eingeborenen besichtigt er die Gärten, geht in den Dschungel, erkundigt sich nach den Namen der Bäume und deren Nutzen, nach der Bodenverteilung, es wäre nützlich gewesen, hierüber etwas in Erfahrung zu bringen. In Borebo hingegen sprudeln die Informationen nur so hervor, die Eingeborenen verheimlichen nichts, lügen nicht – intelligente Leute. Am nächsten Morgen wacht er mit fürchterlichen Kopfschmerzen auf, liegt in »euthanasischer Konzentration« auf dem Schiff, hat das Gefühl, als gehe er seiner Subjektivität verlustig, als setze sein Wille aus, als sei das Rattern des Schiffsmotors er selbst. Zurück auf Mailu tut er einen ganzen Tag nichts, am folgenden geht er ins Dorf, findet keinen Informanten, kehrt wütend zum Missionshaus zurück, auch am nächsten Tag ist kein mitteilsamer Mittelsmann aufzutreiben. Er fährt nach Port Glasgow an die Küste, liest auf dem Schiff ununterbrochen den *Grafen von Monte Christo*, diesen »lausigen Roman«, im Dorf versucht er, alte Männer zusammenzubringen, die Motu sprechen, zunächst geht das Datensammeln gut, dann fängt einer an, ihn zu belügen, Malinowski ist erbost, verlässt die Runde und streift in tiefer geistiger Trägheit durch eine Sintflut von Grün, durch feuchte, dunstige Hitze und schweren Blütenduft. In Millport Harbor studiert er die Tätowierung der Mädchen, spricht mit Weißen und Farbigen über arrangierte Papua-Ehen, Exorzismen, Boote und trifft Alfred C. Haddon, den Leiter der Cambridge Anthropological Expedition von 1898, dem er seine Aufzeichnungen zeigt. Haddon ärgert ihn, reizt ihn, konspiriert mit dem Missionar, Saville ist überall mit von der Partie, die Ethnografika, die Haddon bekommt, machen Malinowski neidisch, er fühlt sich ganz elend und spritzt sich Arsen und Eisen. Lieber als mit Haddon und Saville ist er mit Greeneway zusammen, diesem gutmütigen, sympathischen Quäker und Grobian aus der Arbeiterklasse, und mit De Moleyns, genannt Dirty Dick, Sohn eines protestantischen irischen Lords, ein Gauner und Trinker, zurückhaltend und zivilisiert, wenn er einmal nüchtern ist, ungebildet, aber kultiviert, eine vornehme Gestalt mit Manieren, die in einem Haus ohne Wände in unbeschreiblichem Dreck lebt und eine ganze Schar Boys zu Diensten hat.

Malinowski will seine Aufzeichnungen überarbeiten, fällt jedoch in geistige Benommenheit, sein Kopf funktioniert nicht, er fühlt sich krank, einsam, verzweifelt, der Himmel ist »milchig, düster, wie von einem schmutzigen Fluidum erfüllt«. Der rosa Streifen der untergehenden Sonne dehnt sich allmählich aus und überzieht das Meer mit einer Hülle rosaroten Metallschimmers, für einen Moment ist die Welt »in einen zauberhaften Bann imaginärer Schönheit« entrückt. Auf der Rückfahrt nach Mailu liegt er in der Koje zwischen Baumwollsäcken und Seegurken und sieht nichts von der schönen Landschaft. Zu Hause bei Saville ist sein Kopf völlig leer, er ist müde und kann nicht schlafen, ist unruhig, hat Angst, für lange Zeit nicht arbeiten zu können, ist drauf und dran, die Flinte ins Korn zu werfen und seine Forschungen abzubrechen, wenn er nur Verbindung zu seiner Mutter in Polen hätte, wäre er nicht so entmutigt. Er liest alte Zeitungen sowie Kurzgeschichten und *Kim* von Kipling, der ein liebenswerter Kerl und ein guter Künstler ist, natürlich nicht im Vergleich zu Conrad. Er nimmt Chinin, injiziert sich Arsen, beginnt mit Gymnastikübungen und fühlt sich weniger hoffnungslos, arbeitet im Dorf mit einem Häuptling über Kinderspiele und Kindererziehung, erstellt einen genealogischen Zensus und sinnt über eine wirksame Anti-Missions-Kampagne nach. Die Missionare »zerstören die Lebensfreude der Eingeborenen; sie zerstören ihre psychologische Raison d'être. Und was sie ihnen dafür geben, ist den Wilden völlig fremd. Sie kämpfen dauernd rücksichtslos gegen alles Alte und schaffen neue Bedürfnisse, materielle wie moralische. Keine Frage, dass sie nur Schaden anrichten«.

Persönlich können sie allerdings durchaus angenehm sein. Bei einem neuerlichen Trip an der Südostküste Neuguineas entlang trifft Malinowski in Isulele einen freundlichen, offenen, jovialen Burschen von Missionar, aber nichts, was ihn zu ethnografischer Arbeit reizt, die Eingeborenen starren oder lachen ihn an und lügen unverschämt. Im Suau-Kanal ist er begeistert von der Schönheit fantastischer Vulkanfelsen, die steil zum Meer abfallen, zwischen den Schluchten ragen Grate und Gipfel breit auf, in der blauen Tiefe pflanzt sich das dunkle Gestein fort, und Malinowski denkt, »wie vollkommen es wäre, für immer hier zu leben«. Er bleibt bei einem netten Missionar in Kwatou an der Südostspitze Neuguineas und setzt in einem Dingi oder im Regierungsboot zu den vorgelagerten Inseln über, der Segler hat zehn Mann Besatzung und fährt nur für ihn, Malinowski fühlt sich wie ein Sahib. Auf Samarai vermittelt ihm der Bezirksamtmann Strafgefangene als Informanten, sechs Häftlinge sitzen ein, weil sie einen Missionar verprügelt haben. Mit einem Geologen der Verwaltung arbeitet er über Steinwerkzeuge, mithilfe einiger Eingeborener klassifizieren sie Obsidian-Äxte nach praktischer und ritueller Verwendung. Auf dem Rückweg nach Mailu macht Malinowski in verschiedenen Küstenorten und auf Inseln Halt, interessiert sich für Sternenkunde, Sago-Zubereitung, Bestattungsbräuche, Fischreusen, Bezahlungszeremonien, wohnt Prozessionen mit Schweinen, Tänzen und dem zeremoniellen Festschmaus bei, liegt kraftlos auf einer Plattform, schmachtet in der Hitze und tut nichts, oder er geht spazieren und bewundert die Pracht subäquatorialer Vegetation, ein Sago-Sumpf ist mit nichts zu vergleichen, die kolossalen, bemoosten Stämme sind von einem Gewirr aus Winden und Kletterpflanzen umschlungen, ihn erfasst eine furchtbare Melancholie, grau wie der Himmel um ihn her, er kann es nicht fassen, dass er hier friedlich unter steinzeitlichen Wilden lebt, während in Europa schreckliche Dinge vor sich gehen. Bei Sonnenuntergang wird er von Traurigkeit überwältigt, brüllt Themen aus *Tristan und Isolde* in die Wildnis, erinnert sich vergangener Liebschaften und denkt an seine Mutter, die Einzige, die er wirklich liebt.

Außer auf Ich-Suche war Malinowski anscheinend auf der Suche nach einem tragfähigen Thema, einem zündenden Stoff, nach reichhaltigem Material und willigen, zuverlässigen Gewährsleuten, und man wundert sich bei der Lektüre des Tagebuchs, dass angesichts der Fragwürdigkeit der Materialbeschaffung vor Ort, der Schwierigkeiten mit Informanten, der Zufälligkeit, möglichen Beliebigkeit und geringen Überprüfbarkeit ihrer Angaben daraus so aufschlussreiche, kohärente, abgerundete wissenschaftliche Arbeiten wie die über magische Gartenbestellung, das Geschlechtsleben der Wilden oder den Zirkeltausch von Muscheln als sozialen Statussymbolen hervorgingen. Doch solche Studien entstanden erst Jahre später, vorerst sondierte Malinowski das Terrain. Als er nach Mailu zurückkam, war ihm nicht klar, was er tun, worüber er schreiben würde, »die Zukunft war ein Fragezeichen«. Hatte er vor Kurzem noch geplant, sich des Themas Haus- und Gartenwirtschaft anzunehmen, die einschlägigen Arbeiten zu beschreiben und zu fotografieren und Artefakte zu sammeln, so wurde er nun von Ungewissheit geplagt und Niedergeschlagenheit heimgesucht, tagelang schrieb er Tagebuch und Briefe, las Gautier, Cooper und Dumas, trotz aller Mängel faszinierte und fesselte ihn Dumas, er stand morgens mit Dumas in der Hand auf, legte ihn auch beim Essen nicht beiseite und las weiter bis Mitternacht, nur bei Sonnenuntergang wälzte er sich von der Couch und schleppte sich zum Strand und las weiter ohne Unterlass, »als wollte ich mich zu Tode lesen«. Als er mit diesem »Mist« fertig war, beschloss er, in Neuguinea nie wieder ein Buch anzufassen.

Manchmal bekommt er im Mailu-Dorf einen Informanten zu fassen, manchmal findet er niemanden, mit dem er arbeiten könnte, manchmal besuchen ihn Eingeborene im Missionshaus, und er unterhält sich mit ihnen über Fischfang, Tabus, Speisen, Verwandtschaftsbeziehungen, Bootsbau, Tänze, Rechtsverhältnisse und diverse Themen mehr. Häufig fühlt er sich schwach, erschöpft, demoralisiert vom Fieber, Kopfschmerz und Regen, er nimmt Chinin, Arsen, Eisen, Bromid und Brandy, ist nach schlafloser Nacht ganz zerschlagen, fühlt sich »wie der Tod«, ihn überkommt der heiße Wunsch, Musik zu hören, manchmal scheint es ihm, als hörte er sie wirklich, die *Neunte Symphonie* zum Beispiel. Ab und zu geht er in den Ort, fotografiert Tänzer, ein Doppelkanu oder Frauen, die Kokosnüsse schälen und Sago kochen, verliert leicht die Geduld, flucht und tobt, weil die Abzulichtenden nicht lange genug posieren und einfach weggehen, sobald sie ihren Tabak bekommen haben. Wenn seine Gewährsleute sich nicht wie verabredet bei ihm einfinden, bekommt er einen Wutanfall, er brüllt einen Informanten an, der nicht kapiert, was er von ihm will, Malinowski befällt ein »wildes Verlangen, einfach von hier wegzufahren«. Seine Einstellung gegenüber den Eingeborenen tendiert »entschieden in Richtung ›Rottet all diese Bestien aus‹«, ein abgewandeltes Conrad-Zitat aus dem *Herz der Finsternis*. Unentschuldbar für einen Völkerkundler?

Einem gestressten Fieldworker verzeihlich? Bezeichnend für intensiven Kulturkontakt? Als das Schiff des Gouverneurs vor Mailu auftaucht, sagt Malinowski »der ganzen Bande von Wilden und den Schwätzern von der Mission Lebewohl« und ist glücklich zu entkommen, schwelgt in einem wunderbaren Gefühl von Freiheit und klettert übermütig auf den Mast. Hinter Domora läuft das Schiff auf eine Korallenbank, Malinowski sieht vom Mast den Meeresgrund und spürt das Scharren über den Stein, das Schiff schlingert und dreht sich auf der Stelle, Malinowski befällt panische Angst, seine Sachen zu verlieren, er verzweifelt, wenn sein Material verloren geht, eigentlich ist er recht zufrieden mit dem, was er während seines kurzen, oberflächlichen Aufenthalts unter dürftigen Bedingungen geschafft hat, er steigt vom Mast hinab und hilft mit, am Tau zu ziehen, bis der Pott wieder freikommt.

Besuche bei Weißen in Port Moresby, Arbeit mit Ahuia, nach wenigen Tagen nimmt Malinowski ihn mit nach Rigo, wo er Daten über den Stamm der Sinaugholo erheben will. Die Sinaugholo sind viel angenehmer als die Mailu, viel leichter im Umgang, bei ihnen könnte er in einem Monat mehr Material zusammentragen als auf Mailu in einem halben Jahr. Er fühlt sich außerordentlich wohl bei diesen sympathischen Leuten, in dieser Höhenluft und der herrlichen Umgebung, er ist bei guter Gesundheit und erlebt Phasen geistiger Hochstimmung, unterbrochen von Momenten heftiger Begierde nach den Eingeborenenmädchen des Kolonialbeamten, dessen Ethnografika-Sammlung er katalogisiert. Er erkundigt sich bei einem Gewährsmann, welche Gebärden man einem Mädchen gegenüber macht, wenn man gagai will, und wie der Schamgürtel sitzt. Nach zehn Tagen ist er zurück in Port Moresby, fünf Tage später fährt er mit dem Schiff nach Woodlark Island (Murua), bei einem Zwischenstopp auf Samarai verliebt er sich beinah in die Frau seines alten Bekannten, des Kakerlaken-Sammlers Dr. Shaw. Auf Woodlark empfängt ihn eine scheußliche, stickige Hitze, noch nie hat er sich in Neuguinea so mies gefühlt, er klebt vor Schweiß, und seine eigene Trägheit widert ihn an. Mit einem Trupp Boys zieht er durch die wunderbare, gewaltige Wildnis, durch zügelloses Unterholz, finster, düster und fremd, an mächtigen Baumstämmen und Farnkandelabern vorbei, die Neuguinea-Boys tragen seine Sachen, er selbst hat an sich selbst genug zu schleppen, er freut sich »wahnsinnig«, wieder mit solch wilden Geschöpfen allein zu sein. Im Dorf Dikoyas haust er in einem wackeligen, mit Stangen zusammengeschusterten Zelt aus Palmenblättern und blickt auf die niedrigen, wie von der Erde halb verschluckten Hütten, nachts prasselt der Regen nieder, das Blätterdach leckt über dem Feldbett. Zwei Tage später ist er schon wieder auf dem Weg nach Port Moresby, auf der Überfahrt nach Australien wird er von amourösem Verlangen nach Mrs. Nevitt gepackt, aber auch Miss Craig stellt er nach, er resümiert seinen halbjährigen Neuguinea-Aufenthalt und schmiedet neue Pläne, er ist nun zuversichtlicher als bei seiner Ankunft, hat einiges geleistet und Aussicht auf noch viel bessere Arbeit, auch marschiert er jetzt strammer durch den Busch und verträgt die Schiffspassagen besser, wenn er das Meer sieht, hat er ein starkes Glücksgefühl, er liebt diese weiten, offenen Räume, er sitzt da und schaut und ist glücklich, falls er nicht gerade seekrank ist, auf dem offenen Meer fühlt sich der Feldarbeiter offenbar am wohlsten.

Im März 1915 war Malinowski zurück in Australien und wohnte bei einem seiner australischen Förderer, dem Anthropologen Edward Charles Stirling in Adelaide, der ihn vor dem Concentration Camp bewahrte, als er eine Internierungsorder erhielt. Malinowski arbeitete über seine »Bestien«, Stirling lancierte *The Natives of Mailu* in die Berichtsreihe der Royal Society of South Australia, zusammen mit einer älteren Arbeit über die australischen Aborigines brachten die *Natives* Malinowski den Doktor-Titel der University of London ein. Er verliebte sich in die jüngste der fünf Töchter Stirlings, Nina, ging aber im Mai 1915 erneut nach Neuguinea, diesmal auf die Trobriand-Inseln. Während seines dortigen zehnmonatigen Aufenthalts machte er eine einzige Eintragung in sein Tagebuch: Er hat endlich Klarheit in den Wirrwarr seiner Wünsche, Träume und Ungewissheiten gebracht, jetzt denkt er ernsthaft daran, Nina zu heiraten. Ganz sicher ist er sich seiner Sache noch nicht, doch wenn er Nina schließlich heiratet, dann waren März und April 1915 die wichtigsten Monate seines Gefühlslebens. Kurz nach seiner Rückkehr von den Trobrianden im März 1916 verliebte er sich jedoch in eine andere, Elsie mit Namen, Tochter des Chemie-Professors David O. Masson von der Universität Melbourne. Anderthalb Jahre lang gedieh die Beziehung, dann ging Malinowski im Oktober 1917 abermals nach Neuguinea. Hier setzt sein Tagebuch wieder ein.

Über Port Moresby fährt er zur Insel Samarai und wartet dort auf die Weiterfahrt zu den Trobriand-Inseln. Er vertreibt sich die Zeit, spaziert um die Insel, liest O. Henry und Swinburne, schreibt Briefe und Tagebuch, besucht alte und neue Bekannte, doch diese ganze weiße Gesellschaft besteht aus nichtswürdigen, widerwärtigen, schweinischen Kerlen, die ihm mit ihrer tropischen Trägheit, Hohlheit und Unverschämtheit auf die Nerven gehen. Und die halbzivilisierten Eingeborenen interessieren ihn nicht, stoßen ihn vielmehr ab, er hat nicht die mindeste Lust, über sie zu arbeiten. Er sehnt sich nach Elsie und liebkost in Gedanken eine Matrone, »die ein saftiger Braten zu sein scheint«, macht sich an eine andere heran, streichelt sie im Geiste, zieht sie aus und berechnet, »wie lange es dauern würde, sie ins Bett zu bekommen«. Malinowski kann sich diese offenherzige Sprache leisten, er schreibt das Tagebuch nur für sich und auf Polnisch. Er bemüht sich, seine moralische Verirrung zu meistern, lüsterne Gedanken an wen auch immer – das Aufgebot ist umfangreich – zu verjagen, für ihn existiert nur Elsie, er sieht in ihr seine zukünftige Frau. Im Hotel von Mrs. Gofton unterhält er sich mit den drei Töchtern des Hauses und »tätschelt« dann der Kellnerin »die Leber«. Der Widerspruch zwischen der Poesie dieser pittoresk im Ozean schwimmenden Insel und der Verkommenheit des Lebens hier ist eklatant, notiert er ins Tagebuch. »Samarai is really wonderful«, schreibt er Elsie. »Es ist der Kontrast zwischen dieser wunderbaren, in Licht und Meer gebadeten kleinen Insel mit palmengesäumten Wegen und weiten Ausblicken über glatte blaue Buchten – und der mit all dem überhaupt nicht harmonierenden, elenden Existenz der Weißen.« Arme Weiße.

Malinowski weiß Elsies Briefe und Telegramme fast auswendig und schaut immer wieder ihre Fotos an. Er bekämpft seine gedankliche Wollust, seine Neigung zu oberflächlichen Flirts, sein Verlangen, attraktive Frauen kennenzulernen, und seine »metaphysische Trauer« ob der Einsicht, doch nicht alle »ficken« zu können; das schreibt er auf Russisch. Er beginnt, sich für Schildpatt zu interessieren, Muster für Kämme zu zeichnen und solche zu schnitzen, er berauscht sich künstlerisch daran, es ist wie Gedichtemachen, dann sieht er im Herumbasteln mit Schildpatt nichts weiter als eine Möglichkeit, auf nicht allzu nutzlose Weise die Zeit zu vertrödeln. Er blättert voll Abscheu Zeitschriften durch, liest »blöden Mist«, auch Romane, hockt lustlos mit den weißen Kerlen zusammen und trinkt mit ihnen, redet zu viel, unter anderem über Kula, seine große Entdeckung, den rituellen Muscheltausch zwischen Stämmen des östlichen Neuguinea und benachbarter Inseln auf langen Kanu-Expeditionen und vorgeschriebenen Routen. Wie nicht anders zu erwarten hat jeder Weiße andere Informationen und seine eigene Meinung über Kula, überhaupt ist es absurd, dass er, Malinowski, etwas über das Kula schreiben und veröffentlichen will, wo doch jeder beliebige »Nigger« walking down the street viel mehr über Kula weiß als er. Bootsausflüge zu nahen Inseln und Orten regen seinen Forschergeist zwar ein wenig an, die Anlage der Dörfer, Bauweise der Häuser, Ornamente der Boote wecken sein professionelles Interesse, aber solche Stippvisiten machen keinen Sinn, sporadisches, unsystematisches Arbeiten bringt nichts. »In Samarai kann ich einfach nichts tun.«

Am liebsten plaudert er mit den Damen des Hotels und spielt mit ihnen Karten. »Wieder die Frauen!« Er steht entschieden im Bann der Mrs. Gofton, erliegt ihrem unzweifelhaften Charme, überschüttet sie mit Komplimenten und gibt sich auf eine Art, »die auf die krasseste Begierde meinerseits schließen lässt«. Er kann es einfach nicht ertragen, mit sich allein zu sein, doch nimmt er sich vor, mit der Schürzenjägerei aufzuhören, sein offen sinnliches Benehmen und die Lüsternheit aus dem Umgang mit den Frauen zu verbannen, nicht mehr mit ihnen vertraulich zu tun, ohnehin kommt dabei nichts herum. Er denkt weniger häufig an Elsie, sehnt sich nur noch selten nach ihr, aber schreibt ihr, er habe die ganze Zeit sehr starke Gefühle für sie und niemals aufgehört, sie als die einzige Frau zu betrachten, mit der er seelisch sehr viel gemein habe. Allerdings überkomme ihn manchmal die Erinnerung an frühere erotische Erlebnisse – nicht mit Nina Stirling –, darüber hinaus habe er hier draußen einigen Versuchungen zu widerstehen, natürlich handele es sich nicht um »Braunhäute«, auch um nichts, was gefährlich werden könnte, nur um eine bewundernswert patente Frau, die sich physisch schon auf dem absteigenden Ast befinde. »Ich habe ihr keinerlei Avancen gemacht.« Eigentlich fühlt er sich auf Samarai und im Hotel ganz wohl, wie zu Hause, hat nicht den leisesten Wunsch, von hier fortzugehen, obgleich er froh sein wird, wenn es soweit ist. Sein Widerstand gegen erotische Entgleisungen wird schwächer, er gibt sich unzüchtigen Exzessen der Fantasie und ehebrecherischen Begierden hin, widmet sich der teilnehmenden Beobachtung eines Halbblutmädchens beim Bad, sinniert über die Technik der langsamen Defloration, er kann halt seine »Pfoten nicht von den Mädchen lassen«. Der moralische Kater folgt auf dem Fuß, natürlich würde er Elsie für nichts und niemanden eintauschen. Als nach drei Wochen das Schiff sich nähert und das Ende seiner Gefangenschaft auf Samarai naht, hätte er nichts dagegen, sich hinzuwälzen und Romane zu lesen.

»Wieder empfand ich die Freude, mit echten Naturmenschen zusammen zu sein.« Es hatte die ganze Nacht geregnet, sein Zelt stand im Matsch. Am Morgen beschlossen die Eingeborenen, auf einen Fischzug hinauszufahren, nicht ohne sich vorher durch einschlägige Magie reichen Fangs zu versichern. Malinowski fuhr in einem Boot mit, lernte eine Menge über die Technik der Jagd, wofür er sonst wochenlang verbale Nachforschungen hätte anstellen müssen. Er zog das Hemd aus und ruderte mit, die Fische sausten durch die Luft und sprangen ins Netz. Sie machten eine Kreuzfahrt durch einen Teil der Lagune, der offene Horizont erfüllte ihn mit Freude, das Wasser faszinierte ihn. Dann wurde er dessen überdrüssig. »Der Zauber offener Weite wich dem Gefühl absoluter Leere.«

Auf Kiriwina, der Hauptinsel der Trobrianden, hatte er es nicht nur mit Naturmenschen zu tun, sondern zu einem beträchtlichen Teil auch mit weißen Perlenhändlern und Pflanzern, deren in verschiedenen Gebieten der Insel gelegene Häuser er als Operationsbasen und Rückzugsorte nutzte und deren Boote er benutzte. Diese Burschen, so meinte Malinowski, hatten märchenhafte Chancen – das Meer, Schiffe, den Dschungel, Macht über die Eingeborenen – »und sie tun nichts«, ihr Leben plätscherte so dahin. Immerhin unterstützten sie Malinowski bei der Arbeit. Er klappert Dörfer ab, hier und da erhält er von ernsten, gewissenhaften und logisch denkenden Eingeborenen Informationen von hoher Qualität, doch in den meisten Fällen sind die Gespräche nicht sehr ergiebig und erfreulich. Er versteht die Sprache der Leute oft nicht oder nur zur Hälfte, seine beim ersten Aufenthalt auf den Trobs erworbene Kenntnis ihres Kauderwelschs ist doch geringer als gedacht, außerdem taucht bei den Interviews ein Haufen Dinge auf, von denen er keinen blassen Schimmer hat. In einem Dorf macht er den Vorschlag, über Kukwanebu, Märchen, zu reden, eine alte Frau fängt an zu erzählen, dann schnattern sie alle durcheinander, ein Mann schreit dazwischen und gibt spaßige Obszönitäten zum Besten, das ganze Dorf lacht, Malinowski kommt sich ein wenig vulgär vor. Oder die Eingeborenen reden unkonzentriert, verworren, nur um Malinowski abzuspeisen, er hört das unzusammenhängende, endlose Geplapper und findet das alles absurd. Er sieht heruntergekommene Dörfer und verkommene

Eingeborene, einmal beobachtet er mit gemischten Gefühlen, wie lebende Schweine gebraten und zerschnitten werden. Vor seinem Zelt hängen nutzlose »Niggers« herum und lärmen, das Zelt ist stets ein Anziehungspunkt für Krüppel, Schwachsinnige und alle Sorten Faulenzer. Ginger, sein Boy, Koch und Butler, den er von Samarai mitgebracht hat, ist vollkommen unerfahren, Malinowski muss ihm zeigen, wie man das Bett macht, Geschirr abwäscht, fluchend und brüllend macht er ihm vor, wie man eine Bratpfanne benutzt. Sein zweiter Boy, Ogisa, ist ein kompletter Fehlgriff, ein ziemlicher Dummkopf und ständig krank. Bei einem sintflutartigen Wolkenbruch dringt Wasser ins Zelt und fließt in Bächen über den Boden, die Boys nörgeln, all das geht Malinowski auf die Nerven. Er hat eine wachsende Aversion gegen die Eingeborenen, verspürt den Wunsch, vor den Naturmenschen wegzulaufen, ihn packt die Sehnsucht nach Zivilisation, Kultur, Musik, einem Zuhause und Elsie, nach eleganten und gut gekleideten Frauen, abermals fühlt er sich gefangen. Erotische Fantasien stellen sich wieder ein, unter dem Moskitonetz überkommen ihn lüsterne Gedanken an die verschiedensten Frauen, eines Nachts wacht er voll Begierde ausgerechnet nach der farbigen Frau seines weißen Gastgebers und besten Freundes auf und ist sich nicht sicher, ob er nicht auch sie verführen wird. »Das muss aufhören!«

Nicht nur von den »Niggers« hat er die Nase voll, auch von seiner Arbeit, den monotonen Prozeduren, den langweiligen Interviews, den nervenden Umständen. Er ist irgendwie enttäuscht von der Ethnologie und verliert das Interesse an ihr, diese Reise »wird meine letzte ethnographische Eskapade sein«. Das Leben der Natives sieht er nun als »etwas, das bar allen Interesses und aller Bedeutung ist, etwas, das mir so fern ist wie das Leben eines Hundes«. Starke Worte. Er denkt angestrengt darüber nach, was er eigentlich hier tut, und kommt zu dem Schluss: Dokumente sammeln. »Ich habe eine allgemeine Vorstellung von ihrem Leben und bin einigermaßen mit ihrer Sprache vertraut, und wenn ich all dies nur irgendwie ›dokumentieren‹ kann, dann werde ich wertvolles Material haben«, das nur noch mit der »allgemeinen theoretischen Soße« angemacht werden muss. »Im Ganzen ist meine Existenz idyllisch«, schreibt Bronio aus Oburaku an Elsie dearest. Dann bekommt er eine Krise.

Der Zustand der Frau seines besten Informanten in Oburaku verschlechterte sich, Malinowski ging zu ihr, sie hatte wieder eine Blutung, stöhnte fürchterlich, offenbar lag sie im Sterben. Plötzlich bekam Malinowski das Gefühl, Nina Stirling im Stich gelassen zu haben. Auch Nina, mit der er nach wie vor »inoffiziell verlobt« war und in Briefkontakt stand, war ernsthaft krank, und Malinowski meinte, zu ihr zurückkehren zu müssen, sein Verrat an ihr trat ihm »in aller Nacktheit« vor Augen. Er las wieder ihre Briefe und »heulte einfach vor Verzweiflung«, hatte schreckliche Schuldgefühle und die stärksten Gewissensbisse. Als die Eingeborene stirbt, verliert er die Fassung, all seine Verzweiflung »sammelt sich über dieser elenden melanesischen Hütte«. Elsie will er davon nichts sagen. Kurz darauf kollabiert er auch physisch. Tuberkulose, Schwarzwasserfieber, Schwindsucht? Er glaubt nicht wirklich an eine Gefahr für sein Leben, doch falls er sterben sollte, »wäre dies ein exzellenter Ausweg aus all der Verwirrung«. Er ist relativ gelassen, gleichgültig, hat nicht den Wunsch weiterzuleben, es wäre ein günstiger Zeitpunkt, um abzutreten. Er macht ein Klistier, nimmt Kalomel, Purganzien, Sprudelsalze, was sich als seine Rettung erweist. Allmählich geht es ihm besser, er kann wieder lesen, spazieren gehen, ist jedoch voll widersprüchlicher Gefühle und depressiv. Er beginnt wieder zu arbeiten, hat einen Rückfall oder eine neue Episode – »Pisse schwarz« –, senkt das Fieber mit Aspirin, nimmt Chinin, Purgiermittel. Dann fühlt er »das Leben wieder lächeln«, bekommt Lust zu arbeiten, mal ist er in Hochstimmung, arbeitet bis zur Erschöpfung, ist sich auch Elsies wieder sicher, er wird sie heiraten, ein andermal verebbt seine körperliche und geistige Kraft erneut, Lethargie und Melancholie überkommen ihn und die Sehnsucht, »aus diesem Loch fortzukommen«. Er zählt die Monate bis zu seiner endgültigen Befreiung, vorerst ist er froh, die »Niggers« von Oburaku hinter sich zu lassen und nie wieder in diesem Dorf zu leben.

Neue Umgebung, neues Glück. »Welch ein Vergnügen zu forschen.« Malinowski segelt zur Insel Gumasila in der Amphlett-Gruppe, landet in einer stillen Bucht mit einem winzigen, anscheinend verlassenen Dorf, seine Boys stellen das Zelt vor einem kleinen Haus auf. Von der steilen Bergflanke mit senkrechten Spalten und üppiger Vegetation rauschen kleine Wasserfälle nieder, Minuten nach einem heftigen Regenguss tosen Bergbäche herab, das schäumende, trübe Wasser vermischt sich wenige Schritte vom Zelt entfernt mit dem grünen Seewasser der Bucht. Die Stelle ist märchenhaft, in einer solchen Welt zu leben, glaubt er, könnte alle damit verbundenen Nachteile aufwiegen. Er langweilt sich nicht, die Gerüche nach Moos, Seetang, Blumen, Tuberosen, das Plätschern des Wassers, die schattige Bergmauer mit ihrer prächtigen Decke tropischer Bäume, die Aussicht bis hinüber nach Fergusson und Goodenough, zwei Inseln der nach dem französischen Konteradmiral D'Entrecasteaux benannten Gruppe, dessen Leutnant Trobriand 1793 die Trobs erkundete – das alles lässt ihn wunschlos glücklich sein. Obendrein findet er ausgezeichnete Informanten auf der Insel, die Arbeit mit ihnen ist sehr produktiv, jedenfalls bis zu dem Zeitpunkt, an dem sie mittendrin abbrechen, um fischen zu gehen, oder einfach verschwinden. Malinowski fährt weiter zur Insel Nabwageta, dort praktizieren die Eingeborenen keine Magie, weder bei der Anlage von Gärten noch beim Bau der Boote, sie haben nicht einmal Namen für die Teile ihrer Kanus, das verblüfft Malinowski, jedesmal wenn er magische oder intime Themen berührt, hat er das Gefühl, dass sie lügen. Auf Nabwageta trifft eine Kula-Expedition von der D'Entrecasteaux-Insel Dobu ein, der ganze Strand ist voll schwatzender Leute, wann sie weiterfahren, verraten sie Malinowski nicht, stets verbergen die »Niggs« den Tag ihres Aufbruchs vor ihm, sei es aus Heimlichtuerei oder Aberglauben.

Zurück in Kiriwina verbringt Malinowski einige Tage in Gesellschaft der schlaffen Whites, und als die Kula-Leute von Dobu ankommen, schwebt er im ethnografischen Nirwana, ist hingerissen von den Tausch-Zeremonien, doch erneut verheimlichen sie ihm ihre Abfahrt. Er bekommt eine Mitfahrgelegenheit zur Insel Vakuta, die vor der Südspitze Kiriwinas liegt, arbeitet dort intensiv und erfolgreich mit einem erstklassigen Gewährsmann, das Feldfeuer wirft flackernde Lichter auf den pastellfarbenen Hintergrund der Palmen. Er freut sich über diese freie Existenz inmitten einer märchenhaften Landschaft und über das Glück schöpferischer Arbeit, er hat Hindernisse überwunden, neue Horizonte eröffnen sich ihm, neblige Formen gewinnen Konturen, er sieht, dass sein Weg vorwärts und aufwärts führt, bei seiner Rückkehr in die Zivilisation wird er mit Material beladen sein wie ein Kamel, ein spezifisches Thema hat er allerdings noch nicht im Sinn. Emotional herrscht bei ihm »eher Ebbe«, nur abends unter dem Moskitonetz hat er wieder katastrophale Entgleisungen, er brennt »an zwei Enden« und zählt die Moskitos unter dem Netz: fünf. Auf dem Weg zu einem Dorf ist ein gut gebautes Mädchen vor ihm hergegangen, er hat lange das Spiel der Rückenmuskeln, die Beine, die Figur dieses Tierchens betrachtet, ist fasziniert von dessen Schönheit und bedauert, kein Wilder zu sein und dieses hübsche Mädchen nicht besitzen zu können; als hätte ein Wilder – weil wild – das Tierchen einfach nur anzufallen brauchen. Zum Trost tätschelt er im Dorf ein anderes Mädchen und bereut es später, denn dies zeugt von einer schlimmen Einstellung zu Elsie. Auch Nina gegenüber hat er wieder Schuldgefühle, manchmal bezweifelt er, dass Elsie die Richtige für ihn sei, in seiner »sinnlichen Apperzeption« entspricht Nina seinem »emotionalen Verlangen« besser als Elsie. Mal liebt er nur Elsie, mal beide. Jedenfalls hätte er das »lausige Mädchen« nicht tätscheln dürfen, Hände weg von schwarzen Huren! Seine früheren Sünden mit weißen Damen bereut er nicht, »ich wollte, ich hätte mehr begangen«.

Er mietet ein Boot für zehn Stangen Tabak und heuert vier Burschen für je zwei Stangen an, die es nach Kiriwina steuern sollen, doch die Burschen erscheinen nicht zur festgesetzten Zeit, und Malinowski muss erst hinter ihnen herjagen. Das treibt ihn zur Weißglut, er hasst alle bronzefarbene Haut und die Missionare und das englische System der Verzärtelung, als es endlich losgeht, ist er so wütend, dass er die »Niggers« einfach nicht ansehen kann. Bei den Weißen von Sinaketa verbringt er zehn Tage in »äußerster Zerstreutheit«, lebt auf ihrer Veranda, die Annehmlichkeiten sind hervorragend, das Essen ausgezeichnet, er liest Chateaubriand, Victor Hugo und Lamartin, bemüht sich, bei Plaudereien brillant zu wirken, betatscht auch wieder ein Eingeborenenmädchen und gesteht sich ein, dass sein »völlige(r) Mangel an moralischem Charakter« entsetzlich sei und dem obsessiven Wunsch entspringe, »die anderen Kerle zu beeindrucken«. Malinowski ist auch nur ein Mensch und hat als Pole und geduldeter Gast im Empire ein ausgeprägtes Geltungsbedürfnis. »Ethnographische Fragen beschäftigen mich gar nicht. Im Grunde lebe ich außerhalb Kiriwinas, wenngleich mit starkem Hass auf die Niggers.« Gleichwohl beginnt er, über Grammatik und Taro-Gärten zu arbeiten. Danach fährt er nach Gusaweta und wohnt bei seinem besten Freund auf der Veranda, sein Leben in Kiriwina kommt ihm wie ein »langes, entzückendes, angenehmes und amüsantes Picknick« vor, irgendwann studiert er dann in den umliegenden Dörfern Spiele und Kinderspiele, Gartenmagie, Zauberei. Er fotografiert eine Gruppe Mädchen beim Lebensmitteltausch und macht ein paar grobe Scherze, ein »dreckiger Nigger« lässt eine missbilligende

Bemerkung fallen, woraufhin Malinowski die ganze Bande beschimpft, er ist höchst aufgebracht darüber, dass »dieser Nigger so mit mir zu sprechen gewagt« hat. Er beobachtet Frauen, die an der Quelle Wasser schöpfen, eine von ihnen entfesselt seine Sinnlichkeit, er folgt ihr und bewundert die Schönheit des menschlichen Körpers, die Poesie des Abends und des Sonnenuntergangs überstrahlt alles. Als das Fieber ihn wieder befällt, spielen seine Nerven verrückt in diesem »Pandämonium von Kindern und Niggers«, welches das Haus seines Gastgebers darstellt, dessen Frau ein Verhältnis mit einem hübschen »Nigger« hat und nach Malinowskis einfühlender Beobachtung eine »vulgäre Hure« ist. Besonders aber gehen ihm seine Boys auf die Nerven, Ginger hauptsächlich, »den ich am liebsten totschlagen würde. Ich kann diese deutschen und belgischen Kolonialgräuel verstehen«. Als das Fieber abklingt, befällt ihn sexuelle Hysterie, er macht in einem Dorf bei einer Art zotigem Ringelreihen mit, delektiert sich an den Tänzern und Tänzerinnen im Mondschein, »ich liebe nackte Menschenkörper in Bewegung«. Er sucht die Küche seines Hausherrn auf, die »nackten Leiber, durch Perkalgewebe abgezeichnet, gespreizte Beine, Brüste etc« erregen ihn, er schaudert ein paarmal kataleptisch. Besser, er macht einen Spaziergang, die Einsamkeit suchend, der Vollmond fällt auf die Palmenblätter, Hunderte Arme greifen aus dem Gewirr der Schatten nach ihm, irgendetwas wird ihn gleich aus dem Dunkel anspringen.

Im Juni 1918 ging Malinowski nach Omarakana im Norden der Insel, wo er drei Jahre zuvor sein Hauptquartier aufgeschlagen hatte, sein Zelt stellte er an die gleiche Stelle. Vier Tage nach seiner Ankunft erhielt er Post aus Polen, seine Mutter war im Januar gestorben. Malinowski ging »ins Dickicht und brach in Tränen aus«, lief hierhin und dorthin und schluchzte. Er saß in seinem regendurchfluteten Zelt und schrieb Briefe, wanderte durch die Gegend, las Dostojewski und Charlotte Brontë, war zeitweise unfähig, Tagebuch zu führen. Nach einer Woche fing er wieder an zu arbeiten, konzentriert und intensiv, er war voller Ehrgeiz und Ideen und Pläne und Verlangen nach Anerkennung, Auszeichnungen und Titeln, Ambitionen »bekrabbeln mich wie Läuse«, er malt sich aus, wie er eines Tages im *Who's Who* stehen wird. Immer wieder überwältigt ihn der Schmerz, verzweifelte Trauer überschwemmt ihn, sein Leben ist »vom Pfeil des Kummers durchbohrt, von Schuldgefühlen, von Unwiederbringlichkeiten«, es mangelt ihm an »wahrem Charakter«. Sollte er jetzt sein Augenlicht oder seine Gesundheit verlieren, könnte er leicht Selbstmord begehen. Im nächsten Atemzug durchschwirren sexuelle Fantasien seinen Kopf, er sucht sein Heil in Gedanken an die Sterblichkeit, Verderbnis, Zerstörung, betrachtet einen Schmetterling mit bunten Flügeln, der elendig zugrunde geht, die äußerliche Schönheit der Welt ist »ein sinnloses Spielzeug«. Ambitionen und Begierden, Freude und Glück, Erfolg und Befriedigung in der Arbeit – all das ist bedeutungslos geworden. »Die Welt hat ihre Farben verloren.«

III

Vom Sinn der Wüste

7.
Diese Europäer! – Carsten Niebuhr im Glücklichen Arabien

Als Thor Heyerdahl seine Buduma, die noch Papyrusboote vom alten Typ zu bauen verstanden, vom Tschad-See nach Ägypten brachte, auf dass sie bei den Pyramiden von Gizeh nach alten ägyptischen Wandmalereien die »Ra« bauten, mit der Heyerdahl den Atlantik überqueren wollte, landeten sie im Sudan zwischen. Die Bootsbauer, die zu Hause in bienenkorbförmigen Grashütten wohnten, hatten noch nie ein zweistöckiges Haus gesehen, in Khartum aber lagen die Häuser in Schichten übereinander, es gab sogar vierstöckige Gebäude, darüber versanken die Schwarzen in Gedanken. Hätte man ihnen gesagt, dass im Jemen seit Jahrhunderten Tausende Wohnhäuser mit bis zu acht Stockwerken standen, sie hätten es ebenso wenig geglaubt, wie Alexander von Humboldt die Schilderungen Adolph von Wredes glaubwürdig fand, der mit 16 Jahren von zu Hause ausgebüxt und zur See gefahren war und im südarabischen Hadramaut siebenstöckige Wohnhäuser gesehen haben wollte. Humboldt, der den Baron aus Münster am preußischen Hof einführte, hielt ihn offenbar für einen Geistesverwandten Münchhausens und die Sache mit den sieben Stockwerken für Aufschneiderei; Niebuhr hatte davon nichts geschrieben. Als die Buduma-Bootsbauer im Wagen der norwegischen Botschaft durch Kairo gefahren wurden, kamen sie aus dem Staunen nicht heraus. Bei den ersten Brücken, Unterführungen und fünfstöckigen Häusern jubelten sie noch und murmelten andächtig, dann wurden sie immer schweigsamer, die Stadt war voller Moscheen, Straßenbahnschienen und Leuchtreklamen, im Zentrum bildeten die Häuser ganze Blöcke und ragten hoch in den Himmel, das musste Gaukelei sein, man erlaubte sich einen Spaß mit ihnen. Sie fuhren über die Gizeh-Ebene, Abdullah sah eine Pyramide und fragte, ob das ein Berg oder Menschenwerk sei, wie viele Leute denn darin wohnten. Heyerdahl: »Nur ein Mann, und der ist tot.« Da brach Abdullah in bewunderndes Gelächter aus, die Ägypter hatten es zweifellos weiter gebracht als die Buduma. »Diese Ägypter, diese Ägypter!«

Als Carsten Niebuhr in Alexandria weilte, der ersten Station seiner fast siebenjährigen Forschungsreise im Orient, und bei seinen Erkundungen eines Tages zur Pompejussäule gelangte, bestieg er die Anhöhe, von der er einen großen Teil der alten Stadtmauer überblickte, und nahm einige Winkelmessungen vor. Ein türkischer Kaufmann wurde auf das Astrolabium neugierig, wollte auch einmal durch das Fernglas schauen und erschrak nicht wenig, als er einen Turm auf dem Kopf stehen sah. Darauf verbreitete sich das Gerücht, Niebuhr sei nach Alexandria gekommen, »um die ganze Stadt über den Haufen zu werfen«. Später ließ er in Raschid (Rosette) einen Araber durch das Fernrohr spähen, der das Meer an der Stelle, an der sich der Himmel hätte befinden müssen, und ein umgekehrtes Schiff unter dem Meer liegen sah und das Instrument beinahe zertrümmert hätte. Nach und nach lernte Niebuhr, sich vor reizbaren und aufbrausenden Arabern in Acht zu nehmen, doch bei seinen astronomischen Beobachtungen im südlichen Teil des Nildeltas zeigte er einem sehr höflichen und friedfertigen Fellachen dessen Dorf durchs Fernrohr des Quadranten. Der Bauer war entsetzt, alle Häuser standen auf dem Dach, er fragte, wie das denn sein könne. Da Niebuhr des Arabischen noch nicht sehr mächtig war, antwortete sein einheimischer Bedienter und machte sich einen Spaß daraus. Die Regierung sei mit den Einwohnern des Dorfes höchst unzufrieden und habe Niebuhr gesandt, es zu zerstören. Der arme Bauer wurde ganz betrübt und besorgt und bat, mit dem Zerstörungswerk so lange zu warten, bis er Frau, Kinder und Kuh in Sicherheit gebracht hätte; zwei Stunden gab ihm der Diener. Man dürfe sich nicht wundern, kommentierte Niebuhr, dass die Mohammedaner leichtgläubig und abergläubisch seien, vor gar nicht langer Zeit habe es auch in Europa noch genug Leute gegeben, »die alles für Zauberei hielten, was sie nicht gleich begreifen konnten«. Im antiken Heliopolis maß Niebuhr mit dem Quadranten die Höhe eines Obelisken, die Fellachen beobachteten den Vorgang aus gebührender Entfernung und mit großer Aufmerksamkeit, denn sie nahmen an, Niebuhr werde die hohe, aus einem Stück gefertigte Granitsäule mittels geheimer Künste in die Luft sprengen, um einen unter der Säule verborgenen Schatz freizulegen. Darin musste Niebuhr sie enttäuschen, sie hatten sich schon die Finger nach der Beute geleckt, sagten Niebuhr aber kein unfreundliches Wort. Auch von den vielen Zuschauern, die Niebuhr in einer Straße Kairos beim Kopieren von Hieroglyphen anzog, kam kein böses Wort – allerdings wurde er dreimal verjagt, von Gerichtsdienern und dem Vorbeter einer Moschee –, die Neugierigen wunderten sich nur über die Neugier des Europäers und über die Fertigkeit, mit der er die Zeichen exakt nachzeichnete, und zwar mit einem Stock, den er nicht ein einziges Mal in Tinte tauchte (Bleistift). Diese Europäer! Sie hatten es zweifellos weiter gebracht als die Ägypter.

Die Reise ins Glückliche Arabien führte über Island – oder doch fast. Nachdem das Kriegsschiff »Grönland«, das dänischen Handelsschiffen Geleitschutz von Marseille nach Smyrna (Izmir) geben sollte, im Kattegat und Skagarrak dreimal von Stürmen zurückgeschlagen worden war und den dänischen Hafen Helsingör hatte wiederanlaufen müssen, trieben es widrige Winde in der Nordsee bis unter die isländische Küste. Erst sieben Monate nach dem ersten Fehlstart erreichte der Segler Smyrna. Die Teilnehmer der ersten wissenschaftlichen, vom dänischen König Frederik V. finanzierten Arabien-Expedition erhielten in Konstantinopel auf Vermittlung des dänischen Gesandten Pässe und Empfehlungsschreiben vom Sultan und kleideten sich orientalisch ein. Die geplante Reiseroute führte durch Ägypten zur Sinai-Halbinsel und durchs Rote Meer nach Mokka im Jemen, in dem sich die Reisegesellschaft zwei bis drei Jahre aufhalten mochte, die Rückreise sollte mit dem Schiff durch den Persischen Golf und von Basra auf dem Landweg durch Mesopotamien, Syrien und die Türkei erfolgen. Mit einem Schiff aus dem osmanischen Dulcigno (Ulcinj) an der Adria erreichte die Expedition Ende September 1761 Alexandria.

Zusammen mit Peter Forsskål, dem in Helsingfors (Helsinki) geborenen schwedischen Naturkundler der Expedition, ritt Niebuhr von Kairo zu den Pyramiden von Gizeh. Unterwegs engagierten sie zwei Beduinen als »Geleitmänner«, die zu Pferde waren, während Niebuhr und Forsskål demütig auf Eseln saßen. Niebuhr hatte sein Astrolabium mitgenommen und begann, die Pyramiden zu vermessen. Da sprengte ein Araber in vollem Galopp heran, Niebuhr hielt es für ratsam, das Instrument zu verbergen. Der Araber gab sich als Sohn eines Scheichs aus, fragte ganz höflich, wieso sie in dieser abgelegenen Gegend allein unterwegs seien, und bot sich als Begleiter an. Forsskål und Niebuhr glaubten nicht, noch mehr Führer nötig zu haben, und lehnten ab. Der Araber zog trotzdem mit ihnen, hinter einem Hügel pflanzte er vor Forsskål seine Lanze in den Boden und verbot ihnen, sich den Pyramiden weiter zu nähern, ohne ihm ein Trinkgeld zu geben. Daraufhin drehten sie in Richtung eines Dorfes ab, der Araber verabschiedete sich schließlich, doch nicht ohne abermals ein Bakschisch zu fordern. Forsskål hatte es sich in den Kopf gesetzt, ihm nichts zu geben. Der Araber riss ihm verächtlich den Turban vom Kopf, die zwei Beduinen überredeten ihn jedoch, die würdevolle Kopfbedeckung zurückzugeben. Da wandte er sich an Niebuhr, der sich ebenfalls weigerte zu zahlen, woraufhin der Araber nach dem Astrolabium griff, das Niebuhr vor sich auf dem Esel hielt. Niebuhr seinerseits grapschte nach dem gewickelten Kopftuch des Arabers, und da dieser sein Pferd in die Seite stieß, ohne die Zügel zu halten, fiel er in den Staub der Wüste. Welch eine Schmach für den Sohn eines Scheichs, von einem Christen zu Boden gerissen zu werden! Sofort setzte er Niebuhr die Pistole auf die Brust, die beiden Beduinen suchten, ihn zu besänftigen, Niebuhr gab ihm schnell einen halben römisch-kaiserlichen Speziestaler. Die Münze und der Schreck waren der Preis für die Lektion. Man hatte sie gewarnt, dass sie sogar ausgeraubt werden könnten, wie es Forsskål auf einem seiner botanischen Streifzüge bei Alexandria bereits passiert war, wobei er noch von Glück sagen konnte, dass er kaum mehr bei sich trug als seine einfache Kleidung und dass die Beduinen so liebenswürdig waren, ihm das Leben und die Hose zu lassen. Es war gescheiter, den geforderten Tribut zu entrichten und das Bakschisch als eine Art unumgängliche Steuer zu begreifen, als Schmiermittel, ohne das der Motor nicht lief. Hätten sie dem Araber gleich zu Anfang ein Trinkgeld versprochen, schrieb Niebuhr später, so hätten sie »mit aller Sicherheit« zu den Pyramiden ziehen können, »so glaube ich gewiss (…). Die Araber sind nicht so fürchterlich, wie wir Europäer sie gemeiniglich finden«. Beim zweiten Versuch reiste Niebuhr in einem Pulk von Kaufleuten, Lakaien und Eselstreibern unter Führung eines erfahrenen französischen Kaufmanns zu den Pyramiden und vermaß und berechnete ihre Höhe ziemlich genau. Zu der Gruppe gesellten sich viele Araber aus den umliegenden Dörfern und Beduinen aus der Umgebung. Bevor die Gesellschaft ins Innere der Pyramiden stieg, entledigte sich ein jeder einiger Kleidungsstücke und gab sie seinem Diener zur Aufbewahrung, nur ein Greenhorn von Italiener vertraute sie dem erstbesten dienstfertigen Araber an, der sich damit aus dem Staub machte. Außerdem fehlten hinterher eine Pistole, ein Pantoffel und anderes mehr, doch Niebuhr wollte die Araber deswegen nicht gleich als Räuber bezeichnen, sie taten weiter nichts, als was »bei einem Auflauf des europäischen Pöbels« auch geschah.

Mit einer Karawane zog die dänische Expedition nach Suez und hielt sich nach Möglichkeit in der Mitte des Trecks, um bei einem Überfall durch Beduinen besser geschützt zu sein. Doch die räuberischen Sawalha von der Sinai-Halbinsel, die einen Monat zuvor eine Karawane nach Suez ausgeplündert hatten, schlugen diesmal nicht zu. In Suez erkundigte sich die Reisegesellschaft bei ansässigen Griechen, die oft den Berg Sinai besucht hatten, nach dem Dschebel el-Mokateb, dem Berg der Inschriften, auf dem ein englischer Kaufmann vor Jahren Inschriften gefunden haben sollte, von denen europäische Gelehrte mutmaßten, Moses persönlich könnte sie beim Auszug der Kinder Israels aus Ägypten in den Stein gemeißelt haben. Die Griechen von Suez hatten den Namen des Berges noch nie gehört, ebenso wenig ein Scheich vom Stamm der Saiid, der Zeit seines Lebens zwischen Suez und dem Berg Sinai gependelt war. Als er aber hörte, dass die Europäer gut bezahlten, wenn jemand sie zu dem ominösen Berg führte, kreuzte er am nächsten Tag mit einem Scheich der Sawalha auf, der behauptete, nicht nur diesen Berg, sondern viele Stellen in der Wüste zu kennen, an denen sich Inschriften befänden. Niebuhr und Kompagnons nahmen ihn ins Kreuzverhör – er kannte den Berg doch nicht. Dann wurde ein Scheich vom Stamm der Leghat angeschleppt, der tatsächlich Schriften auf Steinen zu kennen schien, und da er schon wusste, dass die Fremden den Dschebel el-Mokateb suchten, nannte er seinen Berg auch so, er sollte ganz in der Nähe seiner Wüstenwohnung liegen. Na gut, der Mann war engagiert, doch die beiden anderen Scheichs wollten auch mitziehen, ihre Wohngebiete lagen ebenfalls am Weg zum Berg Sinai, auf dem die Expedition nach Hinweisen forschen sollte, dass es sich um den Berg handelte, auf dem Moses die zehn Gebote empfangen und mit seinem Stab Wasser aus dem Felsen geschlagen hatte. Man riet ihnen, sich unter den Schutz aller drei Scheichs zu stellen, wenn sie in Sicherheit reisen wollten, sie mieteten auch Kamele von den Scheichs und schlossen mit ihnen einen schriftlichen Vertrag vor dem Kadi in Gegenwart des türkischen Statthalters von Suez ab, eines aus Kairo strafversetzten Beys, der von dem Astronomen unter den Europäern zu erfahren wünschte, was die Inschriften, die sie in der Wüste finden würden, darüber aussagten, wie lange er noch in der Verbannung ausharren müsse. Da Niebuhr nicht in diese Länder gekommen war, um den Aberglauben auszurotten, entschuldigte er sich damit, dass er in der hohen Wissenschaft der Prophezeiung noch unerfahren sei.

Die Initiative zur wissenschaftlichen Morgenlandfahrt war von dem Göttinger Theologen und Orientalisten Johann David Michaelis ausgegangen, der den aus Hannover stammenden dänischen Staatsminister Johann Hartwig Ernst Freiherrn von Bernstorff für seine Idee gewann. Michaelis wollte die Bibel empirisch überprüfen, eine Orientreise konnte Licht auf viele Dinge werfen, die beim Studium der Heiligen Schrift dunkel, unklar, fragwürdig blieben, zum Beispiel die Durchquerung des Roten Meeres durch die Israeliten auf ihrer Flucht aus Ägypten; die Beobachtung der Gezeiten im Roten Meer konnte darüber vielleicht Aufschluss geben. Ganz allgemein konnte eine genaue Lagebestimmung in der Bibel genannter Örtlichkeiten hilfreich sein, ein Vergleich bekannter Bibelfassungen mit zu erwerbenden oder zu kopierenden alten hebräischen und griechischen Handschriften und mit arabischen Bibelübersetzungen wertvolle Hinweise liefern, die Identifizierung in der Bibel erwähnter Pflanzen und Tiere oder die Beschreibung von Elementen der materiellen und sozialen Kultur wie Hausbau oder Sitten und Gebräuchen zum Verständnis der Bibeltexte beitragen. Michaelis entwarf einen Fragenkatalog für die Expedition und forderte die europäische Gelehrtenrepublik auf, weitere konkrete Fragen beizusteuern. Die komplette, mehr als 600 Seiten starke Liste erreichte die Expedition allerdings erst in Bombay, da waren fünf der sechs Teilnehmer bereits tot.

Frederik Christian von Haven, der dänische Philologe der Expedition, der in Odense Theologie und Sprachwissenschaften studiert und danach in Göttingen orientalische Sprachen belegt hatte, war ebenso ein Schüler Michaelis' wie Forsskål, der bei Carl von Linné in Uppsala Botanik und in Göttingen Arabisch gelernt hatte. Der aus Lüdingworth bei Cuxhaven in Kurhannover stammende Niebuhr hatte neben seinem Mathematik- und Astronomie-Studium Arabisch-Stunden bei Michaelis genommen. Mit Haven zog Niebuhr nun in die Sinai-Wüste, während der Nürnberger Zeichner und Kupferstecher Georg Wilhelm Baurenfeind, der im Sinai gute Dienste hätte leisten können, mit einer »hitzigen Krankheit« in Suez darnieder lag und vom dänischen Expeditionsarzt Christian Carl Cramer betreut wurde. Derweil unternahm Forsskål botanische und zoologische Beutezüge in die Umgebung von Suez, badete im Roten Meer und untersuchte Ebbe und Flut an Stellen, wo Moses die Juden durch das Meer geführt haben mochte, und kam zu dem Ergebnis, dass das Rote Meer viel zu tief war, um selbst bei einer außergewöhnlichen Ebbe trockenen Fußes durchschritten werden zu können, dass überdies der Wasserstand früher erheblich höher und also das Meer noch tiefer gewesen sein musste und eine Wanderung durchs Meer unter naturwissenschaftlichen Gesichtspunkten ein Ding der Unmöglichkeit gewesen war. Später bestätigte Niebuhr, der »Erdbeschreiber« der Expedition, als den er sich bezeichnete, Forsskåls Urteil. Zwar ritten Haven und Niebuhr bei ihrer Rückkehr vom Sinai sozusagen im Selbstversuch nördlich von Suez durch das äußerste Ende des Meerbusens, als die Flut noch nicht weit aufglaufen war, und den zu Fuß gehenden Arabern reichte das Wasser kaum bis zum Knie. Doch dies war nicht der Ort, an dem das Heer des Pharaos, das die Israeliten verfolgte, hätte ersaufen können.

Haven und Niebuhr wanderten nicht nur mit den drei Scheichs in die Wüste – eine ganze Karawane von Gefolgsleuten der Scheichs zog mit ihnen, um ihre Heimatzelte aufzusuchen und auf Kosten der Europäer zu leben, die eine Ziege nach der anderen schlachten lassen mussten, denn da sie so viel Geld bezahlten, um ein paar alte Inschriften zu suchen, mussten sie reich sein und also den ganzen Tross bewirten und alle, die sie unterwegs besuchten. Wegen der Bedeutung dieses Ausflugs für die Bibelforschung bemühte sich Niebuhr, den Weg zum Berg Sinai genau aufzuzeichnen und die Namen von Bergen, Tälern, Brunnen in Erfahrung zu bringen, ohne dass die Muslims misstrauisch wurden und ihm wer weiß welche Absichten unterstellten, denn sie hätten nicht begriffen, wozu er das alles wissen wollte. Um Entfernungen zu bestimmen, lief er jeden Tag morgens und abends, wenn es frisch war, und mittags in der größten Hitze eine halbe Stunde neben seinem Reitkamel her, zählte seine eigenen Schritte und nahm den Durchschnitt, dann konnte er wieder aufsitzen und brauchte nur noch auf die Uhr zu schauen. Denn Kamele gehen immer im gleichen Schritt, Karawanen bewegen sich stets mit gleichbleibender Geschwindigkeit, und der Boden war fast überall eben. Zur Richtungsbestimmung benutzte Niebuhr möglichst unauffällig seinen kleinen Kompass, die Araber ahnten nicht, wozu der gut war. Zur Erhebung von

Ortsbezeichnungen schmeichelte er sich bei einem Araber durch kleine Geschenke ein und ließ ihn ab und zu hinter sich auf dem Dromedar sitzen, fragte ihn ganz beiläufig aus, und zwar sowohl auf dem Hin- wie auf dem Rückweg, und bekam gewöhnlich dieselben Namen geliefert.

Im Fels des hohen, steilen Dschebel el-Mokateb oder des Berges, den die Scheichs als solchen ausgaben, fanden Haven und Niebuhr keine hebräischen Inschriften von Moses' Hand, sondern Grabsteine mit ägyptischen Hieroglyphen auf einem ägyptischen Totenacker. Ein vierter Scheich, der Besitzer des Berges und all dessen, was sich auf ihm befand, wartete schon auf dem Gipfel und hatte nichts dagegen, dass Haven und Niebuhr sich alles ansahen, doch er wollte nicht für 100 Speziestaler erlauben, dass sie die Inschrift auch nur eines Steins abschrieben und sich auf diese Weise des darunter verborgenen Schatzes bemächtigten. Er schien wirklich zu glauben, dass die Europäer imstande seien, vergrabene Schätze zu finden und sie sogar aus der Ferne in ihr Vaterland marschieren zu lassen, wenn sie nur erst die Inschriften hatten. Oder dieser Glaube war nur vorgeschoben, um ein ansehnliches Trinkgeld herauszuschlagen. Mit dem lächerlichen Angebot der Fremden war der Scheich nicht zufrieden; über den Vermittlungsvorschlag einiger Araber, dem Scheich des Berges ein Drittel und den anderen Scheichs ein zweites Drittel des Schatzes zu versprechen, der aus dem Berg flösse, während sie schrieben, konnten Haven und Niebuhr nur lachen. Auf dem Rückweg stieg Niebuhr heimlich und allein noch einmal auf den vermeintlichen Dschebel el-Mokateb und kopierte die Hieroglyphen von drei Steinen, um beweisen zu können, dass es keine hebräischen Inschriften waren. Auf dem Berg Sinai oder Dschebel Musa (Moses), den Niebuhr allein mit ein paar Arabern bestieg, weil Haven mal wieder unpässlich und lustlos war, sah Niebuhr nur einige »Steine mit schlechten arabischen Inschriften«. Ins benachbarte Katherinenkloster mit seinem Schatz alter Manuskripte ließen die griechischen Mönche sie nicht ein, weil die Bittsteller kein Empfehlungsschreiben des Erzbischofs vom Berg Sinai in Kairo vorweisen konnten, sondern nur ein solches von einem abgesetzten Patriarchen aus Konstantinopel. Pleite auf der ganzen Linie.

Baurenfeind, der Zeichner, hatte sich von seinem Fieber erholt, die große Pilgerkarawane aus Kairo war mit 6000 Kamelen in Suez eingetroffen, die dänische Expedition schiffte sich auf dem größten der vier Schiffe ein, die gleichzeitig nach Dschidda abgingen. Auch zur See reiste man aus

Sicherheitsgründen in Karawanen, bei Tor an der Sinai-Küste war vor Kurzem ein einzelnes Schiff von Beduinen geplündert worden. Der Konvoi hielt sich fast immer in Küstennähe, damit die Leute bei einem Unglück schnell Land erreichten, für die Mohammedaner war es grässlich, wenn sie kein Land sehen konnten. Die Küstenschipperei machte die Seereise jedoch um so riskanter, weil auf weiten Strecken Korallenbänke im Wasser lagen, die Schiffe deswegen abends vor Anker gehen mussten und sich damit der Gefahr von Überfällen um so mehr aussetzten; jeder europäische Schiffer wäre auf hoher See gefahren und auch nachts gesegelt. Als das Schiff bei Tor lag und Trinkwasser aufnahm, ließ Forsskål es sich nicht nehmen, an Land zu gehen und die unsichere Gegend zu durchstreifen, und blieb so lange aus, dass das Gerücht aufkam, er sei überfallen worden. Einige Janitscharen aus der Elitetruppe des türkischen Sultans suchten daraufhin nach Forsskål und brachten ihn wohlbehalten an Bord zurück. Kommentar Niebuhrs: Würden viele Christen in Europa sich die Mühe machen, eine halbe deutsche Meile zu laufen, um einen Juden, den sie kaum kennen, aus einer eventuellen Gefahr zu retten? Forsskål revanchierte sich durch Ankündigung einer Sonnenfinsternis, die Niebuhr erwartete und in aller Ruhe beobachten wollte. Leute, die eine Finsternis vorherzusagen vermochten, wurden von den Mohammedanern für große Gelehrte und auch für geschickte Ärzte gehalten. Als die Verdunkelung tatsächlich eintrat, wurden alle auf dem Schiff mit einem Schlag krank und konsultierten den großen Medizinmann Forsskål, der den meisten riet, ausreichend zu schlafen und sich richtig zu ernähren. Ein Mekkapilger klagte darüber, nachts nicht sehen zu können, Forsskål schlug ihm vor, ein Licht anzuzünden. Damit erntete Forsskål einen solchen Lacherfolg, dass alle wieder gesund zu sein schienen.

Forsskål und Genossen hatten die oberste Kabine auf dem Schiff gemietet, wo Niebuhr unbemerkt seine astronomischen Beobachtungen und geometrischen Messungen vornehmen konnte, deren Frucht die erste Karte des Roten Meeres war. Im Schlepp hatte das Schiff vier große Boote, in denen Pferde, Schafe, Passagiere und »gemeine Weibsleute« transportiert wurden, euphemistisch Mekkapilgerinnen genannte fahrende Freudenmädchen. Reiche Türken hatten ihren Harem dabei, in der Kajüte unter den Europäern befanden sich mehr als 40 Frauen und Sklavinnen mit ihren Kindern, es war ein »beständiges Zanken und Schreien«. Der Abort der

Frauen lag neben dem, den die Europäer benutzten, anfangs wunderte sich Niebuhr, Frauenstimmen zu hören, als Forscher war er naturgemäß neugierig und suchte nach einer Ritze in der Trennwand. Bis dahin hatte er auf der ganzen Reise kaum einmal ein unverschleiertes Frauengesicht gesehen, jetzt sah er mehr, nämlich drei, vier »nackte Weiber«, die sich wuschen und badeten. Hätten die Frauen gesehen, dass ein Mann sie sah, hätten sie sich die Hände vors Gesicht gehalten, um ihre Blöße zu bedecken. Das wusste Niebuhr, um so schamloser konnte er seine anatomischen Beobachtungen anstellen. Zweimal brach in der »Weiberkajüte« Feuer aus, verursacht durch Holzkohlebügeleisen, beim zweiten Mal wurden die Passagiere doch etwas nervös, die Frauen hätten das ganze Schiff abfackeln können. Der Kapitän schickte einen seiner Männer »mit einem tüchtigen Prügel in den Harem«, was anfangs eine »fürchterliche Musik« zur Folge hatte, doch dann eine »so sanfte Stille«, dass man die Frauen 24 Stunden lang fast gar nicht mehr hörte.

»Wir haben uns nirgends vor den Einwohnern einer Stadt so sehr gefürchtet als zu Dschidda«, der Hafenstadt Mekkas, schrieb Niebuhr in seiner *Reisebeschreibung nach Arabien*. Sie erwarteten, dass der religiöse Eifer der Muslims um so spürbarer würde, je näher sie den heiligen Stätten kämen. Großer Irrtum. Arabische Tarnkleidung zu tragen wäre nicht einmal nötig gewesen, in Dschidda war man gewohnt, europäisch gekleidete Kaufleute aus Indien zu sehen. Die deutsch-dänisch-schwedischen Forscher konnten sich in- und außerhalb der Stadtmauer frei und unbehelligt bewegen, im Hafen, im Suk, in den Kaffeehäusern, nur das Stadttor nach Mekka mieden sie. Zunächst blieben sie noch zwei Tage auf dem Schiff, bis all die Mekkapilger und Kaufleute von Bord und durch den Zoll gegangen waren. Wie sie erfuhren erhob der Zoll zwei bis zweieinhalb Prozent Importsteuer auf Bargeld. Da Wechsel nicht üblich waren, hatten sie von Kairo eine ansehnliche Summe in bar mitgenommen, lauter venezianische Dukaten, die in Arabien verbreiteter waren als türkische Goldmünzen. Sie versteckten ihr Geld in den Arzneikrügen, denn bei einem Arzt vermutete man kein Geld. Alle Ballen und Packen der Kaufleute wurden vom Zoll geöffnet und ihr Inhalt Stück für Stück gezählt, die Kisten der Expedition bloß geöffnet, um zu sehen, dass sie keine Handelswaren enthielten, und die Zollbeamten fanden auch nur die 200 Dukaten, die sie finden sollten. Für eine glimpfliche Behandlung erwarteten die Zöllner genauso wie ihre europäischen Kollegen ein Trinkgeld und bekamen es – das war der Unterschied – in aller Öffentlichkeit ausgehändigt.

Der türkische Pascha von Dschidda, für den sie ein Empfehlungsschreiben mit sich führten, hatte eine leise Ahnung von Sternkunde und verlangte von Niebuhr, dass er seinen Quadranten im Palast aufstelle und die Mittagshöhe der Sonne nehme, und ein gelehrter Scheich musste die Polhöhe von Dschidda berechnen. Man fand den modernen Quadranten Niebuhrs doch besser als die kleinen hölzernen Geräte der hiesigen Sternkundigen und gab auch den europäischen Tabellen den Vorzug. Die Kunde von der Ankunft einiger Europäer, die den Lauf der Sterne und der Welt verfolgten, verbreitete sich bis nach Mekka, das ein Bruder des amtierenden Scherifen mit einer Armee von Arabern anzugreifen drohte, um selbst zu regieren. Der (noch) regierende Nachkomme des Propheten ließ Niebuhr fragen, ob die Sterne ihm versprachen, an der Macht zu bleiben. Niebuhr redete sich damit heraus, dass die Europäer sich mit der Sternwissenschaft nur zu Zwecken der Schifffahrt befassten, doch Haven hatte einen Geistesblitz und behauptete, derjenige der Brüder werde siegen, dessen Gesichtszüge denen des Stammvaters aller Scherifen am ähnlichsten seien; das leuchtete ein. Niebuhr musste ebenso passen, als ein vornehmer Mann von ihm zu wissen wünschte, welcher seiner Diener ihm 200 Dukaten geklaut hatte. Das gab der Quadrant nicht her, Niebuhr überließ diese Wissenschaft einem gewitzten Scheich, der die Domestiken sich in einer Reihe aufstellen hieß, ein langes Gebet sprach, jedem Diener einen kleinen Zettel auf die Zunge legte und allen befahl, das Papierchen hinunterzuschlucken. Die Unschuldigen würden dadurch keinen Schaden nehmen, allein den Dieb werde die Strafe Gottes treffen. Dann durchsuchte der Scheich alle Münder, einer hatte den Zettel nicht verschluckt und gestand.

Die dänische Reisegruppe war bestürzt, als sie das Fahrzeug sah, das sie von Dschidda in den Jemen bringen sollte. Es war einer halben, längs halbierten Tonne ähnlicher als einem Schiff. Es handelte sich um einen offenen Frachtsegler aus Oman ohne Deck, die dünnen Planken waren zusammengenäht, der arabische Schiffer trug nichts weiter als ein Tuch um die Lenden und eine Kordel, in der ein Krummdolch steckte, seine Mannschaft bestand aus neun schwarzen Sklaven aus Afrika und von der indischen Malabarküste, die mit einem Strick um die Hüfte und einem

Stück Stoff zwischen den Beinen bekleidet waren, es war das beste Boot, das sie erwischen konnten, sagte man ihnen in Dschidda und riet ihnen zugleich, bereits in Loheia, der nördlichsten Hafenstadt des Jemens, und nicht erst in Mokka von Bord zu gehen. Der Segler war voller Kisten und Packen, auf denen sie lebten, zu essen gab es nur Durrabrot und Datteln, die Küstengewässer waren voller Inseln und Korallenbänke, zum Glück hatten sie einen Lotsen an Bord. Ihnen fiel auf, dass viele kleine Schiffe mit Kaffee für Dschidda einzeln und nicht im Konvoi fuhren. Ende Dezember 1762 landeten sie im Glücklichen Arabien.

Der Gouverneur von Loheia, Emir Farhan, war ein Schwarzafrikaner und ehemaliger Sklave, ein Freund aller Fremden und höflicher Herr, der sie bat, einige Zeit in Loheia zu bleiben, sie könnten dann über Land nach Mokka reisen, im Jemen seien die Wege sicher, er bot ihnen dazu auch seine Kamele an. Ein reicher Kaufmann überließ ihnen eins seiner Häuser und schickte ihnen ein ausgezeichnetes Dinner frei Haus, der Emir ein lebendes Schaf als Willkommensgeschenk. Das ließ sich ja gut an in dem Land, das ihr Hauptziel war, sie freuten sich, »die Sitten der Mohammedaner immer besser zu finden«, je weiter sie sich von Ägypten entfernten. Der Schiffer, mit dem sie von Dschidda gekommen waren und der im Unterschied zum Kapitän des Schiffes von Suez den Fahrpreis nicht im Voraus kassiert hatte, befürchtete, sie würden nun nicht den vollen Preis bis Mokka zahlen wollen; der Emir bürgte für sie, ebenso der Kaufmann. Eine Gesellschaft reisender Araber hätte dergleichen von Europäern wohl kaum erwarten können, meinte Niebuhr. Sie sandten einen Teil ihres Gepäcks mit dem Schiff weiter nach Mokka, der Emir ließ ihre restlichen Sachen mit seinem Boot von der halben Tonne holen, der Schreiber des Kaufmanns bezahlte Träger und Zöllner. Im Zollhaus waren viele vornehme Araber um den Emir versammelt, für sie alle veranstaltete die dänische Expedition nun eine Instrumentenschau.

Als Erstes bat Forsskål die Zollbeamten um eine Laus. Sie nahmen es ihm übel, dass er solches Ungeziefer bei ihnen vermutete. Als Forsskål jedoch eine Belohnung versprach, brachte ihm einer eine lebendige Laus, Forsskål legte sie unter sein Vergrößerungsglas. Den Emir ergötzte die gigantische Laus, doch der Überbringer des Tierchens schwor, er habe noch nie eine so große arabische Laus gesehen, es müsse unweigerlich eine europäische sein. Am nächsten Tag bot man Forsskål eine ganze Handvoll Läuse zum Stückpreis von einem Viertel des Preises vom Vortag an; in der Folge konnte sich Forsskål vor lauter Insektenofferten kaum retten. Es hatte sich herumgesprochen, dass die Europäer keine gewöhnlichen Kaufleute waren und Ungeziefer besser zu verwerten wussten als die Araber. Niebuhr machte die Nummer mit dem astronomischen Fernglas, richtete es auf eine weit entfernte Frau, die mit den Füßen in der Luft ging und deren Kleider nicht herunterfielen. Allah akbar! Die Herrschaften waren verblüfft – und entzückt, solch spezielle Gäste in ihrer Stadt zu beherbergen, und die Gäste ihrerseits froh, im Jemen solch gutmütige Leute angetroffen zu haben.

Cramer, der Arzt, wurde während ihres Aufenthalts dank seines Brechpulvers berühmt, das heftig »nach oben und unten« wirkte, die Leute standen Schlange vor ihrem Haus. Einmal ließ der Hafenmeister nach dem Arzt rufen, und da Cramer nicht gleich zur Visite eilte, schickte sein Klient ein gesatteltes Pferd. Cramer stand im Begriff aufzusteigen, da bedeutete man ihm, das Pferd sei der Patient. Mit Pferden kannte sich Berggren besser aus, der schwedische Diener der Expedition, der einige Jahre bei einem Husarenregiment gedient hatte. Er kurierte den Gaul, galt fortan als Arzt und praktizierte als Humanmediziner. Doch weder Berggren noch Cramer vermochten, einem gebrechlichen Kaufmann wirksam unter die Arme zu greifen, der 70, 80 oder 90 Jahre alt sein mochte, das wusste er selbst nicht so genau. Er war nie richtig verheiratet gewesen, rühmte sich aber, eine große Anzahl junger Sklavinnen – etwa 88 – um ihre Unschuld gebracht zu haben, die er danach verkauft oder verheiratet oder denen er die Freiheit geschenkt hatte. Jetzt besaß er noch zwei junge schöne Sklavinnen und wünschte, es ihnen auch so zu besorgen, dann wollte er gerne sterben. Ein anderer reicher Kaufmann um die 50 war in der gleichen Verlegenheit und bot 100 Speziestaler dem Arzt, der ihn auch nur ein einziges Mal zum Umgang mit seinen beiden schönen Sklavinnen befähigte.

Bei ihrer Abreise schenkten sie dem großherzigen Emir ein vierfüßiges englisches Fernglas sowie eine Uhr, mit der er nicht umzugehen wusste, doch ein in der Stadt lebender Kaufmann aus Kairo, der selbst einmal eine Uhr besessen hatte, versprach, die Uhr des Emirs alle Tage aufzuziehen. Solche Geschenke zu machen erwies sich im Nachhinein als Fehler, denn dies sprach sich im ganzen Land herum, andere Gouverneure erwarteten entsprechende Geschenke, hielten die Reisenden mit Ausflüchten auf und schikanierten sie, bis diese begriffen, um was es in Wahrheit ging: kuriose, Prestige verleihende europäische Technik oder einen Haufen Cash. Sie ritten nun durch die Tehama, die sandige Küstenebene, nach Beit el-Fakih, und zwar auf Eseln, nicht weil es Christen wie in Kairo verboten gewesen wäre, hoch zu Ross zu thronen, sondern weil im Jemen kaum Mietpferde zu bekommen waren und die heimischen Esel das gängige Beförderungsmittel darstellten, große, mutige, schnell gehende und bequem zu reitende Tiere; ihr Gepäck schickten sie mit langsamen Lastkamelen voraus. Einer Karawane brauchten sie sich nicht anzuschließen, das Reisen war in der Tehama genauso sicher wie in Europa. Unterwegs kehrten sie in einfachen Kaffeehütten ein, wo man frisches Wasser und einen Kaffeeersatz aus den Schalen der Kaffeefrucht bekam, und übernachteten in einer der Herbergen, die müden Reisenden eine Schlafstatt, warmes Durrabrot, zähflüssige Kamelmilch oder Butter als Verköstigung boten, all das gratis. Glückliches Arabien! Hätten solche Herbergen in Europa existiert – so Niebuhr –, sie wären überlaufen gewesen. Für seine europäischen Gäste ließ der Wirt sogar Weizenbrot backen und Kuhmilch bringen, und seine Bedienten durften nicht einmal ein kleines Trinkgeld annehmen.

Beit el-Fakih war wegen seiner zentralen Lage zwischen den Kaffeebergen im Landesinnern und den Hafenstädten am Roten Meer die bedeutendste Handelsstadt für Kaffee im Jemen, in die Kaufleute aus Arabien, Ägypten, Syrien, der Türkei, dem Maghreb, Persien, Indien und zuweilen auch Europa kamen. Ein ansässiger Kaufmann, für den die dänische Expedition ein Empfehlungsschreiben hatte, mietete ein Haus für sie, ließ ihr Gepäck ungeöffnet vom Zoll kommen und lud sie zum Essen ein. Der Gouverneur der Stadt, der hier den Titel Dola führte, schien sich gar nicht um sie zu kümmern, die Einwohner waren sehr gesittet und ließen sie in Ruhe, sie genossen alle Freiheit in der Stadt. Niebuhr kopierte eine kufische Inschrift, und niemand sprach von einem verborgenen Schatz oder Zauberei, im Gegenteil, einige Scheichs und gelehrte Mohammedaner unter den Zuschauern hießen es ausdrücklich gut, dass auch Fremde sich mit der alten arabischen Sprache befassten. Die Expedition machte Beit el-Fakih zu ihrem Basislager für Exkursionen, Haven ging mit Cramer nach Hodeida an die Küste, Forsskål mit Baurenfeind auf Pflanzensuche in die Berge, Niebuhr zog mit einem Eselstreiber, zugleich Führer und Diener, durch die Wüste der Küstenebene und sammelte Daten für seine Jemen-Karte. Er kleidete sich nach arabischer Art, was Turban und Pantoffel, einen Säbel über der Schulter und Pistolen im Gürtel einschloss. Ein kleiner Quersack mit etwas Wäsche und einigen Büchern hing über des Esels Rücken, ein Wasserkrug baumelte am Sattel, ein schlechter Teppich diente ihm als Satteldecke und Tisch, Sitzpolster und Bett, ein großes Tuch als Sonnen- und Regenschutz und Schlafdecke. Geschirr, Besteck und solchen zivilisatorischen Firlefanz brauchte Niebuhr nicht, je einfacher, um so sicherer reiste er, wo wenig zu holen war, bestand wenig Gefahr. Er wollte nicht nur gekleidet sein wie die einfachen Araber und ihre Sprache sprechen, sondern auch leben wie sie, essen und trinken und schlafen und nach Schweiß stinken wie sie. Um der zu dieser Jahreszeit – März – bereits großen Tageshitze zu entkommen, pflegte man nachts zu reisen, doch das hätte nicht allzu viele und verlässliche Messungen, Beobachtungen und Informationen ergeben, also reiste Niebuhr am Tag. Der Ramadan fiel in diese Zeit, Niebuhr befürchtete schon, dass die Jemeniten ihren religiösen Pflichten ebenso strikt nachkämen und nicht fastende Zeitgenossen ebenso scheel ansähen wie die Ägypter, doch auf Reisen genossen die Jemeniten Speise und Trank wie gewöhnlich.

Es war eine glückliche Zeit für die Mitglieder der dänischen Expedition, sie konnten ungestört ihrer Arbeit nachgehen oder auch – wie im Falle Havens – keiner Arbeit nachgehen, sie hatten weder Überfälle noch Belästigungen oder religiöse Animositäten zu gewärtigen, das sorglose, freie wissenschaftliche Vagabundenleben füllte sie aus. Ab und zu trafen sie in ihrem Hauptquartier in Beit zusammen, einmal besuchten sie gemeinsam die grünen Kaffeeberge, von denen Forsskål schwärmte, dort war das Klima angenehmer, die Luft gesünder, das Wasser besser. In einem der Dörfer machten ihnen junge Frauen und Mädchen ihre Aufwartung, die unverschleiert, sehr gesprächig und ganz begierig waren, Europäer zu sehen. »Sie schienen nicht so eingeschränkt gehalten zu werden wie die Mohammedanerinnen in den Städten.« Ein andermal ritten Forsskål und Niebuhr in den Süden nach Tais, beide hatten sich ehrwürdige arabische Bärte wachsen lassen, nun nahmen sie auch arabische Namen an, und sogar ihr Eselstreiber glaubte, sie seien morgenländische Christen. Wurden sie unterwegs gefragt, was für Landsleute sie seien, antworteten sie, dass sie aus dem Norden stammten, die Araber hielten sie dann wegen ihrer weißen Haut für Türken; und wenn sie direkt gefragt wurden, ob sie Türken seien, sagten sie, dass sie Christen waren, und dann galten sie als Griechen oder Armenier. Wie auch immer, die Araber verstanden nicht, dass Niebuhr und Forsskål bei der großen Hitze an »Spazierreisen« so viel Vergnügen fanden. Es befremdete sie, dass diese Türken einen so weiten Weg gekommen waren, nur um herumzureisen, ohne Handel zu treiben. Unbegreiflich, wieso sie so viel Geld ausgaben, ohne etwas einzunehmen, und man vermutete daher, sie könnten Gold machen. Deswegen war der Botanicus stets in den Bergen, er suchte ein bestimmtes, für seine Alchemie notwendiges Kraut, und der Astrologus, der immer nach den Sternen schielte, verstand sich auf geheime Künste. Forsskål fand auf dieser Extratour etwas Wertvolleres als Gold: einen großen Balsambaum in voller Blüte, den authentischen Mekkabalsambaum. Hic Arabia felix, hic salta! Es war der größte botanische Fund, den er machen konnte, dabei war der Baum im Jemen gar nicht so selten, wegen seines Wohlgeruchs nutzten die Einheimischen ihn als Brennholz, und seine Samen wurden als Abtreibungsmittel verwendet, wie Jean Louis Burckhardt 50 Jahre später in Mekka erfuhr.

Nicht nur in botanischer Hinsicht markierte die Entdeckung des Balsambaums den Höhepunkt der gesamten Reise. Auf dem Rückweg nach Beit erkältete sich Niebuhr, wie er meinte, als sie in einer zugigen Kaffeehütte übernachteten. Bei ihrer Rückkehr finden sie Haven bettlägerig, angeblich mit Skorbut im Blut. Niebuhr hat jeden zweiten Tag hohes Fieber und ist völlig abgemattet. Als die beiden einigermaßen wiederhergestellt sind, zieht die Expedition durch die dürre, sandige Küstenebene nach Mokka weiter, Forsskål und Niebuhr am Tag bei großer Hitze, um botanisieren beziehungsweise die Lage der Dörfer bestimmen zu können, die Übrigen samt Bagage bei Nacht. Am Stadttor von Mokka müssen sie von ihren Eseln steigen, Christen und Juden ist es nicht erlaubt zu reiten. Der Zoll will zuerst ihre Kisten mit Naturalien inspizieren, die mit dem Schiff aus Loheia gekommen sind. Ein Zöllner nimmt sich ein kleines Fass mit Fischen aus dem Roten Meer vor, Forsskål bittet, es nicht zu öffnen. Der Beamte öffnet es, nimmt einige Fische heraus, rührt den Rest mit einem Eisenstab um, wirft das Fässchen schließlich um und erfüllt das ganze Zollhaus mit dem Duft von verdorbenen Fischen und Alkohol. Auch die Seetiere, die vor dem Verpacken nicht vollständig getrocknet werden konnten, verbreiten einen ziemlichen Gestank; neuerliches Gemurmel und Geschimpfe auf die Franken. Der Zollbedienstete reißt einen Teil der Muscheln aus ihrem Behälter, den Rest durchbohrt er mit dem spitzen Eisen bis auf den Grund. Kein Mensch bei Verstand kann dergleichen Sachen sammeln, die Europäer wollen sich wohl über den Dola lustig machen, der mit seinen Schreibern dem Schauspiel beiwohnt. Ein ganz Schlauer meint, das alles sei nur ein Ablenkungsmanöver, die kostbaren Waren seien zwischen dem Dreck versteckt. Als Flaschen ans Tageslicht kommen, in denen Forsskål Schlangen in Spiritus eingelegt hat, schöpfen die aufgeregten Leute Verdacht: Die Christen sind gekommen, um die Mohammedaner zu vergiften. Da platzt dem Dola der Kragen, beim Bart des Propheten, die Franken sollen nicht eine Nacht in der Stadt bleiben, sie stellen eine Gefahr für die öffentliche Gesundheit dar. Das Zollhaus wird geschlossen, der Expedition nichts ausgehändigt.

Was mussten sie auch mit so einem Gepäck durch die Lande ziehen? Was für eine Sorte Kaufleute waren diese Europäer, die mit toten Schalentieren, alkoholisierten Schlangen, lebenden Läusen und stinkenden Fischen handelten? Da war doch etwas faul im Staate Dänemark. Wieso schleppten sie diese unverkäuflichen Dinge mit sich herum? Warum ging da einer von ihnen durch die Straßen und zählte seine Schritte? Wozu wollte er alle Ortsnamen wissen, auch die der ärmlichsten Dörfer und ödesten Täler? Weshalb notierten sie alle Waren, die sie im Hafen und im Suk sahen? Welchen Zweck hatte es, alles abzuzeichnen, Berge, Dörfer, Kastelle, Ruinen, Kleider, Gesichter, ja sogar das Geschlecht eines beschnittenen Mädchens? Was machte es für einen Sinn, verwitterte Grabsteine, zerfledderte Bücher, unleserliche Handschriften abzuschreiben? Wenn sie keine Kaffeehändler waren, was waren sie dann? Schatzsucher, Goldmacher, Giftmischer, Spione, die Vorhut der Armeen? Wozu machten sie eine so weite Reise, setzten sich Gefahren aus, ertrugen Strapazen, Hitze und Kälte, Hunger und Durst, Erniedrigungen und Esel von Zöllnern? Um Schmetterlinge zu fangen? Aus bloßer Laune, zum reinen Vergnügen? Seltsame Leute, verrückte Europäer!

Auf der Suche nach einer Bleibe irrten die Franken durch Mokka, niemand wollte ihnen eine Wohnung vermieten. Ein verständiger Kadi half ihnen aus der Patsche, versicherte einem Hausvermieter, dass er seitens der Obrigkeit nichts zu befürchten habe. Bald stellte sich heraus, dass die ganze Zollangelegenheit eine Theaterinszenierung gewesen war, um ein nicht unbeträchtliches Bakschisch zu erpressen. Fünf Tage nach der Tragikomödie erwies Forsskål dem Dola die nicht geringe Aufmerksamkeit von 50 klingenden Dukaten. Am nächsten Tag bekamen sie ihr Gepäck ungeöffnet vom Zoll, und der Dola schickte ihnen ein Gegengeschenk, vier Schafe und zwei Säcke Reis. Kurz darauf erkrankte Niebuhr erneut, diesmal vermeintlich an Dysenterie, nach 14 Tagen war er wieder auf den Beinen. Doch mit Haven ging es rapide bergab, die brütende Hitze Mokkas machte ihm zu schaffen, nachts schlief er auf der Dachterrasse und zog sich eine »starke Verkältung« zu, eines Morgens Ende Mai 1763 schien sein Puls stehen zu bleiben, Cramer ließ ihn zur Ader, der Philologus erholte sich etwas, doch am Abend fing er an, Arabisch, Französisch, Italienisch, Deutsch und Dänisch durcheinander zu reden, wurde bewusstlos und starb – an Malaria. Entgegen der Landessitte – die Araber bestatteten ihre Toten nicht in Särgen – ließen Havens Reisegefährten »einen Kasten zusammenschlagen«, drei wohlhabende britische Kaufleute, die mit ihren Schiffen aus Bombay gekommen waren und die aus dem Zollhaus gejagte dänische Reisegesellschaft an ihre Tafel geladen hatten, schickten ihnen sechs katholische indische Matrosen als Sargträger, die Haven auf dem Friedhof der Franken zu Mokka beerdigten; Muslime trugen Christen nicht zu Grabe.

Jetzt war es vorbei mit der fröhlichen Wissenschaft im Glücklichen Arabien. Sie überlegten, ob sie mit den englischen Schiffen, die in der ersten Augusthälfte auslaufen sollten, nach Bombay fahren und von dort per Schiff nach Europa zurückkehren oder aber ins Landesinnere reisen und mindestens noch ein Jahr im Jemen bleiben sollten. Die Meinungen waren geteilt, man einigte sich darauf, nach Sanaa zu gehen und längere Zeit zu bleiben, sofern es ihnen dort gefiel, andernfalls aber noch vor Abreise der englischen Schiffe nach Mokka zurückzukommen. Unterwegs bekam Niebuhr wieder Fieberanfälle mit Erbrechen, doch insbesondere den umtriebigen Forsskål erwischte es heftig. Er war so schwach, dass er sich nicht mehr auf dem Esel halten konnte, zur Überquerung eines Gebirges sollte er von einigen angeheuerten Arabern getragen werden, aber die Araber erschienen nicht. Forsskål wurde auf einem Lastkamel festgezurrt und erreichte

»in einem elenden Zustande« das Etappenziel. In der öffentlichen Herberge waren die Araber so neugierig und aufdringlich, dass es nicht auszuhalten war. Niebuhr mietete deshalb ein Haus, wo Forsskål nach ein paar Tagen in tiefen Schlaf fiel, aus dem er nicht mehr erwachte. Um ihn zu begraben, kauften sie – da es keinen fränkischen Friedhof gab – ein Stück Land, doch die Besitzer der benachbarten Grundstücke protestierten, weil in der Nähe ein Bewässerungskanal verlief und das Wasser ausbleiben konnte, wenn ein Christ in der Erde lag. Der Kauf wurde rückgängig gemacht und eine andere Parzelle gesucht und gefunden. Schwieriger war es, Sargträger zu bekommen, schließlich fanden sich gegen einen unwiderstehlichen Lohn sechs Einheimische, die Forsskål bei Nacht und Nebel hastig verscharrten. Später erfuhr die Reisegruppe, dass in der folgenden Nacht der Sarg wieder ausgegraben und aufgebrochen und das Leichentuch entwendet worden war. Die Leute glaubten, die Europäer hätten ihrem Toten wertvolle Dinge beigegeben, deswegen der Sarg. Der örtliche Dola wies einen Juden an, den Franken wieder unter die Erde zu bringen, dafür durfte der Jude den Sarg behalten.

Mittlerweile klagten auch Baurenfeind und Berggren, der schwedische Diener, über »Erkältung«. Alle wussten, dass ihnen dieselbe Krankheit im Körper steckte, die Haven und Forsskål weggerafft hatte. Doch in Sanaa hätten sie es nicht besser antreffen können. Eine halbe Meile vor der Stadt wurden sie von einem der distinguiertesten Schreiber des Wesirs Fakih Achmed, seines Zeichens Staatsminister seiner königlichen Hoheit, des Imams vom Jemen, willkommen geheißen und zu einem Landhaus mit Obstgarten geleitet, die beste Bleibe, die sie im Jemen je hatten. Der Imam schickte ihnen fünf Schafe, Reis und Gewürze, drei Kamellasten Brennholz, eine Menge Wachslichter und Lakaien zu ihrer Bedienung. Besonders die Weintrauben, von denen es in Sanaa mehr als 20 Sorten gab, mundeten ihnen außerordentlich. Der Schreiber führte sie zum Palast, wo ihnen ein großer Empfang bereitet wurde. Der Hofplatz war voller Pferde und Araber, der Oberstallmeister bahnte ihnen mit einem großen Knüppel den Weg in den Audienzsaal, der mit feinen persischen Teppichen ausgelegt war und in dessen Mitte sich Springbrunnen befanden, aus denen das Wasser 14 Fuß hoch stieg. Der Herrscher des Jemens saß mit untergeschlagenen Beinen auf einer thronartigen Erhöhung zwischen kostbar überzogenen Polstern und ließ sie das hellgrüne Kleid auf seinem Knie, seine rechte Hand außen und – ein besonderer Gnadenbeweis – innen küssen. Niebuhr hielt es nicht für zweckmäßig zu erwähnen, dass sie von so weither angereist waren, um den Jemen zu vermessen. Da er jedoch einen Grund für ihre Reise angeben musste, sagte er in seiner Ansprache, sie seien durch das Rote Meer gekommen, weil dies der kürzeste Weg zu den dänischen Kolonien in Indien sei, unterwegs hätten sie allenthalben von der Gerechtigkeit und Sicherheit gehört, welche im Gebiet des Imams herrschten, und das habe in ihnen den Wunsch geweckt, dieses rühmliche Reich näher kennenzulernen, bevor das letzte englische Schiff nach Indien ginge. Der Imam hieß sie in seinen Ländern willkommen, sie seien völlig frei, so lange zu bleiben wie es ihnen beliebe. Handkuss, Hochrufe, Abgang.

Warum war das Ziel der Expedition der Jemen? Wäre es für die Bibelforschung nicht einträglicher gewesen, sich auf Ägypten, das Jordanland, Palästina zu konzentrieren? Sicherlich lag die Förderung von Kunst und Wissenschaft im Trend der Aufklärung. Aber weshalb Jemen-Forschung? Um herauszufinden, warum der Jemen Arabia felix hieß, hätte es keiner aufwendigen Expedition bedurft, seit dem Altertum stand das Land im Ruf sagenhaften Reichtums, den die Römer bereits an sich zu reißen versucht hatten, wie man bei Strabo nachlesen konnte. Reich war er, besonders im Vergleich zum Rest der Arabischen Halbinsel, reich an Regen und Vegetation in den Bergen und an Handel dank seiner Lage zwischen Indien, Ostafrika und dem Mittelmeerraum. Was reizte den dänischen Staatsminister Freiherrn von Bernstorff am Jemen, womit ließen sich die Kosten einer mehrköpfigen und mehrjährigen Expedition rechtfertigen und verantworten? Mit der Klärung der Frage, wieso die Kinder Israels wohlbehalten durchs Rote Meer marschierten, das Heer des Pharaos aber ertrank? Was interessierte das einen dänischen Politiker, und was hatte es mit dem Jemen zu tun? Ein Tatsachenbericht war die Bibel wohl nicht. Stellte Professor Michaelis nicht ganz die richtigen Fragen? Welche Fragen stellte der Staatsminister, ohne sie an die große Glocke zu hängen?

Dänemark war kolonialpolitisch kein unbeschriebenes Blatt. Bereits Mitte des 15. Jahrhunderts war ein Edelmann vom Hof des dänischen Königs in dessen Auftrag mit einem Schiff Heinrich des Seefahrers von Portugal zum Cabo Vert (Senegal) gefahren, um Handelsverkehr mit den

»Negern« anzuknüpfen; besonders an Elfenbein war er interessiert, fand dort jedoch den Tod. Zwei Jahrhunderte später eroberten die Dänen im Zuge des Nordischen Krieges die schwedischen Besitzungen an der Goldküste (Ghana), welche die Schweden erst acht Jahre vorher von Portugiesen und Holländern erworben hatten. In der Karibik nahmen die Dänen Mitte des 17. Jahrhunderts die Kleinen Antillen Saint Thomas und Saint John in Besitz (Amerikanische Jungferninseln), wo zeitweise auch Kurbrandenburg im Sklavenhandel aktiv war; später erwarb die Dänische Westindien-Kompanie von den Franzosen Saint Croix hinzu. Die Dänische Ostindien-Kompanie kaufte einem Radscha den Ort Tharangambadi, dänisch Trankebar, an der südostindischen Koromandelküste ab, um im Gewürzhandel mitzumischen. Im Jahr 1750 wurde der dänische Besitz an der Goldküste – eine Reihe Forts und Faktoreien – als Kronkolonie zusammengefasst, vier Jahre später die Karibikinseln in die Kronkolonie Dänisch-Westindien umgewandelt. 1755 kauften Vertreter der Ostindischen Kompanie aus Trankebar Land für eine Faktorei und einen Hafen in Serampur im indischen Westbengalen, und zur gleichen Zeit kolonisierte Dänemark von Trankebar aus die Inselgruppe der Nikobaren im Golf von Bengalen. Dänemark befand sich offenbar auf Expansionskurs, und als Michaelis 1756 sich an Bernstorff wandte, fiel sein Vorschlag auf fruchtbaren Boden. Man musste nur ein wenig den Akzent vom Alten Testament auf die Gegenwart verlagern, damit das Unternehmen sich wirtschaftlich und politisch rentierte. Wollte Bernstorff in den Kaffeehandel einsteigen oder wie die Briten Stoffe aus Bengalen und andere indische Waren in jemenitischen Häfen umschlagen? War Bernstorff an einem Brückenkopf nach Indien interessiert, wie ihn die Briten später in Aden fanden?

Fakih Achmed, der Wesir des Imams, war ein gelehrter Mann. Er lud die Staatsgäste in sein Haus und bat sie, ihre Raritäten mitzubringen. Sie nahmen Vergrößerungs- und Ferngläser, Barometer, Kompass, Kupferstiche, Land- und Seekarten und gedruckte arabische Bücher mit, nicht aber die astronomischen Instrumente, um sie nicht am Ende als Geschenk in Sanaa lassen zu müssen. Fakih Achmed war sehr interessiert, er verfügte auch über geografische Kenntnisse, wusste zum Beispiel, dass Europa nicht im Süden des Jemens lag, wie die meisten seiner Landsleute glaubten, weil die Schiffe aus Europa von Süden kamen, um Afrika herum. Fakih Achmed kannte sogar die Lage einiger europäischer Staaten zueinander und wusste, welche eher zu Lande und welche zu Wasser militärisch stark waren. Mehr, so Niebuhr, durfte man von einem arabischen Gelehrten, der nie Landkarten gesehen hatte, nicht erwarten. Ihre Kuriositätensammlung mussten sie auch dem Imam zeigen, dies geschah in der Abschiedsaudienz, sie hatten sich entschlossen, nach Mokka und Indien zu gehen, »um unser Leben mit unseren Papieren in Sicherheit zu bringen«, inzwischen war auch der Medicus fieberkrank geworden. Nach einem Gewaltmarsch durch tropischen Regen, Schlamm und Hitze erreichten die vier fiebernden Männer am 5. August völlig ausgelaugt Mokka – und sahen die englischen Schiffe nicht im Hafen liegen. Doch einer der britischen Kaufleute befand sich noch in der Stadt, seine Abreise hatte sich verzögert, sein Schiff hatte er derweil auf Kaffeefahrt nach Dschidda geschickt. Als es zwei Wochen später zurück war, konnten Baurenfeind, Cramer und Berggren nicht ohne fremde Hilfe an Bord gehen, nur Niebuhr vermochte sich auf den Beinen zu halten. Acht Tage später starb Baurenfeind, am folgenden Tag der robuste Berggren, »beide Leichen wurden in die See geworfen«.

Mitte September 1763 kamen Niebuhr und Cramer krank in Bombay an, wo ein englischer Arzt sich um sie kümmerte und sie Ruhe fanden. Sie hofften, mit einem englischen Schiff, das im Januar 1764 Bombay verlassen sollte, durch den Persischen Golf nach Basra fahren und die Rückreise nach Europa wie geplant durch Mesopotamien, Syrien und die Türkei machen zu können. Doch als der Januar kam, war Niebuhr noch sehr schwach, und Cramer ging es immer schlechter, Mitte Februar musste auch er »das Zeitliche verlassen«. Jetzt kamen Niebuhr Bedenken, den langen, beschwerlichen und nicht ungefährlichen Landweg allein zu machen. Wenn auch er noch starb, war es sehr ungewiss, ob seine Aufzeichnungen jemals nach Europa gelangten. Er entschloss sich, mit einem der beiden Schiffe der Britischen Ostindien-Kompanie, die in Bombay erwartet wurden, direkt nach London zu gehen. In der Zwischenzeit machte er mit einem anderen englischen Schiff einen Ausflug nach Surat, wo der Segler Waren für China aufnahm. Bei der Rückkehr nach Bombay hieß es, die beiden angekündigten Schiffe kämen nun erst nach dem Ende der Regenzeit. Niebuhr entschied sich, mit dem Schiff von Surat weiter nach China und von dort mit einem dänischen Schiff über Trankebar nach Kopenhagen zu fahren, doch als der englische Segler eine Woche später nach China auslief, war Niebuhr reiseuntauglich. Sobald er einigermaßen zu Kräften kam, wollte er nun wieder über Land nach Europa reisen. Forsskåls Kisten mit Naturalien hatte er bereits nach Trankebar gesandt, nun schickte er auch die Pakete mit Manuskripten und Zeichnungen seiner verstorbenen Reisegefährten und seine eigenen Papiere über London nach Kopenhagen. Es kam längst nicht alles an.

15 Monate nach seiner Ankunft aus Mokka verließ Niebuhr Bombay schließlich mit einem kleinen Kriegsschiff der Britischen Ostindien-Kompanie, fuhr nach Maskat (Oman) und zwei Wochen später mit dem nächsten englischen Schiff nach Buschir an der persischen Küste des Golfs. Dort schloss er sich einer kleinen Handelskarawane nach Schiras an, um die Gelegenheit zu nutzen, die berühmten, nur zwei Tagesreisen von Schiras entfernten Ruinen von Persepolis zu besuchen. Niebuhr gab sich als Engländer aus und trug seit Bombay wieder europäische Kleidung. Die Perser waren gegenüber Fremden viel liebenswürdiger als Türken und Araber, unangenehm an den »Franzosen des Orients« war nur, dass sie als Schiiten »mit keinem indischen Heiden, keinem Feueranbeter, keinem Christen oder Juden, ja nicht einmal mit einem Mohammedaner von der anderen Sekte essen oder trinken wollen, sondern alle für unrein halten«. Unterwegs musste Niebuhr einem General seinen Quadranten zeigen, aber er brauchte ihn nicht einmal aufzustellen, Emir Kudah Khan, ein Ausbund an Gelehrsamkeit, wusste gleich Bescheid, als er von weitem den Fuß des Geräts sah, die Eisenstange, die er für ein Fernrohr hielt.

Von Schiras ritt Niebuhr allein mit einem armenischen Diener in die Einöde der Berge von Persepolis und arbeitete drei Wochen lang in den »prächtigen Ruinen«, zeichnete Gebäude, Statuen, Säulen, Kapitelle, Reliefs, erstellte Ansichten und Grundrisse sowie Kopien von Inschriften, die später die Grundlage für die Entzifferung der Keilschrift abgaben. Bisweilen bekam er Besuch von turkmenischen und kurdischen Nomaden mit ihren Herden, die ihn mit frischer Milch versorgten und sich wunderten, dass da einer ganze Tage saß und die Zeit mit Zeichnen und Schreiben verbrachte. Niemand sagte ihm ein unfreundliches Wort, er fühlte sich vollkommen sicher in der Ödnis von Persepolis, ging in seiner Arbeit auf wie damals in Beit el-Fakih, auch in Persien gab es ein Arabia felix. An Festtagen besuchten ihn Bauern aus abgelegenen Dörfern mit ihren zumeist unverschleierten Frauen und Töchtern, die einmal einen Europäer sehen wollten, der schreiben konnte, und ihn um Zettel mit ein paar Schriftzeichen als Amulette baten. Es war egal, welchem Glauben der Autor anhing und welcher Sprache er sich bediente, Hauptsache er war fromm und gelehrt, das heißt schreibkundig. Niebuhr wurde fast blind vor lauter Schreiben und Zeichnen in dem gleißenden, obendrein von dem hellen Stein reflektierten Licht, und die Kälte in den hohen, Anfang April zum Teil noch schneebedeckten Bergen trug auch nicht gerade zur Stärkung seiner Gesundheit bei. Als sein Diener krank wurde und starb, ließ Niebuhr sich das eine Warnung sein und kehrte über Schiras nach Buschir zurück.

Mit einem holländischen Schiff fuhr Niebuhr zur Insel Khark, die im Jahr 1756 von der Niederländischen Ostindien-Kompanie besetzt worden war. Dort saß er zwei heiße Monate lang fest, da der Schiffsverkehr wegen eines bewaffneten Konflikts zwischen Persern, Arabern, Briten und Holländern unterbrochen war. In Basra legte Niebuhr wieder arabische Kleidung an und nannte sich Abdallah, Diener Gottes, weil Araber und Türken oft nach seinem Namen fragten, »Niebuhr« aber »barbarisch« fanden und sofort wieder vergaßen und Niebuhr ihnen erklären sollte, was »Niebuhr« im Arabischen hieß und warum man in seiner Heimat nicht solche Namen hatte wie bei ihnen. Niebuhr blieb vier Monate in Basra, bis er die schmutzige Stadt gründlich ausgeforscht hatte, und nahm einen Diener mit auf Tour, der Niebuhrs wahren Namen nicht erfuhr, damit er ihn nicht ausplaudern konnte. Eigentlich wollte Niebuhr auf dem kürzesten Weg durch die Wüste nach Aleppo ziehen, da sich aber keine hinreichend große Kaufmannskarawane bildete, die genügend Sicherheit hätte bieten können, fuhr er mit einem kleinen Schiff den Euphrat hinauf. Allein das Schiff ankerte nachts in Ufernähe, musste des Tags bei Gegenwind des Öfteren gegen die Strömung gezogen werden, lief auch manchmal auf Grund und wurde dann von den Matrosen in langer harter Arbeit flottgemacht – alles gute Gelegenheiten für Überfälle und Plünderungen. Er verließ das Schiff vorzeitig, weil der Landweg sicher sein sollte, gleich im ersten Dorf, dessen Scheich ihm eine Rohrhütte überließ, versuchte dieser Scheich in der Nacht, Niebuhrs Schreibkasten, der kostbare Dinge enthalten musste, durch die Rückwand zu ziehen.

Auch in Bagdad, wo Niebuhr fast zwei Monate blieb, bestand keine Aussicht auf eine große Karawane nach Aleppo, und für einzelne Reisende war der Weg zu gefährlich. Aber es ging eine Karawane nach Damaskus, mit der viele Kaufleute reisten, die nach Aleppo wollten, und Niebuhr entschied, sich ihr anzuschließen. Doch kurz vor dem Aufbruch hörte er, dass die arabischen Stämme in der Syrischen Wüste unruhig seien und ein angesehener Kaufmann deshalb davon Abstand nahm, mit der Karawane zu gehen; Niebuhr verzichtete ebenfalls. Wie er später erfuhr, wurde die Karawane eine Tagesreise vor Damaskus ausgeraubt, auch eine Kiste, die Niebuhr einem Araber mitgegeben hatte, wurde aufgebrochen. Die Beduinen nahmen alles heraus, was sie gebrauchen konnten, aber Bücher, lose Papiere, eine Schachtel mit kleinen Kupfer- und Silbermünzen und zwei Uhren ließen sie zurück; der Araber sammelte die Reste auf und brachte Niebuhrs versehrte Kiste nach Aleppo. Der kurdische Weg über Kirkuk und Erbil nach Mossul galt hingegen als sicher, und eine Gruppe von etwa 30 armen jüdischen Händlern stand im Begriff, diesen Weg zu machen. Juden waren in den Morgenländern ebenso verachtet wie in Europa, schrieb Niebuhr, er konnte keine schlechtere Reisegesellschaft wählen, aber da er nicht danach strebte, sich »in diesen Ländern ein Ansehen zu geben«, reiste er mit ihnen. Die Juden hatten nur Esel als Reit- und Lasttiere und keine Waffen, Niebuhr mietete für sich ein Pferd und zwei Maultiere für das Gepäck und seinen neuen Diener, einen Maroniten aus Aleppo, dem er ebenso wenig seine Identität verriet wie dem vorherigen.

Niemand sollte sich von einer Reise nach Arabien abhalten lassen, nur »weil die Araber gemeiniglich als ungesittet, habsüchtig und räuberisch beschrieben werden«, schrieb Niebuhr rückblickend in seiner *Beschreibung von Arabien*. »Ich habe diese Nation nicht so schlimm gefunden.« Bei einer Reise durch Europa hätte ein Araber vielleicht ebenso viele Unannehmlichkeiten mit Gastwirten, Postmeistern, Postillionen und Zöllnern zu erdulden und nicht wenig Ursache, sich über die Habsucht der Europäer zu beklagen. Wie viel Trinkgeld musste man in Europa schon allein beim Wechsel der Pferde bezahlen! Einzelne Europäer, die Arabisch sprachen und nur leicht zu entbehrende Dinge mit sich führten, konnten mit einem guten Beduinen als Führer ohne große Gefahr durch die arabische Wüste reisen. Doch genauso wie in Europa gab es auch in der Wüste Räuber, die Reisende überfielen. »Glaubt aber ein Europäer, dass er sich durch ein besseres Gewehr und mit mehr Entschlossenheit (...) gegen jeden Angriff in der Wüste werde verteidigen können, so irrt er sich sehr.« Niebuhr riet deshalb zu organisiertem Reisen. Kaufleute reisten mit ihren

Waren ausschließlich in Karawanen, das war kaum gefährlicher als Seereisen »in unseren Gegenden«, bei denen so viele Leute Vermögen und Leben verloren. Eine gut geführte Karawane arrangierte sich mit den Stämmen, durch deren Gebiet sie zog. Es gab in der Wüste zwar keine Zollstationen, wie man sie in Europa auf einem so langen Weg wie dem zwischen Basra oder Bagdad und Aleppo in nicht geringer Zahl antraf, doch die Stämme forderten Tribut für den Durchzug, im Übrigen stellten sie normalerweise die Kamele und Kameltreiber und nahmen die Karawanen unter ihren Schutz. Selten kam es vor, dass große Karawanen von ganzen Heerscharen überfallen und ausgeraubt wurden, und zwar in der Regel nur dann, wenn die Stämme untereinander oder mit den türkischen Paschas Krieg führten. Man sollte daher – so Niebuhr – »niemals allein« durch die arabische Wüste reisen, in Kriegszeiten nicht einmal mit Karawanen.

Nun mochte ein Europäer jedoch in der Karawane selbst Probleme bekommen. Wenn es nichts weiter war als das, was Niebuhr in dem Treck von 2000 Lasttieren passierte, der von Mossul nach Aleppo zog, konnte er sich noch glücklich schätzen. Ein Scheich, der Chef der Schutztruppe, warf ein Auge auf Niebuhrs Schlafmatte, die Diener des Scheichs nahmen sie ihm einfach weg. Niebuhr beschwerte sich beim Anführer der Karawane, einem geachteten Kaufmann, der jedoch nicht viel auszurichten vermochte. Niebuhr ging selbst zum Scheich und hielt ihm seinen Pass vom Sultan und ein Zertifikat des Paschas von Bagdad unter die Nase, was ebenso wenig nützte. »Hier in der Wüste (…) bin ich dein Sultan und dein Pascha«, sprach der Scheich und bezichtigte Niebuhr grinsend der Unhöflichkeit, weil er ihm die Matratze nicht von sich aus angeboten hatte. Diese Europäer! Niebuhr befand, dass man auf einer solchen Reise nicht »lecker« sprich empfindlich sein durfte, »oder man ist sehr übel dran«. In Aleppo schlief er um so komfortabler, nämlich im Haus des holländischen Generalkonsuls, der aus Holstein stammte und dessen Gemahlin aus Hamburg war. Hier fand Niebuhr die »angenehmste Gesellschaft« seit Jahren sowie den Befehl des dänischen Königs, nach Zypern zu gehen, um die Inschriften zu untersuchen, die ein Engländer kopiert hatte und die von europäischen Gelehrten für phönizisch gehalten wurden. Über Antakia und Iskenderun reiste Niebuhr nach Zypern und fand in der Gegend von Larnaka einige unbedeutende Inschriften, die sich als armenisch erwiesen. Ein Reinfall wie im Sinai.

Über Jaffa (Tel Aviv) ging er nach Jerusalem, wohnte bei den Franziskanern im Kloster, nahm an ihrer Messe teil, obwohl er von der anderen Sekte war, und wunderte sich, nicht nur eine prächtige Orgel zu sehen, sondern auch gute Instrumental- und Vokalmusik zu hören. Niebuhr beschlichen Heimatgefühle, er meinte aber doch, die Franziskaner täten besser daran, mitten im Land der Mohammedaner keine Kirchenmusik ertönen zu lassen. Musik wurde von den Sunniten verachtet, nur »gemeine Leute« verdienten ihren dürftigen Lebensunterhalt mit Musik. Gemälde und Skulpturen wie in den christlichen Kirchen gefielen den Muslims schon gar nicht, das war Abgötterei, und das Glockengeläute war erniedrigend, nur das Vieh bimmelte mit Glocken. Befände Jerusalem sich in Händen der Christen, so würden sie sich gegenüber den anderen Religionen, namentlich gegenüber den Juden, wohl kaum so tolerant zeigen wie die Muslims ihrerseits gegenüber den Christen, obgleich die Mohammedaner die Kreuzzüge noch nicht vergessen hatten. Wie überall fertigte Niebuhr einen Plan der Stadt an und bestimmte ihre geografische Lage, dann zog er über Jaffa, Akko und Sidon und durchs Libanon-Gebirge nach Damaskus, wo er nur einen Tag verbrachte, hauptsächlich im Streit mit einem türkischen Beamten, der ihm trotz seines Freibriefs vom Sultan eine Art Aufenthaltssteuer, ersatzweise Bakschisch abknöpfen wollte und ihn andernfalls vielleicht eingelocht hätte. Von dort ritt er über Tripoli und Latakia zurück nach Aleppo und erfuhr, dass erst vor Kurzem eine Karawane nach Anatolien abgegangen war und die nächste sich wahrscheinlich nicht eher als in zwei Monaten bilden werde, wenn der Winter vor der Tür stand.

Ende November 1766 verließ Niebuhr Aleppo mit einer Karawane zumeist griechischer Händler. Zuvor hatte er sich für den strengen türkischen Winter mit einem guten Pelz, einem Reiserock von dickem venezianischen Tuch, mit warmer Unterkleidung, Handschuhen, langen wollenen Tüchern zum Einwickeln der Füße und mit weiten Stiefeln eingedeckt. Regen, Schneegestöber, starker Frost und Eis machten die Reise über Konya auf ohnehin schlechten Wegen zuweilen sehr beschwerlich, in Bursa, nur fünf Tagesreisen vor Konstantinopel (Istanbul), musste Niebuhr sich »etwas ausruhen«, das heißt er war am Ende seiner Kräfte. Er quartierte sich in einer großen Karawanserei ein und erforschte die Stadt, in der eines Abends die Erde bebte, alle Welt lief ins Freie, Niebuhr flogen die Dachziegel der Karawanserei um die Ohren, aber der alte Bau stürzte nicht ein, die Erdstöße wurden schwächer. In Istanbul erholte er sich knapp vier Monate lang und verfasste ein Memorandum über die Verwaltung, das Militärwesen, die Wirtschaft der Türkei, dann zog er Anfang Juni 1767 mit einer Karawane nach Adrianopel (Edirne). Gleich hinter Konstantinopel sah er zu beiden Seiten des Wegs je einen hohen Pfahl, auf den ein Mensch gespießt war, Männer, die auf dem Balkan Straßenräuberei betrieben und Reisende ermordet hatten. In der europäischen Türkei, die damals bis hinauf nach Polen und der Ukraine reichte, pflegten die Wegelagerer Reisende zuerst zu erschießen, um sie dann um so bequemer plündern zu können. Gegen diese »Strauchräuber« Europas waren die Araber geradezu gesittete Diebe. Besonders auf den Wegen von Edirne nach Ungarn und Polen, auf denen keine Karawanen verkehrten, war es gefährlicher als in Asien. Und eben einen solchen Weg wollte Niebuhr nun nehmen.

Er wartete in Adrianopel so lange, bis sich ihm eine gute Mitreisegelegenheit bot, und er hätte es nicht besser treffen können, als mit einem Trupp Janitscharen nach Norden zu ziehen, die allerdings nur bis zur Donau ritten. Im türkischen Bukarest genoss er den heimischen Klang der Kirchenglocken, es befremdete ihn jedoch, in den vielen schönen Kutschen prächtig gekleidete Frauenzimmer mit bloßem Angesicht zu sehen. Er sah auch viele Leichen in den Straßen, in Bukarest wütete die Pest oder was man dafür hielt, Niebuhr machte, dass er weiterkam. In der Walachei lagerte er eines Nachmittags zusammen mit ein paar Einheimischen auf einer Wiese, ein fahrender Musikant kam vorbei, spielte auf dem Dudelsack und sang dazu, nach Jahren im Orient gefiel Niebuhr diese simple Musik so gut wie die beste Oper. Die Leute fingen an zu tanzen, Niebuhr reihte sich ein und tanzte mit. Überhaupt musste man es auf Reisen so wie die Bereisten machen, unter Türken Pfeife rauchen, Kaffee trinken und nicht viel reden, unter Arabern ausführlich von der Reise erzählen, unter Persern Komplimente austeilen, mit Walachen und Bulgaren tanzen. An der Grenze zu Moldau mussten alle Reisenden, die aus dem pestverseuchten Bukarest kamen, für den reduzierten Tarif von sieben Tagen in Quarantäne, die Niebuhr noch auf drei herunterzuhandeln gelang, dann kam er durch eine Gegend, in der zwei Tage zuvor ein ungarischer Kaufmann erschossen und ausgeraubt worden war, Niebuhr sah ihn noch in seinem Blut liegen. Wäre Niebuhr nicht dank der Pest an der Grenze aufgehalten worden, hätte ihn an jenem Tag womöglich das gleiche Schicksal ereilt.

Sobald er Polen erreichte, stellte er seinen Quadranten zum ersten Mal wieder auf christlichen Boden und nahm die Polhöhe des polnischen Grenzorts. Im Nu war er von hundert Christen und Juden umringt, die ihn für einen Astrologen und Wahrsager hielten, und nicht nur hier, auch in anderen polnischen Orten wollten die »Judenweiber« von ihm wissen, wie viele Kinder sie noch bekämen, ob ihre Töchter bald heirateten, ob ihre verreisten Männer wohlauf waren und dergleichen mehr. Diese Europäer!

Als der einzige Überlebende der ersten wissenschaftlichen Arabien-Expedition Ende November 1767 nach Kopenhagen zurückkehrte, war Arabien in Dänemark kein Thema mehr, und man hatte keine Ahnung, wer Carsten Niebuhr war. Die Zeiten hatten sich geändert, König Frederik V. war 1766 gestorben, sein achtzehnjähriger Sohn saß nun auf dem Thron oder zog vielmehr durch die Kneipen und Bordelle der Stadt und warf im Morgengrauen die Rokoko-Möbel aus dem Fenster des Schlosses sowie des Tags seine Beamten zur Tür hinaus. Zwar wurde Niebuhr von Bernstorff herzlich empfangen, doch über dem Staatsminister schwebte bereits das Damoklesschwert der Entlassung; 1770 wurde er nach 20 Dienstjahren in Ungnade verabschiedet und des Landes verwiesen. Er verschaffte Niebuhr noch einen Zuschuss, damit er seinen Bericht erstellen konnte, aber Bernstorff bekam das Werk nie zu Gesicht, er starb vor dessen Veröffentlichung. Niebuhrs 1772 erschienene, trockene *Beschreibung von Arabien*, die er in seinem unprätentiösen Deutsch verfasste und auf eigene Kosten in schlechtes Französisch und noch schlechteres Dänisch übersetzen ließ, ohne zu ahnen, dass die Übersetzer Pfuscher waren, fand kaum Resonanz. 1774 legte er den ersten Band seiner persönlicher gehaltenen *Reisebeschreibung nach Arabien* vor, die ebenfalls auf geringes Interesse stieß. Während er an dem Band arbeitete, besuchte ein Gesandter des Paschas von Tripolis (Libyen) Kopenhagen, wo Niebuhr der Einzige war, der Arabisch sprach. Abderrahman Aga erzählte ihm, dass jemand, der es verstand, sich unter Arabern wie ein Araber zu bewegen, in Nord- und Zentralafrika auf keine größeren Schwierigkeiten stoßen würde, und machte Niebuhr den Mund wässrig, von Tripolis durch die Sahara zum Niger zu reisen. Die Idee faszinierte ihn, ein solches Pionierunternehmen reizte ihn, aber er wollte doch seine *Reisebeschreibung* weiterschreiben und vor allem nicht von Christiane lassen, der Tochter des verstorbenen königlichen Leibarztes, die er 1773 heiratete, seine einzige Liebe im Leben.

Nach dem Misserfolg der *Reisebeschreibung* erster Folge wandte er sich dem Wust von Papieren Forsskåls zu und gab als Erstes dessen *Flora aegyptiaco-arabica* heraus. Alle Manuskripte Forsskåls waren in Latein abgefasst, Niebuhr konnte kein Latein, er überließ die Bearbeitung einem Schweden, der ein chaotisches Konvolut ablieferte, das von der Fachwelt verrissen wurde. Im gleichen Jahr 1775 erschienen auch die *Icones rerum naturalium* mit Baurenfeinds Zeichnungen von Pflanzen, Fischen, Vögeln, Schalentieren, ein ebenso schönes wie kostspieliges und unbeachtetes Werk. Niebuhr verkaufte einen geerbten Hof und arbeitete den zweiten Band seiner *Reisebeschreibung* aus, der 1778 herauskam und auch keinen Widerhall fand. Den dritten Band unterbreitete Niebuhr dem verehrten Publikum erst gar nicht, er erschien 22 Jahre nach seinem Tod, 70 Jahre nach seiner Rückkehr aus Arabien, herausgegeben von seinem Assistenten, den er sich nahm, als er blind geworden war, eine Spätfolge nicht zuletzt seiner Augenentzündung, die er sich in Persepolis zugezogen hatte, als er dort schrieb, ohne zu wissen, was das Geschriebene bedeutete.

Niebuhr ging nicht an den Niger, um das legendäre Timbuktu zu suchen und womöglich als erster Christ die verbotene Stadt zu betreten. Niebuhr ging als Landschreiber nach Meldorf im sumpfigen Land Dithmarschen, das seinerzeit zu Dänemark gehörte, baute ein Haus, pflanzte Obstbäume und legte sich ein kleines Hobby-Observatorium zu. Erst um die Jahrhundertwende fand er als Forscher Anerkennung, wurde zum Mitglied von Akademien und Naturforschergremien ernannt, aber er ließ sich in Paris, Oslo, Stockholm nicht blicken, blieb vielmehr in Meldorf. Bernstorffs Nachfolger wollte ihn in den Adelsstand erheben, doch Niebuhr lehnte dankend ab. Mit 66 Jahren kaufte er ein wenig Marschland, um es urbar zu machen, zog Entwässerungskanäle und sprang mit dem Springstock über die Gräben. Hic Dithmarschen, hic salta! Auch hier war Arabia ſelix.

8.
Ein Faible für Beduinen – Ladies and Gentlemen im Vorderen Orient

Napoleons letztlich gegen England gerichteter Ägyptenfeldzug von 1798 gab dem europäischen Nahost-Tourismus erheblichen Auftrieb. Ägypten war das Tor zu Indien, dem Kronjuwel des britischen Empires, der kürzeste und schnellste Weg nach Indien führte über Kairo, das Nadelöhr, hinter dem die Kamele warteten, um auf dem einzigen Stück Landweg nach Suez zu schlurfen. Napoleons Problem war die britische Vorherrschaft im Mittelmeer, es nützte ihm nicht viel, dass er auf dem Hinweg Malta schluckte, einen Monat nach seiner Landung bei Alexandria verlor er seine Flotte, Admiral Nelson schnitt ihn von Frankreich ab und setzte das französische Expeditionskorps praktisch gefangen. Es nützte Napoleon auch wenig, dass er über Land nach Syrien vorstieß, um letztlich den Handel der Levante und den langen Landweg nach Bagdad und Basra, dem Hafen am Persischen Golf, zu kontrollieren. Als er sich wieder nach Ägypten zurückzog, die Brocken hinschmiss und sich klammheimlich nach Frankreich absetzte, ließ er seine Armee und Wissenschaftler, Ingenieure, Zeichner, Schriftsetzer und so weiter zurück, die reiche kulturelle Beute machten, bis britische Truppen im Jahr 1801 in Ägypten landeten, zusammen mit osmanischen Einheiten die Franzosen schlugen und deren entwaffnetes Restheer auf britischen Schiffen nach Frankreich zurückführten. Napoleons ägyptische Expedition war ein militärisches Fiasko, doch sie beflügelte in Europa Ägyptenbegeisterung, Orientsehnsucht und Reiselust, die der griechische Unabhängigkeitskrieg gegen die Ottomanen in den Zwanzigerjahren des 19. Jahrhunderts noch verstärkte.

Lords und Ladies, Grafen und Barone, Bildungsbürger und Großindustriellentöchter, Forschungs- und Vergnügungsreisende, Inschriftensammler und Archäologen, Abenteurer und Spione, Schriftsteller wie Chateaubriand und Reiseschriftstellerinnen wie Ida Pfeiffer und Ida von

Hahn-Hahn berauschten sich an klangvollen Städtenamen wie Kairo, Jerusalem, Damaskus oder Bagdad und an romantischen Vorstellungen von märchenhaften Serails und bunten Basaren, erlagen der Verlockung sinnlicher Harems- und Badeszenen orientalistischer Gemälde eines Ingres oder Gérôme wie auch dem Zauber morgenländischer Erzählungen aus *Tausendundeiner Nacht*, schwärmten nach Kleinasien, Palästina, Syrien, Mesopotamien, Arabien, Ägypten aus, zollten dem klassizistischen Ruinenkult in Baalbek und Palmyra Tribut, erwiesen dem altägyptischen Trümmerfeld von Theben ihre Reverenz, pilgerten zu den heiligen Stätten im Heiligen Land und den heiligen Hochburgen des Islams und streiften durch die erhabene Wüste auf der Suche nach Unendlichkeit, Ungebundenheit, Stille, Sternenzelt und nach dem »wahren« Araber, dem würdevollen, tugendhaften, edelmütigen, großherzigen, gerechten, freigebigen Sohn der Wüste mit dem Erbgut Sultan Saladins, dieses edlen Heiden der Kreuzzugszeit, oder aber auf der Suche nach dem leidenschaftlich wilden, kriegerischen Verbündeten. Auffallend viele Frauen reisten im 19. Jahrhundert in den Orient, insbesondere britische Ladies, den Anfang machte Hester Stanhope.

Die Tochter des dritten Earl Stanhope und Lady Hester Pitts hatte seit 1803 das Haus ihres Oheims, des Junggesellen und langjährigen Premierministers William Pitt junior, geführt und bei ihm Politik gelernt. Bei Pitts Tod musste sie Downing Street 10 verlassen, erhielt eine stattliche staatliche Pension und zog sich nach Wales zurück, brach dann aber zu neuen Ufern auf. Mit Leibarzt und Gesellschafterin schiffte sie sich im Jahr 1810 nach Gibraltar ein, fuhr über das nun britische Malta nach Athen, wo sie Lord Byron, den Dichter, kennenlernte, und weiter nach Konstantinopel. Auf dem Weg nach Ägypten erlitt sie vor Rhodos Schiffbruch, in Kairo erschien sie Anfang 1812 in mameluckischer Männertracht vor Mohammed oder Muhammad oder Mehemed oder Mehmed Ali Pascha, dem Offizier des albanischen Korps der Osmanen, der in den postnapoleonischen Wirren zum türkischen Statthalter Ägyptens aufgestiegen war, soeben die aus der Militärsklavenkaste hervorgegangene ägyptische Herrschaftselite der Mamelucken ausgeschaltet hatte und von Lady Hester trotz all seiner Liebenswürdigkeit als ehrgeiziger Parvenü und gefährlicher Tyrann durchschaut wurde. Aus der Wüste des ägyptischen Löwen setzte sie nach Jaffa über, bildete mit ihrem Gefolge und ihren nicht allzu geringfügigen Habseligkeiten ihre eigene Karawane, die der schmeichlerische Gouverneur von Jaffa unter Geleitschutz stellte, und ritt in Jerusalem ein, dessen materielle Armseligkeit und brodelnde Fülle zornig konkurrierender Frömmigkeit sie abstieß. Im Kloster Terra Santa von Nazareth begegnete sie Jean-Louis Burckhardt, der in ihr eine Frau von »männlichem Geist« und »aufgeklärter Wissbegier« erkannte, die viel sah und genau untersuchte und von der zu hoffen stand, »dass die verbindliche und ausgezeichnete Art, wie sie überall von den obrigkeitlichen Personen des Landes aufgenommen wird, ihr nicht eine zu günstige Meinung von den Türken überhaupt und von ihrer Gesinnung gegenüber den europäischen Nationen einflößen möge«. In dieser Hinsicht konnte Burckhardt beruhigt werden.

Ihr Trupp aus Dragoman sprich Dolmetscher und Führer, aus Zofen und Lakaien, Leibarzt und einem jungen englischen Geliebten, den sie in Malta aufgegabelt hatte, erregte allerorts Aufsehen, die nicht gerade kleinlichen Geschenke, die sie gleich einer Königin aus dem Abendlande unter die Leute brachte, und der Glanz, den sie um sich verbreitete, verfehlten die beabsichtigte Wirkung nicht, man war beeindruckt und hielt die Nichte des ehemaligen Gegenspielers Napoleons für eine gelangweilte, extravagante Möchtegernabenteurerin und bizarre Verrückte oder aber für eine Abgesandte Britanniens in hoher politischer Mission oder gar Spionin, deren zur Schau gestellte Exzentrik und Blasiertheit vielleicht nur ein sublimes Mittel war, diesen Verdacht zu entkräften, denn welcher Geheimagent zog schon so überspannt die Aufmerksamkeit auf sich, sie selbst glaubte womöglich, dies sei die beste Tarnung. Man hielt sie für vermögend, möglicherweise war die mysteriöse Lady sogar im Besitz schier unermesslicher Schätze, zu dieser Mutmaßung trug last but not least bei, dass sie mit Einwilligung der türkischen Autoritäten an einer von ihr genau bezeichneten Stelle in Aschkelon nördlich von Gaza nach einem Schatz von drei Millionen Goldmünzen graben ließ. Ein erleuchteter syrischer Gelehrter hatte ihr eine alte Inschrift gezeigt, auf der dieser Schatz erwähnt war. Dutzende Bauern gruben mehr als eine Woche lang, fanden aber nur eine Kammer voll Schutt und eine große Statue, die Lady Hester, die erste Archäologin in Palästina, zertrümmern ließ. Das war's für dieses Mal.

Außer einem Hang zum Unterirdischen hatte Hester Stanhope auch eine Schwäche fürs Übernatürliche und war für Prophezeiungen nicht unempfänglich. Ein Londoner Hellseher hatte ihr geweissagt – oder sie selbst sagte ihren Zeitgenossen voraus –, sie werde zur Königin von Palmyra, zu einer Zenobia des 19. Jahrhunderts gekrönt werden, das auserwählte Volk anführen und sieben Jahre in der Wüste verbringen. Die Zenobia des 3. Jahrhunderts hatte in der auf halbem Weg zwischen Damaskus und dem Euphrat gelegenen, reichen römischen Fernhandelsstadt geherrscht, auf eigene Rechnung einen großen Teil des römischen Orients erobert und versucht, aus Syrien, Mesopotamien, Ägypten und Teilen des östlichen Kleinasiens ein von Rom unabhängiges Reich zu zimmern, war aber von den römischen Legionen besiegt worden, die bald darauf Palmyra zerstörten. Hester Stanhope hatte große Pläne. Rom war nun Stambul. Sie brannte darauf, nach Palmyra zu kommen. Über Akko, Tyros, Sidon zog sie nach Damaskus, machte dem türkischen Pascha unverschleiert ihre Aufwartung, er warnte sie vor dem Ritt durch die Wüste, sie aber arrangierte ihren Trip. Sie war die erste Europäerin der Neuzeit auf dieser Route, die Vorreiterin.

Eskortiert von Dutzenden angeheuerter Mezrab- oder Musrab-Beduinen, die das Gebiet von Palmyra kontrollierten, ein Zweig des großen Anaseh-Stammes, hielt sie zu Frühlingsbeginn des Jahres 1813 Einzug in Palmyra, arabisch Tadmur, der angeblich von Salomo gegründeten Palmenstadt mit ihren grandiosen, kilometerweiten Ruinen. Im Galopp stürmten heulende und ihre Büchsen abfeuernde Reiter aus dem arabischen Dorf ihrer Karawane entgegen, um die Tochter des Sultans von England zu begrüßen, im Dorf lief das Volk zusammen, umjubelte sie und huldigte ihr, das heißt machte einen Mordsradau, und es schmückte die Prinzessin mit Blumengewinden, womit sie sich als gekrönt ansah. Statt sieben Jahre in der Wüste zu verweilen, verließ Queen Hester nach wenigen Tagen ihr auserwähltes Volk, die Königin der Wüste zog es ans Meer, in Latakia holte sie sich jedoch die Pest. Warum war sie auch nicht in Palmyra geblieben? War der Tag ihrer Krönung nicht der schönste ihres Lebens gewesen? Hatte sie in der Wüste nicht das Glück gefunden und ihre Seele ins Grenzenlose wachsen gefühlt, sich an der Schönheit der Leere und der Eleganz des Schlichten ergötzt? Hatte sie nicht mit den Fingern essen dürfen und wie ein Kameltreiber Kamelmilch genossen, auch elementare Gefühle wie Hunger, Durst und Angst vor Überfällen empfunden und war vor lauter Lebensfreude und Leidenschaft für Arabien beinahe geplatzt? Mit dem Volk von Tadmur war allerdings nicht viel Staat zu machen, das Dorf bestand nur aus einem Haufen Lehmhütten, die laut Lady Anne Digby, die 40 Jahre später nach Palmyra pilgerte, von ausgemachten Barbaren, vulgären Bauern der übelsten Sorte bewohnt wurden. Die Musik spielte woanders. Lady Hesters scharfem Verstand und ihren offenen Ohren konnte es nicht verborgen geblieben sein, dass die Zukunft ihres geliebten Arabiens zu diesem Zeitpunkt nicht in Palmyra zu finden war, sondern im Schoß der Arabischen Halbinsel lag.

Eigentlich wollte Domingo Badía y Leblich durch Marokko und die Sahara an die westafrikanische Goldküste, von dort quer durch Afrika an die Ostküste des Kontinents und weiter nach Norden durch Abessinien, nach Westen zum Tschad-See und wieder nördlich nach Tripolis gehen – alles in drei Jahren – und dabei Timbuktu finden, den Lauf des Nigers erkunden und das Problem der Nilquellen lösen, also drei offene geografische Fragen klären, drei Fliegen mit einer Klappe schlagen. Daraus wurde nichts, doch bekam der angelernte Verwaltungsangestellte und wissenschaftliche Autodidakt katalanisch-belgischer Abstammung von der spanischen Regierung ein anderes Ding finanziert, eine geheimdienstliche Mission unter wissenschaftlichem Deckmäntelchen, die nicht einmal geheim gehalten wurde, das Ganze war ungemein naiv und dilettantisch. Nun wollte Badía den Sultan von Marokko stürzen und am liebsten sich selbst an dessen Stelle setzen. Er beschnitt sich eigenhändig, setzte Mitte 1803 nach Tanger über, gab sich als Sohn eines reichen Syrers aus, der seit seiner Kindheit in Italien, Frankreich, Spanien, England gelebt und daher die arabische Sprache fast vergessen, nicht aber das muselmanische Credo verleugnet hatte, und nannte sich Ali Bey al-Halabi (von Aleppo). Sein Plan bestand darin, im Märchenland Marokko viel Eindruck zu schinden, indem er auf großem Fuß lebte, sich mehrere Frauen und Bediente nahm, mit Geld um sich warf, Sonnen- und Mondverdunkelungen vorhersagte und jeden Abend mit den bedeutendsten Persönlichkeiten des Landes Tee trank. Sodann wollte er Oppositionelle um sich scharen und vor allem die Berberstämme des Atlas hinter sich bringen, um deren Heerscharen mit spanischen, über die Enklaven Ceuta und Melilla eingeschleusten Waffen auszurüsten, gegen Fez zu führen und die Macht zu ergreifen. In seinen Erfolgsberichten nach Madrid stellte er vornehmlich die Bedeutung seiner Person heraus, vor Ablauf eines Jahres lag ihm schon das Land zu Füßen, alle Paschas (sic!) waren seine Diener, er selbst bereits der Herr ihres Reiches, das ihm in den Schoß fiel wie seinerzeit Pizarro das Inkareich. Badía war ein Aufschneider, Schaumschläger, Blender, Großmaul, Hochstapler, Betrüger, aber Manuel Godoy, der Günstling und Erste Minister des spanischen Königs Carlos IV. und Liebhaber der Königin María Luisa, zweifelte Badías Berichte nicht an, der »Friedensfürst« war selbst besessen von der Idee, auf der anderen Seite der Straße von Gibraltar einen Trumpf gegen die Briten in die Hand zu bekommen. Doch es gab in Marokko leider keine Rebellen, und die Stämme in den Bergen bekämpften sich mit Vorliebe gegenseitig. Die fantastische Ein-Mann-Eroberung Marokkos fand nicht statt, Badía wurde des Landes verwiesen und im Oktober 1805 in Larache verschifft, aber irgendetwas Großes zum Ruhme Spaniens und besonders seiner selbst musste er tun. Auf nach Mekka!

Nach monatelangen Aufenthalten in Tripolis und auf Zypern kam Badía im Mai 1806 in Alexandria an. Seiner Reiseerzählung *Voyages d'Ali Bey en Afrique et en Asie* zufolge wurde er in Kairo von Mohammed Ali Pascha auf das ehrenvollste empfangen und traf angeblich einen alten Bekannten wieder, einen Bruder des Sultans von Marokko, der allerdings schon seit 1795 im ägyptischen Exil lebte und der einzige marokkanische Rebell war, den Badía auf seiner ganzen Tour zu Gesicht bekam. Ihn anzustacheln, nach Marokko zurückzugehen und eine Revolte anzuzetteln, hatte wenig Sinn, dort war der Prinz vergessen. Außerdem hatte Badía Godoy einen anderen Floh ins Ohr gesetzt: eine neue Handelsroute zu den spanischen Philippinen zu erkunden, die über Kairo und Suez führen sollte. Badías Freunde in Kairo ersuchten ihre Korrespondenten in Suez, Dschidda und Mekka, dort Wohnungen für Ali Bey zu reservieren, und verabschiedeten ihn vor den Toren Kairos, wo er auf den Abzug der Karawane nach Suez wartete. Er reiste mit nur 14 Kamelen und zwei Pferden, denn er hatte einen großen Teil seiner Domestiken und fast all sein Gepäck in Kairo gelassen.

Dummerweise passierte im Roten Meer, durch das künftig der spanische Handelsverkehr mit den Philippinen sollte strömen können, ein Unglück. Im Sturm wird das Schiff Ali Beys gegen einen Felsen geschmettert, der Kapitän und seine Matrosen – »schwarz wie Affen« – verlieren die Nerven, allein Ali Bey bewahrt kühlen Kopf, übernimmt den Befehl und das Ruder des Rettungsbootes, schließlich sind ihm alle dankbar, dass er sie gerettet hat, dieser Vorgänger – aber im Luxusformat – des Tausendsassas Kara Ben Nemsi Effendi, des großen Emirs der Nemsi vom Stamm der Alamani in Dschermanistan, der alles besser weiß und besser kann als die Orientalen und ihnen sagt, wo's langgeht, und Ordnung in den Orient bringt; was er sagt, klingt, als käme es von den Lippen des Propheten. In Mekka wird Ali Bey bereits von allen erwartet, von den Wasserverkäufern, Wohnungsvermietern und dem »Sultan Scherif«, Ali Beys Haus liegt direkt neben dessen Palast und neben der Großen Moschee, er wird sogleich mit all seinen Leuten »in Prozession nach dem Tempel geführt« und hält Einzug daselbst. Später führt Scherif Ghaleb ihn in seinen Palast und findet, dass Ali Bey »ganz die echte arabische Aussprache« hat, so Badía, während er nach Burckhardts Urteil über eine »beinahe völlig mangelnde Kenntnis des Arabischen« verfügte und noch dazu im maghrebinischen Dialekt radebrechte.

Anderntags stieg Ali Bey über die Köpfe der Menschenmenge hinweg dem Scherifen nach in die Kaaba, bei anderer Gelegenheit vermaß er sie, allerdings nur mit Augen und Füßen, seine Instrumente in Anschlag zu bringen wäre eine unverzeihliche Provokation gewesen. Burckhardt, der acht Jahre nach Ali Bey in Mekka war und Badías *Voyages* 1816 in Kairo in die Hände bekam, gefielen Stil und Dünkel des Verfassers zwar nicht, und er fand seine Art zu reisen – »umgeben von so großem Pomp« – völlig unpassend, erkannte aber an, dass Badías Plan der Moschee »sehr korrekt« war. Wie Richard Burton war auch Badía keineswegs der erste europäische Christ in Mekka, doch der erste, der die geografische Lage der heiligen Stadt bestimmte und Zeichnungen von ihr anfertigte. »Einen höchst sonderbaren Bock« schoss er jedoch – wie Burckhardt sich in einem Brief nach London ausdrückte – mit dem Bericht über ein Ereignis, dessen Zeuge Ali Bey gewesen sein wollte: der Einnahme Mekkas durch die wahhabitischen Saudis.

Am 3. Februar 1807 traf ein Armeekorps der Wahhabiten in Mekka ein, »ich sah zufälligerweise diesen Einzug«. Auf einmal kam eine Menge eng aneinander gedrängter, mit kleinen, um die Lenden geschlagenen Tüchern oder mit einer unter dem rechten Arm und über der linken Schulter zusammengebundenen »Serviette« bekleideter und mit Flinten und Krummdolchen bewaffneter Männer durch die Hauptstraße, ein nackter, bewaffneter Schwarm. Jedermann floh, nur Ali Bey nicht, er stieg auf einen Schutthaufen, um besser sehen zu können. Eine 5- bis 6000 Mann starke Kolonne marschierte an ihm vorüber, an der Spitze drei oder vier Mann mit zwölf Fuß langen Lanzen zu Pferde, am Ende 15 oder 20 lanzenbewehrte Reiter teils zu Pferd, teils auf Dromedaren, ohne Fahnen, Trommeln und Trompeten, ohne jegliche Marschmusik, doch einige Krieger schrien »aus heiliger Fröhlichkeit«, andere sprachen laut Gebete, alle durcheinander. Sie betraten in kleinen Abteilungen den Tempel, andere drängten nach, alle wollten sie den schwarzen Stein küssen, rannten um die Kaaba herum und zerschlugen dabei mit ihren langen Flinten alle Gaslampen. Es war ein Haufen nackter Menschen (in vorgeschriebener Pilgerkleidung), »die beinahe gar keinen Begriff von Zivilisation« hatten, obgleich manche schön wie Apollo aussahen. Immer mehr Korps rückten ein, der Scherif befürchtete einen Angriff und versteckte sich, ihm standen nur 3000 Soldaten zur Verfügung, aber die Festungen waren in Alarm versetzt und mit Lebensmitteln gut versorgt.

Bei der Wallfahrt zum Berg Arafat war die ganze Ebene in kurzer Zeit von Wahhabiten überschwemmt, 45 000 Mann unter »Sultan Saud« mochten es sein, hinzu kamen die Pilger aus dem Maghreb, dem Jemen, dem Sudan, aus Mesopotamien, Persien, Ägypten, Abessinien, der Türkei, zusammen 80 000 Mann, 2000 Weiber und 60- bis 70 000 Kamele sowie eine Menge Esel und Pferde. Nur die Karawane aus Damaskus war nicht eingetroffen, Saud hatte sie vor Medina abgefangen und zur Bedingung für ihren Durchzug gemacht, dass die türkischen Soldaten mit ihren Geschützen und die Weiber, die den Pilgerzug begleiteten, nicht nach Mekka weiterzögen, was der Pascha von Damaskus, der die Karawane leitete, ablehnte; die Karawane machte sich unverrichteter Dinge auf den Rückweg. Ali Bey wagte sich unter die 45 000 Wahhabiten, um Sultan Saud aus der Nähe zu betrachten, er »gelangte auch wirklich« bis in ihr Zentrum, doch Sauds verdoppelte Leibgarde verhinderte, dass er ihm die Hand schüttelte und auf die Schulter klopfte. Zurück in Mekka ließ Saud am 26. Februar verkünden, dass am nächsten Tag alle Pilger, alle türkischen und maghrebinischen Soldaten des Scherifen, der türkische Pascha von Dschidda, die Kadis von Mekka, Medina und anderen Orten Arabiens die heilige Stadt zu verlassen hätten, kein einziger Türke sollte im Land bleiben. »Der Scherif wurde entwaffnet, seine Regierung abgeschafft (…). So endigte sich diese Staatsumwälzung ohne Blutvergießen.« Sehr schön, nur geschah dies – worauf Burckhardt hinwies – nicht im Jahr 1807, sondern 1803, als Ali Bey gerade erst zu seinem Panthersprung auf den Thron Marokkos ansetzte.

Nachdem Muhammad ibn Saud vom Stamm der Mesalikh, einem Ableger des weitverzweigten Anaseh-Stamms, Mitte des 18. Jahrhunderts sich der Lehre des Predigers Muhammad ibn Abd al-Wahhab angeschlossen hatte, der eine Rückbesinnung auf den ursprünglichen Islam in all seiner Reinheit propagierte, die Heiligenverehrung und den Gräberkult als Idolatrie geißelte, auch die übermäßige Verehrung des Propheten Mohammed verurteilte – es gibt keinen Gott außer Gott –, Laster, Ausschweifungen, Wucher, Prunk an Moscheen, Kleiderpracht, jeglichen Luxus und sämtliche Neuerungen verdammte, gegen Tabak- und Rauschmittelgenuss, golddurchwirkte Seidengewänder und goldene Kopftuchkordeln, gegen Musik und Tanz, Glücksspiele und Straßenspiele wetterte, auf die strikte Einhaltung der religiösen Pflichten pochte und alle, die nicht nach seiner Fasson selig werden wollten, als Fehlgeleitete, Ketzer, Ungläubige brandmarkte, lieh er, Ibn Saud, seinen Arm dieser puristischen Erneuerungsbewegung, widmete sich der Verbreitung der neuen Doktrin, wenn nötig mit dem Schwert, und der Ausweitung seiner eigenen, nun religiös legitimierten Macht. Von der Wadi-Oase Diriyah oder Diriyya oder Diriyyah oder Deriyeh, Deyareh, Dariya, Diraja aus, dem Sitz Emirs Ibn Saud, bekehrten er und sein Sohn und Nachfolger Abd al-Aziz ibn Muhammad ibn Saud die falschgläubigen und widerspenstigen Nachbarn von Riad und die nicht allzu religiösen Beduinen des Nedschd oder Nadschd, des zentralen Hochlandes der Arabischen Halbinsel, überzeugten oder unterwarfen die Wüstenstämme, sorgten für Ordnung, Gerechtigkeit, Sicherheit, Frieden in ihrem Gebiet, suchten die Blutrache durch Blutgeld zu ersetzen und schmiedeten eine Allianz der Stämme unter wahhabitischem Zepter, Vergleichbares hatte bislang nur der Prophet persönlich geschafft, der im 7. Jahrhundert die Stämme Arabiens einte. Abd al-Aziz gewann die Herrschaft über ganz Zentralarabien, nicht als Despot, vielmehr als Primus inter pares, oberster Scheich aller Scheichs, und begann, das saudische Erfolgsmodell zu exportieren, Teile Ostarabiens zwischen Kuwait und Oman seinem Reich einzuverleiben, seinen Aktionsradius auch nach Norden auszuweiten, Mesopotamien nach Wüstenart mit Raubüberfällen heimzusuchen, sein Sohn Saud ibn Abd al-Aziz präsentierte sich zum Beispiel in Kerbela, massakrierte die männliche Bevölkerung der Stadt, plünderte und verwüstete den Imam-Hussein-Schrein, das Grabmal des Schwiegersohns Mohammeds, eins der bedeutendsten Heiligtümer der schiitischen Häretiker – Gott hat keine Teilhaber –, bald darauf wurde Abd al-Aziz beim Gebet in der Moschee Diriyahs von einem Schiiten erdolcht.

Um die Wende vom 18. zum 19. Jahrhundert waren die Saudis ebenfalls in den westarabischen Hedschas eingedrungen, hatten nach und nach Taif, Mekka, Janbo und Medina eingenommen, nach der Belagerung Mekkas enthielten sie sich größerer Säuberungen, Scherif Ghaleb floh nach Dschidda, die Wahhabiten belagerten diese Stadt vergeblich, Medina dagegen ergab sich, später übernahm der Scherif den wahhabitischen Glauben und kehrte nach Mekka zurück. In Medina entfernten die Wahhabiten in der Prophetenmoschee wertvolle Weihgaben vom Grab des Propheten, versuchten, die hohe Kuppel über dem Grab zu zerstören, und untersagten jedermann, am Grab Mohammeds zu beten, denn das war Götzendienst. Während fast eines Jahrzehnts kamen die großen Pilgerkarawanen aus Konstantinopel, Kairo, der Berberei (Maghreb), Damaskus, Bagdad mit türkischen Würdenträgern als Anführern und türkischen Truppen als Eskorte und den vielen Kaufleuten und »Mekkapilgerinnen« im Schlepp nicht mehr regelmäßig in den Hedschas, wohl aber Pilger per Schiff und in kleinen Karawanen. Im Hedschas war es nun relativ ruhig, doch als die Saudis im Jahr 1810 mit 6000 Kamelreitern und 400 Mann zu Pferd in der hauptsächlich von Drusen bewohnten Region Hauran südlich von Damaskus aufkreuzten und sich bis auf zwei Tagesreisen der syrischen Metropole näherten, alarmierten sie nicht nur die Stadt. Es war nicht auszuschließen, dass die Wahhabiten in Damaskus einrückten und ihr Reich schließlich bis zum Mittelmeer ausdehnten, allerdings begnügten sie sich für dieses Mal damit, in einer Blitzaktion von dreieinhalb Tagen 30 Dörfer des Haurans zu plündern und niederzubrennen, und zogen mit Beute beladen in den Nedschd zurück. Der türkische Sultan, der unter anderem gerade in einen Krieg mit Russland verwickelt war, erinnerte sich daran, dass er der Kalif aller Muslime und Beschützer der heiligen Stätten im Hedschas war, und beauftragte seinen Statthalter in Ägypten, im Hedschas und Nedschd gegen die Wahhabiten vorzugehen. Mohammed Ali Pascha seinerseits delegierte die Sache an seinen Sohn Tusun, der Ende 1811 mit einer ägyptischen Armee in der Hafenstadt Janbo landete, auf Mekka marschierte und von den Wahhabiten zurückgeschlagen wurde. Nachdem mehr Truppen, Material, Provisionen und Geld zum Kauf von Beduinenstämmen als Mitstreitern aus Ägypten eingetroffen waren, gelang es Tusun Bey Ende

1812, Medina im zweiten Anlauf einzunehmen, und Anfang 1813 zog er in Mekka ein, ohne auf Widerstand zu stoßen. Scherif Ghaleb fiel von den Wahhabiten wieder ab. Tusun beherrschte nun als Pascha von Dschidda den Hedschas, doch weiter östlich war die Macht der Saudis ungebrochen.

Von Mekka ging Domingo Badía nach Kairo zurück und weiter nach Palästina und Syrien. In Damaskus hielt er sich nur eine Woche auf, er stand im Verdacht, unter falschem Namen zu reisen und Christ zu sein, »aber seine Freigebigkeit und die vielen Empfehlungsschreiben an alle Personen von Rang unterdrückten alle weitere Nachforschung«, wie Burckhardt in einem Brief aus Aleppo schrieb. In Aleppo, seiner angeblichen Geburtsstadt, gab Badía sich nun als in Spanien geborener Sohn tunesischer Eltern aus, der im Auftrag der spanischen Regierung Altertümer sammelte. Zurück in Spanien bekleidete er nach Napoleons Spanienfeldzug höhere Verwaltungsposten unter dessen Bruder Joseph, König José I. von Spanien. Nach der Befreiung des Landes durch britische Truppen und spanische Partisanen ging er ins Exil nach Paris und schrieb mit Förderung des französischen Innenministeriums 1813 und 1814 seine *Voyages*, in denen er jetzt Sidi Ali Bey al-Abbasi hieß und ein orientalischer Prinz aus dem alten Kalifengeschlecht der Abbasiden von Bagdad, Abkömmling des Propheten sowie Sohn eines Sultans war. Dann zauberte er eine adlige französische Herkunft aus dem Hut und überhäufte als Chevalier Badía die neue französische Regierung unter König Louis XVIII. mit Berichten, Eingaben, Selbstdarstellungen und seinen morgenländischen Projekten. Den Duc de Richelieu, Außenminister Louis' XVIII., bedachte er mit einer Neuauflage seiner Marokko-Mission, diesmal im Dienste der Grande Nation, und mit einer Variante der Suche eines neuen Wegs nach Indien, über Land von der Levante aus. Beim Marine- und Kolonialminister hatte er mehr Glück, und zwar mit der Wiedergeburt des ältesten seiner Pläne in umgekehrter Richtung. Nun wollte der fünfzigjährige und krankheitsanfällige Badía auf dem Landweg von Konstantinopel nach Mekka gehen – in Ägypten war er nicht mehr allzu gut gelitten, seit er sich damit gebrüstet hatte, in Kairo den Pascha und alle Schrift- und Gottesgelehrten bezüglich seiner Identität übers Ohr gehauen zu haben –, wollte dann durchs Rote Meer nach Afrika übersetzen, durch Abessinien zum Niger vorstoßen und über Timbuktu zur französischen Siedlung Saint-Louis im Senegal gelangen, das alles in drei Jahren. Das Gutachten der Expertengruppe, die das Projekt prüfte und aus drei Freunden Badías bestand, fiel positiv aus. Anfang 1818 zog er unter dem Namen Hadschi Ali Abu Utman oder Othman los.

Er kam nicht viel weiter als Damaskus, wo ihn im August eine Diarrhoe befiel, die sich zu einer regelrechten Dysenterie auswuchs. Leidlich wiederhergestellt schloss er sich der Pilgerkarawane nach Mekka an. Nach wenigen Tagesetappen erlitt er einen Rückfall und starb. Möglicherweise war er auch halb vergiftet worden, nach einer der Versionen bei einem Essen mit dem Pascha von Damaskus, der im Sold der Engländer gestanden haben soll. Badía selbst vermutete, sein französischer Arzt in Damaskus habe ihm unbeabsichtigt Gift verabreicht und dahinter ein fetter spanischer Mönch gestanden, ein guter Freund der Hexe von Arztfrau. Auch Lady Stanhope, die mit Badía in Kontakt gestanden und womöglich geglaubt hatte, seine Mission bestünde darin, sich nach Indien durchzuschlagen und dort einen Aufstand gegen die Briten zu inszenieren, hatte ihre Finger im Spiel. Der Sekretär der französischen Gesandschaft in Konstantinopel sprach sie bei einem Besuch auf die Angelegenheit an, sie zierte sich ein wenig, dann übergab sie ihm eine Schachtel mit geröstetem Rhabarber, mit dem Badía vergiftet worden war, wie er selbst geglaubt hatte. Der Rhabarber wurde in Paris von zwei Pharmazeuten analysiert, er war unschädlich. Chapeau, Mylady, elegant aus der Affäre gezogen.

Jean-Louis Burckhardt, der in Lausanne geborene Sohn aus wohlhabender Basler Seidenhändlerfamilie, reiste im Jahr 1809 unter der Maske eines indischen Kaufmanns muslimischen Glaubens in die Levante, der auf seinem Weg nach Indien dem britischen Konsul in Aleppo Depeschen der Ostindien-Kompanie zu überbringen hatte. Vorgeblich lebte er seit frühesten Jahren in England, was erklären konnte, dass seine Kenntnis orientalischer Sprachen und der Landessitten unvollkommen war, tatsächlich hielt Burckhardt sein Arabisch für »kaum verständlich«. Sollte er über Indien ausgefragt werden, wollte er antworten so gut er vermochte, und falls ihm eine Probe der indischen Sprache abverlangt wurde, wollte er im schlimmsten Dialekt des Schwyzerdütsch krächzen. In Aleppo wurde er erst einmal von einem »hitzigen Fieber« befallen, dann tauchte er in türkischer Kleidung unter dem Namen Ibrahim ibn Abdallah in das »Gewühl von Aleppo« ein. Er nahm Arabisch-Unterricht, las zweimal den Koran von hinten bis vorne, lernte Gebete auswendig, beschäftigte sich mit arabischer Geschichte und Literatur und schrieb eine Art orientalischen, »travestierten« *Robinson Crusoe*, den er in ein arabisches Märchen verwandelte. Und er begann zu reisen. Er lernte den mächtigsten Scheich aller Araber zwischen Aleppo, Damaskus und Bagdad vom Stamm der Anaseh kennen, der Beduinenhäuptling wollte Burckhardt von Aleppo über Palmyra zu seinen Zelten im Hauran mitnehmen, ausgerechnet im Juli 1810, als die Saudis anrückten. Zur Sicherheit schloss Burckhardt vor Zeugen eine schriftliche Vereinbarung mit diesem »berüchtigten Räuber« von Scheich, doch das wäre eigentlich gar nicht nötig gewesen, denn wenn ein Scheich jemanden unter seine Fittiche nahm, hielt er auch Wort. Dieser Scheich blieb allerdings nur die ersten beiden Tage seinem Versprechen treu, dann gab er Burckhardt einen seiner Männer mit. »Arabisches Raubgesindel« von einem Unterstamm, der mit dem Unterstamm des Scheichs gerade in Fehde lag, erleichterte sie um ihre Wertsachen, Burckhardt verlor Uhr und Kompass, er zog nach Palmyra weiter, wo er zwei Tage die Wunder der Palmenstadt bestaunte und den lokalen Scheich mit seinem Sattel bezahlte. Auf dem Weg in den Hauran ließ ihn sein Führer im Stich, Burckhardt ging mit einer Salzkarawane nach Damaskus statt in den Hauran.

Einen Monat später schloss er sich einer Karawane nach Tripoli an, im Antilibanon machte er sich selbstständig, um nach Baalbek zu gehen, wo er einige Inschriften kopierte. Die Ruinen Baalbeks waren bereits im 16. Jahrhundert von Europäern wiederentdeckt und seitdem mehrfach beschrieben worden, erst vier Jahre vor Burckhardt hatte Ulrich Jasper Seetzen die gewaltigen Tempelanlagen angesteuert. Seetzen war von Haus aus Arzt, hatte sich jedoch für ein Leben als Forschungsreisender entschieden, war 1802 in den Nahen Osten aufgebrochen und sammelte für den Herzog von Gotha alte Handschriften, orientalische Raritäten und Naturalien. Wie alle Fremden, die nach Inschriften fragten, wurde er von den Muselmännern für einen Schatzsucher gehalten, von den Christen der Levante jedoch als Spion des Zaren verdächtigt, der eine russische Invasion vorbereiten sollte. Nachdem Seetzen in Mekka und Medina gewesen war, wurde er laut Burckhardt im Jemen vergiftet und starb im September 1811 in der Nähe von Mokka. Burckhardt zweifelte nicht daran, dass Seetzen – wäre er am Leben geblieben und hätte seine wissenschaftlichen Ergebnisse veröffentlichen können – »bei weitem alle Reisenden, die über diese Länder geschrieben haben, hinter sich zurückgelassen« hätte.

Burckhardt stieß immer wieder auf Einheimische, die Seetzen gekannt hatten. Im November 1810 packte er ein Pfund Kaffeebohnen, zwei Pfund Tabak, eine Tagesration Gerste für sein Pferd und einen Pinsel zur Säuberung von Inschriften ein, warf sich nach Art der Leute vom Hauran ein großes Schafsfell um die Schultern und ritt auf der syrischen Pilgerstraße von Damaskus nach Süden. Der Weg war völlig sicher, meinte er. Er bog von ihm ab und erfuhr von einigen Bauern, dass ein Haufen Araber vor wenigen Tagen Dörfer und Reisende geplündert hatte. Vor Izra traf er auf einen 80 Mann starken Reitertrupp des Paschas, der von dem Arabergesindel 31 Pferde erbeutet hatte und sieben abgeschlagene Räuberköpfe im Sack mit sich führte. Von Izra zog Burckhardt mit dem griechischen Priester, der Seetzen bereits begleitet hatte, zum Dschebel Hauran oder Gebirge der Drusen, inspizierte Ruinen und kopierte Inschriften. Nicht in alle Ecken des Haurans konnte er dringen; wenn ein Gebiet von Beduinen unsicher gemacht wurde, fand er keinen Führer. Er traf einen Araber aus der Gegend von Mekka, der vor den Wahhabiten nach Norden geflohen war und gleichwohl versicherte, dass im Gebiet der Wahhabis ein Einzelreisender vollkommen sicher war. Ganz anders verhielt es sich in Syrien. Burckhardt plante seit Langem einen Ausflug von Aleppo durch die Wüste nach Deir es-Zor am Euphrat und fand im September 1811 endlich eine Karawane und einen einflussreichen Scheich, in dessen Schutz er sich begeben konnte. Anscheinend wurde er in der Wüste bis auf die Haut ausgeraubt, machte sich zu Fuß auf den Rückweg und erreichte sonnenverbrannt ein Dorf. Unterwegs hatte er – so schrieb der britische Konsul aus Aleppo nach London – einen Strauß mit einer arabischen Dame auszufechten, der es nach dem einzigen Kleidungsstück gelüstete, das die barmherzigen Beduinen ihm gelassen hatten. Burckhardt berichtete darüber nicht.

Er verließ Aleppo endgültig im Februar 1812, machte noch einen Abstecher in den Libanon und einen zweiten in die Teile des Haurans, die er 1810 nicht hatte besuchen können, dann zog er zum Tiberias-See oder See Genezareth sowie östlich des Jordans und des Toten Meeres nach Wadi Musa und quer über die Sinai-Halbinsel nach Kairo. Es war eine gefährliche Gegend, die er sich da ausgesucht hatte, Beduinenstämme lagen untereinander und mit dem Pascha im Krieg, Burckhardt wurde von dem einen

Scheich ausgenommen, von dem anderen übers Ohr gehauen, war am Ende völlig abgebrannt, musste sein Pferd verkaufen, ging zu Fuß in Lumpen, rannte um sein Leben, als ein Überfall drohte. Dann fand er Petra, die legendäre Kapitale des Nabatäerreichs mit ihren aus dem Fels geschlagenen Grabmälern, von der Seetzen durch einen Scheich erfahren, die er aber nicht gesehen hatte. Burckhardt ging mit einer Karawane der Howeitat durch die Wüste Et Tih, »der schrecklichste, unfruchtbarste Strich Landes (…), den ich je gesehen habe«. Auf zehn strammen Tagesmärschen kamen sie nur an vier Brunnen vorbei, von denen lediglich einer Süßwasser spendete, sie hatten nur wenige Wasserschläuche dabei, ihr Proviant bestand aus etwas Mehl für Fladenbrote, die »Genügsamkeit dieser Beduinen ist in der Tat beispiellos«. Die Kamele bekamen kein anderes Futter als die verwelkten Sträucher der Wüste, alle Dutzend Meter lag ein Haufen Kamel-, Pferde- oder Eselsgerippe am Weg, Anfang September erreichte die Karawane Kairo.

Die nächsten anderthalb Jahre war Burckhardt in Ägypten und Nubien unterwegs, als Kaufmann verkleidet ging er den Nil hinauf, fand den großen Felsentempel Ramses' II. von Abu Simbel und vier fast von Sand verschüttete Kolossalstatuen, ritt in einer Handelskarawane durch die Nubische Wüste nach Suakin am Roten Meer und setzte in einem kleinen offenen Boot mit nur einem Segel nach Dschidda über. Dort quartierte er sich in einer Karawanserei ein, vier Tage später bekam er heftiges Fieber, er verbrachte »einige Tage im Delirium«, nach zwei Wochen war er wieder auf den Beinen und kleidete sich wie ein vornehmer Ägypter. Mohammed Ali Pascha war 1813 mit einer türkischen Armee in den von seinem Sohn Tusun Pascha zurückeroberten Hedschas gekommen, um den entscheidenden Schlag gegen die Wahhabiten selbst zu führen, er hatte Scherif Ghaleb gefangen genommen und in die Verbannung geschickt und sein Hauptquartier in der fünf Tagesreisen von Dschidda entfernten Residenzstadt Taif aufgeschlagen. Bei jedem Versuch, in das Innere Arabiens vorzudringen, wurde er zurückgeschlagen, Transport- und Nachschubprobleme erschwerten seine Operationen, die allermeisten Kamele, die er aus Ägypten mitgebracht hatte, waren kurz nach ihrer Ankunft im Hedschas zugrunde gegangen. Mohammed Ali, dem Burckhardt von Kairo bekannt war, lud ihn nach Taif ein, er hielt ihn offenbar für einen Spion der Engländer, der die aktuelle Lage in Arabien sondieren und in Britisch-

Indien Bericht erstatten sollte, der Pascha fürchtete, dass die Briten nach dem Einzug der Alliierten in Paris versuchen würden, ihren Einfluss im Mittelmeerraum auszuweiten und Ägypten zu besetzen. Burckhardt, der jeden Abend zur Audienz beim Pascha erschien, fühlte sich »in einer Art höflicher Gefangenschaft«, was nicht nach seinem Geschmack war, er wohnte beim Leibarzt Mohammed Alis – der ihn aushorchte und überwachte – und begann, sich in dem Hause absichtlich unbeliebt zu machen, indem er nach türkischer Art unverschämt wurde und kein Verlangen zeigte, den gastlichen Ort zu verlassen, was dazu führte, dass der Leibarzt sich bemühte, den Pascha davon zu überzeugen, Burckhardt sei harmlos. Anfang September 1814 durfte Burckhardt Taif auf einem Esel verlassen und zog im Pilgergewand in Mekka ein.

Die religiösen Zeremonien in der Moschee von Mekka ausführlich zu beschreiben »würde äußerst langweilig sein«, schrieb Burckhardt und unterließ es; 40 Jahre später geht Richard Burton hin und tut es, und die einschlägigen Abschnitte in seiner *Personal Narrative of a Pilgrimage to Al-Medinah and Meccah* sind in der Tat eintönig. Burckhardt machte auch die Wallfahrt zum Berg Arafat mit und konnte sich also fortan Hadschi nennen, was für seine Tarnung nützlich war. Er gab sich in Mekka als entlassenes Mitglied des Mamelucken-Korps in Ägypten aus, lebte als Privatmann, der mit niemandem bekannt war, zurückgezogen in einer Mietwohnung, niemals während all seiner Reisen im Orient »genoss ich einer solchen Ruhe wie in Mekka«. Währenddessen herrschte ringsum Krieg, die Wahhabiten führten Überraschungsangriffe gegen Taif und Raubüberfälle auf Stämme aus, die zum Pascha übergelaufen waren, Mohammed Ali errang einen deutlichen Sieg östlich von Taif, unternahm einige Feldzüge gegen wahhabitische Kastelle, doch das Kriegsglück blieb wechselhaft. Mitte Januar 1815 verließ Burckhardt Mekka mit einer kleinen Pilgerkarawane Richtung Medina, hier gingen die Karawanen auch im Winter nachts, in der letzten Nacht vor Medina regnete es, danach kam der Frost, Burckhardt bekam Fieber, das ihn lange in Medina festhalten sollte. Er mietete ein Zimmer 50 Schritte von der Prophetenmoschee entfernt und verbrachte seine Zeit mit Erbrechen, Schweißausbrüchen und Ohnmachten, er rechnete schon damit, in Medina zu sterben. Erst mit zunehmender Wärme ab Anfang April ging es ihm besser, aber es dauerte noch 14 Tage, bis er aus dem Haus gehen konnte. Er gab seinen Plan auf, mit Beduinen durch die Wüste nach Akaba zu ziehen, stattdessen nahm er in Janbo ein Schiff nach Ägypten. Zur gleichen Zeit ging Mohammed Ali Pascha nach Kairo zurück, weil er einen Angriff des türkischen Sultans auf Alexandria befürchtete. Derweil drang Tusun Pascha in den Nedschd ein, ohne eine Entscheidung herbeiführen zu können, Mohammed Ali schickte 1816 seinen ältesten Sohn Ibrahim, Pascha von Oberägypten, mit dem Befehl nach Arabien, auf Diriyah vorzustoßen. Im März 1818 stand Ibrahim mit schwerer Artillerie schließlich vor der Wahhabitenhochburg, nach sechs Monaten Belagerung kapitulierte die Stadt. Abdallah ibn Saud, Nachfolger Saud ibn Abd al-Aziz', wurde in Konstantinopel per Schwert enthauptet, ein Großteil der Familie Saud nach Ägypten deportiert, Diriyah 1819 vollständig zerstört.

Lady Hester Stanhope ging ins Kloster, in das kleine, leer stehende Kloster Mar Elias bei Sidon im damaligen Syrien, heutigen Libanon, baute es um, zog eine Mauer ringsherum und hing Säbel und Tigerfelle an die Wände. Als die Pest, die sie in Latakia befallen hatte, sich über das Land ausbreitete, nahm sie Fieberkranke auf, ansonsten engagierte sie Spitzel, beschenkte ihr dienliche Lauscher, empfing nachts Boten, die ihr Nachrichten überbrachten, sie war über politische Intrigen, Stammesfehden, Kungeleien gewöhnlich gut unterrichtet. Sie hatte Kontakt zu Scheichs und Konsuln, Paschas und dem Emir vom Berg Libanon und zu französischen Spionen, die Palästina, Syrien, die Wüste durchstreiften, um für mögliche künftige militärische Operationen Brunnen und Weideplätze zu registrieren und die Beduinen gegen die Osmanlis aufzuwiegeln. Eine Rückkehr Napoleons in die Levante war nicht auszuschließen, zu dieser Zeit hatte er sein Waterloo noch nicht erlebt, seine Kundschafter konnten als Doppelagenten Stanhope und England durchaus nützlich werden. Sie stand als eine Art ständiger Beobachterin mit London in Verbindung, konspirierte von ihrem Horchposten aus wenn nicht im Auftrag, so doch vielleicht im Interesse Englands gegen Frankreich und die Hohe Pforte, gewann Einfluss auf die Notabeln ihrer Umgebung und erwarb sich die Sympathien der Bevölkerung.

Im Mar-Elias-Kloster wurde es ihr bald zu eng, schließlich zog sie in ein verlassenes, auf dem Gipfel eines Bergkegels gelegenes, mauerumgürtetes Kloster beim Dorf Djun oder Joun oder Dschun, legte in dem weitläufigen

Gelände außer einem Weg für Besucher und ihre Diener auch einen Extrazugang für Unterhändler und Informanten sowie einen unterirdischen Fluchtweg und einen Rosengarten mit hoher Mauer und Geheimtreppe ins Freie an und verwandelte das Innere in ein verwirrendes Labyrinth von Gängen, Treppen, Korridoren, Höfen, Räumen. Als Mohammed Ali Pascha 1831 seinen Sohn Ibrahim Pascha mit einer Armee nach Palästina, Syrien, Kleinasien schickte, ließ sie sich nicht einschüchtern, stachelte die Drusen zum Widerstand auf und nahm in ihre Felsenfestung Hunderte von Verwundeten, Waisen, Flüchtlingen aus dem Küstengebiet und den Drusenbergen sowie Deserteure aus den ägyptischen Reihen auf. Zehn Jahre später nötigte eine Koalition europäischer Mächte Frankreich, die Unterstützung Ägyptens aufzugeben, und Mohammed Ali, die ägyptischen Truppen abzuziehen, Syrien fiel an die Türkei zurück. Auch während dieser Zeit empfing Lady Hester in Dschun wie schon in Mar Elias europäische Besucher: Maler und Militärs, Politiker und Diplomaten, Altertumsforscher und Literaten wie den Marquis Léon de Laborde, der die architektonischen Reste Petras ausführlich beschrieb, oder wie den Kleinadligen Alphonse de Lamartine, der auf seiner Orientreise einen fürstlichen Luxus entfaltete, 1832 Madame Esther mit seiner Visite beehrte und in seiner vierbändigen *Voyage en Orient* eine fantastische Geschichte über die Vorleistungen eines Agenten Napoleons zur Eroberung des Orients, über die Mobilisierung der Wüstenstämme für den Ruhm Frankreichs und über Schlachten Zigtausender Türken und Beduinen eloquent zum Besten gab. Da hatte der Führer des Spions, den Stanhope kannte, dem musengeküssten Dichter und späteren Architekten und Außenminister der Zweiten Republik wohl einen Bären aufgebunden, dem die amüsierte Lady das Fell abzog, so gegenüber Hermann Fürst von Pückler-Muskau.

Der Grandseigneur aus der Oberlausitz, der über Algier, Tunis, Malta, Griechenland, die damals ägyptische Insel Kreta und Ägypten samt Sudan 1838 nach Syrien kam, mit Kammerdiener, Sekretär, Dragoman, Arzt, Page, Koch, einem Tross von Bedienten und unterwegs eingekauften Sklaven und schönen Sklavinnen, zeitweise auch mit Hund, Gazelle, Schildkröte, Affe, Strauß oder Chamäleon im Gefolge aus bloßer Laune in der Welt umherzog – ohne bestimmten Plan, ganz à la bonne aventure, fünf Jahre lang –, der für seine Effekten ein bis zwei Dutzend Kamele oder 30 Maultiere brauchte und über diese Reise 18 Bände schrieb oder diktierte oder schreiben ließ, war der letzte Besucher Hester Stanhopes. Er schenkte ihr eine junge abessinische Sklavin, dabei war er genauso knapp bei Kasse wie die Lady, die infolge ihrer hohen Ausgaben für Klosterumbauten, Informantensaläre, Schmiergelder, Schatzsuche, Flüchtlingshilfe inzwischen hoch verschuldet war und nicht länger über ihre staatliche Pension verfügte, die von der britischen Regierung einbehalten wurde, um ihre Gläubiger zu bedienen. Von ihren drei Dutzend Dienern hatten die meisten schon das Haus verlassen und als Ausgleich für ausstehenden Lohn sich mit Teilen des Inventars aus dem Staub gemacht. Sie empfing ihren Gast in ganz einfacher, unprätentiöser Robe, einem weißen, herabwallenden Burnus, rotseidenen Pantalons, gleichfarbigen Saffianstrümpfen und rotem Turban. Sie war jetzt alt und krank, hatte keinen Ehrgeiz und keine großen Pläne mehr, ergeben erwartete sie nur noch die Ankunft des Messias, für den sie eine ihrer zwei berühmten, heiligen Stuten reservierte, die andere wollte sie selbst reiten. Die Königin der Wüste war nämlich als Braut des Befreiers und Erlösers auserkoren.

Ein englischer Lord, ein österreichischer Fürst, ein bayrischer König, ein deutscher Baron, ein griechischer Graf, ein albanisch-griechischer Räuberhäuptling, drei Ehen, sechs Kinder – das war die unvollständige Bilanz des Liebeslebens einer Dame der High Society des 19. Jahrhunderts, bevor sie mit 46 Jahren nach Middle East ging und einen 20 Jahre jüngeren Wüstenscheich ehelichte. Lady Jane Digby oder Lady Ellenborough, wie sie der britische Konsul in Damaskus nach ihrem ersten, einzigen englischen Gemahl, dem zeitweiligen Generalgouverneur von Ostindien, auch weiterhin nannte, ritt im Juni 1853 mit Zofe und Reisebadewanne aus Segeltuch und mit ihrem künftigen arabischen Gatten als Führer und einer Eskorte seines Stammes nach Palmyra. Lady Jane lief das Herz über: In der Wüste gab es Büsche aromatischer Kräuter, Teppiche grünen Grases, Flecken leuchtenden Klatschmohns, große blaue Seen am Fuß der fernen Berge – eine Luftspiegelung –, Adler segelten majestätisch am Himmel, Gazellen kreuzten grazil den Weg, Scheich Medjuel el Mezrab oder Midschwal al-Musrab ließ seinen Falken steigen und ein Rebhuhn fürs Dinner jagen, die schwarzen Ziegenhaarzelte waren schnell aufgebaut, ein Lagerfeuer lichterloh entzündet, die untergehende Sonne färbte die Erde rot, der wunderbare Wüstenhimmel füllte sich mit Lichtpunkten, der Mond stieg auf und überzog den Sand mit Silberglanz. Die Schlafstatt war ein nahezu schwebender Teppich, die Packtaschen glichen weichen Kissen, draußen heulten die Schakale, es war ein Trip mit allem Drum und Dran, Überfall inklusive, fehlte nur die Filmmusik aus *Lawrence of Arabia*. Beim Aufschrei »Ghasu« pflanzte sich – ganz Kavalier – Scheich Medjuel in seinem scharlachroten Umhang, seinem seidenen Kopftuch und der breiten Schärpe, in der mehrere Messer und Pistolen steckten, vor dem Eingang zu Lady Janes Zelt auf, eine Pistole in der einen, den Säbel in der anderen Hand, rief seinen Leuten Befehle zu und wehrte den womöglich von ihm selbst inszenierten Angriff siegreich ab. Die Lady war entzückt, sie verdankte Scheich Medjuel ihr Leben. Dabei pflegten selbst die gewöhnlichen Beduinen sich wie Kavaliere zu benehmen, bei einem Raubüberfall auf ein Lager verschonten sie die Frauen, zwangen sie nur, sich bis auf die Haut auszuziehen, während sie sich abwandten, den Frauen ein paar alte Lappen hinwarfen, mit denen sie sich bedecken konnten, und danach die abgelegten Kleider vom Boden aufsammelten.

Scheich Medjuels Ding war es, Reisende nach Palmyra zu bringen, nicht nach Bagdad. Lady Digby träumte jedoch davon, die Märchenstadt Harun ar-Raschids zu sehen, und schloss sich der Karawane eines anderen Scheichs an, der in Bagdad Kamele und Handelsware kaufen wollte. Es war zwar Winter, in der Syrischen Wüste sehr kalt und in diesem Jahr auch regnerisch, die Flöhe ließen sie nicht schlafen, die Morgentoilette bestand darin, den Sand oder Schlamm aus Kleidern und Haar zu klopfen, sie wurden überfallen, verloren ihre besten Kamele und anderen Besitz und mussten ein Lösegeld für ihre Freilassung zahlen. Sie litten Hunger, gebietsweise war das Brunnenwasser versalzen und konnte nur mit Kamelmilch vermischt getrunken werden, die Kamele rührten es nicht an, fanden auch kein Futter, die ersten Tiere verendeten, doch Lady Jane genoss diese bereichernde Erfahrung. Auf dem Rückweg über Aleppo und Homs riss der Sturm eines Nachts die Zelte weg, Wölfe und Schakale schlichen um ihr Lager, Digby bekam einen Malaria-Anfall, aber ihr gefiel das Nomadenleben in dem Viehtreck, sie war glücklich und zufrieden, fühlte sich 15 Lenze jung und vermochte sich nicht zu entsinnen, dass sie sich jemals besser gefühlt hatte – mit 15 vielleicht? Bei ihrer Rückkehr hielt Scheich Medjuel um ihre Hand an, sie schwankte ein bisschen zwischen ihm und dem Karawanenscheich, mit dem sie sich auf der fünfmonatigen Bagdad-Tour eingelassen hatte, zweifelte auch, weil Medjuel bereits zwei Frauen besaß, von denen er eine allerdings schon verstoßen hatte, die andere, die Mutter seiner beiden Kinder, versprach er ebenfalls auf Eis zu legen. Mitte 1854 suchte Digby in Damaskus ein Grundstück, ließ sich extra muros ein Palais inmitten von Gärten errichten, bestellte Möbel und Dekoration in Paris und London, stellte Dutzende Diener ein und heiratete zu Frühlingsbeginn 1855 Medjuel nach islamischem Ritus, obgleich sie seit ihrem griechischen Grafen der griechisch-orthodoxen Kirche angehörte. Die Hochzeitsreise machte das Paar zu den Mezrab, diesem kleinen Stamm, der nur etwa hundert Zelte zählte, sich gleichwohl fortan halten konnte, weil Digby ihn umfangreich mit modernen Waffen versorgte. Bei den Mezrab hieß sie »Mutter der Milch« wegen ihrer weißen Haut, in England spottete man, Lady Ellenborough habe sich mit ihrem Kameltreiber gepaart. Romantische Verblendung hin oder her, Lady Jane war glücklich, wenn sie nicht gerade eifersüchtig war.

Ihr Leben verlief hauptsächlich zwischen Damaskus und den Weidegebieten der Mezrab, oft bekam sie Besuch in ihrer Villa, insbesondere von Stammesmitgliedern sowie Briten, die Palmyra sehen wollten. Im Herbst 1869 kam Hadschi Richard Burton nach Damaskus, um den Posten des britischen Konsuls zu bekleiden. Seit seiner Expedition von der Suaheliküste zum Tanganjika-See hatte er sich in den Vereinigten Staaten von Amerika für die Mormonen sowie die Kunst des Skalpierens interessiert, war in seiner Zeit als Konsul auf Fernando Póo (Äquatorialguinea) im »Gorilla-Land« Gabun herumgereist, den Kongo bis zu den Katarakten hinaufgegangen und mit dem deutschen Botaniker Gustav Mann auf den Kamerun-Berg gestiegen, hatte von seinem Konsulat in Santos aus das brasilianische Hochland durchstreift, die Rios São Francisco, Paraná und Paraguay befahren, die Gold- und Diamantenminen von Minas Gerais und das Kriegsgebiet von Paraguay besucht und bändeweise darüber berichtet. Nicht dass ihn das Thema erotische Kultur, Liebespraktiken und Sexualtechniken der Eingeborenen bloß in Damaskus gereizt hätte – dafür interessierte er sich überall auf der Welt –, doch er nutzte die günstige Gelegenheit und zapfte Lady Digby als Quelle intimen Wissens an. Seine streng katholisch erzogene Frau Isabel war in dieser Hinsicht wenig ergiebig, zwar folgte sie Einladungen in Harems, doch was dabei verhandelt wurde, blieb im Rahmen gesellschaftlicher Konvention und strikter orientalischer

Etikette und ging nicht ins delikate Detail, zumal die Verständigungsmöglichkeiten sehr begrenzt waren, denn Isabel Burton sprach weder Arabisch noch Türkisch, und einen Dragoman in den Harem zu schleusen, wie es ihr angeblich gelang, entsprach wohl eher ihrem Wunschdenken und Geltungsbedürfnis als der Realität. Lady Jane, von der Isabel Burton in ihrem zweibändigen *Inner Life of Syria, Palestine, and the Holy Land* immer nur als »my friend« oder »Mrs. –« sprach, hatte hingegen mit den Jahren das Vertrauen manch Damaszener Dame und besonders auch der Frauen ihres Stammes gewonnen und aus eigener Anschauung kennengelernt, was Hadschi Burton wissen wollte und in den Achtzigerjahren, nachdem er vor Ablauf von nur zwei Jahren aus Damaskus abberufen und ins ruhige Triest versetzt worden war, einfließen ließ in seine Veröffentlichungen orientalischer erotischer Erzählungen und Kompendien der Liebeskünste wie das *Kama Sutra*, *The Perfumed Garden* oder das werkgetreue, unbeschnittene, sechzehnbändige *Book of the Thousand Nights and a Night*, insbesondere in seine umfangreichen Kommentare, Erläuterungen, Anmerkungen. Bei seinem Tod fand seine Witwe das Manuskript einer Neubearbeitung des *Gartens der Düfte* und verbrannte das für damalige, viktorianische Verhältnisse obszöne Machwerk zusammen mit Burtons Tagebüchern.

Im April 1878 kam Lady Anne Blunt, 15. Baroness Wentworth und Enkelin Lord Byrons, des Dichters, mit ihrem Gemahl Wilfrid Scawen Blunt, Diplomat außer Diensten und aktiver Poet, nach Damaskus und lernte unter anderen Lady Digby und Scheich Medjuel kennen. Die Blunts waren Anfang Januar von Aleppo in der Absicht aufgebrochen, sich den Anaseh-Beduinen anzuschließen, die beim ersten Frost ihre Sommerweiden in den nördlichen Zonen der Syrischen Wüste zu verlassen und in den Nedschd zu ziehen pflegten. Der Nedschd galt als »the original home of our English horses«, und die Blunts waren auf der Suche nach erstklassigen, reinrassigen Araberpferden für ihr künftiges Gestüt Crabbet Arabian Stud in Sussex. Die türkischen Behörden versuchten, sie von ihrer Reise abzuhalten, über die nomadisierenden Beduinen und die Wüste, zumal südlich der Linie Damaskus-Bagdad, hatten sie keine Kontrolle, die Paschas erzählten ihnen Schauergeschichten von Überfällen und zwangen ihnen Eskorten auf, manchmal entzogen sich die Blunts der Aufsicht, indem sie einfach aus der Stadt verschwanden oder dem innigsten Wunsch der sie begleitenden Soldaten entsprachen, mit einem Bakschisch nach Hause geschickt zu werden. Die Blunts liebten das freie Wanderleben auch bei Regen, Eis und Schnee, Frost oder großer Hitze und glaubten, mit marodierenden Räuberbanden von 15 bis 20 Mann allein fertig werden zu können, denn Wilfrid verfügte über eine doppelläufige Flinte und ein Winchester-Gewehr mit 14 Schuss, während die Beduinen nur Lanzen besaßen und Pistolen, die nie losgingen. Gegen einen Trupp von 50 bis 100 Mann zu kämpfen machte allerdings keinen Sinn, dann mussten sie ihre Kamele und ihr Gepäck stehen und liegen lassen und auf die Schnelligkeit ihrer Pferde vertrauen. Für Leib und Leben bestand ohnehin keine Gefahr, die Arabs wollten nur plündern.

Den Euphrat entlang zogen sie bis auf die Höhe von Bagdad, in der Stadt entschlossen sie sich, nicht weiter nach Süden zu gehen, ein Stammeskrieg schien unmittelbar bevorzustehen, in der Wüste war viel Bewegung, wie sollten sie unter diesen Umständen die alle naselang verlegten Lager der Beduinen finden, außerdem hatten diese vermutlich gerade anderes zu tun, als ihnen Pferde vorzuführen. Sie gingen nach Norden zu den Schammar Mesopotamiens, die vor etwa 200 Jahren aus dem Nedschd nach Syrien gezogen waren, aber von den kurz nach ihnen ebenfalls aus dem Nedschd abgewanderten Anaseh, ihren Erzfeinden seit ewigen Zeiten, auf die östliche Seite des Euphrats abgedrängt worden waren. Leider sahen die Blunts auf ihrer ganzen Reise durch Mesopotamien nicht mehr als drei gute Stuten. Sie wandten sich nach Südwesten zur Syrischen Wüste, um auf die Anaseh, die besten Pferdezüchter Arabiens, zu stoßen, die nach dem Kalben ihrer Kamele im Februar und Anfang März wieder aus dem Nedschd nach Norden zogen. Sie klapperten verschiedene Lager einzelner Anaseh-Ableger ab, die untereinander in Fehde lagen und sich gegenseitig überfielen, das größte Camp war das der Ruwallah, des wohlhabendsten und mächtigsten der Anaseh-Clans, nach Wilfrids Schätzung umfasste deren Lager 20 000 Zelte und 150 000 Kamele und erstreckte sich über zwölf Meilen. Sie ritten zwei Stunden, bis sie ins Zentrum des Lagers zum größten Zelt, dem des Oberhaupts der Ruwallah, vorstießen, in dem rund 100 Notabeln versammelt waren. Pferde besaßen die Ruwallah jedoch nur wenige.

Aus Kairo hatte Burckhardt im Oktober 1816 einige Nachrichten, Notizen und Berichte über die Beduinen Arabiens nach London gesandt.

In seinem Begleitschreiben bekundete er, »wie sehr mich diese Menschen interessieren. (…) Es ist dieses Volk der ursprüngliche Stamm, aus welchem Syrien, Ägypten und die Berberei ihre jetzige Bevölkerung gezogen haben«, und »das einzige orientalische Volk (…), welches unverändert die alten Sitten und Gebräuche ihrer Vorfahren beigehalten hat«, seit 1200 Jahren, also seit der Zeit des Propheten. In seinen Briefen und besonders in seiner Monografie über die Beduinen, die wie alle seine Berichte zuerst auf Englisch erschien, stimmte er eine Hymne an Arabiens Nomaden an. Wenige Reisende hätten sie bisher anders dargestellt denn als »ein blutgieriges, wildes, treuloses Räubervolk«. Die Beduinen seien in der Tat eine Räubernation, deren Hauptgeschäft im Plündern bestehe, doch die Räuberei sei in ihren Augen kein Verbrechen, sondern ein ehrenvolles Handwerk mit goldenem Boden, »ungefähr so einträglich«, schrieb Gertrude Bell später, »wie wenn man sich gegenseitig die Wäsche stiehlt«. Ihre Kriegs- und Raubzüge, so Burckhardt weiter, seien selten von langer Dauer und gingen in der Regel ohne Blutvergießen ab, die Blutrache, »diese heilsame Einrichtung«, habe mehr als alles andere dazu beigetragen, »die kriegerischen Stämme Arabiens (davon) abzuhalten, einander zu vertilgen«. Burckhardt hielt die Beduinen »für unendlich besser als ihre Nachbarn, die Türken«, denn sie hätten sich »von der Verdorbenheit der orientalischen Sitten und Gebräuche glücklich rein gehalten«.

Die Blunts hingegen fanden die Beduinen des Nordens zum Teil bereits durch die Türken korrumpiert. So stand Scheich Ferhan ibn Sfuk, Chief der Schammar Mesopotamiens, mit der türkischen Regierung auf so gutem Fuß, dass er kürzlich sogar zum Pascha mit einem Gehalt von 3000 Pfund Sterling jährlich ernannt worden war; ein Kamel kostete ungefähr zehn Pfund. Im Gegenzug sollte er seine Leute ruhig halten und wenn möglich dazu bringen, als Bauern im Tigris-Tal sesshaft zu werden. Ferhan selbst, Sohn einer Städterin aus Bagdad, der eine Zeitlang in Konstantinopel gelebt hatte und Türkisch sprach, ging mit gutem Beispiel voran und lebte in Scherkat, dem ehemaligen Assur; er hatte sich den Türken dienstbar gemacht und also unterworfen. Sotamm ibn Schaalan, Scheich aller Scheichs der Ruwallah, schenkte den Paschas Syriens hübsche Summen und Kamele, um Vorteile im Handel mit syrischen Städten zu erlangen, die Konkurrenz anderer Stämme – selbst vom eigenen Oberstamm der Anaseh – auszuschalten und prächtig vom Kommerz zu profitieren. Einst hatten die Beduinen über die Städte, Dörfer und Oasen geherrscht und Tribut von ihnen kassiert, nun stritten sie sich um Handelsprivilegien und öffentliche Aufträge und fielen übereinander her, und die Türken lachten sich ins Fäustchen.

Wer war Mr. Palgrave? Ein Spion Napoleons III.? Ein Doppelagent im Sold Frankreichs und im Dienste Englands? Ein Gottesstreiter der Gesellschaft Jesu? Ein Aufschneider wie Domingo Badía? William Gifford Palgrave war Offizier eines ostindischen Regiments in Bombay, Priester des Jesuitenordens in Indien, Rom, Syrien und Palästina, ein ebenso zügiger Abtrünniger des Katholizismus wie vordem Überläufer und für den Rest seines Lebens ein treuer Diener des Foreign Office auf Konsulatsposten in Georgien, der Türkei, auf der dänischen Insel Saint Thomas in der Karibik, auf den Philippinen, in Bulgarien, Siam und Uruguay. Und er war einer der Ersten, die in den Nedschd drangen, den Burckhardt für den interessantesten Teil Arabiens gehalten hatte, einen noch unerforschten, für europäische Köpfe leeren Raum, der Burckhardt wegen des Feldzugs Mohammed Ali Paschas unzugänglich geblieben war. Es wurde Zeit, »diesen weißen Fleck auf der Asienkarte auszufüllen, (…) auf welche Gefahr auch immer«, entschied Mr. Palgrave, der schrieb wie ein talentierter Märchenerzähler oder begnadeter Prediger sprach, »entweder wird das Land vor uns unser Grab sein oder wir werden es in voller Breite durchqueren«. Mitte Juni 1862 zog er mit seinem syrischen Reisegefährten und vorgeblichen Schwager sowie arabischen Führern von Maan los, er und sein Kamerad waren gekleidet wie syrische »middleclass-travellers«, im Gepäck führten sie die Arbeitskluft fahrender Kleinhändler und eines Wanderarztes und seines Gehilfen mit sich. Sein »Schwager« war vertrauenswürdig, doch die drei Beduinen »were a strange set«. Ihr Anführer Salim von den Howeitat war ein Outlaw, ein Räuber und Mörder, dessen zwei Begleiter von den Scherarat dünkten Palgrave vollkommene Barbaren nach Aussehen und Charakter. Am Weg lauerte doppelte Gefahr in Form von Raubüberfällen und Wassermangel, gleich hinter Maan befürchtete der »ex-Indian officer« bereits zu verdursten, kurz vor dem Wadi Sirhan überfiel sie ein Samum, »the deadly wind of the desert«, den sie überlebten wie andere Reisende auch, die Gefahr bestand nicht im Sandsturm selbst, sondern darin, dass er lange anhielt und der Wasservorrat zur Neige ging.

Im langen Wadi Sirhan befanden sich viele Lager der Scherarat, des elendesten unter den elenden Stämmen Arabiens. »Here you may see human nature at its lowest stage«, versicherte der wortgewaltige Jesuit und wünschte, romantische Beduinensüchtige verbrächten einmal drei Tage bei den Scherarat, um mit eigenen Augen zu sehen, »to what a depth of degradation one of the noblest races earth affords can descend under the secular influence of nomad life« – was Lady Digby Jahr für Jahr monatelang bei den Mezrab beobachtete, ohne nennenswerten Schaden zu nehmen. Die Beduinen seien zwar keine blutrünstige Rasse, wofür ein Grund darin bestehe, dass sie keine religiösen und nationalen Prinzipien hätten. Der Beduine kämpfe nicht für seine Heimat, er habe keine; er kämpfe nicht für sein Land, überall sei sein Land; weder für seine Ehre, davon habe er nie gehört, noch für seine Religion, er interessiere sich für keine. Sein einziger Wunsch sei ein Stück Weide sowie Wasser aus einem Brunnen, ein Pferd oder ein Kamel, und das könne er auch ohne viel Blutvergießen bekommen. Seine Gastfreundschaft, Freigebigkeit, Großzügigkeit stelle nur eine Seite der Medaille dar, die andere Betteln und Plündern, beides sei Ausdruck der kindlichen Entwicklungsstufe, auf der die Wilden der Wüste stünden. Die Beduinen seien mitnichten genuine Araber, vielmehr ein degenerierter Zweig der Rasse, verdammt zum Leben des Wilden, urteilte der am Trinity College in Oxford zivilisierte Brite mit religiösen und nationalen Prinzipien und setzte sich an den gedeckten Tisch – pardon, auf den wüsten Boden, bei den Scherarat gab es natürlich ebenso wenig Tisch und Stühle wie Besteck, man dinierte selbstverständlich mit den Fingern.

Dann ging der Priester durch die Hölle, durch die Nefud, Sandwüste, diesen »immensen Ozean aus lockerem rötlichen Sand« mit großen Löchern in der Erde, ovalen Kratern gleich, deren Wände brannten, alles brannte, es war ein einziges weites Feuermeer. Ab und zu konnte man eine Art Pfad erkennen, meist jedoch nicht, die Spuren verschwanden mit dem Wind, zum Glück hatte er sich in der Oase Dschof einem Dutzend Scherarat-Scheichs angeschlossen, die wie er nach Hail wollten, zum Unglück beabsichtigten die Scheichs, ihn auszurauben und ohne Wasser und Kamel in der Nefud zurückzulassen, doch er bekam davon Wind und war auf der Hut. Am Dschebel Schammar änderte sich das Bild, es gab etwas Vegetation und junge Pflanzungen bei kleinen Dörfern, die wie neu aussahen und keine Ruinen aufwiesen wie sonst üblich. Auch Hail war neu, modern, elegant sogar, eine großzügig angelegte Stadt für 300 000 Einwohner, in der aber nur 20 000 lebten, viele Gärten und Pflanzungen befanden sich innerhalb der Stadtmauern, der Palastbereich umfasste allein ein Zehntel der gesamten Stadtfläche, alles machte den Eindruck von Wohlstand, Ordnung, Sicherheit, Zufriedenheit, Harmonie, die Bürger waren anständig gekleidet, selbst die Soldaten steckten in sauberen Klamotten, jedermann war höflich, gesittet, urban. Talal ar-Raschid, der »heilige Monarch«, schritt über den Platz vor dem Palast, eine brillante Erscheinung, sein Kämmerer stellte ihm Palgrave und dessen Begleiter als Arzt nebst Gehilfe aus Syrien vor, dann führte er die Besucher zum Dinner und brachte sie zu ihrer Wohnung. Palgrave hatte keinen Titel, aber ein wenig Erfahrung im Kurieren und begann, in dem ihnen zugewiesenen Haus zu praktizieren.

Nach der Niederlage gegen die Ägypter, der Zerstörung Diriyahs und dem Abzug der ägyptischen Truppen aus Zentralarabien hatten die verbliebenen Saudis versucht, sich zu reorganisieren und ihre Herrschaft über die verlorenen Gebiete zurückzugewinnen. Sie besetzten Riad, machten es zu ihrer neuen Residenz und eroberten erneut Teile des Nedschd und Ostarabiens. Zugleich erwuchs ihnen in Abdallah ibn Raschid von jenem Teil der Schammar, die nicht nach Syrien beziehungsweise Mesopotamien ausgewandert waren, ein neuer Gegenspieler, den sie selbst als Statthalter der Provinz Dschebel Schammar eingesetzt hatten, der zwar ihr Vasall war und ihnen zeitlebens Tribut zahlte, sich auch zum Wahhabismus bekannte, doch in Eigenregie angrenzende Gebiete und Stämme unterwarf und seine Macht über den Nedschd ausdehnte, was zu Reibungen zwischen Saudis und Raschiden führte. Abdallah ibn Raschid und sein Sohn Talal, der ab 1848 in Hail regierte, verfolgten im Grunde die gleiche Machtpolitik wie Feisal al-Saud, nur eben auf eigene Rechnung. Die innere Verfassung beider Reiche war autoritär, vielleicht gerierten sich die Raschiden in Religionsangelegenheiten etwas laxer. In beiden Clans gab es periodisch ein Hauen und Stechen, die Thronfolge war in Hail ebenso wenig geregelt wie in Riad, Väter und Söhne, Onkel und Neffen, Brüder und Schwäger trauten sich nicht über den Weg und lebten in unterschwelliger Erwartung eines Familiendramas.

Für Mr. Palgrave war der knapp vierzigjährige Talal ar-Raschid ein weiser Landesvater – seitenlang. Er vereinte alle Herrscherqualitäten in seiner Person, auch unter europäischen Monarchen gab es kaum seinesgleichen, er hatte Hail und ein Drittel des barbarischen Arabiens zivilisiert, im Vergleich zu dem Halbbarbarentum von Haan (Maan?) und Dschof zum Beispiel und zur Anarchie der türkischen Misswirtschaft und Willkürherrschaft in Syrien war das Reich Talals geradezu das Gelobte Land. Palgrave ging regelmäßig in die Große Moschee, obwohl allen in Hail bekannt sein musste, dass er Christ war – so groß war die Toleranz oder Indifferenz der guten Leute von Hail. Palgrave nahm an den Kaffeekränzchen bei Talals Bruder Mitab teil – als Quacksalber? –, dort sprachen die Freunde offen über hohe Politik, Allianzen, Feindschaften, Strategien und echauffierten sich über die Beduinen, ihren Wankelmut, ihre Unzuverlässigkeit, ihren Mangel an Patriotismus und Nationalgefühl und religiösem Sendungsbewusstsein. Nur ein Viertel der Bewohner Arabiens waren Beduinen, der Rest Städter, Dörfler, Bauern und Händler seit altersher, Patrioten der arabischen Freiheit, Feinde der Beduinen-Anarchie und des Wahhabismus. Bei der ersten Privataudienz Palgraves bei Talal eröffnete ihm der Emir, er glaube nicht, Palgrave sei nach Hail gekommen, um sich ein bisschen als Arzt zu betätigen, sondern um im Auftrag irgendeiner Regierung Pferde zu kaufen. Der Emir blieb auch später bei seiner Meinung, der Besuch Palgraves habe mehr zu bedeuten als dieser vorgebe, schließlich gab Mr. Palgrave in einer vertraulichen Unterredung mit dem Emir und seinem Wesir sein Inkognito auf und sein Geheimnis preis, erklärte ihnen das wahre Motiv seines Kommens und weihte sie in seine Pläne ein – nicht jedoch die Leser seines Werks, die so zahlreich waren, dass der zweibändige Bericht in kürzester Zeit mehrere Auflagen erlebte, der Leser erfuhr aus dem Buch nur, dass Palgraves Reise vom französischen Kaiser finanziert war, aber diese Information war vielleicht eine gezielte Desinformation. Nach zwei weiteren Geheimtreffen mit Talal erklärt sich der Emir einverstanden mit dem Vorschlag und dem Plan des Briten: Er soll nach Riad gehen, aber die Angelegenheit muss unbedingt geheim bleiben, andernfalls ist Palgraves Kopf in Gefahr und eventuell auch das ureigene Haupt des Emirs.

Palgrave malte das Sittengemälde Riads ebenso übertrieben düster wie das Hails strahlend hell. Das Wahhabiten-Reich war gut durchorganisiert, doch es beruhte auf Zwang und Fanatismus. Es herrschte Ordnung im Land, die Wege waren sicher, unter den Saudis gab es nur noch einen Räuber, nämlich Ibn Saud, und alle Unterdrückung ging von der Regierung aus. Die Herrschaftsform war schierer Despotismus, moralisch, intellektuell, religiös und physisch. Ein originelles Instrument der Repression stellte die Sitten- oder Religionspolizei dar, die Bürger verfolgte, welche nicht fünfmal am Tag dem öffentlichen Gebet in der Moschee beiwohnten, die nach dem Nachtgebet zu Hause Licht brennen ließen, die rauchten oder ein Lied sangen und anderes mehr. Dem Handel, der Kunst, selbst der Landwirtschaft abgeneigt, in höchstem Grade intolerant und aggressiv, erwiesen sich die Saudis als zu innerem Fortschritt unfähig und zu äußerer Expansion determiniert. Die Gräueltaten ihrer »bewaffneten Heuschreckenschwärme« waren Legion, bis in den hohen Norden hatten sie alles Land geplündert, verwüstet, verbrannt, in Mekka Scheichs, Scherifen, Türken über die Klinge springen lasssen und die Moschee von allen Ornamenten gesäubert, in Medina das Grab des Propheten zerstört und 60 mit den heiligen Reichtümern der Prophetenmoschee beladene Kamele nach Diriyah geschickt. Nichts war ihnen heilig außer ihrer Schreckensherrschaft, so Palgraves Schreckensbild. Solange der Wahhabismus in Zentralarabien vorherrsche, gebe es nicht viel Hoffnung für die Zivilisation, den Fortschritt und die arabische Nation.

In Riad wurden Palgrave und Genosse vom »Außenminister« begrüßt und ins Empfangs- und Kaffeehaus der Regierung, in den Speisesaal und zu ihren Gemächern geleitet und sofort von einem höflichen Hofspion heimgesucht, gleich darauf erschien der nächste Agent und fragte sie aus. Man ließ durchblicken, Feisal habe geäußert, sie sollten so schnell wie möglich aus Riad verschwinden. Der Emir verschwand aus Angst selbst von der Bildfläche, begab sich in ein Landhaus außerhalb der Stadt. Er war jetzt alt, blind und furchtsam, sein Sohn Abdallah führte die Staatsgeschäfte. Palgrave erlangte dank seiner ärztlichen Tätigkeit eine gewisse Reputation und machte die Bekanntschaft vieler Persönlichkeiten, auch politischer Würdenträger, die sich mit ihren Leiden oder unter dem Vorwand eines Leidens an ihn wandten, um herauszufinden, wer er war und was er wollte. Der Erste Minister suchte ihn auf, darauf folgten weitere Treffen, der Minister wurde gesprächig, von Persien habe Riad nichts zu befürchten, die Armeen des Schahs kämen wohl kaum über den Golf herüber, die Türken würden unterwegs in der Wüste verschmachten, nur zwei Potenzen könnten Riad ernsthaft bedrohen, die Ägypter und die Engländer aus Indien. Der Wesir war überzeugt davon, dass Palgrave ein Spion Ägyptens war, und doch gelang es dem angeblichen Arzt angeblich, in des

Ministers Bibliothek Dokumente wie Rechnungsbücher und Musterrollen zu kopieren und Listen mit Daten über Bevölkerung, Waffenfähige und Tributzahlungen nach Distrikten und Stämmen zu extrahieren. Andere meinten, Mr. Palgrave sei ein Spion in türkischen Diensten, zum Glück hielt ihn niemand für einen europäischen Agenten.

Nach einer ersten Audienz beim geschäftsführenden Emir Abdallah besuchte Palgrave ihn fast täglich im Palast, nach drei Wochen verlangte der Prinz von dem Arzt Strychnin, genug, um seinen Halbbruder und Rivalen Prinz Saud zu vergiften. Mr. Palgrave, der einzige Aufrechte unter so vielen skrupel- und gewissenlosen, korrupten und machtbesessenen Saudis, weigerte sich, und ihm war im selben Augenblick klar, dass er aus Riad verschwinden musste. Abdallah ließ ihn in der Nacht abholen und teilte ihm mit, er wisse jetzt, wer er sei: kein Doktor, sondern ein Christ, Spion und Agitator, gekommen in wessen Auftrag auch immer, um die wahhabitische Religion und den saudischen Staat zu ruinieren. Darauf stehe der Tod, und er werde bald eintreten. Antwort Palgraves: Das könne der Prinz nicht tun, das Gesetz der Gastfreundschaft verbiete es, im Übrigen würde nicht verborgen bleiben, wer für seinen Tod verantwortlich wäre; fürs Erste wird Palgrave entlassen. Happy End der Geschichte: Ihm gelingt die Flucht aus Riad, über Bahrain, Katar, Oman, persische Häfen, Basra und Bagdad kehrt er nach Syrien zurück.

Anfang Dezember 1878 waren Anne und Wilfrid Blunt erneut in Damaskus, sie wollten immer noch in den Nedschd. Das beduinische Zentrum Arabiens war für sie eine Art heiligen Landes, ihre Expedition sozusagen ein frommes Unternehmen, wenn auch die Religion, in deren Namen sie reisten, ausschließlich die Romantik war. Sie wollten zur »Wiege der arabischen Rasse« pilgern, ob Menschen- oder Pferderasse spezifizierten sie nicht, vielleicht meinten sie beides. Burckhardt hatte geschrieben, im Nedschd gebe es »eine sehr vortreffliche Pferdezucht«, und Mr. Palgrave, dessen Bericht gleichsam die aktuellste Reisebibel darstellte, hatte in seiner gewohnt souveränen Art behauptet, die Pferde aus dem Nedschd seien »die besten der Welt«. Sie würden weder als Zug- oder Lasttiere noch als Reisevehikel missbraucht – »war and parade are all their business« – und erst recht nicht verkauft, man bekomme sie nur durch Vererbung oder Raub oder als Geschenk, sofern man türkischer Sultan oder Pascha oder

der Schah von Persien sei. In den Ställen Feisals stünden zweifellos die besten Pferde Arabiens, rund 600 exquisite Rösser, die kaum einmal Auslauf bekämen. Doch auf Palgrave konnten sich die Blunts nicht verlassen, seine Akkuratesse und die Zuverlässigkeit seiner Angaben waren stark angezweifelt worden.

In Damaskus besuchten die Blunts Lady Digby und erhielten von Scheich Medjuel aktuelle Informationen über die Route sowie Empfehlungsschreiben für andere Scheichs, die sie unterwegs wahrscheinlich treffen würden. Sie kauften Präsente für die Scheichs, Kamele und Proviant und engagierten Personal, im Ganzen bestand ihre Karawane aus acht Personen, vier Pferden, vier Dromedaren und vier großen Lastkamelen. Und sie vermieden es zu verkünden – insbesondere dem Pascha –, wohin die Reise gehen sollte, sagten auf Nachfrage nur, sie hofften, Bagdad zu erreichen, und zogen nach Süden. Ihr Bericht, die von Wilfrid redigierten Tagebuchaufzeichnungen Annes, liest sich über weite Strecken wie ein Who's who der Stämme und Dörfer, sie machten viele Bekanntschaften, um Auskünfte, Ratschläge und Führer zu bekommen, und mussten endlos Kaffee mit Gewürznelkengeschmack trinken und süße, klebrige Datteln essen. »There was a great deal of coffee drinking, and a great deal of talk«; Kaffee und Konversation, zumal Wüstenklatsch, waren die Freuden der Araber. Unterwegs kauften sie zwei weitere Lastkamele, um Futter zu transportieren, denn im Wadi Sirhan sollte es zu dieser Zeit keine Weide geben. Zwei Tagesritte vor der Oase Kaf am nördlichen Ende des Wadi Sirhan begegneten sie ihrem Weihnachtsbraten, einem verirrten, herrenlosen Kamel, das wie Hammel schmeckte; später probierten sie auch eine Hyäne und Heuschrecken, aber normalerweise bevorzugten sie Hasen, die ihre Windhunde und ihr Falke jagten. Kaum war das Kamel verzehrt, erhob sich ein Sandsturm, der die Zelte umriss. Sie blieben bis zum Morgen in den Ruinen liegen, dann zogen sie gegen den eisigen Wind und fliegenden Sand weiter, weil sie nur für zwei Tage Wasser hatten. Es war ein malerisches Bild, wie die Kamele mit gestrecktem Hals die dicke gelbe Luft durchschnitten, als schwebten sie durch die Lüfte. Man durfte sich nur nicht aus den Augen verlieren. Sie lagerten zwischen Tamarisken, die etwas Schutz boten, am nächsten Morgen waren die Zelte halb verschüttet. Eins der zuletzt erworbenen Kamele hatte Heimweh und lief in der Nacht zurück, als hätte es gewusst, dass der Wind seine Spuren verwischte. Am nächsten

Tag wurde Lady Anne von ihrem Kamel abgeworfen, als sie sich zur Seite lehnte, um am Sattel herumzufingern, und verrenkte sich das Knie, was beinahe fatale Folgen gehabt hätte.

Die Oase Kaf war ein mickriges Kaff von 16 Häusern mit einem Palmenhain. Für die 200 Meilen durch das Wadi Sirhan nahmen sie einen Scherari als Führer, denn es gab keinen Track durch das weite, trockene, trostlose Tal, ehemals vermutlich ein Meeresarm wie das Rote Meer. Nichts als lockerer weißer Sand und ein paar Büsche, nachts starker Frost, und Lady Anne lahmte. Am sechsten Tag gab es eine Abwechslung, aber eine nicht sehr erfreuliche. Die Blunts ritten auf ihren Pferden voraus, stiegen ab, banden die Tiere an Büsche und warteten auf die Karawane. Die Kamele schlichen an ihnen vorüber, kurz darauf hörten sie den dumpfen Hufschlag galoppierender Pferde. Wilfrid sprang auf, sah sich um und rief: »Auf dein Pferd! Das ist ein Ghasu!« Lady Anne humpelte zu ihrer Stute, sah einen Trupp Reiter mit angelegten Lanzen in vollem Galopp auf sie zukommen, setzte ihren Fuß in den Steigbügel und fiel zu Boden, sowohl ihr Knie als auch der Sand gaben nach. Sie raffte sich auf und wurde mit einer Lanze niedergeschlagen. Dann fielen alle über Wilfrid her, der längst aufgesessen hatte und auf seine Gemahlin wartete. Sie hatte ihm noch ihr Gewehr gegeben, doch war es nicht geladen. Sein eigenes Gewehr und sein Säbel befanden sich auf seinem Dromedar. Zum Glück war er dick angezogen, sodass die Lanzen ihn nicht verletzten. Die Angreifer entrissen ihm das Gewehr und zerschmetterten es auf seinem Kopf. Wilfrid ließ sich vom Pferd fallen, Widerstand war sinnlos. Anne rief dem Dutzend Beduinen die übliche Unterwerfungsformel zu, der Anführer fragte, wer sie seien, und folgte ihnen mit seinen Leuten zur Karawane, die sich in Sichtweite verschanzt hatte. Der Sohn des Scheichs von Tadmur, Führer der Blunts schon im letzten Winter, der sie auch diesmal begleitete, kam ihnen entgegen: »Wer seid ihr?« »Ruwallah.« »Schwörst du bei Allah?« »Ich schwöre. Und wer bist du?« »Mohammed ibn Aruk von Tadmur.« »Und dies sind Franken, die mit dir reisen?« »Franken, Freunde von Ibn Schaalan.« Der Ruwallah-Häuptling, dessen Gäste die Blunts vor einem Jahr gewesen, war zu ihrem Schutz ebenso verpflichtet wie zur Protektion der Aruk, die ihm Tribut zahlten. Sie waren also von Freunden überfallen worden, deshalb bekamen sie alles zurück, die schönen Stuten, auf welche die Beduinen es abgesehen hatten, das schöne Gewehr, dessen Schaft abgebrochen war, den schönen Tabaksbeutel. Die befreundeten Räuber benahmen sich wie Gentlemen, es war ihnen auch höchst unangenehm, dass sich in dem Mantel, auf den sie zuerst eingeschlagen hatten, eine Frau befand. Wilfrids Überzeugung, sich dank Waffenüberlegenheit und schneller Pferde einer Bande von 15 bis 20 Dieben entledigen zu können, hatte sich als Illusion erwiesen, Überrumpelung war effektiver als europäische Technik, zumal dann, wenn letztere nicht einsatzbereit war. Am Ende behielt Altmeister Niebuhr Recht: »Glaubt aber ein Europäer, dass er sich durch ein besseres Gewehr und mit mehr Entschlossenheit (...) gegen jeden Angriff in der Wüste werde verteidigen können, so irrt er sich sehr.«

Ab Dschof, der Oase am Südrand des Wadi Sirhan, bestand keine Gefahr von Überfällen mehr. Dschof gehörte zum Gebiet der Raschiden, die dafür gesorgt hatten, dass Straßenräuber zur Ahndung ihrer ersten Straftat die Hand, bei der zweiten den Kopf verloren. Dschof hatte eine Festung mit sechs Soldaten aus Hail als Polizeitruppe und einen schwarzen Sklaven als Gouverneur, der den Blunts einen Führer durch die Nefud mitgab, einen Mann mit 40 Jahren Nefud-Erfahrung. Es gab zwei Wege nach Hail: einen leichteren von 13 Tagen und einen schwierigeren von zehn Tagen. Die Blunts entschieden sich für den kürzeren mit dem tieferen Sand, nur um sich den Wunsch zu erfüllen, die größtmögliche Dosis Gefahr dieses »Nonplusultra aller Wüsten der Welt« zu kosten. Sie hatten wunderbare Geschichten über diese Sandwüste gehört und über Leute, die in ihr verloren gingen. 200 Meilen lagen vor ihnen, und es gab nur zwei Brunnen, einen am zweiten, den anderen am achten Tag. Acht Wasserschläuche mussten reichen für Mensch und Pferd.

Die Nefud war ganz anders als Mr. Palgrave sie geschildert hatte, allerdings musste man ihm zugute halten, dass er im Sommer durch die Nefud gegangen und also überwiegend nachts gereist war. Der Sand strahlte leuchtend rot und war absolut rein, ohne Beimischung. Die Vertiefungen in Hufeisenform waren alle gleich ausgerichtet, von Ost nach West, und veränderten sich nie, kein Sandsturm füllte die Riesenlöcher und trug die hohen steilen Wände ab, es glich einem Wunder, dass sie nicht einbrachen. Das Überraschendste aber war, dass die Nefud mehr Weidegrund aufwies als jedes andere Stück Wüste seit Damaskus, sie war überall mit Büschen bewachsen, auch reich an Brennholz. Viel gute Weide – das war des Rätsels Lösung, warum es in der Nefud Pferdezucht gab. Sie war mitnichten eine schreckliche Hölle, sondern die Wohnstatt der Beduinen während eines großen Teils des Jahres. Ihr einziger Mangel bestand in Wasserknappheit, es gab nur wenige Brunnen. Doch im Frühling nach dem Regen, wenn das Gras frisch und saftig war, brauchten die Kamele wochenlang kein Wasser und die Beduinen ebenso wenig, weil ihre Kamele dann Milch gaben. Wenn Gras und Sträucher vertrockneten, dienten sie Kamelen und Pferden immer noch als Futter.

Hinter dem ersten Brunnen warteten 100 Meilen Durststrecke auf die Blunts und ihre Gesellschaft, fünf Tage schwerer, tiefer Sand, vielleicht auch sechs oder sieben Tage bis zur Oase Jubbah. Ihr Führer unterhielt sie mit Geschichten aus der Nefud, »blood and bones stories« von Überfällen und Verirrungen, einmal waren 500 türkische Soldaten von ihren Schammar-Führern verlassen und verraten worden und in der Wüste verendet, in fast jedem Bodenloch lagen Knochen von Menschen und Kamelen, die Wind und Sand nicht zudeckten. Die Kamele der Blunt-Karawane fanden kein frisches Futter und fingen an, schlapp zu machen, die Moslems der Karawane sprachen zum ersten Mal seit Damaskus Gebete, vielleicht aus Angst, die nächste Wasserstelle nicht zu erreichen, vielleicht aus Respekt vor dem feierlichen Ernst der Nefud, womöglich auch, um für Hail zu trainieren, wo Beten Pflicht war. Der Sand schien immer tiefer zu werden, eins der Kamele streikte, seine Last musste auf die anderen verteilt werden. Ein Reitkamel bekam einen Schwächeanfall, sein Reiter musste zu Fuß gehen wie die Kameltreiber, barfuß natürlich, auch die Blunts gingen streckenweise zu Fuß, um ihre Tiere zu schonen, sie wateten durch den Sand und waren außerstande, mit den Arabern mitzuhalten. Zwei Kamele verweigerten das mitgeführte Trockenfutter, weil sie zum Fressen zu durstig waren, ein weiteres fiel zurück und schleppte sich hinterdrein. Sie machten nur noch eine Meile in der Stunde, normal waren es dreieinhalb, zeitweise schien es ihnen, als müssten sie alle in der Nefud bleiben, und die Blunts begannen zu glauben, »that it may not have been altogether a romance«. Am achten Tag erreichten sie Jubbah, doch wäre das Wetter nicht perfekt gewesen oder ein Sandsturm über sie gekommen, wären sie in der Nefud verdurstet.

Jubbah lag in einer Vertiefung der Nefud und bestand aus 80 Häusern, die Brunnen waren 75 Fuß tief, die Leute sehr arm und ungeschliffen und das Jungvolk ziemlich feindselig gegen Nasrani, Nazarener, Christen. Es war das einzige Mal, dass den Blunts in Arabien religiöse Animosität entgegenschlug, die Araber schienen sonst tolerant und frei von nationalen oder religiösen Vorurteilen zu sein. Nach dem unangenehmen Eindruck von Jubbah machten die Blunts sich Sorgen, wie sie wohl in Hail aufgenommen würden, sie waren – wie sie glaubten – die ersten Europäer und Christen, die offen als solche Hail besuchten. Alle Nedschd-Traveller vor ihnen waren unter falscher Identität gereist, der finnische Orientalist Wallin als Muslim und russischer Untertan aus Zentralasien, der Levantiner italienischer Herkunft Guarmani als türkischer Muselmann, Mr. Palgrave zwar als Christ, aber Syrer. Palgrave hatte das Reich der Raschiden als mustergültigen Staat gezeichnet, aber ihm war nicht zu trauen. Außerdem war seit Talal ar-Raschids seligen Zeiten viel Blut die Wadis hinuntergeflossen, der Emir hatte 1869 den Tod gefunden, aus den Machtkämpfen um seine Nachfolge ging schließlich Talals Bruder Mohammed siegreich hervor, nachdem er ein rundes Dutzend Vettern und Neffen um die Ecke gebracht hatte. Im Hause Saud war nach dem Tod Feisals 1865 unter seinen Söhnen ebenfalls ein Thronfolgestreit ausgebrochen, der jedoch andere Folgen zeitigte. Während sich das Raschiden-Reich nach dem Terror, den Mohammed veranstaltet hatte, stabilisierte, zerfiel die saudische Herrschaft über Zentralarabien infolge des hausgemachten Konflikts und der Kämpfe mit den Raschiden, die ihren Machtbereich auf Kosten der Saudis ausdehnten. Hail wurde unter Mohammed ar-Raschid vollkommen unabhängig von Riad und erlangte die Vorherrschaft im Nedschd, während das saudische Reich sich desintegrierte. Dass Mohammed im Jahr 1880 die Geste und Machtdemonstration der Saudis von 1810 kopierte und mit 5000 Mann bis auf 60 Meilen vor die Tore von Damaskus rückte, sprach Bände.

Lady Anne saß auf einem Felsen im Dschebel Schammar, diesem weiten, fantastischen Gebirgszug, hinter dem eine Tagesreise entfernt Hail lag, und schrieb ihr Journal. Es war wie im Traum, dort zu sitzen und daran zu denken, »wie ich vor Jahren diesen romantischen Bericht Mr. Palgraves, dem niemand Glauben schenkte, über einen idealen Staat im Herzen Arabiens und ein glückliches Land las, das niemand außer ihm gesehen hatte, und wie unwahrscheinlich weit weg und unwirklich das alles klang, und wie wir später auf unseren Reisen vom Nedschd und von Hail und vom Dschebel Schammar alle Leute, die diese Namen kannten, mit einer Art Ehrfurcht sprechen hörten, sogar die Beduinen (…). Ich fühle, dass wir etwas vollbracht haben, was nicht jedem zu tun gegeben ist«. Doch wie würde es ihnen in Hail ergehen? Sie beabsichtigten, sich dem Emir als »English persons of distinction travelling for amusement in search of other persons of distinction« zu präsentieren. Als sie Hail erreichten, waren sie von dem Anblick nicht besonders erbaut, als einziges Gebäude von Bedeutung stach der Palast heraus, die Mauern und Straßen sahen aus wie aus dem Ei gepellt, ein Hauch des Irrealen lag über der Stadt.

Ihr Führer hatte sie angemeldet, und so wurden sie im Hof des Palasts von einer zwanzigköpfigen Delegation willkommen geheißen, Söhnen von Scheichs, in deren Mitte sich ein großartig scharlachrot gekleideter alter Mann befand, »dessen hohe Statur und schneeweißer Bart uns eine Vorstellung davon gab, wie Salomo in all seiner Glorie ausgesehen haben mochte«. Im Empfangsraum wurden sie mit Kaffee bewirtet und zwanzigmal nach ihrer Gesundheit gefragt, dann trat der Emir ein, diesmal war er es wirklich, die Scheichsöhne waren seine Diener und Salomo nur sein Kämmerer. Zeremonielle Ansprachen wurden gehalten, Höflichkeitsfloskeln ausgetauscht, der in feines Purpurleinen gehüllte Emir war eine sehr distinguierte Erscheinung, jeder Zoll ein König und genau der Typ, von dem man fürchtet, dass er ein Mörder sei. Er lud die Blunts und ihr Gefolge zur Gerichtsverhandlung ein, die er jeden Tag um diese Uhrzeit im Palasthof von Soldaten umgeben abhielt, kein Fall wurde in mehr als drei Minuten erledigt, das Ganze dauerte nur eine halbe Stunde. Ihnen wurde ein Doppelhaus in der Hauptstraße Hails angewiesen, schlicht aber sauber, darauf ging es zum Empfang beim Emir, um die Geschenke abzuliefern: ein Teleskop, einen Revolver, ein Winchestergewehr, einen scharlachroten Umhang, den die Blunts für ein glanzvolles, einem Emir höchst angemessenes Gewand gehalten hatten, das angesichts der prächtigen Kleidung, die man in Hail trug, jedoch schäbig wirkte; der Emir nahm alles gnädig an und legte es beiseite, so etwas hatte er schon. Er führte sie in seine Gärten mit Palmen und Gazellen, Zitrusbäumen und Antilopen und durch vier Höfe mit Stallungen, deretwegen sie hauptsächlich gekommen waren. Die Pferde, die sie sahen, waren aber leider nicht zu vergleichen mit denen, die sie vor einem Jahr bei dem Anaseh-Clan der Gomussa in Syrien gesehen hatten. Der Emir sah ihnen die Enttäuschung an, warf mit einer wunderbar lässigen, despektierlichen Handbewegung hin: »die Pferde meiner Sklaven«, doch es stand außer Zweifel, dass es sich um die gepriesenen

Stuten Mohammed ar-Raschids aus dem legendären Gestüt Feisal al-Sauds handelte, der ebenso wenig wie die Raschiden eine eigene Zucht betrieben, vielmehr von den Beduinen der Nefud und des Nordens Pferde gekauft oder geraubt und sich den Luxus einer Pferdesammlung just for show geleistet hatte, auch Mohammed ar-Raschids gefeierte Pferde waren ein zusammengewürfeltes Sammelsurium. Man reiste und raubte zu Kamel, im Höchstfall bestieg ein Scheich sein Pferd zu Beginn eines Kampfes, Pferde waren jetzt sehr selten im Nedschd.

Der Emir ließ es sich nicht nehmen, den Blunts auch seine Großküche zu zeigen, abgesehen von seiner eigenen Großfamilie hatte er täglich etwa 200 Gäste zu bewirten, Besucher aus den Dörfern, von den Stämmen, fahrende Händler, Reisende, jeder Fremde hatte Platz an des Emirs Tafel, der er jedoch nicht präsidierte. Für 200 Gäste brauchte es 40 Schafe oder sieben Kamele und große Kessel, monströse Kessel, in jeden passte ein Kamel. Den Blunts als persons of distinction wurde das Dinner frei Haus geliefert, und ein Sklave brachte ihnen jeden Morgen das Frühstück. Soldaten begleiteten sie auf Stadtrundgängen, Lady Anne ging jedoch selten auf die Straße, nicht alle Einwohner Hails billigten es, dass und wie der Emir die Inglis aufgenommen hatte, sie waren noch nie eines ausgemachten Europäers und Christen ansichtig geworden. Der Wahhabismus befand sich in Hail auf dem absteigenden Ast, war aber noch nicht abgestorben. Lady Anne besuchte lieber Harems, die Konversation mit den Haremsdamen erschöpfte sich zwar nicht wie gewöhnlich in zwei Fragen, nämlich ob England weit weg war und wie viele Kinder die Lady hatte. Aber sie bestätigte die generelle Beobachtung, dass die Damen davon überzeugt waren, vollkommenes Glück und vollendete Würde bestehe in Nichtstun und Stillsitzen. »Was tut ihr den ganzen Tag?« »Wir leben im Palast.« »Geht ihr überhaupt nicht raus?« »Nein, wir bleiben immer im Palast.« »Geht ihr nie aufs Land hinaus, in die Wüste?« »Oh nein, natürlich nicht.« »Aber was macht ihr, um die Zeit totzuschlagen?« »Wir tun nichts.« »Wie gelingt es euch, so das Leben zu verbringen?« »Wir sitzen.« Die Frauen des Emirs hatten noch nicht einmal Kinder, die sie von ihrer absoluten Untätigkeit hätten ablenken können, denn den Emir hatte die Strafe Allahs für Mord und Totschlag ereilt.

Jeden Abend nach dem Dinner erhielten die Blunts eine Einladung vom Emir, mit ihm die Zeit zu verbringen, manchmal zusammen mit anderen illustren Gästen wie räuberischen Wüstenscheichs, die noch am interessantesten waren. Der Emir war kindlich eitel, immer empfänglich für die lobende Anerkennung seiner Macht, seiner Weisheit, seines Besitzes. Und er war kindisch eifersüchtig auf führende Scheichs und auf jeden, der in der Wüste auch nur die geringste Reputation erlangte. Vor allem aber war er ehrgeizig, wohlinformiert über das Geschehen sowohl in der Wüste als auch im internationalen Raum, von erstaunlicher Auffassungsgabe und Urteilsfähigkeit in ernsten Dingen und von einer Entschlossenheit und Energie, die er bereits vor Antritt seiner Herrschaft durch sein Familiengemetzel genügend unter Beweis gestellt hatte. Dann wieder war er ein Spielkind und führte den Gästen seine neueste Errungenschaft vor, ein Spielzeug, das letztes Jahr in Europa Mode gewesen war, genannt Telefon. Er schickte einen schwarzen Sklaven in den Hof, der so laut ins Telefon brüllte, dass er auch ohne den Apparat zu hören gewesen wäre.

Die Blunts hatten genug von dem langweiligen und ermüdenden Stadtleben, früher als gedacht zogen sie weiter. Sie fühlten sich in Hail wie in einem komfortablen Gefängnis, manchmal gar in der Höhle eines Löwen, sie hatten schon zu lange ihren Kopf in dessen Rachen gesteckt, zum Glück standen sie mit ihm auf freundschaftlichem Fuß. Es lohnte sich nicht, auch noch an den Hof Ibn Sauds zu gehen, nur ein Fünftel der Pferdesammlung Feisals befand sich noch in Riad. Auch waren sie nicht länger neugierig auf den Nedschd, es sei denn, sie kämen unter Beduinen. Auf dem persischen Pilgerweg, der über Hail führte, ritten sie nach Bagdad, just for amusement.

Die Blunts täuschten sich, sie waren nicht die ersten Europäer und Christen, die unter ihrer wahren Identität durch Innerarabien reisten. Charles Montagu Doughty hatte ein Jahr früher den Nedschd bereist, aber das wussten die Blunts noch nicht, sie hörten unterwegs nur, dass ein Europäer vor ihnen in Hail gewesen sein sollte. Doughtys umfang- und inhaltsreiche *Travels in Arabia Deserta* erschienen erst 1888, sieben Jahre nach dem Reisebericht der Blunts, wenn auch seine Inschriftenfunde in Fachkreisen vorher bekannt wurden. Doughty ging als Impfarzt nach Arabien, um eine »Daseinsberechtigung in einem Land« zu haben, »in dem es schon lebensgefährlich ist, wenn man ein paar Silberstücke bei sich trägt«; ohne glaubwürdiges und akzeptables Motiv hätte er unweigerlich als Spion gegolten. Unterwegs erfuhr er, dass er zwei Vorgänger hatte, Christen, die im Nedschd Beduinen geimpft hatten. Und Mr. Palgrave hatte von einem Europäer gehört – oder ihn erfunden –, der sieben Jahre vor ihm als Derwisch von der Küste des Persischen Golfs quer durch Arabien nach Mekka hatte tingeln wollen, in Riad Station machte, als Spion verdächtigt und in Diriyah angeblich ermordet wurde. Als Christ zu reisen, so Palgrave, sei weder gefährlich noch unzweckmäßig – außer in Mekka vielleicht und im saudischen Teil des Nedschd natürlich –, die Gefahr bestehe darin, als Europäer oder Agent von Europäern erkannt zu werden, am besten fahre man als Kaufmann oder Arzt. Nun gut, Doughty begab sich als Arzt, Christ und Engländer unter die Araber, wurde wegen seines Glaubens oder unter diesem Vorwand diffamiert, attackiert, abgeschoben, verfolgt, geplündert und fragte sich selbst, warum er sich das alles antat und »diese öde Gegend« nicht schnellstens verließ, »wo jeder gesetzlose und fanatische Bursche – da ich nicht zu ihrer Religion konvertieren wollte – mir seinen Dolch an den Hals setzen konnte«.

Doughty war no person of distinction, er kam in zerrissenen Kleidern und ohne Sandalen nach Hail, nachdem er mehr als ein halbes Jahr bei den Beduinen gelebt hatte, er bekam den letzten Raum in der Gästehalle zugewiesen, frühstückte in der großen Kaffeehalle des Palastbezirks, erhielt im Gästesaal verschimmelte Tributdatteln zum Dinner und nahm nicht an den Soireen des Emirs teil. Immerhin stand er unter dem Schutz des gefürchteten Mohammed ar-Raschid, der ihn gleich nach seiner Ankunft ausfragte, wer er sei und was er wolle, konnte sich in der riesigen Palmenoase mit den neuen Häusern und sauberen Straßen frei bewegen und wurde sogar einmal vom freundlichen Bruder des Emirs in dessen Kreis von »Halb-Wahhabiten« geladen, ohne dass ihm als bekennendem Christen etwas zustieß. In Kheybar (Chaibar) hingegen, seiner nächsten Station, einem Ort voller Schwarzer im Hedschas, wurde Doughty unter religiösen Anfeindungen von der Dorfpolizei gefangen gesetzt und sein Besitz beschlagnahmt. »In was für ein Land (…) bin ich hier geraten?« Ab sofort trug er seine Pistole, die bereits sechs mörderische Araber ins Jenseits befördert hatte, stets an einem Halsband unter dem weiten Hemd. Es dauerte Wochen, bis der Pascha von Medina, der Doughtys Bücher, Karten, Notizbücher prüfen und den Fall entscheiden musste, ihn unter Bewachung nach Hail zurückschickte. Der Emir und sein Bruder waren gerade auf einem Kriegs- und Beutezug, mit ihnen die Hälfte der männlichen Einwohner Hails, aus der Restbevölkerung schlugen Doughty Hass und Drohungen entgegen, weil er immer noch starrköpfig darauf bestand, Christ zu bleiben, der Stellvertreter des Emirs wies ihn aus der Stadt, in der so viele nur auf eine Gelegenheit warteten, ihm an den Kragen zu gehen, er schickte ihn mit seinen zwei Bewachern zurück nach Kheybar. Mit nackten Füßen musste er über den heißen, hart gebrannten Kies der Wüste hinter den Kamelen der Soldaten aus Medina herlaufen, bis ihm vor Anstrengung und Hitze das Blut aus der Nase spritzte, zwei Tage später ließen sie ihn in einem Beduinenlager zurück. Beduinen brachten ihn nach Boreyda (Buraida), dort wurde er im Gästehaus des selbsternannten Emirs von einem Haufen Subalterner, die ihn als Nasrani beschimpften, ausgeraubt, ein Offizier kam dazwischen, hielt diese Art der Gastfreundschaft für eine Schande und versprach Doughty, dass er alles zurückbekommen solle, oder »die Hand eines jeden, bei dem sich etwas findet, wird dir (...) in deine Reisetasche gelegt«. Der Emir, ein schmutziger Kerl von etwa 35 Jahren, der seinen Vorgänger aus dem Weg geräumt hatte, wollte, dass Doughty noch am gleichen Tag die Stadt verließ, aber die fanatischen Bürger forderten vom Emir Doughtys Kopf, noch nie habe ein Christ Boreyda betreten. Schon drängten sie ins Haus des Offiziers, der Doughty bei sich aufgenommen hatte, doch seinem Beschützer gelang es noch einmal, den Glaubenseifer der Städter im Zaum zu halten. Schließlich erschien der Emir in Begleitung eines Mannes, der Doughty auf seinem Kamel nach Aneyza (Unaysah) bringen sollte; nach dreistündigem Ritt setzte der Mann Doughty in den Sanddünen aus.

»Fernab einer größeren Stadt inmitten des fanatischen Nedschd allein zurückgelassen zu werden, das war der grausamste Schicksalsschlag, der mich bis jetzt in Arabien getroffen hatte.« Doughty fand einen Palmenhain mit Gartenhaus und einen Mann beim Pflügen, der ihn für die Nacht aufnahm und am nächsten Morgen auf seinem Esel nach Aneyza brachte. Der hiesige Emir war Doughty wohlgesinnt, riet ihm aber, nicht aller Welt stolz zu verkünden, dass er ein Nasrani war, er sollte sich lieber als desertierter osmanischer Soldat ausgeben, das kam besser an. Die Städter duldeten Doughty zunächst in ihrer Mitte, nahmen seine ärztlichen Dienste in Anspruch, er verkehrte sogar in den besten Kaufmannskreisen. Die Gottesgelehrten hatte er allerdings gegen sich, und der Imam in all seiner wahhabitischen Weisheit hetzte das Volk bei der Freitagspredigt in der Hauptmoschee gegen ihn auf. Frauen beschimpften ihn nun auf der Straße, Kinder warfen Steine nach ihm. Am Ende geboten seine Gönner ihm, Aneyza zu verlassen, um weiteren Aufruhr zu vermeiden, er zog mit einer Butterkarawane von 170 Kamelen und 30 Tonnen Butter gen Mekka. Kurz vor der heiligen Stadt musste er sich zwangsläufig von der Karawane trennen, in einer Kaffeehütte spielte einer der zahlreichen Abkömmlinge des Propheten verrückt und ging mit dem Messer auf ihn los. Die Nachricht vom Kommen eines Christen hatte sich in der Nacht verbreitet, er werde den Ungläubigen umbringen, schrie der Scherif, und nach Vollendung der frommen Tat dessen Kamel und sonstige Habe einsacken. Ein schwarzer Sklavenmeister des Großscherifen von Mekka hielt ihn davon ab und überzeugte ihn, dass die Angelegenheit vor ihrer aller Gebieter gebracht werden müsse, der Messerstecher selbst solle Doughty nach Taif bringen, wo der Großscherif zu der Zeit residierte. Dort wurde der Schurke von Kaffeehüttenscherif einfach weggeschickt, Doughty aber im Haus eines türkischen Offiziers aufgenommen, gebadet, rasiert, verarztet, wie ein arabischer Scheich neu eingekleidet und zur Audienz beim Scherifen von Mekka geführt.

Doughtys Auseinandersetzungen mit den Arabern hatten bereits in Madain Salih begonnen, der Wasserstation am syrischen Pilgerweg auf halber Strecke nach Mekka, wo der Oberaufseher der Wasserreservoirs zwischen Tabuk und Medina sich mit ihm anlegte. Doch Doughty war nicht nach Arabien gekommen, um sich mit Arabern herumzuschlagen, auch nicht, um Beduinen zu impfen – das war nur ein Vorwand, außerdem war sein Impfstoff schon verdorben –, sondern um das Land aufzuschreiben, wie ein weiterer Nachkomme des Propheten in der 40. Generation erkannte, den Doughty in Hail traf. Bei Madain Salih schrieb er in den Sandstein gemeißelte Denkmäler auf, tempelartige Steinmonumente mit Kapitellen und Halbzinnen wie in Petra, Grabmäler mit Kammern und Nischen und Bodenlöchern voll menschlicher Gebeine, er schrieb Vogelskulpturen, vierfüßige Ungeheuer, Blumen, Münzen und Stammeszeichen der Beduinen auf und Inschriften in Nabatäisch und dem südarabischen Himyarisch. Er schrieb auch Beduinen auf, ihr Leben war erbärmlich und erbarmungswürdig, ihr ärmliches Lager wies keine Spur von Wohlstand auf wie etwa bei den Stämmen des Nordens, sie waren »nicht besser als Tote bekleidet« und gingen barfuß, litten immerwährend Hunger, tranken infiziertes Wasser, insbesondere die Frauen existierten nur vom Allernotwendigsten. »Die Nomaden leben fast wie die wilden Tiere.«

Julius Euting war ein ruinenhungriger Inschriftenanbeter. Zusammen mit dem Elsässer französischer Nationalität Charles Huber ging der gebürtige Württemberger 1883 mit Unterstützung des Kaiserlichen Statthalters von Elsass-Lothringen in Arabien auf die Suche nach Spuren vorislamischer Geschichte in Gestalt von Monumenten und Epigrafen. Der humorvolle Herr Bibliothekar der Universitätsbibliothek und Honorarprofessor an der Universität zu Straßburg stülpte sich den Beduinendress und den Namen Abd al-Wallah über, ließ sich gleich am ersten Tag von zwei listigen Halunken seine Pistole abluchsen, machte seine ersten Reitversuche auf einem Kamel und gewann – als Orientalist und Sprachenkenner, der er war – die Überzeugung, »dass die ganz spezifischen Laute der arabischen Sprache dem Kamel entlehnt oder nachgebildet sind«. Bei der Oase Kaf trafen Huber und Euting auf einen Trupp gut bewaffneter Reiter auf leichtfüßigen Dromedaren, eine Abordnung des Emirs von Hail, die sie abholen und nach der Stadt geleiten sollte. Der im Auftrag der französischen Regierung reisende Huber kannte den Anführer wie auch Mohammed ar-Raschid bereits von seiner ersten Arabientour vor drei, vier Jahren, und Euting hatte ihren Besuch dem Emir brieflich angekündigt und ihn um einen Führer nebst Eskorte gebeten. Sie ritten auf der Huber schon bekannten Route durchs Wadi Sirhan und die Nefud nach Hail, Euting bisweilen auf dem rohen Sitzfleisch.

Große Abendgesellschaft beim Emir und große Bescherung, die Wissenschaftler aus dem Abendland haben Geschenke mitgebracht. Der Emir hält nicht viel auf »europäisches Machwerk«, das ist ihm »gleichgültiger Tand«, so Euting, doch europäische Waffen interessieren ihn. Sie überreichen ihm eine Säbelklinge aus Solingen, einen Mauser-Revolver sowie zwölf Steinschlossgewehre, ein Präsent des Königs von Württemberg, der Euting reichlich mit Waffen versehen hat. Euting musste dem Emir auch sein eigenes Repetiergewehr vorführen, einen Einzel- sowohl als Mehrlader oder »Vater von neun«, wie Mohammed ihn voller Bewunderung nannte. Danach war Euting gezwungen, ihn dem Emir ebenfalls zum Geschenk zu machen, auch Huber verzichtete schweren Herzens auf sein Exemplar. Außer seinen wissenschaftlichen Instrumenten besaß Euting nun nichts mehr, dessen Verlust er nicht hätte verschmerzen können. Auf die Frage, was er in diesem Land wolle, antwortete er: »Ich will die Ruinen von Teima, el-Hegr, el-Öla sehen, sonst begehr' ich nichts!«

Das Gelehrtengespann wohnte in einem Haus in der Stadt und bekam ununterbrochen Besuch von Leuten, die nichts Besseres zu tun hatten, als den Tag totzuschlagen, alle wollten sie Geschenke, bettelten, stöberten in ihren Sachen herum, waren ziemlich lästig, die Ersten erschienen schon vor Sonnenaufgang, es ging zu wie im Taubenschlag. Der Emir rückte auf einen Raubzug aus, und da sein Territorium so groß geworden war, musste er weit reiten, um Feind und Beute zu finden, und blieb lange weg. »Es ist zu traurig, dass wir unserem Ziel, den alten Ruinen und Grabstätten im Westen, gar nicht näher kommen. Wir sind ja hier sehr gefeiert, befinden uns aber eben doch in einer ehrenhaften Gefangenschaft zur Unterhaltung des ›Schlosses‹«. Die Hofnarren, die einen Narren an Ruinen gefressen hatten und nun schon fast ein Vierteljahr in Hail herumsaßen, machten dem Fürsten Vorstellungen, er solle sie doch nach Taima ziehen lassen. Erst als sie auf die gute Idee kamen, dem Emir auch noch die letzten elf Steinschlossgewehre ihres Vorrats zu verehren, gab er grünes Licht und ihnen Kamele, Proviant und einen Führer mit.

»Ich kann nur jedem Wüsten-Reisendem raten, einen langen Pelz und einen Schlafrock mitzunehmen«, riet Euting. Es war Januar, sie ritten in eisigem Wind, fanden und kopierten im Dschebel Misma bei Frost Hunderte Inschriften in nabatäischen und protoarabischen Zeichen sowie Tierbilder und Jagdszenen in den Felsen und machten in der Ibn Raschid tributpflichtigen Oase Taima, einer der ältesten Städte Arabiens, einem Knotenpunkt antiker Handelsstraßen, den merkwürdigsten Fund ihrer ganzen Reise, einen im Türpfosten verbauten Stein, der Euting fünf Reichsmark kostete und bald darauf als Stele von Taima bekannt wurde, ein Objekt mit aramäischer Inschrift aus dem 6. Jahrhundert v. Chr., um das sich Europas Museen gerissen hätten. Sie verpackten ihre Beute in Palmbast, Packtuch und Beduinenteppiche und lagerten sie zunächst in Taima. Dann zogen sie nach Madain Salih weiter, um die von Doughty entdeckten Grabmäler von Hegra, Doughtys el-Hejr, Eutings el-Hegr, und die Ruinen von al-Ula, Doughtys el-Ally, Eutings el-Öla, zu sehen, dies »waren die Stätten meiner Sehnsucht«, wie Euting bekannte, dort fand der Epigrafiker das Paradies: über den Eingängen zu den Felsgräbern von Hegra große nabatäische Prachtinschriften, in den Felswänden Epigrafen mit altaramäischen, thamudischen, nabatäischen, griechischen und lateinischen Zeichen, in al-Ula beschriftete Grabnischen in den Felsen und in den Hauswänden eingemauerte Steine mit himyarischen und anderen südsemitischen Schriftzeichen. Euting war am Ziel seiner Sehnsucht und nicht mehr zu halten, er kopierte und kopierte und nahm Abdrücke mit nassem Papier.

Die Reisegenossen trennten sich, Huber blieb in Arabien, Euting ging an die Küste des Roten Meeres. Das Nachtlager Eutings und seiner Führer wurde überfallen, Euting erschoss mit seinem Revolver einen der Angreifer, nun war er der Blutrache ausgesetzt, er rettete sich zunächst in das Stammeslager seiner Führer, wo ihm das elende Bettlergesindel auf die Nerven ging, dann in die »orientalische Halbzivilisation« der halbägyptischen Hafenstadt el-Wegh (al-Wadschh) und setzte im April 1884 nach Ägypten über. »Ich war im Grunde meines Herzens froh, die Beduinen jetzt los zu sein. Denn ihre Bettelhaftigkeit, Habsucht, Verlogenheit, ihr Dreck, ihre Gleichheitsflegelei, ihre Unlenkbarkeit sind mir bis zum Eckel oben heraus«, erleichterte sich der Bibliothekar und Professor aus dem Kaiserlichen Deutschland und machte sich daran, der gelehrten Welt seine Ausbeute zu präsentieren und die *Nabatäischen Inschriften aus Arabien* vorzulegen. Huber wurde im Juli 1884 in der Nähe von Dschidda ermordet, die Stele von Taima wanderte auf Betreiben des französischen Konsuls in den Louvre.

Die Waffen, Kameras, Filme, Landkarten waren unter den spitzenbesetzten Korsetts und Unterröcken versteckt, die Munition in den Schuhen verborgen, aber sie brauchte keinen Schrankkoffer und keine Kiste beim Zoll in Beirut zu öffnen. Die Pagen des Palasthotels in Damaskus schleppten sich mit ihren Koffern voller Pelzmäntel, Kristallflakons, Bücher, französischer Kleider, Federhüte, Medikamente, Reitanzüge, Sonnenschirme, Boas, Spitzenblusen und allem Sonstigen ab, was man für die Wüste so braucht. Endlich war es so weit, seit Jahren träumte sie davon, Ibn Raschid zu besuchen. An der Schwelle zur Wildnis zersprangen die Ketten, die ihr Herz fesselten, das Korsett der Konventionen schnürte sich wie von selbst auf, das Reich der Freiheit öffnete sich wie eine verschlossene Schatzkammer.

Die rothaarige und grünäugige Tochter eines Kohle-, Eisen- und Stahlbarons hatte bei Onkel Frank, der Botschafter in Teheran war, bereits die Wüste wie auch einen Mitarbeiter ihres Onkels lieben gelernt, der sie dorthin mitnahm, wo nichts wuchs, aber plötzlich – eingerahmt von kahlen, schneebedeckten Bergen – ein Garten hervorbrach. Mr. Cardogan las ihr Verse vor und hielt nach drei Monaten um ihre Hand an, doch ihre Eltern waren not amused, er war keine allzu gute Partie für sie, fiel leider auch ins Wasser, nämlich in einen eiskalten Fluss, holte sich eine Lungenentzündung und verstarb. Sie hielt sich an Hafis, übersetzte Gedichte aus dessen *Diwan* und lernte weiterhin Persisch wie auch Arabisch. Der Orient hatte es ihr angetan, sie besuchte den deutschen Generalkonsul Dr. Rosen und Frau, die sie seit Teheran kannte, nun in Jerusalem, machte Ausflüge in den Hauran und die Drusenberge, nach Petra und Palmyra, kehrte in den Zelten der Wüstenlords ein und nippte mit ihnen Kaffee, lauschte Geschichten über den geheimnisumwobenen Wüstenfürsten Ibn Raschid und traf auf dem Rückweg von Palmyra zwei Ladies, die per Kutsche reisten und ihr Ingwerplätzchen anboten.

Auf einer ihrer Winterreisen ritt sie von Aleppo nach Mesopotamien, ihr Tross setzte sich aus einem Dutzend Pferden, sieben Lasttieren, drei Maultiertreibern, zwei Dienern und zwei Soldaten zusammen und führte außer Zelten, Teppichen und Proviant für einen Monat ein Klappbett und eine Badewanne, Tisch und Klappstuhl, Tischdecken, Teeservice, feines Porzellan, Kristallgläser und Silberbesteck mit. Sie saß vor ihrem Zelt, trank englischen Tee, sog an der Elfenbeinspitze, in der eine ägyptische Zigarette steckte, schaute auf den langsam strömenden Euphrat und war glücklich wie kaum ein anderer Mensch auf der Welt. Sie entdeckte eine ganz besondere Ruine, eine riesige frühislamische Burg mit Rundtürmen und Befestigungsmauern, die Araber nannten den Ort Uchaidir, sie setzte den Tropenhelm auf, fotografierte, zeichnete, vermaß die Anlage, zog dann weiter nach Babylon, wo das Team Robert Koldeweys den Palast Nebukadnezars schon zum größten Teil freigelegt hatte, auf dem Rückweg nach Europa erfuhr sie bei einem Dinner in der französischen Gesandtschaft von Konstantinopel, dass der Orientalist Louis Massignon bereits einen Artikel über Uchaidir publiziert hatte.

Zwei Jahre später ritt sie im Pelzmantel erneut nach Uchaidir, über das sie ein Buch schreiben wollte, dann über Scherkat, das Assur der Assyrer, wo der ehemalige Assistent Koldeweys Walter Andrae im Auftrag der Deutschen Orient-Gesellschaft Grabungen durchführte, nach Karkemisch, der Hethiterstadt nordöstlich von Aleppo, in der David Hogarth, den sie vor Jahren in Athen kennengelernt hatte, für das British Museum grub.

Er war nicht vor Ort, nur seine Assistenten, darunter ein gewisser Thomas Edward Lawrence. Bislang hatten sie in den Hethitergräbern wenig Beute gemacht, ihre Arbeitsweise war vorsintflutlich, Dutzende Eingeborene hackten auf der antiken Zivilisation herum und schaufelten Erde weg, Pfuscharbeit verglichen mit den präzisen Grabungsmethoden der Deutschen in Assur. Wenigstens war die britische Regierung mit den Beobachtungen zufrieden, welche die Archäologen über den Bau der Bagdadbahn anstellten, 400 Meter von ihrem Standort entfernt bauten die Deutschen eine Brücke über den Euphrat.

Gegen Ende des Jahres 1913 kam Gertrude Bell abermals nach Damaskus, jetzt wollte sie endlich in den Nedschd, nachdem sie sich all die Jahre hatte anhören müssen, im tiefen Innern Arabiens sei es viel zu gefährlich, zumal für eine Frau, die Stämme lägen in Fehde, zwischen Saudis und Raschiden herrsche Krieg. Nun war die Wüste offenbar ruhig, Friede waltete zwischen den Stämmen, wie sie von arabischen Gewährsleuten erfuhr. Der britische Geschäftsträger in Konstantinopel war allerdings gar nicht begeistert, die britische Regierung lehnte alle Verantwortung für sie ab, und den türkischen Behörden gegenüber musste Miss Bell schriftlich erklären, dass sie auf eigene Gefahr reiste. Sie hielt ihren Ausflug jedoch gerade zum gegenwärtigen Zeitpunkt für nützlich, der kranke Mann am Bosporus war nach den Balkankriegen von 1912 und 1913 wie auch durch innere Wirren infolge der Jungtürkischen Revolution erheblich geschwächt und schien kurz vor dem Kollaps zu stehen. Wie die arabischen Stämme und insbesondere Saudis und Raschiden in einem solchen Fall und bei einer Intervention der Großmächte sich zu verhalten gedachten, welche Sympathien und Antipathien sie hegten, auf welche Seite sie sich schlügen, ob sie zu einer Revolte gegen ihre türkischen Glaubensgenossen neigten oder nicht, konnte der britischen Regierung nicht gleichgültig sein. Seit den Zeiten der Blunt, Huber und Euting hatte sich in Zentralarabien das Blatt erneut gewendet, Ibn Raschid hatte Riad erorbert, Ibn Saud war ins Exil nach Kuwait geflohen, sein Sohn Abd al-Aziz hatte jedoch im Jahr 1902 mit einem kleinen Trupp wahhabitisch-beduinischer Kamelreiter Riad überfallen und im Handstreich eingenommen. In der Folge dehnten die Saudis ihre Herrschaft über den Nedschd wieder aus und gewannen die Oberhand über Zentralarabien. Miss Bell wünschte nun, beide zu besuchen, Ibn Raschid und Ibn Saud.

Mit 20 Kamelen, Treibern, Bodyguard, Koch und Dienern zog sie nach Süden, durch ödes, abschreckendes Land, über schwarzes Vulkangestein, Land von unglaublicher Einsamkeit, »von Gott und Mensch verlassen, so sieht es aus und ist es auch«, notierte sie ins Tagebuch, das sie für ihren verheirateten Geliebten schrieb, Major Charles Doughty-Wylie, dem sie 1904 in Konya begegnet war, wo er England als Konsul vertrat, ein Neffe Charles Doughtys, ihres Lieblingsautors unter den Arabien-Reisenden. In der Nefud fühlte sie sich so wohl, als wäre sie dort geboren worden und aufgewachsen, doch dann kamen ihr Zweifel an ihrem Tun. »Sie bringt nichts, diese Reise nach Nedschd, soweit es um einen echten Nutzen geht oder eine echte Erweiterung der Kenntnisse«, entweder musste man nach Art Doughtys monate- und jahrelang unter den Einheimischen leben oder aber um der Landkarte willen mit dem Kompass in der Hand durch das Land reiten und sonst nichts. »Ich bin zu dem Ergebnis gekommen, dass ich in zivilisierten Ländern nützlicher beschäftigt sein könnte.« Was sie in zehn Tagen in der Nefud sah, war nicht der Rede wert: zwei Brunnen. »Ich fürchte, wenn ich zum Ende komme, werde ich sagen: ›Es war Zeitverschwendung‹. (…) Ich wünsche fast, dass etwas passiert – etwas Aufregendes, ein Überfall oder ein Kampf!« Vom Dschebel Misma blickte sie zwischen den schwarzen Felsen auf den Nedschd hinunter. »Eine erschreckende Landschaft in ihrer Einsamkeit«, unendliche, bleiche, leblose Ebenen, aus denen die nackten Sandsteinfelsen des Dschebel Schammar aufragten.

Als Miss Bell in Hail einritt, fühlte sie sich nicht wie eine Prinzessin, sie wurde in Hail auch nicht zur Königin der Wüste gekrönt und als neue Zenobia gefeiert, die sich anschickte, die Araber vom Joch der türkischen Despotie zu befreien, sondern ganz anders empfangen als sie erwartet hatte. Der Emir war nicht zu Hause, vielmehr auf Raubzug im Norden. Das sagte man ihr jedenfalls, aber existierte er überhaupt noch? Onkel Ibrahim führte die Geschäfte. Oder lenkte etwa die Vorsteherin des Harems die Geschicke des Staates, des Emirs Großmutter Fatima? Oder der Chef-Eunuch oder ein schwarzer Obersklave? Ihren Sklaven pflegten orientalische Potentaten mehr zu trauen als ihren eigenen Verwandten. Zwar wurde Miss Bell mit ausgesuchter Höflichkeit willkommen geheißen und in der Sommerresidenz des 1897 verstorbenen Mohammed ar-Raschid einquartiert, doch dort auch unter Hausarrest gestellt. Angeblich hatte ihr Kommen die Geistlichen in Aufregung versetzt, es sei ratsam, das Haus nur zu verlassen, wenn sie dazu aufgefordert werde, meinte Onkel Ibrahim. Eine fröhliche Tscherkessin, die dem großen Emir Mohammed gehört hatte, besuchte sie manchmal und erzählte ihr Geschichten von Verschwörungen und blutigen Machtkämpfen, die Frauen des jeweiligen Opfers wurden in den Harem des Siegers übernommen. Eines Abends ließ die Mutter des aktuellen Emirs Miss Bell in den Harem rufen, da saßen die Frauen, die von Hand zu Hand gewandert waren, in indische Brokatstoffe gehüllt, mit Juwelen behängt, von ihren Kindern umwuselt, von Sklavinnen bedient, von Eunuchen beaufsichtigt – Tausendundeine Nacht pur. Auch Onkel Ibrahim gewährte ihr Audienzen im Palast, zu ihrer Sicherheit nach Einbruch der Dunkelheit, sie fragte ihn, was das alles zu bedeuten habe, und verlangte, weiterreisen zu dürfen und einen Kreditbrief eingelöst zu bekommen, sie hatte kein Geld mehr. Ibrahim versicherte ihr sehr höflich, er werde ihr einen Führer mitgeben, doch zwei Tage später informierte sie ein Eunuch, ohne Einwilligung des Emirs könne sie Hail nicht verlassen, sie müsse dessen Rückkehr abwarten. Ihre Männer trugen ihr den Klatsch der Stadt zu, um Hail herum sei Krieg, Ibn Saud ziehe seine Streitkräfte zusammen, vermutlich, um Hail in Abwesenheit des Emirs zu überfallen, die Stämme seien in Aufruhr, der Weg nach Riad versperrt. Vier Tage darauf brachte sie dem Eunuchen abermals ihr Anliegen vor und stieß auf Ablehnung, da platzte ihr der Kragen. Eine Stunde später kamen ihre Kamele von der Weide, und der Eunuch brachte einen Beutel voll Gold und erteilte ihr die Erlaubnis zu gehen, wann und wohin sie wolle. Der Grund für den Sinneswandel blieb ihr ein Rätsel.

Hail hatte einen finsteren Eindruck auf Gertrude Bell gemacht. »Ich mag die Herrschaft der Frauen und Eunuchen nicht. (…) Ich glaube, die Raschiden gehen ihrem Ende entgegen«, schrieb sie nach ihrer Rückkunft. »Nicht ein erwachsener Mann ihres Hauses ist am Leben geblieben – der Emir ist erst sechzehn oder siebzehn –, und alle anderen sind kleine Kinder, so grausam ist die Familienfehde. Ich würde sagen, dass die Zukunft bei Ibn Saud liegt.« In den letzten Jahren hatte sich das Haus Raschid wieder einmal selbst zerfleischt. Bell ritt nicht nach Riad, sondern über Bagdad zurück nach Damaskus, dort erfuhr sie, dass Onkel Ibrahim inzwischen ebenfalls ermordet worden war.

Der Ausbruch des Ersten Weltkriegs beschleunigte die Geschichte. Die glänzende Idee Winston Churchills, des Ersten Lords der Admiralität, für die britisch-französisch-russische Entente die Dardanellen zu öffnen, Konstantinopel einzunehmen und später Stadt und Meerengen den Russen zu überlassen, dadurch auch einen Keil zwischen die Mittelmächte und die Türkei zu treiben, kostete knapp 60 000 Türken und mehr als 40 000 australischen, neuseeländischen, britischen und französischen Soldaten das Leben, darunter Bells geliebtem Major Doughty-Wylie durch Kopfschuss gleich in den ersten Tagen. Die Landung auf der Halbinsel Gallipoli war ein Desaster, die Dardanellen, deren Befestigungsanlagen in aller Eile unter deutscher Leitung instand gesetzt worden waren und deren Verteidigung unter deutschem Oberbefehl stand, blieben türkisch. Andererseits konnten die Briten einen türkischen Angriff auf den 1869 eröffneten Suezkanal abwehren, das war für sie gleichsam ein Heimspiel, sie hatten 1882 Ägypten besetzt und unter ihren Schutz gestellt. Um Indien sowie die Ölfelder und Pipelines der Anglo-Persian Oil Company und die Raffinerie im persischen Abadan nahe Basra zu sichern, schickte Britisch-Indien, seit 1858 Kronkolonie, ein Expeditionskorps nach Basra, das nach der Einnahme der Stadt weiter auf Bagdad vorrückte, in Kut el-Amara jedoch von der 6. türkischen Armee unter dem Oberbefehl des zweiundsiebzigjährigen Generalfeldmarschalls Colmar von der Goltz eingekesselt wurde, der zwischen 1883 und 1895 die erste deutsche Militärmission zur Reorganisation und Modernisierung der osmanischen Armee geleitet hatte. Beim zweiten Anlauf – nach Marschall Goltz Paschas Tod durch Typhus – gelang den Briten der Vorstoß nach Bagdad, Mesopotamien wurde britisch und diente als Puffer Indiens. »Wenn Mesopotamien verloren geht, dann geht unweigerlich auch Persien verloren und dann Indien«, schrieb Miss Bell nicht zu Unrecht, führte doch der Landweg nach Indien über Mesopotamien, und nicht nur für reguläre Truppen. Zu den überspannten Kriegszielen des nationalistisch überdrehten Wilhelminischen Reiches gehörte es, in den Kolonial- und Einflussgebieten der Alliierten von Marokko bis Indien Revolten zu entfachen. Aufstände bis nach Indien zu tragen war nicht unmöglich, wie die letzten Endes fehlgeschlagenen Operationen der Niedermayer-Hentig-Expedition in Afghanistan und des deutschen Ex-Konsuls in Buschir, Wilhelm Wassmuss, im Iran zeigten. Solchen Aktionen schob das britische Mesopotamien nun einen Riegel vor. Das Asienkorps der deutschen Streitkräfte, das vornehmlich an der Sinai- und Palästinafront zum Einsatz kam, versuchte, Bagdad zurückzuerobern, was jedoch misslang.

In Sachen Aufstand war den Briten mehr Erfolg beschieden. Gertrude Bell, deren Meinung bei Kriegsausbruch sehr gefragt war, weil sie dank ihrer Reisen und Kontakte zu Stammesführern zu den bestinformierten Arabien-Kennern zählte, empfahl der britischen Regierung durchaus, eine arabische Revolte gegen die Osmanen zu inszenieren. Zunächst wurde ihr die Anwesenheit vor Ort verwehrt – zu gefährlich für eine Frau –, doch im November 1915 berief David Hogarth, der Archäologe, sie nach Kairo. Als Leiter einer kleinen Abteilung des militärischen Geheimdienstes hatte er bereits ein paar Mitarbeiter um sich geschart, Offiziere, Diplomaten, Archäologen, Journalisten, altgediente Zulieferer Whitehalls (Foreign Office), die jetzt Daten über kriegswichtige Infrastrukturen und logistische Ressourcen Arabiens aufbereiteten, Informationen über Beduinenstämme zusammentrugen, Karten zeichneten; unter ihnen befanden sich Thomas Edward Lawrence und Mark Sykes, den Bell zehn Jahre zuvor in Jerusalem getroffen hatte. Hogarth war ebenso wie der britische Hochkommissar in Ägypten, Sir Henry McMahon, ein Anhänger der Idee, einen arabischen Aufstand mit Geld, Waffen und Militärberatern zu unterstützen. Mithilfe von Hogarths Abteilung, die sich jetzt Arab Bureau nannte, führte McMahon einen Briefwechsel mit dem Großscherifen von Mekka, dessen Herz, Kopf und Taschen sich als aufgeschlossen erwiesen, zumal McMahon Scherif Hussein auch ein arabisches Königreich in Aussicht stellte, das außer dem Hedschas noch einen großen Teil Syriens, Teile Palästinas, Transjordanien sowie Mesopotamien umfassen sollte, falls er sich an die Spitze der Revolte stellte. All right, Mitte 1916 setzte er sich an die Spitze und schickte seine Söhne Abdallah und Feisal ins Feld, im Herbst stieß Lawrence zur Truppe des Scherifen. Bell merkte an, dass Hussein eher eine moralische denn militärische Autorität sei, und schlug vor, auch auf das saudische Pferd zu setzen. Hussein und Ibn Saud waren indes Rivalen, doch Abd al-Aziz al-Saud wurde wenigstens auf die britische Gehaltsliste gesetzt, damit er Hussein nicht in den Rücken fiel. Auch Ibn Raschids Loyalität und Neutralität wollte man erkaufen, aber der wurde schon von den Türken geschmiert.

Nicht einverstanden mit dem Deal war der britische Vizekönig von Indien. Was war, wenn der Aufstand der sunnitischen arabischen Muslime auf Indien übergriff? In Britisch-Indien gab es Millionen Sunniten, die einen Freiheitskampf nicht gegen die ebenfalls sunnitischen Türken führen würden, sondern gegen ihre eigenen Unterdrücker. Und was war mit Ägypten? Wie blind musste man sein, um diese Flamme zu entzünden und einen Flächenbrand zu riskieren, der den Brandstifter und seine ganze Familie verschlingen konnte? Die Ansteckungsgefahr war jedenfalls viel zu groß. Und wie konnte Kairo dem Scherifen von Mekka Mesopotamien zusichern, wenn Mesopotamien Dehli unterstand? Dort lagen indische Truppen unter indischem Oberbefehl, die indisches Geld verschlangen. Lord Hardinge beanspruchte nicht nur die Oberhoheit über Mesopotamien, sondern auch die Scheichtümer und Emirate am Golf als Einflusssphäre. Bell wurde nach Dehli geschickt, um die Wogen zu glätten, dann nach Basra, wo sie als Politischer Offizier des indischen Expeditionskorps und Verbindungsoffizier zu Kairo fungierte, nach der Einnahme Bagdads wirkte sie dort als Oriental Secretary in der britischen Militärverwaltung und kümmerte sich insbesondere um die Beziehungen zu den Stammesführern. Das Schlimmste war, lamentierte Major Miss Bell, dass die Briten sich nicht darüber im Klaren waren, was sie mit dem Land vorhatten, dass sie nicht einmal wussten, ob sie den Menschen dort nutzten oder schadeten. Außerdem: Wer waren sie, dass sie den Anspruch erhoben, die Angelegenheiten der Leute dieses Landes zu regeln, wenn sie nicht einmal ihre eigenen Probleme in den Griff bekamen? Der Kredit der europäischen Zivilisation war nach dem Rückfall in die Barbarei des Krieges aufgebraucht. »Es ist fast unmöglich zu glauben, dass die Menschheit noch vor wenigen Jahren mehr oder weniger von der Vernunft beherrscht wurde und sich die Konsequenzen überlegte, bevor sie etwas tat.« Mit dem Blick der Archäologin auf die Zivilisationsgeschichte von Jahrtausenden fand Bell es »erstaunlich und ziemlich scheußlich (…), was für ein Chaos wir daraus gemacht haben«.

Die Briten streuten Versprechungen nach allen Seiten aus – dem Großscherifen machten sie Hoffnung auf ein Großarabisches Königreich, den Juden auf eine »nationale Heimstatt des jüdischen Volkes in Palästina« (Balfour Declaration), den Armeniern und Kurden auf Selbstständigkeit – und schlossen mit Frankreich einen Geheimvertrag ab zur Aufteilung des osmanischen Erbes in Vorderasien unter sich (Sykes-Picot-Abkommen). Man konnte die wechselhafte, inkongruente britische Haltung auf das Konto divergierender Interessen und Einschätzungen der »arabischen« und der »indischen« Briten setzen, man mochte sie wohlwollend als Ausdruck heterogener Verpflichtungen deuten, man konnte sie auch wie Robert Byron als Verrat bezeichnen, dem Nachfahren des Dichters und Freiheitskämpfers für die griechische Unabhängigkeit von den Türken, der 1933 zusammen mit Christopher Sykes, dem Sohn Mark Sykes', nach Persien reiste, wo Christopher für seine Arbeit über Wassmuss, »the German Lawrence«, recherchierte und Byron unterwegs neuerliche Proben britischer Doppelzüngigkeit fand. »Wird es denn nie aufhören?« Ob perfide oder flexibel, pragmatisch, opportunistisch, planlos oder chaotisch, Albion sprach mit gespaltener Zunge, improvisierte und amüsierte sich vielleicht sogar beim politischen Spiel wie bei einem sportlichen Wettkampf. Fairplay? Diese Briten!

Nach dem Einmarsch der Beduinentruppen unter Führung Feisals und Lawrence' sowie des britischen Expeditionskorps aus Ägypten in Damaskus wurde Feisal Chef einer provisorischen arabischen Regierung Syriens. Doch Frankreich beanspruchte gemäß dem Sykes-Picot-Pakt das Land für sich, der Syrische Nationalkongress wiederum erklärte die Unabhängigkeit Syriens und wählte Feisal zum König, Frankreich versicherte sich der Rückendeckung Englands, ließ sich vom Völkerbund das Mandat über Syrien übertragen, landete Truppen an und jagte Feisal aus dem Land. Die Briten waren unschlüssig, was sie mit ihren Gebieten Palästina, Transjordanien und Mesopotamien samt Kurden anfangen sollten – britische oder arabische Verwaltung unter einem Hochkommissar und/oder arabischen König unter Ein- oder Ausschluss des Kurdengebiets –, sie übernahmen schließlich Feisal für Mesopotamien, der noch nie seinen Fuß ins Land gesetzt hatte, nachdem zeitweise Feisals Bruder Abdallah und Ibn Saud als Kandidaten für den irakischen Thron gehandelt worden waren. Abdallah erhielt Transjordanien, die Juden gingen in Palästina vorerst leer aus, die Armenier bekamen ihren eigenen, aber kurzlebigen Staat, die Kurden wurden auf vier Staaten verteilt. All das lief nicht ohne Spannungen, blutige Aufstände gegen die Mandatsmächte und Gewalt zwischen Juden und Arabern ab, selbst die Ägypter nahmen die Parole des amerikanischen Präsidenten Woodrow Wilson vom Selbstbestimmungsrecht der Völker wörtlich. Der frustrierte Großscherif von Mekka, der sich bereits 1916 zum König des Hedschas ernannt hatte, erklärte sich 1924 auch noch zum Kalifen der Gläubigen, nachdem die Türken unter Mustafa Kemal, dem späteren Kemal Atatürk, das Kalifat abgeschafft hatten. Der bei der Verteilung der osmanischen Erbmasse zu kurz gekommene Ibn Saud schließlich machte Nägel mit Köpfen, nahm Hail ein und trieb die Schammar nach Norden, griff den Hedschas an, katapultierte den neuen Kalifen ins Exil nach dem nun britischen – was sonst? – Zypern, proklamierte sich zum König des Hedschas und Nedschd und vereinigte seine Gebiete 1932 zum Königreich Saudi-Arabien, bedrohte ansonsten den Irak und Transjordanien und ihre Herrscher aus derselben Haschemitenclique von Mekka und verletzte bei Einfällen die Grenzen, die es nur auf dem Papier gab. Das Chaos war von Dauer.

9.
Illusionen – Heinrich Barths Weg nach Mombasa (Timbuktu)

Er war bereits rund ums Mittelmeer geritten. Über Spanien und Gibraltar ging er nach Tanger, trabte durch den Maghreb und Tripolitanien und um die Große Syrte bis Bengasi, an der libysch-ägyptischen Grenze wurde er überfallen und verwundet und büßte fast all seine Habe ein, darunter seine Aufzeichnungen und Skizzen und die Daguerre-Kamera. Er fuhr den Nil bis Wadi Halfa hinauf, durchquerte die Arabische Wüste zwischen Assuan und Berenike, setzte von Kosseir über das Rote Meer, zog durch das Peträische Arabien (Westjordanien) und Palästina, an der syrischen Küste sowie an der Süd- und Westküste Kleinasiens entlang bis Konstantinopel und weiter durch Griechenland und kehrte nach drei Jahren nach Deutschland zurück. Der erste von zwei geplanten Teilen seines gelehrten Berichts über diese kleine Mittelmeerumrundung wurde im Revolutionsjahr 1848 von der Berliner Universität als Habilitationsschrift angenommen, in der Folge hielt er als Privatdozent Vorlesungen, seine Auslassungen über die Bodengestalt Afrikas lockten allerdings nicht viele Studenten hinter dem Ofen hervor beziehungsweise von der Straße weg. Der Bericht war gerade gedruckt erschienen, da bekam er durch Vermittlung seines akademischen Lehrers, des Geografen Carl Ritter, und des preußischen Gesandten in London, Freiherrn von Bunsen, von der britischen Regierung das Angebot, sich einer Expedition ins Innere Afrikas anzuschließen. Der Mittelmeerritt war nur eine »Vorübung« gewesen, wie Barth in seinen *Reisen und Entdeckungen in Nord- und Central-Afrika* schrieb.

Der schottische Missionar James Richardson hatte der Regierung Königin Victorias den Vorschlag unterbreitet, eine diplomatische Mission in die Länder südlich der Sahara, den damals so genannten Sudan, das Land der Schwarzen, zu senden, um Handelswege zu erschließen, Handelsbeziehungen anzuknüpfen und Handelsverträge mit regionalen Machthabern abzuschließen. Das konnte den Absatz britischer Fertigprodukte fördern und England einen Zugriff auf Waren und insbesondere Rohstoffe sichern, nicht zuletzt im Wettbewerb mit Frankreich, das von der algerischen Küste in die Sahara drang. Dies war Richardsons Köder, und die britische Regierung biss an. Dabei war Richardsons Idee keineswegs originell, schon die gescheiterte Ritchie-Lyon-Expedition von 1818 und die Clapperton-Denham-Oudney-Expedition von 1822 bis 1824 hatten einen entsprechenden Auftrag gehabt. Hintergründig ging es Richardson um etwas anderes. Er war ein entschiedener Gegner des Sklavenhandels und glaubte, durch Intensivierung des Güteraustauschs den Menschenhandel eindämmen und unterbinden zu können. »When the negro races begin to make great profits by exporting the natural products of their country, they will then, and perhaps then only, cease to export brethren as slaves.« Der Missionar hatte sein Glück 1843 in Marokko versucht, war aber des Landes verwiesen worden, zwei Jahre später ging er von Tripolis aus in die Sahara und sammelte Informationen über die Tuareg als Träger des Transsaharahandels, die er für den Gütertransport, nicht als Sklaventreiber vor seinen Karren zu spannen suchte. Nun bestellte ihn die britische Regierung zum Leiter der Expedition in die Sudanländer.

Herrn Privatdozent Dr. habil. Heinrich Barth gefiel die alleinige Ausrichtung auf Wirtschaftsinteressen und Handelsdiplomatie nicht allzu sehr, er hegte wissenschaftliche Ambitionen und träumte von Entdeckungen und drängte darauf, der Tour zusätzlich Forschungscharakter zu verleihen. So wurde die Erkundung des Tschad-Sees ins Programm genommen, was Major Denham bereits umgetrieben hatte, und zu diesem Zweck – das war neu – in Malta ein Mahagoniboot gebaut, das in zwei Teile zersägt in Tripolis ankam, wo es in vier Teile gestückelt werden musste, um es auf Kamelrücken durch die Sahara schleppen zu können. Die Regierung Ihrer Majestät engagierte zusätzlich den jungen Geologen und Astronomen Adolf Overweg – Hamburger wie Barth –, der dann den Tschad-See mit dem Boot befuhr. In Sachen Handel galt es, Nachrichten über die großen Handelswege einzuholen, an den Handelsplätzen Marktforschung zu betreiben, so etwa die Nachfrage nach europäischen Produkten und die zu erzielenden Preise zu eruieren, sowie Verträge mit Regionalpotentaten wie dem Sultan von Bornu (Nordost-Nigeria) abzuschließen, die Reisefreiheit und Rechtssicherheit für britische Kaufleute zu garantieren vermochten.

Mit dem Foreign Office wurde Ende 1849 vereinbart, dass Richardson vom Tschad-See den Rückweg nach England antreten sollte, während es Barth und Overweg freigestellt blieb, ebenfalls zurückzukehren oder aber weiter in die Länder des Nils oder gar bis zur Ostküste Afrikas nach Mombasa zu marschieren. Barth hatte es sich in den Kopf gesetzt, vom Tschad-See entweder nach Osten bis an den Nil zu ziehen oder sich nach Süden zu wenden, so weit wie möglich zum Äquator vorzudringen, dabei Richtung und System jedes großen Flusses zu bestimmen, der sich ihm in den Weg legte, und den »ganzen breiten, unbekannten Gürtel des äquatorialen Afrikas« bis zur Ostküste, bis Mombasa zu durchqueren. Er hätte der Erste sein können.

Das geografische Problem der Nilquellen war noch nicht gelöst. Zwar hatte der Schotte James Bruce 1770 die bereits zu Beginn des 17. Jahrhunderts von dem spanischen Jesuiten Pedro Páez gefundene Quelle des Blauen Nils wiederentdeckt, zwar hatte sich der Privatforscher William George Browne, kaum dass Bruce' fünfbändiger Bericht erschienen war, 1791 auf den Weg gemacht, das Geheimnis des Weißen Nils zu ergründen, der womöglich mit dem Strom in Verbindung stand, an dem Timbuktu liegen sollte, und war immerhin bis Darfur gekommen, doch ohne auf einen großen westlichen Fluss zu stoßen. Bewegung kam erst wieder in die Sache, als Burton und Speke 1857 von Sansibar zu den großen Binnenseen Ostafrikas aufbrachen und Speke den von ihm so getauften Victoria-See zum Quellsee des Weißen Nils erklärte, während Burton den Tanganjika-See, von dem er krank zurückkehren musste, für den Ursprung allen Weißen Nils hielt; 1862 verifizierte Speke seine These in situ. Die Ströme und Seen Äquatorialafrikas waren zu Zeiten Barths zum allergrößten Teil Aqua incognita, der schottische Missionar Livingstone, der ebenfalls nach den Nilquellen suchte, brach gerade einmal ein halbes Jahr vor Barth zu seiner ersten Expedition auf und fand den kleinen Ngami-See (Botsuana), im Jahr darauf einen Nebenfluss des Sambesi und 1851 den Sambesi selbst, und der Waliser Stanley befuhr erst ein Vierteljahrhundert später den Kongo. Es dauerte noch bis 1937, dass die Quellen aller drei Quellflüsse des Weißen Nils oberhalb des Victoria-Sees bestimmt waren. Livingstone gelang jedoch zwischen 1854 und 1856 die erste Durchquerung Äquatorialafrikas – von Luanda (Angola) nach Kilimane (Mosambik) –, wenn man davon absieht, dass dieses Verdienst möglicher- oder wahrscheinlicherweise einem der vielen anonymen arabischen Händler gebührte, die seit Jahrhunderten Afrika durchzogen. Auf Livingstone in seiner Eigenschaft als Kontinentdurchquerer folgte Marineleutnant Verney Lovett Cameron, der Livingstone 1873 von Sansibar aus Hilfe bringen sollte, unterwegs von dessen Tod Nachricht erhielt, daraufhin den Tanganjika-See untersuchte und bewies, dass dieses Gewässer nicht zum System des Nils, sondern des Kongos gehörte, den zu erreichen ihm unmöglich gemacht wurde; stattdessen entdeckte er die Quellflüsse des Sambesis und schlug sich bis zur Küste von Angola durch. Und Stanley, dieser Mordskerl, durchquerte den Kontinent gleich zweimal, 1874 bis 1877 in Ost-West-Richtung und 1887 und 1888 von West nach Ost.

Im Unterschied zur Nilfrage war das Niger- und Timbuktu-Rätsel Mitte des 19. Jahrhunderts gelöst. Der legendäre Niger entsprang nicht im äquatornahen »Niger-See«, floss nicht nach Norden zum »Bornu-See« und von dort weiter nach Westen, verzweigte sich nicht in den Senegal und den Gambia und andere Flüsse, die sich alle in den Atlantik ergossen, auch war er weder ein Zufluss noch ein Arm des Nils, der dem Atlantik zustrebte. Der Niger strömte vielmehr nach Osten, aber nicht in den Tschad-See und wieder aus ihm heraus und dem Nil zu, sondern drehte weit vor diesem »Bornu-See« nach Süden ab und mündete in den Golf von Guinea. Das hatten der Schotte Mungo Park auf seinen zwei Reisen 1796 und 1805, Clapperton, Denham und Oudney, die ersten Europäer am Tschad-See, sowie die Brüder Lander herausgefunden, die 1830 den Unterlauf des Nigers und sein weitverzweigtes Delta befuhren. Timbuktu war ebenfalls kein Thema mehr, seitdem es Major Laing und René Caillié 1826 respektive 1828 endlich gelungen war, die mysteriöse »lost city« zu erreichen, diesen ersten beiden Europäern in der Märchenstadt, sofern man den Franzosen Anselme d'Ysalgier, die Italiener Antonio Malfante und Benedetto Dei aus Mangel an Beweisen sowie die Portugiesen des 15. Jahrhunderts ausklammert, die von ihrer Festung und Faktorei São Jorge da Mina an der Goldküste (Ghana) Gesandtschaften an den Niger nach Gao und Timbuktu schickten. In Europa geborene muslimische Emigranten von der Iberischen Halbinsel ließen sich etwa zur gleichen Zeit in und um Timbuktu nieder oder besuchten Timbuktu von den Städten des Maghrebs aus, so zum Beispiel der aus Granada stammende Hasan al-Wazzan, besser bekannt als Leo Africanus. Im 16. und 17. Jahrhundert kamen unzählige, von Spanien ausgewiesene Mudéjares und Morisken hinzu sowie aus Europa verschleppte, versklavte, verschnittene Christen und Renegaten wie der Franzose Paul Imbert oder der nur unter seinem neuen Namen bekannte Spanier Yawdar oder Yuder oder Dschuder, der bei einer Razzia berberischer Piraten an der Küste von Almería (Andalusien) gefangen, in Marokko verkauft und wiederverkauft und kastriert wurde und am Hof des Sultans in Marrakesch als Eunuch Karriere machte, für seinen Dienstherrn eine Elitetruppe Tausender »Andalusier« mit drei Dutzend in Hamburg hergestellten, von den Portugiesen erbeuteten Kanonen durch die Westsahara zum Niger führte, 1591 Gao und Timbuktu einnahm, als Dschuder Pascha Gouverneur von Timbuktu wurde und als solcher viele Nachfolger bekam, die hauptsächlich aus Andalusien stammten, aber auch aus Genua.

Selbst zeitlich viel nähere Geschichten wie die des amerikanischen Seemanns Robert Adams, der Berichten zufolge 1810 vor der mauretanischen Küste Schiffbruch erlitt, dort eingefangen und versklavt wurde und gegen Kamelhaardecken und Datteln oder Tabak mehrfach den Besitzer wechselte, 1812 nach Timbuktu mitgenommen und schließlich vom britischen Konsul in Mogador (Essaouira, Marokko) ausgelöst wurde, klangen zu fantastisch, zu sehr nach Seemannsgarn, als dass sie Glaubwürdigkeit hätten erlangen können. Und was sollte man erst von dem Individuum namens Wargee oder Wargi halten, das sich eines schönen Junitages des Jahres 1822 den britischen Gouvernementsbeamten auf Cape Coast Castle (Ghana) präsentierte und sie bat, ihm dabei behilflich zu sein, in seine Heimat zurückzukehren? Er sei Tatar, sagte der alte weiße Mann, stamme aus der Nähe von Astrachan an der Mündung der Wolga ins Kaspische Meer, also aus dem europäischen Teil Russlands, sei im Krieg gegen das Osmanische Reich in türkische Gefangenschaft geraten, nach Konstantinopel geschafft und dort als Sklave verkauft worden, habe sieben Jahre für seinen Herrn, aber auch auf eigene Rechnung Handel getrieben und sich schließlich freigekauft, eine ausgedehnte Handelsreise bis nach Indien und Java unternommen und auf dem Rückweg Mekka besucht, obgleich er nicht muslimischen Glaubens sei, habe danach fünf Jahre lang Afrika durchwandert, dabei vom Handel gelebt und in Timbuktu fünf Wochen verbracht. Wenn seine Geschichte stimmte – seine Darstellung war durchaus stimmig –, dann hatte er nicht nur als erster, womöglich christlicher

Europäer neuerer Zeit die Sahara durchquert und Timbuktu besucht, sondern auch als erster den Kontinent vom Mittelmeer zum Golf von Guinea durchzogen, was erst wieder ein halbes Jahrhundert später Gerhard Rohlfs gelang, der seine Tour »Erstdurchquerung« nannte. Wargee war halt kein lupenreiner Europäer.

Der Run auf Timbuktu war seit Laing und Caillié passé, Timbuktu abgehakt, mit der wiedergefundenen Stadt ließ sich kein großer Blumentopf mehr gewinnen, was blieb, war Kärrnerarbeit. Das Ziel hieß Mitte des 19. Jahrhunderts Äquatorialafrika, der Weg zum Ruhm führte quer durch den dunkelsten Teil des Kontinents, mit viel Glück bis Sansibar oder Mombasa.

Dr. Overweg hatte noch nie auf einem Pferd gesessen. Ende Dezember 1849 ritten Barth und Overweg von Tunis los, Mitte Januar 1850 waren sie in Tripolis. Nachdem auch Richardson eingetroffen war, brach die Expedition Ende März auf. Sie zog im lahmen Karawanentempo durch ödes, verödetes Land am Nordrand der großen Wüste, viele Ruinen von Burgen und Grabmälern römischen und arabischen Ursprungs säumten den Weg, zu Zeiten der Römer konnte das Land noch nicht so öde gewesen sein. Sie zog durch die Hammada al-Hamra, die rote Mutter aller glühendheißen Felstrümmerwüsten, dann durch die Sandwüste nach Murzuk in der Region Fessan. Der Ort war heiß und trocken und zum größten Teil verfallen, das faule Wasser der Salzbecken am Rand der Stadt verpestete die Luft, die Dörfer der Umgebung waren halb oder ganz verlassen. Im Wadi Tanesuft, nicht weit vor der Oase Ghat, juckte es Barth in den Fingern, das isolierte Felsmassiv des Idinen zu besteigen, in dessen Zinnenkamm und Felstürmen ein verzaubertes Schloss und ein Palmenhain liegen sollten, wie die Tuareg-Führer beteuerten, eine Wohnstatt böser Geister. Barth vermutete, dass es sich um eine Stätte früher Götteranbetung handelte und sich dort vielleicht Skulpturen oder Inschriften finden ließen. Er konnte keinen der Führer überreden, mit ihm auf den verwunschenen Berg zu klettern, das war Gotteslästerung, also legte er sich einen kleinen Wasserschlauch über die Schultern und zog nur mit Overweg los, der das Gestein untersuchte und bald zurückblieb. Der Aufstieg war langwieriger und anstrengender als gedacht, oben angelangt fand Barth nicht die geringste Spur menschlicher Aktivität. Gegen Mittag stieg er wieder ab, erreichte ziemlich entkräftet die Talsohle, sah weder das Lager noch die Karawane, gab Schüsse ab, auf die keine Antwort erfolgte. Er irrte umher, ließ sich erschöpft nieder, dachte, die Karawane müsse noch vorbeikommen. Der Wasserschlauch war längst leer, Barth bekam Fieber, verlor beinahe das Bewusstsein, verbrachte die Nacht an Ort und Stelle. Mit steigender Vormittagssonne wurden Hitze und Durst unerträglich, er sog sein eigenes Blut aus den Adern, fiel in Ohnmacht, kam erst bei Sonnenuntergang wieder zur Besinnung, raffte sich auf und hörte den Schrei eines Kamels. Einer der Tuareg verfolgte seine Spur, benetzte ihm den Kopf, erst dann gab er ihm zu trinken.

Zwischen Ghat und dem gebirgigen Aïr-Gebiet, wo sie »im Grunde nur Elend« fanden und es außer »Buhlerinnen« nichts zu kaufen gab, wurden sie wiederholt von Räuberbanden heimgesucht, die es auf ihr Eigentum abgesehen hatten und vorgeblich auf ihr Leben, falls sie nicht ihrem Glauben abschwüren. Doch es war absurd zu glauben, »dass wir, wenn wir unsere Religion wie ein Kleidungsstück gewechselt hätten, gänzlichem Ruin entgangen wären«. Und siehe da, die Todesstrafe wurde in eine Geldbuße umgewandelt. Es war ein Fehler gewesen, so viele Dinge von geringem Wert, aber viel Volumen mitzuführen, was jedermanns Habsucht und Beutelust entfachte. Zum Beispiel schleppten Richardson und Genossen allein zehn große Eisenkisten voller Zwieback durch die Wüste, eine denkbar ungeeignete Notration, die Leute vermuteten Geld in den Behältern. Niebuhr hätte die Hände über dem Kopf zusammengeschlagen. Der Häuptling von Tintellust sandte ihnen einen Trupp zum Geleit entgegen, Tintellust erwies sich als kleines, armseliges, kaum von den Felsen zu unterscheidendes Dorf, sie schlugen ihr Lager außerhalb des Ortes auf, eines Nachts wurde es überfallen und eine Anzahl Kisten aus Richardsons Zelt gezogen, das Lager daraufhin näher ans Dorf verlegt.

Von Tintellust machte der tatendurstige, ehrgeizige Barth eine Soloexkursion nach Agadez. Er schloss sich einem Zug von 35 Eseln, sechs Kamelen und zwei Lastochsen an, gleich zu Beginn fiel er mit allem Gepäck von seinem Bullen, verletzte sich aber nicht und ging zu Fuß weiter. Agadez war ziemlich heruntergekommen, im Zentrum lagen die meisten Wohnhäuser in Ruinen, die Stadt war ein Schatten ihrer Vergangenheit, »nur das Gerippe dessen, was sie früher war«. Agadez mochte einmal 50 000 Einwohner gehabt haben, jetzt waren es nach Barths Schätzung noch 7000, von den ehemals 70 Gebetshäusern wurden nur zehn genutzt, noch vor

60 Jahren war Agadez ein bedeutender Handelsplatz und wohlhabender Ort gewesen, ein Knotenpunkt des Karawanenhandels. Agadez verfügte über die gleiche bevorzugte Lage zwischen Sahara und Sudan wie Timbuktu, von der Stadt führten Wege in alle Richtungen, sie war gleichsam eine Sonne, deren Strahlen überallhin reichten – oder eine fette Spinne, die im Zentrum ihres Netzes saß. Seltsamerweise war Agadez in Europa vollkommen unbekannt geblieben, Barth glaubte, hier der erste Christ zu sein, doch waren schon zu Beginn des 18. Jahrhunderts italienische Missionare in Agadez aufgetaucht. Obgleich der Handel nun unbedeutend und kein Geld in Umlauf war, stattdessen »Negerhirse« als Zahlungsmittel diente, schien Barth die Stadt als strategischer Standort britischen Handels doch geeignet zu sein, und er bemühte sich, dem ihm wohlgesonnenen Sultan die Unterschrift unter einen Handelsvertrag zu entlocken, doch auf die schnelle europäische Art funktionierte das nicht.

Mit einer großen Salzkarawane aus dem Aïr-Gebiet zogen die drei Europäer nach Süden, die Frauen mit dem ganzen Hausrat auf Zebus oder Eseln, die Männer zu Fuß oder auf Kamelen, allmählich wich die Wüste der Steppe, Strauße ließen sich blicken, in einem Dorf boten sich Frauen feil, und eine Schönheit ersten Ranges – jedenfalls ihren Dimensionen nach – ritt auf einem Bullen, »der unter seiner gewaltigen Bürde heftig schnaufte«, ins Lager ein, um den Tabib zu konsultieren, Herrn Dr. Overweg, der sich als Arzt einen Namen gemacht hatte, obzwar er eine sehr merkwürdige Behandlungsmethode anwandte: Er kurierte seine Patienten nicht nach deren Leiden, sondern nach dem Wochentag, an dem sie bei ihm aufkreuzten, montags etwa verabreichte er ein Brechmittel, dienstags eine Substanz gegen Durchfall, mittwochs ein Abführmittel und so weiter. Bald darauf trennten sich die drei Reisenden, das Land war jetzt sicherer, Richardson wollte auf direktem Weg über Zinder nach Kukawa, der Hauptstadt Bornus in der Nähe des Tschad-Sees, Barth mit einem Teil der Salzkarawane ins Haussa-Land nach der Handelsstadt Kano, Overweg vorher noch zu anderen Städten. Für Anfang April 1851 verabredeten sie sich in Kukawa.

Der Zug nach Kano war laut Barth sehr gemütlich, er führte an Baumwoll- und Kornfeldern vorbei, es gab weniger Löwen als im Aïr-Gebiet, aber große Elefantenherden, und die Haussa, die die überwiegende Mehrheit der Bevölkerung stellten, waren heitere, gutmütige Leute. Die wichtigste Handelsware auf dem Markt von Kano stellten indigogefärbte Baumwollstoffe aus heimischer Fabrikation dar, an europäischen Produkten fand Barth Kattun aus Manchester, Seide und Zucker aus Frankreich, rotes Tuch aus Livorno und Sachsen, Glasperlen aus Venedig, Spiegel, Nadeln und Kurzwaren aus Nürnberg, Schwertklingen aus Solingen und Rasiermesser aus der Steiermark. Was Barth jedoch besonders ins Auge stach, das waren amerikanische Waren, die in großer Menge von der Küste über den unteren Niger ins Hinterland gebracht wurden und den mittleren Sudan überschwemmten. Die vornehmlich brasilianischen Händler akzeptierten ausschließlich Sklaven als Bezahlung, was zur Folge hatte, dass der Sklavenhandel sich an die Sklavenküste (Bucht von Benin) verlagerte. »From all reports, there is an immense traffic of slaves that way exchanged against American goods, which are driving out of the markets all the merchandise of the north«, berichtete auch Richardson aus Zinder. »Indeed, it now appears that all this part of Africa is put under contribution to supply the South American market with slaves.« Sehr zum Nachteil und – so Barth – »ungeheuren Ärger« der Araber und Tuareg, die über die Sahararouten die Märkte Nordafrikas, der Türkei und des Vorderen Orients mit Sklaven bedienten, um ihren Handel mit europäischen Importen fürchteten und einen heiligen Zorn auf die bigotten Engländer hegten, die trotz ihrer ohnehin schon nachteiligen Antisklaverei-Propaganda dem amerikanischen Sklavengroßhandel tatenlos zusahen, obwohl gerade sie etwas dagegen hätten unternehmen können. Die Briten schauten keineswegs zu oder weg, brachten vielmehr Sklavenschiffe auf und siedelten befreite Sklaven in Sierra Leone an.

Bis dato hatten die Briten den Niger weiter erschlossen und zwei Versuche gemacht, eine Handelsstation zu errichten. Richard Lander, der 1830 mit seinem Bruder den unteren Niger befahren und auch die Einmündung dessen größten Nebenflusses, des Benue, entdeckt hatte, brachte zwei Jahre später mit zwei kleinen Dampfern eine halbe Hundertschaft Europäer an den Niger, um eine Faktorei zu gründen. Sie fuhren ein Stück weit den Benue hinauf, den Lieutenant Allen von der Admiralität aufnahm, und entschieden sich für den Zusammenfluss von Niger und Benue bei Lokoja als Standort der Handelsniederlassung, doch vier Fünftel der Europäer erlagen bald dem Fieber oder Angriffen der Eingeborenen, Lander wurde durch eine Musketenkugel verwundet, das Unternehmen wurde abgeblasen, Lander starb an der Küste. 1841 fuhren britische Missionare und Aktivisten der Society for the Extinction of the Slave Trade and for the Civilization of Africa mit Unterstützung der britischen Regierung zum Niger, die drei Dampfschiffe landeten bei Lokoja, und die 150 Abolitionisten machten sich daran, ein Missions- und Handelszentrum aufzubauen, doch fast alle wurden vom Fieber befallen, ein Drittel starb nach kurzer Zeit, das Projekt wurde aufgegeben. Erst 1857, nach Barths Reise, brach der schottische Naturwissenschaftler und Philologe William Baikie im Rang eines Konsuls zu einer neuen Expedition auf, befuhr zwei Jahre lang den Niger auf der Suche nach einem geeigneten, den Märkten des Sudans nahen Standort für einen Handelsposten, das Schiff schlug in den Stromschnellen leck, die Überlebenden wurden nach einem Jahr evakuiert, Baikie jedoch verfolgte sein Ziel weiter und versuchte, bei Raba eine British Consular Agency zu etablieren, stieß aber auf Widerstand vonseiten des lokalen Häuptlings, ging schließlich am Ort der verlassenen Station der Abolitionisten bei Lokoja an Land, schloss mit dem zuständigen Fulbe-Chief einen Vertrag ab, baute Häuser und Straßen, richtete einen Markt ein, praktizierte als Arzt, Lehrer und Pastor, der Handel florierte, die Siedlung wuchs und blieb auch nach Baikies Tod erhalten.

Auf dem Weg von Kano nach Kukawa erhielt Barth Nachricht vom Tod Richardsons. Der Expeditionsleiter war abends im Dorf Ngurutua sechs Tagesreisen vor Kukawa in schlechter Verfassung angekommen und am nächsten Morgen gestorben – mit 41 Jahren. Er hatte unter dem drückenden Sudan-Klima sehr gelitten und war zum Schutz vor der Sonne stets mit geöffnetem Regenschirm geritten, aber das hatte nicht viel genützt. Der Sultan von Bornu und sein Wesir, die Barth freundlich empfingen, waren im Besitz der Hinterlassenschaft Richardsons, darunter der Tagebücher. Barth wurde sogleich von Gläubigern der Expedition belagert, allein Richardsons Diener reklamierten 300 spanische Taler, und Barth besaß keinen einzigen. Wegen der Verluste durch Raubüberfälle in der Sahara und aufgrund des Ausbleibens von Nachschub an Geld, Tauschwaren und repräsentativen Präsenten für distinguierte erpresserische Autoritäten allerorten war Barth mehr als pleite, nämlich hoch verschuldet. Er bekam Kredit vom Wesir, um Richardsons Gläubiger zu befriedigen. Später schickte er das Privateigentum Richardsons samt Tagebüchern mit einer Sklavenkarawane von 750 Unglücklichen an Her Majesty's Consul-

General in Tripolis und legte ein Schreiben bei, in dem er sich der britischen Regierung als neuer Expeditionsleiter empfahl und um weitere Mittel bat. Er handelte auch den Vertrag aus, den Richardson mit Scheich Omar, dem Sultan von Bornu, hatte abschließen wollen. Der Scheich und sein Wesir waren durchaus dafür aufgeschlossen, mit den Briten Handel zu treiben, und erklärten unumwunden, ihr besonderes Interesse gelte Feuerwaffen, dagegen dürften die Engländer zwei Dinge keinesfalls nach Bornu bringen: berauschende Getränke und Bibeln.

Overweg traf einen Monat später als verabredet in Kukawa ein und sah laut Barth sehr angegriffen aus. Barth hatte inzwischen mit Scheich Omar und dessen gesamtem Hofstaat einen Ausflug zum Tschad-See unternommen und eine »ungeheure Lache« vorgefunden, die jeden Monat ihre Ufer veränderte, deren offenes Wasser vor lauter Dickicht aus Papyrusstauden, hohem Schilfrohr und Schlingpflanzen selten zu sehen war, in deren Sumpfrändern sich Flusspferde und Krokodile tummelten, die Pferde oftmals bis zum Sattel im Wasser versanken und ausglitten und ein Fortkommen äußerst mühselig bis unmöglich war. Barth glaubte nicht, dass sie unter diesen Umständen die Riesenlagune mit ihren unregelmäßigen Ufern umrunden und untersuchen könnten – wie es schon Denham unmöglich gewesen war, den See zu »umgehen« –, wohl aber, dass der See mit dem Boot zu befahren sei, was Overweg bald darauf in Angriff nahm, während es Barth in die Region Adamaua im Süden von Bornu zog.

Nicht der Europäer, der mit seiner kleinen Gruppe in der Regenzeit durch das Land ritt, erregte in den Dörfern die größte Aufmerksamkeit, sondern die Kamele, die für das feuchtheiße Klima des Sudans nicht geschaffen waren und es nicht lange auszuhalten pflegten. Mitte Juni 1851 erreichte Barth den Oberlauf des Benues, genau an der Einmündung des ebenfalls mächtig dahinströmenden Faros. Er war lange Zeit im Zweifel gewesen, ob der große Fluss, auf den er seinen Informationen aus Kukawa und den Hinweisen der Eingeborenen von Adamaua zufolge stoßen musste, der gleiche Strom sei, den Lander und Allen im Unterlauf befahren hatten. Nun aber sah er vom hohen Ufer aus, dass der Fluss von Ost nach West floss, somit war klar, dass es sich um den Benue handeln musste. Es war »einer der glücklichsten Augenblicke meines Lebens«, schwärmte Barth, für ihn ging ein Jugendtraum in Erfüllung, und er sah schon vor seinem geistigen Auge, wie über die natürliche Wasserstraße des Nigers und des Benues europäischer Handel und Wandel ins Innere des Kontinents dringen und den Sklavenhandel verdrängen werde. Dumm war nur, dass die Amerikaner die Europäer bereits überholt und einen Sklavenhandel im großen Stil aufgezogen hatten, Innerafrika mit amerikanischen Waren überschwemmten und europäische Erzeugnisse verdrängten. Für Barth persönlich ließ es sich jedoch gut an. Wie viele Flüsse würde er auf dem Weg nach Ostafrika noch entdecken?

Zunächst aber galt es, mit drei Kamelen, fünf Pferden und allem Gepäck den Benue zu überqueren. Die Fähre war ein Einbaum, die Pferde schwammen neben ihm her, die scheuen Kamele mussten durchs Wasser geprügelt werden. Zwei Tage später erreichte Barth Yola, die Hauptstadt von Adamaua, das dem Fulbe-Reich von Sokoto unterstand, er stattete dem Statthalter, der sich wie alle kleinen Lokalherrscher nach Sudan-Sitte Sultan nannte, einen Besuch ab und präsentierte ihm ein Empfehlungsschreiben des großen Sultans von Bornu, auf den der Statthalter von Yola gar nicht gut zu sprechen war. Außerdem störte er sich an der Präsenz eines Offiziers aus Bornu, den Scheich Omar Barth mitgegeben hatte und der nun im Auftrag seines Herrn drei Schreiben übergab, in denen Gebietsansprüche gegen Adamaua geltend gemacht wurden. Barth war nichtsahnend zwischen die Fronten geraten, der Statthalter verwies ihn und seine ganze Gesellschaft des Landes, er solle mit einem Empfehlungsschreiben des Kalifen von Sokoto wiederkommen, dann sehe man weiter. Kaum hatte Barth Adamaua betreten, musste er auch schon wieder den Rückweg antreten, statt den Lauf des Benues weiter zu verfolgen und in unbekannte Gegenden vorzupreschen. Er bekam einen Fieberanfall, wurde auf dem Pferd zweimal ohnmächtig, die ganze Prozedur der Benue-Überquerung musste wiederholt werden, schwach und erschöpft kam er in Kukawa an, schrieb dem Foreign Office einen Brief, man möge ein Schiff über den Niger zum Benue senden, um zu untersuchen, wie der Benue mit dem Tschadda in Zusammenhang stehe oder ob es sich um ein und denselben Fluss mit verschiedensprachigen Namen handele, wie Barth zu Recht vermutete. Bis der Brief über Tripolis nach London gelangte, ein Schiff ausgerüstet war und unter Leitung Baikies, der später die Modellsiedlung bei Lokoja gründete, den Benue hinauffuhr, vergingen drei Jahre. Barth galt zu der Zeit als verschollen, Baikie fuhr 250 Meilen weiter stromaufwärts als seine Vorgänger, da er aber keine verlässlichen Informationen über Barths Verbleiben erhielt, drehte er um, kurz vor der Stelle, bis zu der Barth gelangt war.

Nach diesem Fiasko von Adamaua versuchte Barth es im Osten. Der Wesir von Bornu schlug ihm vor, die Provinz Kanem im Nordosten des Tschad-Sees und das Wadi Bahr el-Ghazal, den ausgetrockneten Überlaufkanal des Sees, zu besuchen, allerdings nicht das östlich sich anschließende Land Wadai, mit dem Bornu im Clinch lag. Barth sollte sich den ursprünglich von der Großen Syrte stammenden Uelad Sliman (Awlad Sulayman) anschließen, die sich in den Trümmern des alten Reichs von Kanem eingenistet hatten und jetzt im Sold des Sultans von Bornu standen, dem sie die Tuareg vom Hals halten sollten. Laut Barth gehörten die Uelad Sliman zu »den zügellosesten Räubern in der Welt«, dennoch zog er mit ihnen, zusammen mit Overweg, der von seiner Fahrt über den Tschad-See und zu den von Buduma bewohnten Inseln nach Kukawa zurückgekehrt war. Nördlich des in den Tschad-See mündenden Komadugu begann Anarcholand, in dem die Regierung von Kukawa nur Autorität besaß, wenn sie mit Militär auftrat. Barth und Overweg zogen mit einem Trupp Uelad Sliman durch den Selbstbedienungsladen, die Outlaws nahmen den Leuten, die sie unterwegs trafen, einfach alles ab: Milch, Schafe, mit Datteln gefüllte Schläuche, Packochsen … Nach 20 Tagen erreichten sie das Hauptlager des Stammes, dessen Anführer eröffnete den neugierigen Europäern gleich, es sei unmöglich, ans östliche Seeufer und zum Bahr el-Ghazal zu gelangen, dieses Gebiet sei Ziel von Raubzügen aus allen Richtungen, die gefährlichste aller Gegenden am See. In der Nacht wurde das Lager überfallen, doch die Diebe in die Flucht geschlagen. Die Horde ging nun auf Raub nach Mao in Kanem, Barth und Overweg mit ihr, am elften Tag wurde ihr Lager erneut überfallen, die Uelad Sliman unterlagen im Kampf, Barth verlor alles Gepäck und sogar sein Zelt, aber die Uelad Sliman verfolgten die Angreifer und nahmen ihnen einen Teil der Beute wieder ab. Barth und Overweg hatten die Nase gestrichen voll und zogen mit einer Karawane der Kanembu, der autochthonen Landeskinder, zurück nach Kukawa. Sie waren nicht einmal bis Mao gekommen, geschweige denn zum Bahr el-Ghazal.

Barth und Overweg gingen auf Sklavenjagd. Nicht aktiv, aber sie schlossen sich dem Jagdausflug an, den der Sultan von Bornu mit einer Armee von 20 000 Mann, mit 10 000 Pferden, 10 000 Lasttieren und seinem umfangreichen Harem in das immer noch nicht völlig unterworfene Land zwischen dem Mandara-Gebirge und dem Logone-Fluss im Süden des Tschad-Sees unternahm, wo Major Denham 1823 bei einer ähnlichen Partie beinahe ums Leben gekommen wäre. Einen Monat reiste die Gesellschaft an, dann ging es Schlag auf Schlag. Im Zwei-bis-drei-Tage-Rhythmus wurde Dorf um Dorf umstellt und überfallen, die Bewohner wurden zusammengetrieben, die erwachsenen Männer »ohne Schonung abgeschlachtet, oder man ließ sie vielmehr verbluten, indem man ihnen ein Bein abhieb«, wie Barth teilnehmend beobachtete, wem es gelang zu fliehen, der wurde eingefangen. Die bevorzugte Beute stellten Jungen und Mädchen und junge Frauen dar, hier und da war das Wild allerdings ausgeflogen, in jedem Fall wurden die Hütten angesteckt und das ganze Dorf abgefackelt. Nach Informationen, die Richardson eingeholt und tabellarisch zusammengestellt hatte, gab es pro Geschlecht fünf Klassen von Sklaven: erwachsene Männer, Jünglinge mit keimendem Bart, Jungen noch ohne Bartwuchs, junge und ganz junge Buben, beim weiblichen Geschlecht Frauen mit Hängebrüsten, Frauen mit großen Brüsten, mit kleinen Brüsten, kleine sowie ganz kleine Mädchen; die alten Weiber blieben unklassifiziert. Die höchsten Preise erzielten vollbusige junge Frauen (32 Dollar auf dem Markt von Kano, 130 Dollar in Konstantinopel), vom männlichen Geschlecht Knaben vor der Pubertät (zwölf respektive 100 Dollar). Wie es hieß, sollte die Razzia des Sultans 10 000 Sklaven eingebracht haben, Barth schätzte die Anzahl auf 3000. Es ging Barth und Overweg bei dieser Exkursion selbstverständlich nicht um die Jagd auf wilde Heiden, an der sie alles andere als einen Heidenspaß hatten, sondern um die Gelegenheit, im Dienst der geografischen Wissenschaft in dieses Gebiet zu kommen, das sich mit seinen zahlreichen Wasserläufen, dichten Wäldern, grasbewachsenen Ebenen und wohlbestellten Feldern laut Barth als sehr »anmutig« erwies und zu den reichsten und entwicklungsfähigsten Ländern Afrikas gehörte.

Barth hatte während der Sklavenjagd, an Silvester des Jahres 1851, bereits in Erwägung gezogen, im neuen Jahr nach Europa, »in das Land der Wissenschaft« heimzukehren. Zurück in Kukawa wollte er aber doch noch einen letzten Versuch machen, nach Südosten vorzustoßen, durch das Land Bagirmi wenn möglich bis zur Quelle des Tschad-See-Zuflusses Schari durchzudringen, während Overweg andere Pläne verfolgte. Barth kaufte auf Kredit ein Pferd für sich und ein Kamel für sein Gepäck, nahm zwei Diener mit, war im Übrigen entschlossen, nach Europa zurückzugehen, falls nicht bald neue Mittel einträfen. Er zog zum Logone, setzte Mitte März 1852 über den Fluss und glaubte, der erste Europäer in diesem Neuland zu sein, aber Denham war bereits am Schari gewesen, wegen eines Kriegszugs des Sultans von Bagirmi jedoch nicht weit gekommen. Schon am Schari begannen Barths Schwierigkeiten. Der Fährmann muss den Amtmann des nächsten Dorfs konsultieren, ob er den Fremden übersetzen darf, der Amtmann verbietet es, ihm ist zu Ohren gekommen, Barth sei ein gefährlicher Bursche, der den Sultan von Bagirmi während dessen Abwesenheit vom Thron stürzen wolle; der Sultan befand sich mal wieder auf einem Raubzug. Barth geht am Schari entlang nach Norden, sucht eine andere Stelle, um den Fluss zu überqueren, auf der Höhe von Mele wird er fündig, reist klammheimlich nach Bagirmi ein, der Ortsvorsteher von Mele lässt ihn jedoch nicht weiterreisen, bis er die Erlaubnis dazu aus der Hauptstadt bekommt. Zwei Amtsdiener aus der Hauptstadt Massenya überbringen die Botschaft, Barth soll in Bugoman weiter stromaufwärts die Entscheidung des Sultans abwarten, der Amtmann dieses Ortes weigert sich jedoch, Barth in die Stadt zu lassen. Barth zieht in Richtung Hauptstadt weiter, nahe Massenya nimmt ihn ein liebenswürdiger und gebildeter alter Hadschi auf, durch Boten fragt er beim Statthalter von Massenya an, was denn nun mit ihm werden solle, ob er die Hauptstadt aufsuchen oder nach Bornu zurückkehren könne, die Antwort lautet, er möge sich gedulden, bis der Sultan zurück sei. Als er zwei Wochen später immer noch keinen Bescheid erhalten hat, geht er eigenmächtig zurück zum Schari, in Mele wird er festgenommen und »wie ein Sklave gefesselt«, sein Gepäck beschlagnahmt, nach vier Tagen sorgt der Hadschi dafür, dass er freikommt und nach Massenya darf. Zwei Monate später kehrt der Sultan von seinem Beutezug zurück, er hat zwar nicht sehr viele rentable Sklaven im Schlepp, doch sieben Heidenhäuptlinge, die entweder getötet oder entmannt werden. Der Sultan gewährt Barth eine Audienz und hält ihn hin, erst ein Schreiben seines Kollegen von Bornu veranlasst ihn, Barth nach Kukawa zurückziehen zu lassen, nach fünfeinhalb Monaten ist Barth wieder da, wo er losgegangen war. Das war's. »Der Reisende ist in diesen Ländern nur ein Sklave, der von den Launen eines unverständigen und argwöhnischen Volkes abhängt.« Sklave Barth lernte allerdings während der Warterei viel über Geschichte, Geografie und Sprachen Bagirmis und des nördlichen Nachbarlandes Wadai aus Büchern und Gesprächen.

Es war kein Durchkommen nach Mombasa, weder im Süden noch im Osten oder Südosten des Tschad-Sees. Eine Reise bis nach Ostafrika wäre auch sehr langwierig, kompliziert und nervend gewesen, Barth wäre laufend in Interessenkonflikte, Kriege, Intrigen verwickelt, von jedem dahergelaufenen Häuptling erpresst und benutzt und aufgehalten worden und ein Spielball der Ambitionen, Eroberungs- und Rachegelüste, Beutegier und Gefallsucht jedes Kleinpotentaten gewesen, für eine solch lange und aufreibende Reise fehlten ihm ohnehin die Mittel. Inzwischen war jedoch eine Depesche aus London eingetroffen, sie enthielt die Antwort auf Barths Schreiben an Whitehall anlässlich Richardsons Tod, die er mehr als 14 Monate nach Absendung seines Schreibens erhielt. Foreign Secretary Lord Palmerston betraute ihn mit der Leitung der Expedition und beauftragte ihn, die Erfassung des Tschad-Beckens abzuschließen und sich dann nach Osten zum Nil oder südöstlich nach Mombasa zu wenden oder aber nach Westen, nach Timbuktu, eine Option, die bislang nicht zur Debatte gestanden hatte. Wofür auch immer Barth sich nach reiflicher Überlegung entschiede, die britische Regierung sagte ihm hinreichende Mittel zu, fürs Erste 800 Pfund Sterling, davon befand sich aber kein einziges Pfund in der Sendung aus Tripolis, sondern etwa 600 Pfund einer früheren Anweisung – 1000 Taler vom preußischen König und 400 Taler von Barths Vater –, die mehr als ein Jahr in Murzuk liegen geblieben waren. Allein schon Barths Schulden beliefen sich auf 600 Pfund. An eine Durchquerung Afrikas bis zur Ostküste war unter solchen Umständen nicht zu denken, dazu hätte Barth einen »ansehnlichen Vorrat an Mitteln« und eine »Schar ganz zuverlässiger und aufrichtig anhänglicher Männer« gebraucht. Barth war nun »vollkommen von der Unmöglichkeit« eines solchen Unternehmens überzeugt, zumal auch seine Gesundheit bereits angegriffen war. Timbuktu hingegen schien ihm »ein ausführbares Projekt« zu sein, er war jetzt geradezu »entzückt« bei dem Gedanken, ein Nachfolger Mungo Parks zu werden.

Bevor er sich nun mit Overweg auf die Socken machte, starb dieser. Overweg war schon vor zwei Monaten aus den Gebirgsgegenden im Südwesten Bornus zurückgekommen, sah aber trotz der langen Ruhepause in Kukawa erschöpft und krank aus. Er meinte, eine Luftveränderung täte ihm gut, und ging an den nahen Komadugu, nach zwei Wochen fühlte er sich jedoch nicht besser und wollte in ein Dorf am Tschad-See, um sich bei Freunden zu erholen. Dort fiel der Tabib bald dem Delirium anheim und fand mit 29 Jahren »einen höchst ehrenvollen Tod im Dienste der Wissenschaft«. Barth begrub ihn unter einem Baum am Seeufer, »genau am Rande jenes Sees, durch dessen Beschiffung er seinem Namen ewige Berühmtheit verschafft hat«, und stellte Overwegs wissenschaftliche Aufzeichnungen sicher, es waren aber nur unleserliche Notizen auf losen Zetteln.

Barths Weg nach Mombasa führte also nach Timbuktu. Timbuktu! Timbuktu, die sagenumwobene, zwischen Sahara und Sahel versteckte Handelsmetropole, der entlegene, lange Zeit unauffindbare Ort, einer Fata Morgana gleich, ein Dorado, wo Gold wie Unkraut wuchs in einem Land am Ende oder Anfang der Welt, aus dem ein Pilger einst sich auf den Weg nach Mekka machte, unterwegs als notorischer Goldverschwender auffällig wurde und Kairo mit so viel Gold flutete, dass der Goldpreis abstürzte. Timbuktu war das Paradies, in dem Gold und leider auch Sklaven flossen, Timbuktu stellte – wie konnte es anders sein – eine ungeheure Herausforderung für Europa dar, es versprach unermessliche Handelsgewinne und eine ungeahnte Vermehrung des Wohlstands der Nationen. Myriaden von Möchtegernentdeckern begaben sich auf die Suche, nahmen die Schrecken des Sandes und der Sonnenglut auf sich und riskierten ihr Leben für einen Schluck Ruhm. Wie viele hatten bereits aus Mangel an Gras in den Sand gebissen!

Ledyard war bloß bis Kairo gekommen, hatte sich dort versehentlich selbst vergiftet. Houghton war vom Gambia losgezogen und auf der Flucht vor seinen potenziellen Mördern vermutlich in der Wüste verhungert. Hornemann hatte von Kairo über die Oase Siwa kommend Murzuk erreicht und seitdem als verschollen gegolten, später hieß es, er sei bis Katsina oder Bokani und also fast bis zum Niger gelangt und an Malaria oder Ruhr gestorben; falls davon etwas stimmte, konnte er als der erste niet- und nagelfeste Europäer gelten, der die Sahara durchquerte. Nicholls hatte es von Süden her probiert, von der Nigermündung aus, ohne zu ahnen, dass es sich um den Niger handelte, und war irgendwo an Dysenterie krepiert. Mungo Park, der auf seiner ersten Reise bei Ségou auf den Niger gestoßen, aber nicht bis Timbuktu gekommen war, brach zu seiner zweiten Reise mit vier Dutzend britischen Militärs abermals vom Gambia auf, zimmerte mit einer Handvoll Überlebender in Sansanding ein Boot zusammen, fuhr an Timbuktu vorbei und kam in den Stromschnellen bei Bussa um. Zwei Jahrzehnte später versuchte Thomas Park, das Schicksal seines Vaters aufzuklären, erlag aber nur wenige Tagesreisen von der Küste Guineas entfernt dem Fieber.

Die acht Jahre, die Burckhardt im Vorderen Orient zubrachte, waren lediglich ein Vorspiel, seine Touren durch Syrien, Palästina, Ägypten, Nubien, Arabien nur »Vorbereitungsreisen« für seinen Trip nach Timbuktu gewesen. 1806 hatte er sich bei der African Association in London um eine Stelle als Entdecker beworben, 1808 bekam er den Job. Die Gesellschaft verzweifelte gerade an sich selbst, weil sie von Hornemann seit dem Jahr 1800 nichts mehr gehört und soeben die Nachricht vom Tod Nicholls' erhalten hatte. Von Park hatte man soeben gelernt, dass der Niger nach Osten, genauer: Nordosten floss, und Hornemanns Recherchen hatten ergeben, dass der Strom »südlich von Darfur in den Nil fällt«. Burckhardt sollte mehr Klarheit in die Sache bringen und en passant Timbuktu entdecken, sich aber zunächst nach Syrien begeben, um sich zu akklimatisieren, sein Arabisch zu perfektionieren und orientalische Sitten anzunehmen. Nach zwei Jahren in Syrien sollte er dann nach Kairo gehen, um auf dem gleichen Weg wie Hornemann mit einer Fessan-Karawane nach Murzuk zu ziehen, dem Ausgangspunkt für Reisen ins Innere Afrikas. Aus zwei Jahren wurden drei, und als er im September 1812 in Kairo ankam, ging gerade eine kleine Karawane ab. Burckhardt hielt es jedoch für überstürzt, sich ihr anzuschließen, er wollte sich erst einige Monate in Ägypten mit dem Dialekt, den Gebräuchen und der Politik vertraut machen, um das große Projekt nicht unvorsichtigerweise zu gefährden. Es begab sich aber, dass vorläufig mit keiner weiteren Karawane zu rechnen war, Burckhardt nutzte die Zeit für seine kleine Exkursion nach Oberägypten, Nubien, Mekka und Medina. Als er nach zweieinhalb Jahren wieder in Kairo eintraf, hatte er keine Karawane versäumt, dennoch kam ihn seine Hadsch teuer zu stehen, die heftigen Anfälle von Fieber und roter Ruhr, die er in Arabien bekommen hatte, setzten sich fort, er ging vom stickigen Kairo nach Alexandria, um frische Seeluft zu schnuppern und sich von Lady Hester Stanhopes Leibarzt behandeln zu lassen, wurde wieder »vollkommen gesund« und kehrte im August 1815 nach Kairo zurück.

Um diese Zeit lernte er Giovanni Battista Belzoni kennen, diesen zwei Meter großen Kraftmenschen, Zirkushelden und Jahrmarktschausteller, Gaukler und Geisterbeschwörer, diesen Hydrauliktüftler, Pionier der Ägyptologie und Plünderer Ägyptens, der auf Einladung der ägyptischen Regierung nach Kairo kam, um seine Erfindung einer hydraulischen Bewässerungsmaschine vorzuführen, die bei der Demonstration leider nicht richtig funktionierte. Burckhardt machte ihn mit dem britischen Generalkonsul Henry Salt bekannt, der den »Großen Belzoni« beauftragte, den kolossalen Kopf der Ramses-Statue von Theben ins British Museum zu befördern, was Belzoni locker erledigte. Im damaligen Grabungs- und Handelsfieber, das auch Fellachen und Banditen befiel, und im erbitterten Raubgräberwettstreit Salts mit seinem französischen Widerpart, in dem türkisch-ägyptische Beamte sich gern und üppig bestechen ließen, ging Salt mit Belzoni nach Edfu, Philae und Elephantine, dann sandte er ihn nach Abu Simbel, um den großen Tempel freizulegen, den Burckhardt entdeckt hatte. Danach öffnete der »Samson aus Patagonien« Gräber im Tal der Könige, grub in der Tempelanlage von Karnak, fand die Ruinen von Berenike am Roten Meer, legte den Eingang zur Chephren-Pyramide von Gizeh frei und drang bis zur Grabkammer vor. Später wollte er nach Timbuktu, vermutlich um all das Gold abzuräumen, vielleicht hatte Burckhardt ihm den Mund wässrig gemacht. Der Sultan von Marokko erlaubte Belzoni die Durchreise nicht, also ging er an der Küste des Golfs von Guinea los, zehn Tage später starb der Kraftprotz unrühmlich an Dysenterie oder Mord und Totschlag. Ali Beys Projekt war ein Hirngespinst geblieben, Niebuhr hatte es gar nicht erst versucht.

Burckhardt wartete in Kairo nach wie vor auf eine Mitreitgelegenheit, aber es wollte keine Karawane abgehen, weder eine Handelskarawane nach Fessan noch eine Pilgerkarawane zum Maghreb auf dem Rückweg von Mekka. Als im April 1816 in Kairo die Pest ausbrach, machte er sich aus dem Staub und zog zwei Monate lang über die Sinai-Halbinsel – die Beduinen wurden nie von der Pest befallen –, in Kairo verpasste er nichts, der Karawanenverkehr blieb unterbrochen. Burckhardt führte das Ausbleiben der Fessan-Kaufleute auf eine erhöhte Nachfrage nach schwarzen Sklaven an der Küste der Berberei zurück, der Handel mit Schwarzen aus dem Sudan war lukrativer. Acht Jahre hatte er sich nun auf die große Tour nach Timbuktu vorbereitet, seit zwei Jahren stand er in Kairo bei Fuß, um auf den ersten Wink hin loszulaufen, da wurde endlich die langersehnte Rückkehr der maghrebinischen Pilger angekündigt, deren Abzug von Kairo man für Dezember 1817 erwartete. Doch im Oktober verschlechterte sich Burckhardts Zustand erneut, am 15. Oktober ließ er Consul Salt rufen, um sein Testament zu machen, sechs Stunden später war er tot. Am Ende der langen Reise ins lockende Timbuktu stand der Sprung ins Jenseits.

Die Sterberate der Timbuktu-Aspiranten war außerordentlich hoch. 1819 erwischte es Ritchie in Murzuk, 1824 Oudney auf dem Weg von Kukawa nach Kano, 1827 Clapperton auf seiner zweiten Timbuktu-Suchexpedition in Sokoto, wo er schon auf seiner ersten Reise steckengeblieben war; bei seinem zweiten Versuch von Benin aus endeten seine Begleiter Captain Pearce und Dr. Morrison schon vor Ablauf eines Monats im Fieberwahn, nur Clappertons damaliger Diener Richard Lander kam mit dem Leben davon. Major Laing wurde 1826 in der Wüste ermordet, kaum dass er Timbuktu den Rücken gekehrt hatte. Und der über Marokko anreisende Davidson wurde zehn Jahre später an einer Wasserstelle beraubt und erschlagen, kaum dass er seine Sahara-Durchquerung begonnen hatte. Die Bilanz war desaströs.

Barth verließ im November 1852 Kukawa, sein erstes Ziel war Say am Niger, unterwegs sammelte er Empfehlungsschreiben ein. Vom Herrscher des Fulbe-Reichs von Sokoto, wo Clapperton beide Male gestrandet war, erhielt Barth – gegen standesgemäße Geschenke, versteht sich – nicht nur die Erlaubnis, nach Timbuktu weiterzureisen, sondern auch einen Freibrief für alle englischen Kaufleute; Sokoto machte auf ihn übrigens den Eindruck des Verfalls. Ebenso leicht bekam er in Gando oder Gwandu, der Hauptstadt des gleichnamigen Fulbe-Staats und Residenz eines Emirs, durch dessen Gebiet er ziehen musste, einen Passierschein für sich und alle Briten, welchen Wert auch immer eine solche Vollmacht in der Praxis haben mochte. In der Stadt war nicht viel zu bestaunen außer »der schrecklichsten Unordnung« in Regierungsangelegenheiten. Ende Juni 1853 kam der Niger in Sicht, Barth setzte mit seinem Tross nach Say über, der Fluss war an dieser Stelle nur etwa 1000 Schritt breit. Von Say wandte Barth sich in nordwestlicher Richtung quer durch das noch von keinem lupenreinen Europäer neuerer Zeit betretene Land unter dem Nigerbogen nach Timbuktu, er war davon überzeugt, dass er die Stadt nicht anders zu erreichen vermochte. Am Niger entlangzureiten hätte bedeutet, sich auf Gedeih und Verderb in die Hände »gesetzloser Tuareg-Horden« zu begeben, da er nicht unter dem Schutz eines mächtigen Häuptlings stand. Er hoffte, auf dem Rückweg den Niger in seinem mittleren Lauf unter der Obhut eines Schutzengels hinuntergehen und erkunden zu können, das erschien ihm weit wichtiger »als von Timbuktu aus meine Reise an die Westküste fortzusetzen, um sagen zu können, ich hätte Central-Afrika der Breite nach durchwandert«. Mungo Park war in seinem mit Proviant und Waffen vollgepackten Boot den mittleren Niger hinuntergefahren, ohne irgendwo anzulanden, nur der einheimische Führer war ab und zu an Land gegangen, um frische Lebensmittel einzuhandeln.

Barth betrat jetzt auch sprachliches Neuland, die Bevölkerung bestand vorwiegend aus Songhay, in Say bemühte er sich vergeblich, einen Eingeborenen in Dienst zu nehmen oder einen Sklaven freizukaufen, der Songhay sprach. Doch bald darauf traf er einen arabischen Händler aus Walata, der einstigen maurischen Handelsmetropole westlich von Timbuktu, der ebenfalls nach Timbuktu unterwegs war und Songhay sprach, außerdem Fulfulde, Mossi, Bambara, die Tuareg-Sprache Tamascheq und Arabisch natürlich, während Barth neben den fünf wichtigsten europäischen Idiomen sowie Türkisch und Arabisch nur Kanuri, Haussa und Tamascheq beherrschte und Fulfulde gerade erst lernte. Gemeinsam zogen sie weiter, kamen durch Sümpfe, Flüsse, Felder, Wälder, in einem der Gehölze sahen sie sich plötzlich von 150 bis 200 nur mit einem zerlumpten Tuch um die Hüfte bekleideten Eingeborenen umzingelt, die ihre Speere über den Köpfen schwenkten. Der Walater rief ihnen zu, sein Begleiter sei ein Scherif und Freund des Scheichs al-Bakkai von Timbuktu und bringe ihm eine Anzahl Bücher aus dem Orient. Vor Ehrfurcht ließen die Wilden ihre Speere sinken und baten Barth um seinen Segen. Es waren arme Leute aus Gao, der Hauptstadt des ehemaligen, von den »Andalusiern« aus Marokko Ende des 16. Jahrhunderts eliminierten Songhay-Reichs.

Einmal zum Scherifen ernannt behielt Barth diese Identität, denn nun kamen sie in die Provinz Dalla, die dem Fulbe-Herrscher von Massina, dem Gebiet des Niger-Binnendeltas südwestlich von Timbuktu, unterstand, der als besonders fanatisch galt und keinem Christen erlaubt hätte, sein Land zu betreten. Ohne Zwischenfälle erreichten sie eine Zone, in der es keine Siedlungen, nur noch Tuareg-Lager gab. Barth war jetzt wenigstens ein Muslim, doch auf Gedeih und Verderb dem Walater ausgeliefert, der ihn jederzeit als Christen auffliegen lassen konnte. Er schleppte Barth von Lager zu Lager, all die großen Häuptlinge mussten beschenkt werden, und da Barth ein angesehener Scherif war, durften die Geschenke nicht allzu mickrig ausfallen, die der verschlagene, hinterlistige Walater den Häuptlingen überbrachte und womöglich als seine Handelsware ausgab und den Tuareg verkaufte. Barth steckte alles ein, nur um nach Timbuktu zu kommen.

Dr. habil. Barth alias Scherif Abd el-Kerim, der Diener des Allmächtigen, der bibliophile Weise aus dem Morgenland, spielte den Weihnachtsmann und wurde von den Mohren und den Tuareg beinahe für den Mahdi gehalten, die zweite Wiederkehr des Messias, den Propheten, den Erlöser von allem irdischen Unrecht. Überall musste er den Leuten die Hand auflegen, in der Stadt Sareyamon auf Bitten der Honoratioren auch Regen machen. Nach allgemeinen Ausführungen über die Regenzeit und -menge in diesen Breiten rezitierte er das Eröffnungsgebet des Korans auf Arabisch und schloss auf Fulfulbe mit »Allah möge Wasser geben«, woraufhin die Versammlung sich krumm und schief lachte. Doch siehe da, in der Nacht fiel »eine ansehnliche Menge Regen«. Hier im Überschwemmungsgebiet des Nigers gab es viele Reisfelder, Barth war überrascht, dass der Niger ein Netz von Wasserläufen, Seitengewässern und Seen bildete, er mietete ein Boot, an der Mündung des Seitenarms in den Hauptstrom war der Niger eine Meile breit, »majestätisch lag der Spiegel des Flusses in der Abenddämmerung«, ausgerechnet an diesem Abend bekam er einen heftigen Fieberanfall. Über einen Seitenkanal erreichte er im September 1853 das Wasserbecken von Kabara, dem Hafen von Timbuktu.

Von weitem gesehen war Timbuktu eine dunkle, von verfallenen Lehmmauern und Schutthalden umgebene Tonmasse. Barth zog mit seinem Gefolge durch den Schutt der Jahrhunderte und an schmutzigen Rohrhütten vorbei ins Stadtinnere, das schon einen besseren Eindruck machte. Manche Häuser verfügten über zwei Stockwerke und wiesen an den Fassaden einen Ansatz »architektonischer Verzierung« auf. Später, als er das ihm zugewiesene Haus, das gleich gegenüber dem Haus seines Beschützers Scheich Ahmet al-Bakkai lag, verlassen durfte und frei durch die Stadt streifte, fand er alle Häuser in gutem Zustand, die Gassen waren mit festem Sand oder Kies belegt, und es gab drei öffentliche Gebäude, die Gebetshäuser, von denen die Große Moschee ein stattliches, aus »Tonklumpen« erbautes Gebäude darstellte. Außer den etwa 900 »Tonwohnungen« zählte die Stadt Hunderte runder Mattenhütten, die sie umschlossen. Timbuktu mochte rund 13 000 ständige Bewohner haben, zwischen November und Januar, der Hauptreisezeit der Karawanen, 5- bis 10 000 mehr. Im Unterschied zu Kano gab es in Timbuktu so gut wie kein produzierendes Gewerbe, nur etwas Schmiede- und Lederhandwerk. Die Stadt war ganz auf Handel ausgerichtet, Gold in Form von Ringen bildete den Hauptartikel, wenngleich die Menge gering war, der Goldhandel hatte sich zum großen Teil an die Goldküste verlagert. Salz war das zweitwichtigste Produkt, das in Timbuktu umgeschlagen wurde, daneben noch Kolanüsse, ein wenig Gummi, Wachs, Elfenbein sowie Sklaven in sehr geringem Umfang.

Im Ganzen gesehen war die Stadt nur noch ein Abklatsch ihrer selbst oder ein Abglanz dessen, was die europäische Fantasie aus ihr gemacht hatte. »Ohne Zweifel hat sich Timbuktu über ganz Europa einen ruhmreichen Namen erworben – infolge des Handels (…) und infolge des Einflusses, den es als Sitz mohammedanischer Gelehrsamkeit auf die umliegenden Gegenden ausübte; aber dennoch bin ich völlig gewiss, dass Timbuktu nie mehr als eine bloße Provinzialstadt gewesen ist«, deren Blütezeit Jahrhunderte zurücklag. Aufgrund übertriebener Beschreibungen und unbegreiflicher Luftblasen, so Barth, machte man sich in Europa »eine Vorstellung von der Bedeutung der Stadt, hinter der die Wirklichkeit unendlich zurückblieb«. Dem europäischen Handel mit Timbuktu standen immense Schwierigkeiten entgegen, die zentrale Lage der Stadt war an sich vorteilhaft, doch die große Entfernung von der Westküste, von der Nigermündung und von der Mittelmeerküste nachteilig. Andererseits umfasste der Sudan dicht besiedelte und »überaus produktionsfähige« Gebiete, was diesen Markt für Europa interessant machte. Allerdings waren die Fulbe einem Verkehr mit Europäern völlig abgeneigt. Den Franzosen werde es nie gelingen, vom Senegal oder von Algerien aus »diese ganze weite Ländermasse« mit Waffengewalt zu erobern – gegen Ende des Jahrhunderts gelang es ihnen –, doch wenn es möglich wäre, Timbuktu zu einer unabhängigen, handlungsfähigen und stabilen Regierung zu verhelfen, könnte sich dem europäischen Kommerz »ein ungeheures Feld« auftun. Alle Fürsten und Nationalitäten südlich des Nigers mit Ausnahme der Fulbe – die allerdings an vielen Stellen saßen – seien friedlichem Kontakt nicht abgeneigt.

Leider war Timbuktu, ja »dieses ganze Land in einen Abgrund von Anarchie und Gewalttätigkeit versunken«, wie Barth erfahren musste. Timbuktu wurde von vielen Herren beherrscht und war doch herrenlos. In den Zwanzigerjahren hatten die Fulbe von Massina die Stadt eingenommen, die Bewohner und die Kaufleute aus dem Norden wie aus dem Süden mit äußerster Härte behandelt und das Geschäft abgewürgt. Die Tuareg trieben in den Vierzigerjahren die Fulbe aus der Stadt, diese brauchten aber nichts weiter zu tun als ihre Kornlieferungen einzustellen, um Timbuktu in Verlegenheit zu bringen. In dieser unhaltbaren Lage vermittelte Scheich al-Bakkai ein Abkommen, nach dem die Fulbe die Oberhoheit über Timbuktu erhielten, allerdings kein Militär in der Stadt stationieren durften, doch einen eigenen Steuereintreiber bekamen, während die Songhay unter Leitung eines Kadi die Verwaltung ausübten. Die Tuareg kamen dann und wann unangemeldet in die Häuser und kassierten nach Lust und Laune persönlich ab. Der schwache starke Mann Timbuktus war Scheich al-Bakkai, einer der bedeutendsten Korangelehrten Westafrikas, dessen politische Autorität auf seiner Reputation als Geistlicher beruhte. Aber auch der Fulbe-Herrscher von Massina beanspruchte als selbsternannter Kalif die spirituelle und politische Führung. Al-Bakkai konnte sich militärisch nur auf Fraktionen der untereinander zerstrittenen Tuareg stützen, sofern es diesen passte. »Das ist der verwahrloste Zustand der Stadt Timbuktu.«

Barth geriet wieder einmal in die Schusslinie. Sein Bericht aus Timbuktu ist über weite Strecken eine Schilderung seiner kritischen Lage und des ermüdenden Intrigenspiels um seine Person. Sidi Ahmet stellte ihn zwar unter seinen Schutz, wie es schon sein Vater mit Major Laing getan. Doch wie der Vater nicht hatte verhindern können, dass Laing kurz nach Verlassen der Stadt ermordet wurde, so konnte Sidi Ahmet Barths Feinde inner- und außerhalb der Stadt, hauptsächlich die Fulbe und ihren Kalifen, nicht davon abhalten, Barth zu bedrohen, seine Auslieferung oder seine Vertreibung aus Timbuktu zu verlangen, das Volk gegen ihn aufzuhetzen und es aufzufordern, seine Wohnung zu stürmen und ihn zu töten. Bei der Ankunft hatte der Walater verraten, dass Barth Christ war. Bekehrungsversuche blieben ohne Erfolg, Barth parierte die Argumente von Freund und Feind und trieb sein jeweiliges Gegenüber rhetorisch in die Enge, er wusste in Religionsangelegenheiten zumeist besser Bescheid als diese »Halbbarbaren«. Mehrfach sah sich der Scheich gezwungen, seinen Schützling aus dem Verkehr zu ziehen, mit ihm in die Wüste zu gehen und im Lager eines befreundeten Stammes Zuflucht zu suchen. Für Barths Überlebenschancen in Timbuktu erwies es sich als günstig, dass ein Sohn jenes Scheichs, der Laing getötet oder die Order dazu gegeben hatte, in die Stadt kam und aus heiterem Himmel starb; da man Barth für den Sohn Laings hielt, meinten die Leute natürlich, es bestehe ein übernatürlicher Zusammenhang zwischen dem plötzlichen Tod des Beduinensohns und Barths Anwesenheit in der Stadt. Weniger hilfreich war, dass in Timbuktu Nachrichten eingingen, denen zufolge die Franzosen – nachdem sie in Algerien den Aufstand unter Abd el-Kader endgültig niedergeschlagen hatten – in die Sahara vorstießen und kürzlich El Golea eingenommen haben sollten, man befürchtete, dass sie auch in die Oasen von Tuat einzudringen und schließlich auf Timbuktu vorzurücken beabsichtigten. Welch ein Zufall, dass Barth sich gerade jetzt in Timbuktu aufhielt. Ein deutscher Spion der britischen Regierung im Dienste Frankreichs? Auch eine Tarnung.

Nach sieben Monaten, in denen Barth seine Haut zu Markte getragen hatte, entschloss sich der Scheich, ihn persönlich außer Landes zu bringen; es dauerte allerdings noch einen Monat, bis es losgehen konnte. Zusammen mit seinem Retter, einer Gruppe von Schülern des Scheichs und einer Tuareg-Bedeckung ritt Barth den Niger abwärts, wie er es sich gewünscht hatte. 120 Meilen ostnordöstlich von Timbuktu erreichten sie den nördlichsten Punkt des Stroms, ein paar Meilen weiter begann eine felsige Passage, in der viele Krokodile und Flusspferde auf der Lauer lagen. Der zwischen Granitfelsen eingeklemmte Fluss schrumpfte auf eine Breite von 500 Schritt zusammen, bei hohem Wasserstand musste die Strömung reißend sein. Barth traf an mehreren Stellen Leute, die sich – ein halbes Jahrhundert nach Mungo Park – noch an den seltsamen Mann erinnerten, der in einem großen Boot mit weißem Zelt (Segel), angetan mit langem Gehrock und Strohhut, den Niger hinuntergefahren war und auf alles geschossen hatte, was ihm zu nahe kam. Park hatte nur wissen wollen, wo die Mündung war. Bei einer Gelegenheit hielten Leute, die es mit Park zu tun bekommen hatten, zunächst gehörigen Abstand zu Barth, bis sie sich davon überzeugten, dass er nicht »zur Klasse der wilden Tiere« gehörte. Park hatte einen bleibenden Eindruck und eine Reihe von Toten hinterlassen. Aber die Verengungen des mittleren Nigers hatte der Schotte unfallfrei hinter sich gebracht, und Barth glaubte schon, englischen Dampfschiffen müsse es möglich sein, den Niger von der Mündung bis Timbuktu zu befahren. Doch das hing auch von den Stromschnellen im Unterlauf zwischen Raba und Bussa ab, wo Park mitsamt seinen Aufzeichnungen untergegangen war, »ruhmvoll für ihn selbst, aber nutzlos für die Menschheit«, so Barth. Wenige Jahre nach Barth schlug Baikies Schiff in diesen Stromschnellen leck, der gleiche Dampfer, mit dem Baikie auf seiner ersten Reise am Benue nach dem vermissten Barth gesucht hatte, wovon dieser erst Nachricht erhielt, als Baikie bereits auf der Rückfahrt nach England war.

Gao war nach übereinstimmender Auffassung Ibn Battutas und Hasan al-Wazzans alias Leo Africanus die glänzendste Stadt des Sudans. Zur Zeit Abd el-Kerims war Gao ein armseliges Dorf. Gao war ein blühender Handelsplatz am Karawanenweg nach Ägypten gewesen und hatte viel Gold exportiert und 100 000 Einwohner gezählt. Nun bestand es aus 300 Hütten und einer Menge Schutt und Unrat, die unbewohnten Teile waren von Gebüsch überwuchert. Ein verfallener Turm, der letzte Rest der Hauptmoschee, »ein wunderbar roher Bau«, war alles, was von der früheren Herrlichkeit übrig war. Erst hatten die marokkanischen »Andalusier« die Stadt erobert, später die Tuareg sie zerstört. Dort trennten sich Barth und der Scheich, Sidi Ahmet gab Barth ein paar seiner Leute mit, Barth gab al-Bakkai ein Paket mit einer Depesche für die britische Regierung, neuem Forschungsmaterial und Briefen an Freunde mit, das der Scheich von Timbuktu absenden sollte. Es blieb mehr als zwei Jahre in der Oase Ghadames liegen, weil der dortige britische Geschäftsträger in den Krimkrieg gezogen war. Barth zog am Niger entlang nach Say, dann ging er auf dem gleichen Weg wie bei der Hinreise – mit kleinen Varianten – nach Kukawa am Tschad-See zurück.

In Sokoto erfuhr er von einer aus Konstantinopel zurückkehrenden, befreiten Sklavin, dass fünf Christen in Kukawa angekommen waren; sie hatten mit ihrem Packtross von 40 Kamelen zusammen mit ihr die Sahara durchquert. Das musste die Entsatzexpedition Dr. Vogels sein, von der in den 15 Monate alten Briefen aus London und Tripolis die Rede war, die über Kukawa und Sokoto gelaufen waren und Barth in Timbuktu erreicht hatten. In Kano fand Barth keinen Brief, keine neuen Mittel, auch keine Nachricht von Vogel vor, er war wieder einmal zahlungsunfähig und schuldete seinen Dienern noch den Lohn für die ganze Reise von Kukawa nach

Timbuktu und zurück. Sein Pferd war »völlig aufgerieben«, die Kamele verendet oder vollkommen erschöpft, er selbst hatte unterwegs unter Dysenterie gelitten und vom vielen Regen und Durchwaten der Sümpfe Rheuma bekommen und lag jetzt wieder mit Fieber darnieder. Er schickte seinen treuesten Diener nach Zinder, um seine Sachen zu holen – Geld und Waren, die er dort deponiert hatte –, der Diener kam nur mit ein paar alten Briefen und der Nachricht nach Kano zurück, dass Vogel Barths Besitz nach Kukawa hatte bringen lassen; eine Kiste mit englischen Stahlwaren und 400 Talern war vorher schon verschwunden. Das Gerücht von Barths Tod hatte sich in Bornu verbreitet und allgemein Glauben gefunden. Der Totgeglaubte erhob sich von seinem Lager, nahm neue Schulden auf, kaufte ein Pferd und ein Kamel und setzte sich in Bewegung. Kurz vor Kukawa lief der vermeintlich Verstorbene in einer »ungastlichen Waldung« zufällig Vogel über den Weg – Dr. Barth, I presume? –, Barth hatte seit mehr als zwei Jahren kein deutsches oder überhaupt europäisches Wort mehr gehört, »es war ein unendlicher Genuss«.

Der gebürtige Krefelder Vogel kam frisch von der Londoner Sternwarte. Nach dem Tod Richardsons hatte die britische Regierung ihm vorgeschlagen, die Mission to Central Africa zu verstärken. 25 Jahre jung, ohne Erfahrung im Gelände, aber voller Elan, enthusiastisch, ungestüm, unbesonnen und ohne Arabischkenntnisse war er Anfang 1854 in Bornu angekommmen und in Mandara auf die Suche nach Barth gegangen. Jetzt wollte er von Kukawa zuerst nach Südwesten, dem Benue zu, dann nach Südosten, dem Nil zu. Er kam bis Yakoba (Bauchi) und berührte an mehreren Punkten den Benue, scheint daraufhin aber nach Norden zurückgegangen zu sein. Er zog mit einer Karawane von Kukawa nach Abesche, dem Handelszentrum von Wadai, und ward nicht mehr gesehen. Eine fünfköpfige deutsche Suchexpedition schaffte es 1861 von Alexandria aus nicht bis Wadai. Der gelernte Pionier und passionierte Privatforscher Karl Moritz von Beurmann versuchte es 1862 von Tripolis aus und verscholl an der Grenze von Kanem zu Wadai. Erst Gustav Nachtigal, den Gerhard Rohlfs 1868 dazu anstiftete, an seiner statt dem Sultan von Bornu pompöse Geschenke des preußischen Königs zu überbringen, erreichte 1873 Wadai und fand heraus, dass der blauäugige blonde Vogel allzu neugierig und forsch geforscht, unklugerweise öffentlich mit einem kleinen Stab (Bleistift) geschrieben und gezeichnet hatte, als Spion verdächtigt und mit eisenbeschlagenen Keulen erschlagen worden war. Er hatte Niebuhr wohl nicht gelesen.

Barth wollte nur noch nach Hause. Dazu musste er bloß mal eben die Sahara hinter sich bringen. Er war Kukawas »vollkommen überdrüssig«, ja des ganzen Sudan, dieser »Einöde menschlicher Geistesentwicklung«, und seine Gesundheit war »völlig untergraben, sodass der einzige Gegenstand, der meine Gedanken ununterbrochen beschäftigte, der war, wie ich meinen schwachen Körper heil heimbringen sollte«. Er schloss sich einer kleinen Karawane an, die zu den Salzgruben von Bilma ging und schwer bepackte Sklaven mitführte. Barth führte drei Affen mit, die sich damit beschäftigten, die Stricke zu lösen, mit denen das Gepäck auf den Kamelrücken befestigt war, und mit ihrem Geschrei die Kamele so verängstigten, dass sie im Galopp davonliefen und Gepäckstücke abwarfen und zerbrachen, woraufhin Barth die Affen zurückließ. Die Karawane rastete an einem Brunnen, an dem später der Pionier der British Army, der mit Vogel nach Wadai gegangen war, auf seiner Flucht nach Norden erschlagen wurde. Die Karawane zog durch das weiße Sandmeer im Herzen der Wüste, von der man früher angenommen hatte, sie bestünde überall aus Sand. »Ungeachtet ihrer Einförmigkeit hat die Wüste doch etwas unaussprechlich Großartiges und ist gar wohl geeignet, dem Menschen das Bewusstsein seiner eigenen Nichtigkeit tief einzuprägen.« Am nächsten Brunnen war Henry Warrington, der Vogel nach Bornu begleitet hatte, auf dem Rückweg an Dysenterie zugrunde gegangen, ein Sohn des legendären britischen Generalkonsuls in Tripolis Hanmer Warrington, der eine Reihe wichtiger nichtiger Entdecker wie Laing auf den Weg gebracht hatte, von denen die wenigsten zurückkehrten.

Im verfallenen Bilma hatte die Karawane ihr Ziel erreicht, Barth zog mit seinen wenigen Leuten allein weiter, durch Parforceritte versuchte er, den Räuberbanden zu entgehen. Die Folge war, dass einige Pferde lahmten und Kamele schlapp machten. An einer Wasserstelle lag eine Menge Gebeine von Sklaven, die nicht mehr aufgestanden waren. Barth erreichte Murzuk, nach wenigen Tagen Rast machte er sich trotz eines Aufstands tripolitanischer Stämme gegen den türkischen Pascha wieder auf den Weg und kam Ende August 1855 in Tripolis an, fünfeinhalb Jahre nach seinem Aufbruch. Als er die Gärten erblickte, besonders aber »die Wiege europäischer Bildung«, das Mittelmeer sah, »wallte mein Herz vor Freude über«.

Aufstände, Stammesfehden, Kriegszüge und Palastrevolutionen, Raubüberfälle, Mord und Totschlag, der Mangel an staatlicher Organisation und Regierungsautorität, an Reisefreiheit und Rechtssicherheit, der zweifelhafte Wert von Unterschriften auf simplen Passierscheinen ebenso wie in Handelsverträgen, die Launen und die Willkür aller möglichen Lokalpotentaten – bei all der Gewalt, Anarchie, dem Chaos: Was sollten europäische Kaufleute in diesen verflixten Ländern? Das trockenheiße oder feuchtheiße Klima und die damit verbundenen Strapazen und Erkrankungen stellten auch nicht unbedingt eine Verlockung dar. Barths 3500 Seiten langer Bericht ist randvoll mit Argumenten gegen Reisen von Europäern in diesen Breiten, seine Schilderung ein unwillkürliches Plädoyer dawider, seine Reise ein abschreckendes Beispiel, eine Warnung vor dem Martyrium. Europäer waren Spielbälle, ihr Schicksal hing oft an einem seidenen Faden. Ehemalige Emporien wie Agadez, Gao oder Timbuktu hatten ihre Bedeutung verloren, Verfall war ihr Zeichen, der Sahara-Handel versprach keine rosige Zukunft, die Musik spielte jetzt woanders, und die Amerikaner gaben den Ton an. Was konnte man schon von einem Markt erwarten, in dem Kaurimuscheln, »Negerkorn« oder Stoffstreifen Zahlungsmittel darstellten? Was am besten lief, waren Sklaven, jeder kleine Statthalter verkaufte seine eigenen Untertanen. Die Sudanländer sollten dem Sklavenhandel abschwören und mit den Produkten der Erde und des Gewerbefleißes »great profits« machen? Nicht Güteraustausch statt Sklavenhandel interessierte sie, sondern Feuerwaffen für die Sklavenjagd.

Dennoch hielt Barth einen Handel mit dem Sudan für sinnvoll und möglich. Zwar war er überzeugt davon, dass der Weg durch die Wüste für europäische Händler und Waren ungeeignet sei, doch für genauso gewiss sah er es an, dass über den Niger und den Benue ein regelmäßiger Handelsverkehr sich entwickeln könne, zumal dies den Vorteil hatte, den Zwischenhandel der Araber und Tuareg auszuschalten, wie dies schon zu Zeiten Heinrich des Seefahrers Absicht der Portugiesen gewesen war. Kano und Kukawa lägen den Flüssen nicht allzu fern, vielleicht sei der Niger sogar bis Timbuktu befahrbar, wenn man ein paar Felsen wegsprengte. Dies war Barths Schlussfolgerung und optimistische Vision: Europa werde über die Wassertsraßen ins Innere Afrikas vorstoßen und den Völkern die Zivilisation bringen, und das hieß auch den Sklavenhandel abschaffen. Wie sollte Barth der britischen Regierung als Ergebnis seiner Forschungen auch präsentieren, dass sie sich die Expedition hätte sparen können und dass die Fortschrittsgläubigkeit des 19. Jahrhunderts Blendwerk und Selbsttäuschung war? Bevor allerdings der Handelsverkehr über die Wasserwege aufgenommen werden könne, so Barth – und da unterschied er sich vom Standpunkt Whitehalls –, müssten zunächst die zerrütteten Verhältnisse in diesen Ländern »eine Grundumwälzung erfahren«.

Vielleicht setzte die britische Regierung auf Wandel durch Handel, jedenfalls betrieb sie die Penetration des Hinterlandes via Niger, ohne zuvor die angrenzenden Länder umzukrempeln. Und in diesem Licht erscheint es auch als kein unbegreiflich großes Opfer, den Franzosen die Sahara überlassen und sich im Gegenzug die Kontrolle über Teile der westafrikanischen Küste und insbesondere die Nigermündung gesichert zu haben. Frankreich und Großbritannien, Verbündete im Krimkrieg, steckten ihre Interessengebiete ab, noch während Barth sich in Afrika befand, der sich vom plötzlichen britischen Verzicht auf die Sahara ebenso düpiert gefühlt haben mag wie später Lawrence sich getäuscht sah, weil man ihn im Glauben gelassen hatte, britisches Ziel der arabischen Revolte sei ein eigenständiger arabischer Staat, wohingegen das United Kingdom sich im geheimen Sykes-Picot-Abkommen die arabischen Länder mit Frankreich teilte. Wozu war Barth nach Timbuktu gegangen? Als Spielball der europäischen Mächte?

Barths Dilemma war, dass er über die bereisten Länder einen Negativbefund lieferte und keine spektakulären Entdeckungen vorweisen konnte. Er war ein Stück weit dem Oberlauf des Benues gefolgt, der in seinem Unterlauf bereits bekannt war, und hatte den mittleren Niger zwischen Timbuktu und Say genauer als Mungo Park in Augenschein genommen, aber nicht einmal den für die Schifffahrt entscheidenden Abschnitt des unteren Nigers zwischen Bussa und Raba. Er hatte eine Unmenge geografischen, historischen, ethnografischen und linguistischen Materials zusammengetragen, die verblichene Existenz alter afrikanischer Reiche und Kulturen entdeckt, war jedoch längst nicht nach Äquatorialafrika gekommen und hatte keine großen Flusssysteme aufgespürt. Hätte er wenigstens seine Erlebnisse in eine spannende Abenteuergeschichte verpackt, so hätte er es vielleicht zu einer politisch verwertbaren Heldenfigur gebracht. Doch Barth war zu sehr Wissenschaftler, zu sachlich und redlich, als dass er seine Reise als heroischen Triumphzug eines mit Willenskraft und Durchhaltevermögen alle Widerstände überwindenden, allen Gefahren trotzenden Musterexemplars der weißen Rasse hätte verkaufen oder dem Publikum zumindest eine unterhaltsame, selbstironische Reiseerzählung anbieten können. Stattdessen erging er sich selbstmitleidig in Klagen über die schlechte Ausstattung der Expedition, über den Mangel an Mitteln und Nachschub, über sein unverschuldetes Unvermögen, standesgemäß auftreten und Geschenke machen zu können, über seine Armut, seine Schulden. Zu allem Überfluss malte er auch noch vom legendären Timbuktu ein ernüchterndes Bild, in dem keine Ströme preiswerten Goldes in den Export flossen, vielmehr Intrigen und Machtkämpfe, Fremdenfeindlichkeit und religiöse Intoleranz sich im Kreis drehten.

Die Freude über die Rückkehr in die Zivilisation hielt nicht lange vor, auch Europa felix war eine Illusion. Barth ließ sich in London nieder und schrieb seinen Bericht parallel in englischer und deutscher Fassung; er wurde nicht gerade ein Verkaufserfolg. Drei Jahre später ging Barth nach Berlin, um den Lehrstuhl seines alten Mentors Carl Ritter zu erobern, bekam ihn aber nicht. Er bemühte sich um einen Konsulatsposten in Konstantinopel oder sonstwo, auch daraus wurde nichts. Er mischte im Vorstand der Gesellschaft für Erdkunde zu Berlin mit und engagierte sich für die Vogel-Suchexpedition, die scheiterte. Schließlich erhielt er eine außerordentliche Professur an der Berliner Universität, doch kein Honorar, und lebte von einer Leibrente des preußischen Königs. Sein seit Afrika angegriffener Gesundheitszustand verschlechterte sich, und er starb – wie Caillié – zehn Jahre nach seiner Rückkehr aus Afrika einen frühen Tod.

IV
Verlorene Breiten

10.
Die weißen Wilden – André Gide im Kongobecken

»Unsagbare Mattheit«, das Meer fordert Tribut, zahlreiche Passagiere – Verwaltungsmenschen, Kaufleute – sind seekrank und opfern Neptun, einmal steht Gides Kabine unter Wasser, in seinem Ledereinband schwimmt Goethe obenauf. Auch Gide hatte einen Jugendtraum, nach 36 Jahren erfüllt er sich nun, doch Gide ist sich nicht sicher, ob er diese Kongoreise wirklich noch will oder ob ihn die Macht des Traums mit »unausweichlicher Fatalität« zu ihr zwingt. Er weiß nicht, was er dort unten eigentlich soll. Es handelt sich nicht um eine reine Vergnügungsreise, sondern auch um eine Mission, die ihm das Kolonialministerium angetragen hat, eine inoffizielle, verdeckte Inspektionsreise sozusagen, so verdeckt, dass Gide selbst nicht klar ist, was genau er in Augenschein nehmen soll. Erst unterwegs findet er sein Thema. Er reist als einfacher Tourist, doch als Literat ist er eine prominente Persönlichkeit und wird überall empfangen werden. Er wird nicht nur tropischen Urwald und exotische Völker sehen, sondern auch hinter die Kulissen blicken.

Der Himmel ist eintönig grau, das nächtliche Dakar trübselig, hässlich, unexotisch, das französische Conakry liegt im Nebel, dann in strömendem Regen, dann nur noch in weicher Luft unter dem tiefen Himmel. In Libreville, der Hauptstadt des französischen Gabun, löscht die »Asie« Kisten, die herumgeschmissen werden und zerplatzen und Konservenbüchsen ausspeien, der Vertreter einer Nahrungsmittelfirma sagt, dies sei ein Posten verdorbener Ware, die auf dem Markt in Bordeaux nicht habe abgesetzt werden können. Das Schiff fährt den Kongo hinauf bis Matadi in Belgisch-Kongo, Gide und sein junger Gefährte Marc Allégret nehmen den Zug nach Léopoldville (Kinshasa), der seit 1898 verkehrt, und setzen über den Stanley Pool nach Brazzaville im französischen Kongo über. Zwischen Matadi und dem Stanley Pool ist der Strom nicht befahrbar, und die Eisenbahnstrecke auf der französischen Seite zwischen Brazzaville und Pointe-Noire am Atlantik ist im Jahr 1925 noch lange nicht fertiggestellt.

Matadi war ein bewohnter Trümmerhaufen, ein Eisenbahnwagon lag auf dem Rücken, ein Dampfkessel im Gras, rostige Schienen, verrottende Maschinenteile verteilten sich über das Gelände, die Menschen, meist nackte Schwarze, rannten wie Ameisen herum, über allem lag das Getöse der Stromschnellen. Sechs abgemagerte Schwarze mit Körben voller Erde auf dem Kopf keuchten den Hügel hinauf, sie trugen Eisenbänder um den Hals, hingen an einer klirrenden Kette alle aneinander und schlurften mit totengleicher Gleichgültigkeit an ihm vorüber, hinter ihnen ein weißer Zivilisationsrepräsentant in Uniformjacke mit einem Gewehr in der Hand. In einer engen Schlucht lagen kaputte Drainagerohre und sterbende Schwarze im Schatten, sie hockten zwischen den Bäumen, lehnten an den Stämmen, krümmten sich am Boden, es waren kranke, verhungernde, langsam sterbende Knochenbündel mit leerem Blick, eine dieser Kreaturen raffte sich auf, kroch an den Fluss, trank aus der hohlen Hand, dann setzte sich der Schwarze ins Sonnenlicht, »nach einiger Zeit fiel sein Wollkopf auf seine Brust«. So sprach Marlow, der Erzähler aus dem *Herz der Finsternis*, das Alter ego Joseph Conrads. Es kam ihm so vor, als hätte er eine düstere Hölle betreten, und er begann zu ahnen, dass er im Territorium »eines räuberischen und mitleidslosen Wahnsinns« gelandet war, abgrundtiefer als der Wahn Almayers auf Borneo.

»Als ich im Alter von ungefähr neun Jahren eine zeitgenössische Landkarte Afrikas betrachtete, legte ich den Finger auf den weißen Fleck, der damals das ungelöste Rätsel dieses Kontinents darstellte, und versprach mir mit absoluter Selbstsicherheit und staunenswerter Dreistigkeit (…): ›*Dort* will ich hin‹«. Es war der leerste aller leeren Flecken, der größte, gleichsam der weißeste. Als Conrad ein Vierteljahrhundert später, im Juni 1890, mit den ersten Kapiteln seines Erstlings *Almayers Wahn* im Gepäck an den Kongo kam, hatte der Bau der belgischen Eisenbahnstrecke gerade erst begonnen. Mit einer Karawane von 31 Mann, jeder mit 30 Kilo beladen, machte er die 300 Kilometer bis Léopoldville zu Fuß, zum Teil auf der Straße, die Henry Morton Stanley im Auftrag König Léopolds II. hatte anlegen lassen. Neben dem Weg lagen Leichen, ein Skelett hing an einem

Pfosten, ein namenloser Weißer schlief unter einem Steinhaufen in Form eines Kreuzes den ewigen Schlaf. Überall gab es Trampelpfade, erzählte Marlow, aber das Land war leer, die Bevölkerung »vor langem schon abgehauen«, hier und da lag ein toter Träger mit seinem Joch im hohen Gras. Am 15. Tag erreichte Marlow die von Stanley errichtete »Zentralstation«, das Hauptquartier der Société Anonyme Belge pour le Commerce du Haut-Congo am Stanley-Pfuhl, Conrad brauchte – seinem Tagebuch zufolge – 35 Tage, von denen er 16 krank war und in einem der gar nicht so seltenen Dörfer von freundlichen Europäern gepflegt wurde. In der »erbärmlichen Siedlung«, die den belgischen König und Besitzer des Kongo-Freistaats im Namen führte, hing das Wort Elfenbein »in der Luft, wurde geflüstert, geseufzt. Man hätte glauben können, sie beteten es an. Ein Geruch aus sackdummer Raubgier schien über alldem zu schweben, wie der Gestank einer Leiche«, Marlow hatte noch nie »so etwas Unwirkliches« gesehen. Mehrmals die Woche kamen Karawanen an, mit »grauenvoll gefärbtem Kaliko«, mit »scheußlich getupften Baumwolltaschentüchern«, mit Messingdraht und »Glasperlen, die einen Penny pro Kilo wert waren«. Der afrikanische Wilde besaß Elfenbein, Ebenholz, Diamanten, aber kein Glas, wie Mark Twain sieben Jahre später in *Following the Equator* erklärte. Gegen echte Glasperlen verkaufte er alles: sein Land, sein Vieh, seinen Nachbarn als Sklaven. Diese Praktiken der Eingeborenen grassierten seit mindestens 400 Jahren überall in der Welt, auf Kuba tauschte Kolumbus Glasperlen gegen Speere, einer seiner Matrosen bekam für ein fingernagelgroßes Stück Schildkrötenpanzer ein ganzes Bündel Speere, am Ende besaßen die Indios keinen einzigen mehr.

»Seltsame Gegend«, man kommt im August gar nicht ins Schwitzen. Gide geht an die Stromschnellen des Kongos und auf Insektenjagd und Schmetterlingsfang. Von Brazzaville, wo ihnen der Generalgouverneur von Französisch-Äquatorialafrika eine sehr hübsche Hütte mit Gärtchen zur Verfügung gestellt hat, ist er zunächst »entzückt«, vom Licht, dem Laub der Bäume, dem Gesang der Vögel, doch auf den zweiten Blick, nachdem sich sein Staunen über die neue Exotik gelegt hat, scheint ihm die weit ausgebreitete Stadt nichts Reizvolles zu haben. Léopoldville ist zwar abscheulich, aber »voll lebendigsten Lebens«, wohingegen Brazzaville schläft, sein »Zauber liegt in der Indolenz«. Der Gouverneur von Belgisch-Kongo schlägt ihnen vor, auf ihrer Tour den Kongo hinauf einen Abstecher bis ins belgische Coquilhatville (Mbandaka) zu machen. Sie engagieren zwei Boys und einen Koch, fahren auf der »Brabant« am belgischen Ufer entlang und vermögen kaum die weit entfernte französische Küste zu erkennen. Das Schiff hält vor ein paar Hütten, um Holz aufzunehmen, Gide sieht zum ersten Mal Ananas blühen und läuft Schmetterlingen hinterher, das Licht ist strahlend schön. In der Dämmerung stoppt die »Brabant« bei einer Holzstation am französischen Ufer, das elende Dorf besteht aus 20 Hütten, die Eingeborenen »sind alle räudig oder krätzig oder grindig, was weiß ich«, Gide sieht zum ersten Mal die Frucht der Passionsblume. Am dritten Morgen geht soeben die Sonne auf, als sie in den ungeheuer weiten Bolobo Pool einfahren, im Osten färben sich ein paar Wolken purpurn, im Westen haben Himmel und See »dieselbe Perlenfarbe, ein Grau von zärtlichster Zartheit, bezauberndes Perlmutter, in dem alle Farbtöne gemischt noch schlafen«. Den ganzen Tag fahren sie an papyrus- und schilfbestandenen oder bewaldeten Inseln vorbei, durch eine fesselnde Landschaft mit ihrer »wechselvollen Monotonie«, am Abend verdoppelt sich der Sonnenuntergang im glatten Wasserspiegel, dann verdunkelt dichtes Gewölk den Horizont. Gide hat eigentlich eine erdrückende Vegetation erwartet, sie ist zwar üppig, aber nicht sehr hoch, nur ab und zu überragt ein Baum das Ufergebüsch, und es gibt keine einzige Blume, keine andere Farbe in all dem Grün, diesem sehr dunklen Grün, das der Landschaft Noblesse und feierliche Ruhe verleiht. Bei einem einstündigen Aufenthalt im belgischen Lukolela dringen sie in den Wald, betreten ihn fast ängstlich, noch ist es nicht der große, finstere Urwald, doch ein von unbekannten Formen, Gerüchen, Geräuschen belebter Wald, tief unter dem Geäst winden sich enge Wasserläufe, »man kann sich nichts Verlockenderes denken als dies geheimnisvolle Dunkel«.

»Diesen Fluss hochzufahren war wie eine Reise zu den frühesten Tagen der Erde (…). Ein leerer Strom, eine große Stille, ein undurchdringlicher Wald. (…) Die langen Streckenabschnitte des Flusslaufs dehnten sich öde vor uns aus und führten ins Düster schattenverhangener Fernen hinein«. Conrad musste nicht wie sein Erzähler den abgesoffenen Dampfer, dessen Kommando ihm von der Kongogesellschaft übertragen worden war, vom Grund des Stanley Pools bergen und reparieren und fuhr nicht erst nach mehreren Monaten, sondern schon nach zwei Tagen mit einem anderen Schiff, dem »Roi des Belges«, den Kongo hinauf, wie aus seinem »Up-river Book« hervorgeht, einer Navigationshilfe für spätere Fahrten. Er fuhr an Einmündungen mächtiger Nebenflüsse, an Landzungen und Sandbänken vorbei, auf denen Flusspferde und Krokodile sich sonnten, an unzähligen bewaldeten Inseln entlang, zwischen denen man sich wie in der Wüste verirren konnte, er spähte nach Anzeichen verborgener Sandbänke und Felsen im heimtückischen Wasser und nach hinterlistigen, schwimmenden Baumstämmen, fuhr immer wieder auf Sandbänke, während er die Fahrrinne suchte, dann mussten die 20 Kannibalen der Besatzung ins seichte Wasser springen und schieben, zum Glück fraßen sie sich auf der Fahrt nicht gegenseitig auf. Sie fuhren immer weiter in die erhabene Stille des Urwalds hinein, in das geheimnisvolle Schweigen einer rachsüchtigen, gnadenlosen Macht, lautlos, stumm strömte der Fluss zwischen den hohen Mauern aus Millionen Bäumen, wuchtigen, riesengroßen, hoch aufragenden Bäumen, der Wald öffnete sich vor ihnen und schloss sich hinter ihnen, als wollte er ihnen den Rückweg abschneiden. Sie drangen immer tiefer ins Herz der Finsternis ein, das Dunkelgrün färbte sich schwarz, der Dampfer keuchte langsam am Rand dieses schwarzen Wahnsinns entlang, sie schwebten nach den Worten Marlows wie Gespenster an hinter Bäumen verborgenen Eingeborenendörfern vorbei, nachts dröhnten die Trommeln des prähistorischen Menschen über den Fluss, ab und zu lag eine Handelsniederlassung am Ufer, die Weißen stürzten aus ihren elenden Hütten und erweckten den Eindruck, als hielte sie dort irgendein Zauber gefangen oder als könnten sie jeden Moment ausrasten und sich gegenseitig oder eigenhändig umbringen wie die beiden Elfenbeinhändler in Conrads Erzählung *Ein Vorposten des Fortschritts*. Conrad fuhr bis zu den Stanley-Fällen hinauf, 2000 Kilometer von der Küste entfernt, aber der Kongo war nicht mehr so unbefahren wie Marlow ihn schilderte, Conrad nicht so verloren in den Fängen des Dschungels, das Herz der Finsternis nicht länger ein weißer Fleck, vielmehr das düstere, schmutzige, dreckige Zentrum dieses ganzen Raubzugs und Eroberungsspuks.

Vom Schiff aus betrachtet ist das Land wie eine entfernte, beinahe unwirkliche Szenerie, notiert Gide in sein Tagebuch, aber auch nach der Landung in Coquilhatville kommen sie nicht in direkten Kontakt mit dem Land.

Ihnen steht ein Automobil mit Chauffeur zur Verfügung, der Anwalt des belgischen Königs begleitet sie durch die Stadt, zeigt ihnen das neue, vorbildliche Eingeborenen-Spital, das ihrem Nationalstolz nicht gerade schmeichelt, aber klar: Der Kongo ist Belgiens einzige Kolonie und Französisch-Kongo die ärmste Frankreichs. Der Direktor des Versuchsgartens stellt ihnen seine Zöglinge vor, Kakao-, Kaffee-, Brot-, Milch-, Kerzen-, Negerschurzbäume und den Bananenbaum aus Madagaskar, der jedem durstigen Wanderer ein Glas Wasser spendiert. In Irebu werden sie vom Kommandanten der Garnison erwartet, über eine schöne breite Palmenallee geht es zu der Hütte, die für sie hergerichtet ist. Ein Boot bringt sie bei wundervollem Gesang der Ruderer zu einem kleinen Dorf am Kanal zum Tumbasee, der Wald reicht bis dicht an das Dorf heran, sie tauchen in ihm unter, große exotische Schmetterlinge flattern in bizarrem Flug über den Weg und verlieren sich im Gewirr der Lianen. Das Boot setzt sie nach Liranga auf der französischen Seite des Kongos über, die Fahrt dauert mehr als vier Stunden, die Ruderer arbeiten sich lässig durch die Strömung.

Der Ire Roger Casement, britischer Konsul in Boma, der damaligen Hauptstadt des État Indépendant du Congo oberhalb der Kongomündung, brach im Juni 1903 zu einer dreimonatigen Reise ins Innere des Kongo-Freistaats auf, um im Auftrag des Foreign Office den Zustand der Verwaltung des Landes zu untersuchen und insbesondere den Nachrichten über Ausbeutung und Tyrannisierung der Eingeborenen und an ihnen verübte Gräueltaten nachzugehen, die zunehmend die Weltöffentlichkeit beschäftigten, in eine Kampagne gegen das Regime mündeten und Léopold II. schließlich zwangen, die ihm auf der Berliner Kongokonferenz von 1884 bis 1885 anvertraute Herrschaft über den Kongo 1908 dem belgischen Staat abzutreten. Casement war mit 20 Jahren in den Kongo gekommen, hatte unter anderem für Stanley und die Kongogesellschaft beziehungsweise den Freistaat gearbeitet und 1887 schon einmal das Gebiet am Kongo bereist. Ihm fiel auf, dass sich die Dörfer und Städte am Fluss seitdem stark entvölkert hatten, der Südrand des Stanley Pools war demografisch fast völlig ausgedünnt, in Stanleys Gründung Léopoldville lebten rund 130 Europäer und 3000 für Regierung und Europäer-Haushalte arbeitende Natives aus allen Teilen des Landes, in Bolobo war die Bevölkerung von vielleicht 40 000 auf noch 7- oder 8000 Köpfe geschrumpft, im Distrikt von Lukulela von

5000 auf 600, gegenüber der Ubangi-Mündung waren die Dörfer gänzlich verlassen, nun gab es dort lediglich die Garnison von Irebu, wo der Kommandant und seine sieben oder acht europäischen Offiziere 800 schwarze Rekruten drillten. Die Einheimischen waren infolge Schlafkrankheit und Pocken, Nahrungsmittelknappheit und schlechter Behandlung durch Regierungsbeamte und -soldaten ins Hinterland oder auf die französische Seite des Kongos abgewandert oder weggestorben.

Ganz im Einklang mit Hunderten französisch abgefasster Verträge, die Stanley im Auftrag Léopolds II. in den Jahren vor der Kongokonferenz den Analphabeten von Stammeshäuptern und Chiefs der Eingeborenensiedlungen zur Unterzeichnung vorgelegt hatte, waren diese nicht nur ihres Landes entäußert, sondern auch zur Bereitstellung von Sach- und Dienstleistungen verpflichtet. Die Eingeborenen mussten Wege anlegen und instand halten, als Ruderer oder Soldaten dienen, die Verwaltungs- und Militärposten mit Lebensmitteln, die 42 Regierungsdampfer mit Holz versorgen. Sie wurden in Messingdraht, Glasperlen, Messern, Macheten oder einem Stoff bezahlt, den sie nicht haben wollten und mit Verlust weiterverkauften, in der Regel wurden sie krass unterbezahlt und manchmal überhaupt nicht entlohnt. Bei nicht zufriedenstellender Leistung drohten ihnen Geldbußen, die Requisition von Nahrungsmitteln, Konfiszierung von Eigentum wie Kanus, Geiselnahme der Frauen bis zur Begleichung der Schuld, Gefangennahme der Männer und ihre Entsendung als Zwangsarbeiter oder Soldaten in entlegene Gebiete oder zur Einlieferung ins nächstgelegene Gefängnis, wo es körperliche Züchtigung gratis gab. Bei manchen solcher Strafexpeditionen ging es nicht immer gentlemanlike zu, Casement hörte von einer Razzia eines Offiziers und seiner Bande schwarzer Soldaten in 14 Dörfern des Distrikts G., die mit der Lieferung angeforderten Viehs in Verzug geraten waren. Dabei wurden elf Männer, drei Frauen und ein fünfjähriger Junge getötet, mehrere Hütten um Dinge von Wert erleichtert und abgebrannt, 48 Ziegen und 225 Hühner entführt, zehn Personen verschleppt und später gegen 16 weitere Ziegen ausgetauscht, mit Ausnahme eines Kindes, das in Bolobo starb. Im Dorf W., das Coquilhatville Lebensmittel, Brennholz und Frauen für die Arbeit in der staatlichen Kaffeeplantage stellen musste, erfuhr Casement, dass Anfang des Jahres ein Trupp von 30 Soldaten unter dem Befehl eines weißen Offiziers einmarschiert war, weil W. nicht zum festgesetzten Zeitpunkt die vorgeschriebene

Menge Geflügel nach Coq geliefert hatte. Die Eingeborenen waren in den Wald geflohen, hatten sich aber überreden lassen, ins Dorf zurückzukehren, wo ihnen der Offizier eröffnete, dass er 25 Männer für den Dienst im Verwaltungsposten mitnehmen werde und das Dorf als Strafe für die Pflichtverletzung 55 000 Stücke Messingdraht zu zahlen habe, was 2750 Francs entsprach. Um ihren Anteil an dieser Summe aufzubringen, sahen sich viele Einwohner gezwungen, ihre Frauen und Kinder zu verkaufen. Die Eltern eines kleinen Jungen sagten aus, dass sie für ihren Sohn 1000 Stück Draht bekommen hatten, für die gleiche Summe hatte eine Witwe ihre Tochter veräußert. Im Übrigen nahm der schwarze Sergeant der Truppe eine verheiratete Frau zu seiner persönlichen Verfügung mit nach Coq, eine andere wurde von einem Soldaten versehentlich erschossen.

Der einzige Weiße in Liranga, ein Portugiese, begrüßt Gide und Begleitung, der Pater der hiesigen Missionsstation liegt in »unserem traurigen Krankenhaus« in Brazzaville, er hat die kränkesten Kinder mitgenommen, in dieser Gegend wütet die Schlafkrankheit. Es ist heiß, feucht, schwül, »man erstickt fast«, die Luft ist voller Mücken und Tsetsefliegen. Sie wohnen im Missionshaus gleich neben der Backsteinkirche, ein Schwarzer gibt dreimal am Tag mit eintöniger Stimme Katechismusunterricht in der Eingeborenensprache, 57 Frauen und einige Jungen leiern mechanisch die Antworten auf seine Fragen herunter. Die von zwei Walfängerbooten begleitete »Largeau« nimmt Gide und Kompanie an Bord und biegt in den Ubangi ein, den zweitgrößten Nebenfluss des Kongos, sein Wasser sieht wie Milchkaffe aus, die monotone Landschaft ist vorgeschichtlich, tagelang regnet es unaufhörlich. »Man kann sich nichts Traurigeres vorstellen als den Anbruch solch eines Regentages.« An den Ufern liegen Eingeborenendörfer mit armseligen, verlotterten Hütten, »überall herrscht eine bedrückende Armut«, die die Ausbreitung von scheußlichen Krankheiten begünstigt, kaum jemand ist nicht verwüstet und entstellt, und trotz allem lachen die Leute.

»Das Lachen Afrikas.« Graham Greene kam im Januar 1959 für 37 Tage in den Kongo, er reiste mit dem Flugzeug an, in Léopoldville – wie auch in Brazzaville – gab es seinerzeit Unruhen, Militär patrouillierte in den Straßen, die Kolonialherrschaft ging ihrem Ende zu. Der Autor war auf der Suche nach seiner Hauptfigur aus dem Roman *Ein ausgebrannter Fall*, als Erstes schlug ihm der Geruch Afrikas entgegen: »Die Hitze? Die Erde? Die Vegetation? Der Geruch der afrikanischen Haut?« Er flog nach Coquilhatville, fuhr weiter nach Yonda am Kongo, einer Gartenstadt mit 800 Kranken, und quartierte sich in der Leprastation ein, »wo in Europa hört man so viel Gelächter wie gerade hier«. Doch wenn die Leprakranken noch anderweitig krank wurden oder Schmerzen hatten, war ihre »tiefe Hoffnungslosigkeit« zu spüren. Ambulanz und Spital wurden von alten Männern bevölkert, die sich schon zum Sterben verkrochen hatten, von alten Frauen mit welken Brüsten und blattähnlichen Tätowierungen im Gesicht, von einer Frau ohne Beine, die ein Kind geboren hatte, von einem Mann mit Elephantiasis und Hoden in Fußballgröße. Greene fuhr mit dem Miniatur-Mississippidampfer des Bischofs den lehmfarbenen Kongo hinauf, der sich mächtig dahinwälzte wie zu Conrads Zeiten, er las *Heart of Darkness* erneut, der »schwere, gleichsam hypnotisierende Stil schlägt mich wieder in seinen Bann und macht mir die Armseligkeit meiner eigenen Schreibweise wieder bewusst«. In *A Burnt-Out Case* spiegelt sich die Flussfahrt aus Greenes *Afrikanischem Tagebuch* wider, der Kongo entrollte sich endlos, Wälder glitten vorbei, Fischerhütten auf Pfählen erinnerten ihn an den Fernen Osten, die Hitze war entsetzlich. Der Raddampfer bog in den Ruki ein, fuhr weiter den Momboyo aufwärts, Pater Georges, der Kapitän, schoss Affen, Krokodile, Kormorane, Reiher, Fischadler. Greene besuchte Missions- und Leprastationen, eine alte Frau kroch wie ein Hund auf Knien und Handstümpfen herum, ein alter Mann schwang seine Armstümpfe und hob abwechselnd seine verstümmelten Füße empor, in einem Kinderheim hockte ein vierjähriges, stummes Mädchen mit unveränderlichem Ausdruck stumpfen Elends auf dem Bett eines leeren Schlafraums. »Schwermut umringt uns. Wie doch in den Tropen alles stets im Sterben zu liegen scheint, wenn selbst nur ein Schmetterling (…) verendet.«

Am Abend des fünften Tages hellt sich endlich der Himmel auf, im Ubangi spiegelt sich eine Apotheose aus Gold mit zarten Purpurtönen. In Betou sehen die Eingeborenen gesünder, kräftiger, schöner, freier aus, hier erstickt nur die unkrautüberwucherte Kirche im Gebüsch, hier haben sich die Eingeborenen nicht dazu herbeigelassen, den Missionaren zuzuhören und sich ihrer Moral zu unterwerfen, Gide stellt in den Maniokfeldern außergewöhnlichen Schmetterlingen nach. »Lachende Häuser« in Bangui, halb im Grün verborgen. Der Kabinettschef des Gouverneurs von Ubangi-Schari kommt an Bord der »Largeau«, übermittelt die Grüße seines Dienstherrn und eine Einladung zum Déjeuner und bringt die Reisenden zu der für sie reservierten Hütte. Gide sitzt im Rohrsessel am Fenster und sieht zu, wie der Regen die Landschaft ersäuft. Sie besuchen Dörfer flussabwärts und schauen zu, wie Palmöl hergestellt wird, die Frauen kauen das Abfallprodukt, den Ölkuchen. Sie fahren im Auto zu den Mbari-Fällen, es ist ein wunderbarer Ausflug, Gide entzückt alles, was er sieht: die sehr hohen, kahlen Stämme der Bäume, ihre üppigen Kronen, die riesigen Schmarotzerfarne im Geäst, groß wie Elefantenohren. Auf dem Weg kommen ihnen Eingeborene aus entlegenen Dörfern entgegen, sie tragen mit Blättern überdeckte Körbe auf dem Kopf in die Stadt, nehmen Haltung an, wenn das Auto sich nähert, und grüßen militärisch; grüßt man zurück, brechen sie in Freudengeschrei und Lachsalven aus. Der Personenwagen und der kleine Lastwagen mit dem Gepäck für das Nachtlager an den Wasserfällen überqueren auf drei großen, zu einem Floß zusammengebundenen Pirogen einen reißenden Fluss, die Fährleute hangeln sich an einem Metallkabel entlang. Hinter dem Wald kommen sie durch eine wohlbebaute, blühende Gegend mit fröhlichem Volk, winkt man in den Dörfern den Kindern zu, folgt darauf »ein wahres Delirium, ein wildes Gezappel, ein Sturm von Wonne«. Beim Essen schaut ihnen eine Kinderhorde zu wie in Europa den Seelöwen bei der Fütterung im Zoo. Die Landschaft bei den Mbali-Fällen ist von wilder Erhabenheit, 50 Meter von der Hütte entfernt färbt der Mond den großen Wasservorhang silbern, bei Sonnenaufgang ist er in Gold getaucht. Die Vegetation ist allerdings sehr wenig exotisch, außer einem Luftwurzel-Pandanus erinnert nichts daran, dass man sich im Herzen Afrikas befindet.

Der Gouverneur überredet sie zu einer zweiwöchigen Autorundfahrt, sein Kabinettschef macht ihnen die Honneurs. In Fort Sibut ist gerade Monatsmarkt, die Eingeborenen bringen in großen Körben ihre Kautschukernte herbei. Dieses Gebiet ist nicht einer Konzessionsgesellschaft übertragen worden, der Markt ist frei, die Preise richten sich nach Angebot und Nachfrage. Fünf weiße Händler haben sich eingefunden, Aufkäufer von der Sorte, die ins Land gekommen ist, um schnell Geld zu machen, in der Regel junge Leute, prekäre Existenzen ohne eigene Verkaufslokale. Kurz nach Eröffnung des Markts macht einer der fünf das Angebot, die gesamte Ernte für sieben Francs 50 pro Kilo abzunehmen, vor nicht allzu langer Zeit lag der Preis noch bei drei Francs. Die vier anderen Händler überbieten das Angebot nicht, aber sie versammeln sich mit dem Aufkäufer hinter verschlossenen Türen und versteigern die Ernte unter sich. In Léopoldville, wo die Händler weiterverkaufen, erzielt das Kilo Kautschuk zwischen 30 und 40 Francs. Die heimlichen Versteigerungen zum Nachteil der Eingeborenen verletzen vielleicht das Rechtsgefühl, aber illegal sind sie nicht. Auf dem Markt im benachbarten Bambari steigt der Preis für Kautschuk gleicher Qualität bei der öffentlichen Versteigerung auf 18 Francs.

Hinter Bambari liegen nicht mehr ausschließlich Kautschukplantagen, sondern auch Reis-, Hirse-, Mais-, Maniokfelder, Baumwoll-, Sesam-, Kaffee-, Taro-, Ölpalmen- und Bananenpflanzungen – eine Gartenlandschaft mit vielen Dörfern, in denen Angehörige eines Stammes wohnen, die erst vor zwei Jahren unterworfen wurden und vorher verstreut im Busch lebten. Die Alten sind noch menschenscheu, hocken »wie Affen« zusammengekauert da, doch die Weiber kommen angelaufen, schütteln ihren »klirrenden Schmuckkram«, ihre Scham ist unbehaart, bei den wenigsten durch ein Büschel Blätter bedeckt. Die Reisegruppe wohnt einem betäubendem Tamtam bei, wunderschöne, wechselnde Gesänge provozieren und zügeln Begeisterung und Raserei. »Nie habe ich etwas derart Verwirrendes und Wildes gesehen«, gesteht Gide. Und nie hat er solch monströse Gebilde gesehen wie im Spital von Mobaye am Ubangi. Die Kranken kommen von weither, um sich die in dieser Gegend häufige Elephantiasis der Genitalien operieren zu lassen. Der Arzt führt ihnen ein paar ungeheuerliche Fälle vor, Gide ist »ganz benommen, kann nicht gleich begreifen, was dieser enorme Sack bedeuten soll, den der Eingeborene unter sich mitschleppt«. Diese Geschwülste wiegen nur 30 bis 40 Kilo, erklärt der Arzt, er hat schon Exemplare von 70, einmal sogar 82 Kilo operiert, und damit machen die Leute noch einen Fußmarsch von 15 oder 20 Kilometern zum Hospital. Einer seiner jetzigen Patienten hat versucht, sich selbst zu operieren, hat seinen fürchterlichen Sack im Glauben, er enthielte Eiter, mit Messerstichen traktiert und sich grauenhaft zugerichtet.

Schon als Schüler beschloss er, in Afrika Völkerkunde zu betreiben, 15 Jahre später ging er ins Kasaigebiet im belgischen Kongo. Der abgebrochene

Gymnasiast und autodidaktische Privatgelehrte, als den er sich nun bezeichnete, zapfte zur Finanzierung seiner Deutschen Inner-Afrikanischen Forschungs-Expedition, deren Teilnehmer er selbst und ein Zeichner waren, unter anderen die Carl-Ritter-Stiftung, rund hundert deutsche Fabrikanten sowie den Direktor des Museums für Völkerkunde in Hamburg an, der wenig später die Hamburger Südsee-Expedition aussenden sollte. Thilenius sicherte Leo Frobenius zu, alle in Afrika zu sammelnden Ethnografika zu akquirieren. Frobenius nahm Kontakt zu Verantwortlichen des Kongostaats sowie der 1902 gegründeten Compagnie du Kasai in Brüssel auf, der das ganze Gebiet des Kasais und seiner Zuflüsse zu treuen Händen gegeben worden war, erhielt die Zusage kostenloser Beförderung mit deren Dampfern, schiffte sich Ende 1904 in Antwerpen auf der »Léopoldville« der Kongogesellschaft ein, fuhr mit der Kongobahn von Matadi nach Léopoldville, dann per Schiff den Kongo und seinen wasserreichsten Nebenfluss Kasai bis zur Einmündung des Kwango hinauf, wo sich die zentrale Faktorei der Kasaikompanie befand, und weiter über den Kwango und den Kwilu bis zum Handelsposten Mitschakila, wo er dem Vorsteher half, entlaufene Arbeiter einzufangen. In dem riesigen Gebiet zwischen dem Kwango und dem oberen Kasai war der Staat nicht präsent, es gab keinen staatlichen Verwaltungsposten, die Angestellten der Kasaigesellschaft übten Polizeigewalt und Rechtspflege selber aus, ein Beamter des Kongostaats erschien mit seinen schwarzen Polizeisoldaten nur, wenn ein Europäer ermordet worden war. Frobenius zog mit dem Chef des Handelspostens ins Nachbardorf Ekongo, um Gericht zu halten, der Trupp wurde mit einem Pfeilhagel empfangen, Frobenius, Sohn eines preußischen Offiziers, erschoss mit seinem zielfernrohrbestücktem Gewehr drei »Schwarzhäute«, der Rest floh, später wurden die drei Leichen von ihren ehemaligen Nachbarn verspeist. Dass es auch anders ging, zeigte der junge Leiter der Handelsstation von Kolokoto am Kwilu. Van Imp verstand es, die »Neger« für sich einzunehmen, spornte sie zum Handel auf eigene Rechnung an und kaufte den von ihnen erworbenen Kautschuk auf, er galt als der erfolgreichste Kaufmann des Kasaibeckens. In seiner Faktorei arbeiteten 300 fest angestellte Eingeborene, die monatlich entlohnt wurden, manche gingen nach der ersten Löhnung in ihr Dorf zurück, entliefen nach Hause, sie hatten nicht verstanden, dass sie sich für ein Jahr vertraglich verpflichtet hatten und zwölfmal bezahlt werden sollten.

Ouango liegt malerisch auf der Anhöhe über einer Krümmung des Ubangis. Alle Frauen, die hier zum Tamtam erscheinen, tragen farbenfrohe Baumwollstoffe, alle sind sauber, lachen, sehen glücklich aus. »Muss man daraus schließen«, fragt Gide sein Tagebuch, »dass dies ganze schwarze Volk nur auf ein bisschen Geld wartet, um sich kleiden zu können?« Dass die Schwarzen bedürfnislos und wunschlos, unempfindsam und träge seien, ist ein pures Vorurteil. Wenn ein Handelsposten mit Stoffen, Hausrat, Werkzeug gut bestückt ist und die Eingeborenen gerecht entlohnt werden, kann man beobachten, wie ihre Wünsche erwachen. Apathie ist ein Produkt des Elends und der Erniedrigung. Dem Sultan von Rafai, des letzten der Sultanate von Ubangi-Schari, hat die Regierung der Kolonie Afrique Équatoriale Française eine hübsche Fantasie-Uniform geschenkt, die er mit Stolz trägt. Er ist harmlos, erhebt keinen Anspruch auf die Thronfolge eines seiner Söhne, nimmt die Dinge wie sie sind und lächelt. Umgeben von seinem ganzen Operettenhofstaat verabschiedet er mit heruntergekommenem, mitleiderregendem Pomp seine weißen Staatsgäste.

Zurück in Bangui geht die Reise erst richtig los. Sie könnten bequemer und schneller nach Fort Archambault (Sarh) gelangen, in zwei Tagen per Auto und vier oder fünf Tagen im Boot, aber Gide will jetzt die üblichen Wege meiden, will sehen, was man gewöhnlich nicht zu sehen bekommt, will »ins Tiefinnerste des Landes eindringen«. Er dringt in den Wald bei Bangui ein, bewundert das »schwindelerregende Aufsteilen« der Baumriesen und das »plötzliche Entfalten ihrer Kronen«, die von den letzten Sonnenstrahlen getroffen werden. Zunächst herrscht großes Schweigen, dann füllt sich der Wald mit seltsamen Geräuschen, mit dem Gesang und Geschrei der Vögel, mit dem Rascheln der Blätter, mit Tierlauten, die von Affen herrühren müssen, doch er bekommt sie nicht zu sehen. Im Wald von Mbaiki sind die Bäume außerordentlich hoch, manche erreichen mehr als 50 Meter und haben einen gigantischen Fuß, der sie stützt und dem Faltenwurf einer Robe gleicht, als wandle der Baum. Aber solche Riesen gibt es nur in sekundären Wäldern, die nachwachsen, wenn der Urwald durch eine Feuersbrunst vernichtet wurde. Gide ist gekommen, um den Urwald zu sehen, und findet ihn nirgends. Er hat eine falsche Vorstellung von dem Land im Gepäck und fragt sich, ob das vorgefasste falsche Bild später in der Erinnerung wieder die Oberhand gewinnen wird über den enttäuschenden Blick auf die entzauberte, entlaubte Wirklichkeit.

Mit 60 von der Verwaltung angeheuerten Trägern marschieren sie los, die von je vier Schwarzen transportierten Tragsessel wollen die weißen Herren so wenig wie möglich in Anspruch nehmen, teils um die armseligen Träger zu schonen, teils aus Lust am Wandern. Auf schmalen Stegen aus Zweigen und Lianen geht es durch ein weites Moorgebiet, den Großen Sumpf, er ist ganz von Wasserpflanzen bedeckt, riesige Aronstabgewächse recken ihre weißen, von dunklem Purpur getigerten Tüten in die Luft. Ein Fluss liegt in geheimnisvollem Schweigen, gelegentlich unterbrochen vom Ruf eines unsichtbaren Vogels, niedrige Palmen tauchen ihre Wedel in die Strömung. Der Wald hüllt sie ein, allseits leckt Wasser an ihm, der Weg ist von Pfählen gestützt und führt über kleine Holzbrücken. Endlich einmal gibt es auch Blumen zu sehen, es wird immer zauberhafter, Gide ist »von unsäglicher Freude erfüllt« und befürchtet, dass er solch eine Schönheit nicht noch einmal finden wird. Könnte er nur in diesem erhabenen Sumpf bleiben oder allein zurückkehren, die Horde von Trägern, die alles Getier verscheucht, geht ihm auf die Nerven. Er beschleunigt seine Schritte, beginnt zu laufen, um einen Vorsprung zu gewinnen, doch sogleich setzt sich die ganze Karawane in Trab. Aus Bambio kommen ihnen Frauen und Kinder zur Begrüßung entgegen, im Dorf stehen ein paar Häuptlinge in Reih und Glied und präsentieren die Waffen, Gide und Allégret drücken ihnen die Hand, winken und lächeln in die Runde, spielen die großen weißen Häuptlinge, alles sehr würdig. Die Frauen beginnen zu singen und zu tanzen und wild durcheinander zu heulen, fegen und peitschen mit großen Maniokhalmen den Boden vor den weißen Füßen, die Kinder hopsen und stampfen, »der Einzug ist glorreich«.

In den Dörfern westlich von Bangui sehen sie nichts als Frauen, Greise und Kinder. Die Männer arbeiten in den Kautschukwäldern für die Compagnie Forestière Sanga-Oubangui, die das Handelsmonopol für Kautschuk innehat. Oder die Männer sitzen im Gefängnis oder sind geflohen oder tot, manche Dörfer sind ganz verlassen. Von einem angesehenen Häuptling erfährt Gide, dass der Verwaltungsbeamte des Bezirks von Boda, Monsieur Pacha, vor sechs Tagen ein Exempel statuiert hat. Anlass war die Weigerung der Bewohner einer kleinen Siedlung, ihre Unterkünfte an die Straße zu verlegen, sie wollten lieber bei den Pflanzungen wohnen bleiben, zumal an der Straße Angehörige eines anderen Stammes leben. Monsieur Pacha schickte seinen schwarzen Sergeanten mit drei Gardisten in die Siedlung, unterwegs trieb der Sergeant in jedem Dorf zwei bis drei Männer auf, legte sie in Ketten und schleppte sie mit. In der Siedlung wurden zwölf Männer an Bäume gebunden und erschossen. Dann massakrierte der Sergeant mit dem Büffeljägermesser Frauen, schließlich sperrte er fünf kleine Kinder in eine Hütte und steckte sie in Brand. Insgesamt gab es 32 Tote.

In Kabeya, dem südlichsten Handelsposten am Kasai, herrschten »fürchterliche Zustände«. Kabeya lag in demjenigen Sektor des Kasaigebiets mit dem niedrigsten Ertrag an Kautschuk und viel zu weit ab, als dass der Direktor oder ein Inspekteur der Compagnie jemals dort aufgetaucht wäre. Frobenius erfuhr, dass im Magazin der Station fünf schwarze Kautschukaufkäufer als Gefangene einsaßen, die Vorschüsse unterschlagen haben sollten. Wenn Aufkäufer ihre Tour zu den eingeborenen Sammlern antraten, erhielten sie einen Vorschuss an Waren wie Stoff oder Salz und Glasperlen, um sie gegen Kautschuk zu tauschen. Wenn sie mit weniger Kautschuk zurückkamen als dem Gegenwert der Waren entsprach, wurden sie als Schuldner der Faktorei betrachtet. Dieses System öffnete der Willkür lokaler Agenten Tür und Tor. Der Leiter des Postens in Kabeya, Monsieur Labryn, hatte den Besitz der fünf einsitzenden Schuldner konfisziert, nämlich deren Gewehre und Frauen, die er entweder für sich behielt oder als Sklavinnen verkaufte; zur Zeit verfügte er über zehn Beischläferinnen. Die gefesselten Gefangenen wurden schlecht verpflegt und regelmäßig verprügelt, Frobenius wohnte einer solchen Bestrafung bei. Der junge Schwarze erhielt mehr als 150 Stockhiebe, blutete aus fünf tiefen Wunden und starb am nächsten Tag.

Auf seiner Weiterreise traf Frobenius mit einem Inspekteur der Kasaigesellschaft zusammen und berichtete ihm von den Vorgängen. Dass die Station Kabeya Sklavenhandel betrieb, war der Direktion bereits zu Ohren gekommen. Aber erst auf Frobenius' Intervention hin geschah nun etwas. Der Inspekteur machte sich auf den Weg nach Kabeya und fand erschreckende Verhältnisse vor. Monsieur Labryn wie auch sein Vorgesetzter, der Chef des Sektors, wurden nach Brüssel beordert und aus dem Dienst entfernt, doch nicht strafrechtlich belangt. Frobenius gewann die Überzeugung, dass »alle oberen Instanzen bemüht sind, zu vertuschen und die Gerechtigkeit nur dann walten zu lassen, wenn es die direkten Vorteile verlangen (…). Das ganze System beruht eben auf einem trüben Utilitarismus. Während die Kompanie mit äußerster Strenge gegen diejenigen ihrer Beamten vorgeht, die ihre Warenlager bestehlen oder die eine falsche Buchführung haben oder die sonst irgendwie die Handelsvorteile schädigen (…), begnügt sie sich mit einfacher Verabschiedung derjenigen Leute, die sich derartige Gewalttätigkeiten zuschulden kommen lassen«. Die Kasaigesellschaft, die in ihrem Gebiet den Staat vertrat und unumschränkt herrschte, duldete die Exzesse ihrer Angestellten: »rohe Habsucht, Ausbrüche der Leidenschaften und ganz gemeine tierische Regungen«. Die Vertuschung hatte System, wie Frobenius immer wieder erfuhr. So hörte er von einem Kautschukhändler, der nach Lust und Laune gemordet und geraubt, Wilde eingefangen und gehängt, »Negerinnen« vergewaltigt und erschossen hatte, in seiner Faktorei war die Luft von verwesenden Leichen verpestet; von Missionaren, die zugleich als Angestellte der Kasaikompanie eine Pflanzung betrieben und eigenmächtig Häuptlinge gefangengesetzt und in Ketten gelegt hatten, weil diese sich nicht beeilt hatten, den Patres kostenlos Arbeitskräfte zuzuführen; von einem Pêre der belgischen Mission, der einem unbotmäßigen Negerjungen in einem Monat 800 Schläge mit der perfidesten aller Peitschen, der Tschikotte aus Flusspferdhaut, hatte verabreichen lassen und daraufhin von seinen Oberen lediglich an den oberen Kongo versetzt worden war.

Gides Zug kommt an einer Gruppe Frauen vorbei, die nach einem Unwetter Straßenschäden ausbessern. Alle sind triefend nass vom Regen, manche geben ihren Kindern die Brust, ohne die Arbeit zu unterbrechen. Die Erde für die Ausbesserung der Piste graben sie ohne Werkzeug aus drei Meter tiefen Gruben neben der Straße. Es kommt vor, dass die Löcher einstürzen und Mutter und Kind vom Sand begraben werden. Da die Baustelle zu weit von ihrem Dorf entfernt liegt, schlafen die Frauen in provisorischen Hütten aus Zweigen und Schilf, die ihnen keinen Schutz vor Wind und Regen bieten. In der letzten Nacht haben sie allerdings nicht geschlafen, sondern durchgearbeitet, der Aufseher hat sie dazu gezwungen. Obwohl der Generalgouverneur von Französisch-Äquatorialafrika verfügt hat, dass Frauen nicht für Wegearbeiten und als Lastenträger verwendet werden dürfen, müssen hier alle Frauen der Dörfer solche »Naturalleistungen« erbringen. Sie werden weder bezahlt noch verköstigt.

Wie aus den Schilderungen eines französischen Elefantenjägers, der sich seit vier Monaten in der Gegend aufhält, sowie des Häuptlings von Bambio hervorgeht, ist vor sieben Wochen in Bambio ein makabrer »Tanz« aufgeführt worden. Etwa ein Dutzend Eingeborene, die im vergangenen Monat der Forstgesellschaft keinen Kautschuk abgeliefert hatten, dafür aber im laufenden Monat die doppelte Menge, wurden nicht nur mit einer Buße in Höhe des Ertrags ihrer Arbeit belegt, hatten also zwei Monate umsonst gearbeitet, sondern auch dazu verurteilt, den ganzen lieben Markttag lang unter der sengenden Sonne und den stechenden Augen Monsieur Pachas sowie des Agenten der Forstgesellschaft und im Beisein der Häuptlinge aus den umliegenden Dörfern und der versammelten Einwohner von Bambio mit einem schweren Balken beladen immerzu um den Posten der Forstgesellschaft herumzulaufen. Brachen sie unter der Last zusammen, wurden sie von den Gardisten wieder muntergeknüppelt; einer stand jedoch nicht mehr auf, der Tanz ging trotzdem weiter. Monsieur Pacha ist berüchtigt für seine exquisite Grausamkeit, gleich nach seinem Amtsantritt zu Anfang des Jahres 1925 hat er aufgeräumt. Wegen eines Konflikts mit den Eingeborenen, die nicht länger Kautschuk sammeln wollten und vier Milizsoldaten töteten, die sie zur Arbeit zwingen sollten, ließ er in Boda und Umgebung seinen eigenen Angaben zufolge etwa 1000 »Neger« jedweden Alters und beiderlei Geschlechts über die Klinge springen und verlangte von seinen Gardisten, zum Beweis ihrer Heldentaten die Ohren und Geschlechtsteile ihrer Opfer abzuschneiden und ihm auszuhändigen. Die Dörfer wurden in Brand gesteckt, die Pflanzungen verwüstet.

Gide ist entrüstet, nicht nur über die Figur des Monsieur Pacha, den Schrecken der Eingeborenen, der ein pathologischer Fall ist, mehr noch über die versteckte Rolle der Forstgesellschaft, mit der Pacha unter einer Decke steckt, die im Hintergrund die Fäden zieht und zu deren kurzsichtigem Nutzen Pacha agiert. Wie soll ein Verwaltungsbeamter, der sich die Liebenswürdigkeit, Zuvorkommenheit, die kleinen Gefälligkeiten der Vertreter der großen Gesellschaften nicht vom Leib hält, nachher zu ihren Ungunsten Stellung nehmen können? Wie sollte er bei kleinen Unkorrektheiten nicht ein Auge zudrücken? Und bei gravierenden Übertretungen? Das Unrecht, die Grausamkeit und Bestialität im Umgang mit den Eingeborenen lasten auf Gide wie Alpdrücken. Vergnügungsreise? Schmetterlinge fangen? »Welcher Dämon hat mich nach Afrika getrieben?

Was hatte ich hier zu suchen?« Er hat nicht gesucht, was er gefunden. Aber nun weiß er Dinge und kann nicht schweigen. Er schreibt dem Gouverneur in Bangui einen Brief, für den er mehrere Tage braucht; der verständige Gouverneur von Ubangi-Schari hat ihm »unendlich« gefallen. Offenbar dringen andere kritische Stimmen, so es sie gibt, nicht zu ihm durch, vielleicht sitzen in der Kolonialverwaltung nur Krähen. Der Gouverneur ordnet auf Gides Brief hin eine behördliche Untersuchung an, die Gides Angaben bestätigt. Gegen Monsieur Pacha wird Anklage erhoben. Später, zurück in Frankreich, rüttelt Gide die Öffentlichkeit wach.

Im Distrikt G. im Hinterland von Bolobo befragte Casement Flüchtlinge aus einem 120 bis 150 Meilen entfernten Gebiet, wo sie dem Regierungsposten ein hohes Quantum Kautschuk hatten liefern und immer tiefer in die Wälder dringen müssen, um das Gummi zu finden, zwei, drei Tagesmärsche weit von ihrem Dorf, wo so mancher von Leoparden zerrissen ward. Sie wurden nicht bezahlt, nur ihr Dorfchief bekam etwas Stoff und ein wenig Salz. Wenn sie die vorgegebene Quote Kautschuk nicht zusammenbrachten, kamen Soldaten ins Dorf und schossen um sich. »Many were shot, some had their ears cut off«, bezeugte ein Flüchtling, andere bestätigten seine Angaben. Den toten Männern schnitten die Soldaten die Penisse ab, um dem weißen Offizier, der sie dazu angestiftet hatte, zu beweisen, dass sie nicht nur auf Frauen geschossen hatten. Die Dörfer am Tumbasee waren wie leergefegt, die wenigen verbliebenen oder jüngst zurückgekehrten Bewohner flohen vor Casements Dampfer in die Wälder, die Furcht vor dem weißen Mann saß tief. Bei Casements Reise 1887 waren die Eingeborenen noch von allen Seiten zusammengeströmt, um den weißen Fremden zu begrüßen, doch bis vor Kurzem waren Hunderte Soldaten in der Zone stationiert gewesen und hatten sich bei den Eingeborenen nicht gerade beliebt gemacht. Casement traf einen jungen Mann, dem bei einem Überfall unter Führung eines europäischen Offiziers beide Hände mit dem Gewehrkolben an einem Baumstamm zerquetscht worden und später abgefallen waren. Casement sprach auch mit einem elf- bis zwölfjährigen Jungen, der etwa sieben Jahre alt war, als Soldaten aus Coquilhatville in sein Dorf kamen, seine Eltern töteten, ihm selbst eine Schusswunde im Nacken zufügten, er fiel zu Boden und kam erst wieder zu Bewusstsein, als ein Soldat ihm die rechte Hand am Handgelenk abtrennte, wobei er sich nicht rührte, weil er sonst erschossen worden wäre. Casement erfuhr von vielen ähnlichen Fällen, die er sorgfältig protokollierte, so dem einer alten Frau, die mit ihrem Sohn floh, der von einer Kugel getroffen umfiel, sie fiel neben ihn, dann fühlte sie, wie ihre Hand abgeschnitten wurde, auch dem toten Sohn fehlte eine Hand.

Die Gewohnheit, den Opfern die Hände abzuhacken, resultierte aus dem System der Munitionsökonomie. Wenn eine Strafexpedition gegen ein Dorf auszog, wurde ihr eine genau abgezählte Menge Patronen ausgehändigt. Alle unbenutzten Geschosse mussten zurückgebracht werden. Für jede abgeschossene Kugel war eine Hand als Beleg einzureichen. Manchmal schossen die Soldaten unterwegs Wild, was amtlicherseits nicht vorgesehen war, dann schnitten sie lebenden Leuten die Hände ab. Nach Aussage eines Offiziers im Dienst der Regierung am Momboyo, dem Zufluss des Rukis, hatten sie dort in sechs Monaten 6000 Patronen verbraucht, was bedeutete, dass 6000 Personen getötet oder verstümmelt worden waren, mehr noch, denn manchmal stellten sie mehrere Eingeborene in einer Reihe hintereinander auf und töteten sie mit einem einzigen Schuss, und Kinder pflegten die Soldaten mit dem Gewehrkolben zu erschlagen. Die privaten Handelskompanien applizierten das gleiche System. Casement fuhr den Lulonga, den Lopori und einige Nebenflüsse hinauf, diese Distrikte gehörten zu den produktivsten Kautschukgebieten des Landes, die Konzessionsgesellschaften erfreuten sich dort des »Polizeirechts« und führten selbstständig Kriege gegen die Eingeborenen, ihre Faktoreien waren mit Waffen gut versorgt und stützten sich auf schwarze Soldaten, die nicht Soldaten, sondern euphemistisch Waldhüter genannt wurden, in den Dörfern der Eingeborenen lebten, die Ernte und vierzehntägliche Ablieferung des Kautschuks überwachten und sicherstellten. Auch in dieser Gegend dokumentierte Casement zahlreiche Fälle von Mutilation. »It was not a native custom prior to the coming of the white man; it was not the outcome of the primitive instincts of savages in their fights between village and village; it was a deliberate act of the soldiers of an European Administration«, stellte der britische Konsul in seinem Bericht klar, der den Sturz Léopolds als Kongo-King beschleunigte.

Der Wald ist endlos. Und äußerst monoton, kein bisschen exotisch. Hier und da steht ein Riesenbaum zwischen den Kautschukbäumen, doppelt so hoch wie europäische Bäume, und breitet seine Krone weit über den anderen aus, die wie Gebüsch wirken. Nach fünf Stunden ermüdenden Marsches über sandigen Grund, dann glitschigen Lehmboden entschließt sich Gide, mit seinen 55 Jahren in den unbequemen Tragsessel zu wechseln. Ärgerlich, dass man in ihm weder schreiben noch Notizen machen noch lesen kann, man wird hin und her geschüttelt und durchgerüttelt. Gide hat schnell die Nase voll und marschiert wieder zu Fuß. In einem Bakongodorf – Bakongo werden hier unterschiedslos alle Eingeborenen genannt, die für die Forstgesellschaft arbeiten – fragt er einen Häuptling über die Verhältnisse im Gefängnis von Boda aus. Als ein zweiter Häuptling hinzukommt, verstummt der erste sofort. Erst als er mit Gide erneut allein ist, nimmt er den Faden wieder auf. Er hat, als er im Gefängnis saß, an einem Tag zehn Leute infolge Misshandlung sterben sehen. Er zeigt Gide die Narben von Stockschlägen an seinem Körper. Die Verpflegung bestand aus einer Kugel Maniok am Tag. Auf die Frage, wie viele Häftlinge dort einsaßen, sagt er: »viele, viele«, er kann nicht zählen. Auch Frauen und Kinder befanden sich darunter.

Wieder der eintönige Wald. Aber dann, nach einer halben Tagesetappe, ein breiter und tiefer Fluss, über den sich knapp über dem klaren Wasser eine zerbrechlich anmutende, mit Lianen zusammengehaltene Brücke biegt. In den Dörfern sprechen sie mit den Häuptlingen, die erzählen, dass die Compagnie Forestière vielfach nur einen Franc 50 für ein Kilo Kautschuk zahlt, obwohl sie zur Zahlung von mindestens zwei Francs verpflichtet ist, und dass sie erst ab dem 20. Kilo zwei ganze Francs hinblättert. Dass die Sammler, die nur Hohlmaße kennen, beim Wiegen des Kautschuks übers Ohr gehauen werden. Dass die Gesellschaft Strafgelder verhängt, wenn die Eingeborenen nicht genügend Kautschuk bringen, Bußen von 40 Francs, so viel, wie sie im Monat bestenfalls verdienen können. Dass sie den Eingeborenen für Waren wie Salz oder Tabak exorbitante Preise abverlangt und die Summe gleich vom Verdienst einbehält; ein Huhn zum Beispiel, für das die Weißen einen Franc bezahlen, wird den Schwarzen, die den Wert des Geldes nicht kennen, mit drei Francs in Rechnung gestellt. Ein Arzt berichtet Gide, dass die Forstgesellschaft immer wieder Mittel und Wege findet, sich über das Medizinalreglement hinwegzusetzen, die Vorschriften zu umgehen, sich der Kontrolle zu entziehen, in der Folge blühen die Krankheiten. Die Compagnie verwüste und ruiniere das Land.

Die Dummheit des »Negers«, die stets zur Rechtfertigung für alles herhalten müsse, sei, wenn es sie denn gebe, die des Tieres: naturhaft – gleichsam unschuldig, kindlich –, die des Weißen hingegen »etwas Ungeheuerliches«, so Gide. »Wie furchtbar dumm ist im Allgemeinen der Weiße, der sich über die Stupidität des Negers entrüstet!« Je weniger intelligent der Weiße sei, für um so dümmer halte er den Schwarzen. Gide will die »Neger« nicht gescheiter machen als sie sind, er hält sie für unfähig zu einer mehr als nur geringen Entwicklung, »das schwer bewegliche Gehirn stagniert meist in einem fast undurchdringlichen Dunkel«. Aber sie seien »oft vollkommen gutartig« und »außerordentlich beeinflussbar«, alles komme darauf an, wie man sie behandle. Aufmerksamkeit, Rücksichtnahme, Vertrauen, Menschlichkeit werde der Eingeborene mit Gefälligkeit, Herzlichkeit, Anhänglichkeit beantworten. Die ewige Behauptung, von ihm sei nur mit Zwang und Gewalt etwas zu erreichen, sei unhaltbar, er sei sehr wohl imstande, Güte von Schwäche zu unterscheiden, und brauche nicht terrorisiert zu werden, um dem Weißen mit Respekt zu begegnen. Nach Gide wird er erst durch Verachtung, Ausbeutung, Willkür, Grausamkeit zum Äußersten getrieben, erst der Kontakt »mit unserer Zivilisation« verdirbt ihn, erst der kurze Verstand macht ihn zum Idioten, die Herrenattitüde zum Sklaven, die Bestialität zur Bestie.

»Sicherlich muss man den Neger streng behandeln. Hat man ihn nicht fest in der Hand, ist er nicht vollkommen überzeugt von der Macht des Europäers, dann ist es mit unserer Herrlichkeit da unten aus«, befand Frobenius, der im Schwarzen »eine primitive Form der Menschheit« sah, eine rassisch minderwertige Urspezies des Menschengeschlechts. Das Grundproblem der Kolonialpolitik sei: Wie bringe ich die Eingeborenen dazu, zum Nutzen der Kolonialmacht und in ihrem eigenen Interesse zu arbeiten, zu produzieren? Nicht mit Zwang und Gewalt, sondern durch Erziehung und gerechte Behandlung, Erziehung durch »Landwirtschaftslehrer«, wie Frobenius' praktischer Vorschlag lautete, Landwirtschaftslehrer als Freunde und Helfer, Agropädagogen, Entwicklungshelfer mit dem Sendungsbewusstsein des biederen deutschen Volksschullehrers, am deutschen Wesen sollte bekanntlich die Welt genesen. Laut Frobenius, dieser Inkarnation des Wilhelminischen Zeitgeistes in fortschrittlicher Version, kam es darauf an, »den Neger nicht nur zu verstehen, sondern ihm auch sehr weit entgegenzukommen, wenn wir zu einer vollen Ausnutzung seiner Arbeitskraft gelangen wollen«. Dabei musste der Europäer jedoch stets darauf achten, »dass die nun einmal sklavisch veranlagte Negerrasse ihn als Herrenmenschen anerkennt«. Also autoritäre Überzeugungsarbeit, wie Frobenius sie beim Einkauf von Ethnografika ständig leistete. »Der Handel um ethnographischen Kram ist für den Ethnologen das beste Mittel, mit den Eingeborenen gut Freund zu werden. (…) Er (der Neger) fragt sich zuerst und vor allem anderen: ›Was will der Fremde?‹ Dass der Fremde nur kommt, um das Land zu sehen, das glaubt er auf keinen Fall, denn das kann er nicht verstehen. Sagt man das zu einem Neger, so steht er dumm da, absolut dumm (…), dieser Neger wird es nie glauben, dass sich jemand der Mühe einer solchen Reise unterzieht, bloß um etwas kennen zu lernen.« Aber man brauche ihm nur zu sagen, dass seine Masken, Trommeln, Speere in Europa wertvoll seien, wie Kautschuk, »das versteht er«. Zum Schluss benötigte Frobenius, der von einer Kohorte staatlicher Polizeisoldaten begleitet wurde, 800 Träger, obgleich er unterwegs bereits viele Kisten per Dampfer nach Europa hatte abgehen lassen.

Als sie den Bezirk von Boda verlassen, sehen sie wieder Männer in den Dörfern. Und die Maniokfelder sind abgeerntet. Der Wald wird interessanter, ist von Bächen durchzogen, große, nie gesehene Pflanzen wachsen in ihm und herrliche Bäume mit riesigem Fuß, als litten sie an Elephantiasis. Bizarre Vogelrufe schwirren durch die schwere, dampfige Luft, der Himmel hängt tief, ist einförmig grau, alles ist matt und stumpf, man schleicht durch einen Fiebertraum. Panther soll es hier in Hülle und Fülle geben. Dann erwachen sie aus dem Fieber, kommen durch eine Savanne mit lichtem Gehölz, in den Dörfern werden sie überschwenglich begrüßt, das Volk umsteht sie, drängt, ihnen die Hand zu schütteln, lacht und singt und schreit, scheint glücklich. Die Eingeborenen dieser Gegend widmen sich ihren Maniok-, Sesam-, Batatenfeldern, müssen nur etwa einen Monat im Jahr in den Kautschukplantagen arbeiten, um ihre Steuern zu bezahlen. Es gibt hier keinen Markt, niemand besitzt etwas anderes als sein Feld, seine Herde und vielleicht ein paar Armspangen, keine Möbel, keinen Stoff, keine Kleidung. Eine Savanne mit drei Meter hohem Gras schließt sich an, Tsetsefliegen und Schlafkrankheit sind hier unbekannt, daher auch die Herden, und der arabische Einfluss macht sich bemerkbar, die Häuptlinge tragen Gewänder und sind nicht »mit Abfällen europäischer Garderobe lächerlich aufgetakelt«.

Wieder sind viele Dörfer halb verödet oder gänzlich verlassen. Gides Karawane stößt auf eine Gruppe von 15 Frauen, die im Gänsemarsch durch die Savanne ziehen, alle mit einem um den Hals geschlungenen Strick zusammengebunden, begleitet von Gardisten mit fünfschwänzigen Peitschen. Die Gardisten hatten Befehl, im Dorf 40 Träger zu requirieren, bei ihrem Anrücken versteckten sich die Männer im Busch, die Frauen dienen nun als Geiseln. Auch vor Gides Trupp fliehen die Eingeborenen in den Busch, schließlich führen ihn zwei Weiße an. Die Leute reißen aus Angst vor Repressalien oder Zwangsarbeit aus, auch für den Bau der Eisenbahnlinie von Brazzaville nach Pointe-Noire werden hier Arbeiter ausgehoben. Ein Zug von elf aneinander gebundenen Gefangenen kreuzt ihren Weg, alle tragen eine Ladung Maniok auf dem Kopf, sie können sich kaum selbst fortschleppen, haben seit fünf Tagen nichts gegessen – Geflohene, die drei Monate versteckt in der Wildnis gelebt haben. Eine Herde von neun- bis dreizehnjährigen Kindern hockt in der Kälte der Nacht um ein dürftiges Grasfeuer, sie sind am Strick aus ihrem Dorf verschleppt worden, seit sechs Tagen müssen sie ohne Lohn und ohne Nahrung arbeiten, aus dem nahen Dorf bringt ihnen niemand etwas zu essen, womöglich dienen sie als Köder.

»Die Hölle liegt hinter uns«, die Hölle der getretenen, erniedrigten, versklavten Rasse, der »Herden ohne Hirten«. Das letzte Stück sind Gide und Allégret mit ihren Boys und ihrem Koch im Auto und dem Lastwagen des Gouverneurs von Ubangi-Schari nach Fort Archambault gebracht worden. Sie wohnen bei Gides Freund Marcel de Coppet, dem Verwaltungschef von Fort Archambault, der zum Interimsgouverneur des Tschad ernannt worden ist, in wenigen Tagen muss er nach Fort Lamy (Djamena) übersiedeln. In Fort Archambault ist Gide geblendet von der »Herrlichkeit« des Lichts und von der zivilisatorischen Wirkung des Islams. Hier kommt das Barbarentum mit Kultur in Berührung, in rudimentärer Form gehen daraus bereits Verfeinerung, Gefühl für Vornehmheit und Hierarchie, Geschmack am Immateriellen und »ziellose Geistigkeit« hervor. »Der Kontakt mit dem Islam belebt und vergeistigt dieses Volk.« Das Volk der Sara wohnt in hübschen Hütten mit geflochtenem Dach, eingefasst von einer Art Strohmosaik. Hier zerfließen die Stunden im weißen Sand, in Langsamkeit, Trägheit und »wollüstiger Erstarrung«, sogar Krüppel und Kranke lächeln. Die Gesunden aus dem Volk der Sara können aber auch ganz entgeistert dreinblicken. Der Bezirk von Archambault, einer der größten und dichtbevölkertsten Französisch-Äquatorialafrikas, muss einen hohen Tribut an »Freiwilligen« für den Eisenbahnbau Congo-Océan entrichten. Sowohl während des Transports als auch vor Ort haben die Arbeiter viel zu leiden. Auf offenen Frachtkähnen werden sie von Bangui nach Brazzaville verschifft und sind während der zwei Wochen auf dem Ubangi und dem Kongo Tag und Nacht Regen und Flussnebeln ausgesetzt, können kein Feuer machen und ziehen sich vielfach eine Lungenentzündung zu. Und die Eisenbahn »ist eine furchtbare Menschenfresserin«, die Sterberate übertrifft die pessimistischsten Erwartungen. Eben jetzt muss Archambault wieder 1000 Sara schicken. Die mit der Arbeiterrekrutierung beauftragten Milizen sind gerade mit 1500 Mann aus den Dörfern des Bezirks zurückgekehrt, die Kandidaten werden nun ärztlich untersucht, um 1000 auszuwählen.

Gide hatte beabsichtigt, von Fort Archambault durch die Wälder Belgisch-Kongos bis zu den Großen Seen und der Küste Ostafrikas zu wandern – Heinrich Barth lässt grüßen. Gide ließ sich jedoch von Freund Coppet bereden, ihn nach dessen neuem Amtssitz Fort Lamy zu begleiten. Durch eine »Rösthitze« fahren sie den Schari hinunter, diesen merkwürdigen Fluss, der dem Meer den Rücken kehrt. Die Gegend wird immer kahler, wüster, es ist eine Landschaft für Löwen und Antilopen, die Krokodile machen beim Nahen des Schiffs träge ein Auge auf und gleiten ins Wasser. Fort Lamy ist hässlich, staubig, schmutzig, trübselig. Sie fahren über den Tschad-See, diese endlos weite, grüngraue Wasserfläche, auf der enorme Papyrusinseln schwimmen. Gide liest den *Faust*, der so gar nicht in diese ruhige, langsame Landschaft passt. Dann kehren sie auf einem eintönigen, langweiligen Weg durch Kamerun an den Atlantik zurück. Wie bedauerte es Gide, nicht in die »dunklen Mysterien des belgischen Kongo-Urwaldes« eingedrungen zu sein!

Stanley hingegen hatte das Vergnügen gehabt, die Geheimnisse des Urwalds näher kennenzulernen: den schaurigen, schwärzlichen Wald, das ewige Dämmerlicht, das unaufhörliche Tröpfeln des Taus, die allumfassende Fäulnis, das Waten in schlüpfrigem Lehmboden, den Dampf der heißen Erde, die erstickende Atmosphäre, den ständigen Kampf mit dem undurchdringlichen Dickicht, die Begegnungen mit schrecklichen Riesenschlangen und scheußlichen Vipern, das traurige Leben in diesem Elend, »wandering, ever wandering, in search of graves«. »This country was not made for travel«, lamentierte der afro-arabische Sklavenjäger Tippu-Tip, der Stanley mit 700 seiner Leute begleitete, »it was made for vile pagans, monkeys, and wild beasts«. Dennoch zog es wilde Gläubige an, Weiße und im Sold der Weißen stehende Halbweiße, das war sein Fluch. Auch Stanley hatte der Zauber weißer Flecken verhext. »We travel«, erklärte Tippu-Tip Stanley, »to get ivory and slaves, (…) but you white men (…) spend your lives for no reason, and to no purpose«. Am Lualaba, dem Hauptquellfluss des Kongos, wo Livingstone und Cameron hatten umkehren müssen, hörte Stanley die Stimme des Schicksals oder die des Flussdämons. »Downward it flows to the unknown! to night-black clouds of mystery and fable.« Es stand geschrieben, schrieb der geltungshungrige Stanley vollmundig, dass kein anderer als er in diesem Jahr 1876 den Strom, den er Livingstone nannte, in seiner ganzen Länge befahren und bekanntmachen sollte, »down the river to the ocean – or to death«. Pathetisch-heroisch, anmaßend und scheinheilig huldigte der weiße Liebling der Götter sich selbst, »what a benefit our journey will be to Africa«. Und er tauchte ein in die reißende Strömung, in das dumpfe Rauschen der Stromschnellen, das Donnern der Wasserfälle, in gähnende Schlünde und dröhnende Abgründe brausender Wirbel und kochender Kessel, dann wieder umschmeichelte ihn der flüsternde Fluss. Er vernahm den höllischen Lärm der Kriegstrommeln und Kriegshörner der Kannibalen, die Kupfer im Überfluss besaßen, die Schlachtrufe berüchtigter, äußerst kriegerischer Stämme gellten ihm in den Ohren, wieder und wieder führten sie mörderische Angriffe auf seine Truppe – »This is our river« –, er kämpfte verzweifelt gegen das gefräßige Gesindel, fühlte sich gehetzt und gequält, doch er fraß die Menschenfresser mit seinen weißen Waffen. 32 Kämpfe stand er durch, aber längst nicht alle seine Leute. Sie erlebten die Mysterien des Hungers, der Krätze und Geschwüre, der Pest, Pocken und Ruhr, des Typhus, Skorbut und des Todes. »Every day we tossed two or three bodies into the deep waters of the Livingstone.« »It is a bad world, master«, hauchte eine sterbende Schwarze seines Trosses, »and you have lost your way in it«.

11.
Lust und Überdruss – Gustave Flaubert in Ägypten

»Ich muss Luft schöpfen«, schrieb Flaubert nach dem Reinfall mit der *Versuchung des heiligen Antonius* erster Fassung seinem Jugendfreund Ernest Chevalier, »im Oktober oder Ende September haue ich ab nach Ägypten«. Zusammen mit seinem Jura-Kommilitonen Maxime Du Camp, der wenige Jahre zuvor nach Kleinasien und Algerien gereist war, sowie mit ihrem Diener, der Soldat und bereits in Ägypten gewesen, betrat Flaubert Mitte November 1849 unruhig und feierlich das Land des heiligen Antonius. Im Hafen von Alexandria herrschte Tohuwabohu, die Stadt war ein Mischmasch aus Arabien und Europa, das Groteske feierte fröhliche Urständ in Person des betrügerischen Kaufmanns, des übelgelaunten Frauenhändlers, des geprügelten Sklaven. Bei einem Souper beim Pascha von Rosette trugen zehn »Neger« in Seidenwesten 30 Gerichte auf silbernen Tabletts auf, man aß mit den Fingern, ein »Negerlein« verscheuchte die Fliegen mit dem Wedel. Auf dem Nilarm fuhr eine Tartane vorüber, »das ist der wahre Orient«, notierte Flaubert in sein Tagebuch, »ein melancholischer und einschläfernder Eindruck, man ahnt schon etwas Unermessliches und Unerbittliches, in dem man verloren ist«.

Kairo ist erregend. Die Basare, die Moscheen, die Kostüme aller Herren Länder, die Cafés voller Tabaksqualm, die Plätze, auf denen Possenreißer lärmen, sind von einer Farbigkeit, einem Zauber, »bei dem man mit offenem Mund stehen bleibt«. Man lauscht Geschichten wie der eines Narren, der im Basar coram publico eine Frau auf dem Ladentisch nahm, eines Heiligen, der an Erschöpfung durch all die Frauen starb, die ihn aufsuchten, eines Marabuts, der nackt durch die Straßen spazierte, nur mit einem Hut auf dem Kopf und einem zweiten an anderer herausragender Stelle, er nahm ihn ab, um zu urinieren, und die unfruchtbaren Frauen legten sich unter den Strahl. Ein kleiner, hässlicher, unverfrorener Bengel von sechs oder sieben Jahren bietet seine Mutter für fünf Para feil. In einem Spital besichtigen Flaubert und Du Camp hübsche Fälle von Syphilis, in einer Klapsmühle bittet eine alte Frau mit wundervoll sanftem Lächeln den 28 Jahre jungen Flaubert, sie zu begatten, und zeigt ihre schlaffen Brüste, die bis zum Bauchnabel hinunterhängen. Grotesk auch der Maskenball in einer Hurenstraße, die »Negerinnen« tragen Pelze, man »versteht sich hier auf Kontraste«. Flaubert und Du Camp bekommen Besuch von einem alten Mann, der Napoleon gekannt hat, einst sehr reich und einundzwanzigmal verheiratet war, das Opiumrauchen hat bei ihm lediglich den Effekt, dass er länger auf der Frau bleibt, bis zu einer Stunde. Sie machen einen Ausflug zum Pharaonen-Aquädukt, Gerippe von Kamelen, Pferden und Eseln liegen herum, das Aas stinkt in der heißen Sonne, sie schießen auf Geier und Hunde und verschaffen ihren Eselstreibern für wenige Para einen Liebesgenuss. Flauberts alter Treiber stürzt sich auf eins der Mädchen, die sich dort herumzutreiben und ihre Gunst den Soldaten zu verkaufen pflegen, er reißt es mit dem rechten Arm brutal mit sich und tätschelt ihm mit der linken Hand die Brust, alles in einer einzigen Bewegung, dazu lachen seine großen weißen Zähne. War das auch der wahre Orient?

In einer kleinen Straße hinter dem Orient Hotel führt man sie in einen großen Saal, zwei Frauen kauern auf dem Diwan, eine ist die Geliebte irgendeines Europäers in Kairo und versteht zwei oder drei Worte Französisch. Die Herrin des Hauses stammt aus Triest, sie hat fürchterliche Angst vor der Polizei und vor Lärm, in dem Etablissement darf weder musiziert noch getanzt werden, die Frauen tanzen trotzdem, aber nur zum Trommeln der Finger auf dem Tisch, die eine mit offenem Kleid, die andere hat es auf der Brust. Nach dieser einleitenden Darbietung legt man sich auf die Matte: »Festes Fleisch … von Bronze … Rasiert, trocken, obschon fett. Das Ganze war ein Eindruck von Pest und Aussatz.« Die berühmten ägyptischen Tänzerinnen, Huris auf Erden, mit dem kleinen, unmaßgeblichen Unterschied, dass es keine Jungfrauen waren, gab es in Kairo nicht mehr, sie waren von Mohammed Ali Pascha aus Schicklichkeitsgründen nach Oberägypten verbannt worden, und der amtierende Herrscher, Abbas Pascha, Enkel Mohammed Alis, liebte die Männer, wie Flaubert erfuhr. Im Stillen zeigten sie weiterhin ihre Künste und Reize, wie Gräfin Ida von Hahn-Hahn, die sechs Jahre vorher in Kairo geweilt hatte, wusste und in ihren *Orientalischen Briefen* schrieb, aber in der Öffentlichkeit konnten sie es nicht mehr. Niebuhr hatte sie noch in den Straßen tanzen gesehen, mit entblößter Brust, sie nahmen »allerhand für ein ehrbares Auge unanständige Stellungen« ein. Bereits Fürst Pückler wunderte sich, dieses nationale Schauspiel in Kairo nicht mehr aufgeführt zu finden, immerhin hatten tanzende Knaben die Awalim ersetzt, diese in Poesie, Gesang und Tanz gelehrten Frauen. Flaubert und Du Camp sahen Männer in Frauenkleidern öffentlich tanzen und luden zwei Bauchtänzer samt Musikern zu sich, ihre Augen waren mit Antimon bemalt, ihre roten Hosen begannen erst an der Scham, sodass Bauch, Lenden und Hinterbackenansatz durch die schwarze Gaze sichtbar waren, das Gesicht blieb ausdruckslos, aber der Körper wand sich lasziv, ab und zu warfen sie sich zu Boden, auf den Rücken wie eine Frau, die sich hingibt.

Flaubert hält es nicht länger, er lässt seinem Pferd die Zügel, es jagt in vollem Galopp auf den Sphinx zu, Flaubert schreit, ohne es zu wollen. Der Sphinx blickt sie schrecklich an, Du Camp wird ganz blass, Flaubert fürchtet, dass ihm schwindelig wird, er versucht, seine Erregung zu bezwingen, wie von Sinnen reiten sie zu den Pyramiden und umkreisen sie im Schritt. Sie schlagen das Zelt auf, ihre Araber wühlen mit der Hand Gruben in den Sand, liegen unter ihren Decken wie Leichen unter Laken, andere sitzen um das Feuer herum, singen eine Kanzone, einer erzählt Geschichten, »das ist Wüstenleben«. Die Schakale schreien, als wollten sie Hähne nachahmen, die Truppe besteigt die Cheops-Pyramide vor Sonnenaufgang. Erst ist das in Nebel gebadete Niltal ein weißes, regloses Meer, dann ein grüner Teppich mit Arabesken: die von Kanälen durchfurchten Wiesen. Der Himmel im Osten färbt sich rotgelb, zur anderen Seite wogt ein violettes Meer aus Sand. Sie kriechen auf allen vieren durch die Eingeweide der Pyramide, Engländer kommen ihnen kriechend entgegen, man tauscht Höflichkeiten aus. In der Chephren-Pyramide ist der Sarkophag in Belzonis Kammer leer, der Italiener fand nur ein paar Stierknochen in ihm, unter Belzonis Namen hat sich in nicht weniger großen Lettern ein Herr Just de Chasseloup-Laubat verewigt, Flaubert ärgert sich über all die Dummköpfe, die überall ihre Namen anschreiben müssen.

Du Camp fotografierte, dafür wurde er vom Erziehungsministerium gefördert. Du Camp war einer der ersten, die ihre Reisebücher mit Fotografien illustrierten. Auch Flaubert reiste in ministeriellem Auftrag, er sollte für das Landwirtschaftsministerium Informationen sammeln, die für die Handelskammern interessant sein konnten. Doch dazu hatte er keine Lust. »Kannst Du Dir vorstellen«, fragte er Schulfreund und Verseschmied Louis Bouilhet, »wie ich mich (…) nach den Ernten, nach dem Ertrag, nach dem Verbrauch erkundige? Wie viel Öl produziert man, wie viele Kartoffeln frisst man? (…) Scheiße!« Um seine Mission zu erfüllen, hätte er auf seine Reise verzichten müssen. »Nein, tausendmal nein, ich will nicht«, schließlich befand er sich in einem Land, »in dem die Frauen nackt herumlaufen«. Er fand es spannender, in »dreckiger Faulheit« zu leben und ganz Auge zu sein. Sie ritten ein wenig durch die Wüste, auf jedem Hügel erwarteten sie vergebens, etwas Neues zu sehen. Sie ritten am Rand der Wüste entlang, über Felder, durch Dörfer und Palmenhaine und sahen vollkommen nackt herumlaufende Fellachen. Die Frauen ihrerseits zogen das Gewand vors Gesicht und entblößten dabei die Brust voll und ganz. »Oh, Brüste hab ich gesehen! Brüste hab ich gesehen! Brüste!«, berichtete Flaubert seinem Bruder. Niebuhr hatte von einer beim Bad im Fluss überraschten Frau erzählt, die sofort ihre Hände vors Gesicht schlug, ohne sich darum zu kümmern, was man sonst noch sehen konnte. Wenn umgekehrt Frauen das Gesicht in der Öffentlichkeit entblößten, galt dieses Benehmen laut Burckhardt »so viel, als ob sie ihre Person anböten«. Zu seiner Zeit traf man »öffentliche Weibspersonen« in allen Teilen Ägyptens zu Tausenden an, besonders aber in Oberägypten, »wo die Ausschweifung keine Grenzen kennt«.

Flaubert und Du Camp fuhren auf einer Dahabiye nach Oberägypten, das Wasser war ganz gelb. Wenn Nil und Niger ein Fluss waren, woher kam er dann? Zunächst haben sie guten Wind im Rücken, der die Lateinersegel bläht, dann muss das Nilschiff vom Ufer aus am Seil flussaufwärts gezogen werden. Schon am zweiten Tag bläst der Khamsin, der Himmel verdunkelt sich, die Sonne ist nur noch eine bleiche Scheibe, der aufgewirbelte Sand peitscht das Boot. Sie liegen viel vor Anker, nach vier Tagen lässt der Sandsturm nach, gegen Abend des fünften Tages herrscht vollkommene Windstille zwischen den Sandstrichen der Arabischen und der Libyschen Wüste. »So kann die Fahrt furchtbar werden.« Hin und wieder begegnen sie einem flussabwärts schwimmenden Boot, fast immer sitzt ein Engländer darin, man sieht einander vorbeiziehen und wechselt kein Wort. Bei Dschebel el-Teir krönt ein Koptenkloster einen Berg, der den Nil beherrscht, die Mönche rennen nackt den Abhang herunter, werfen sich ins Wasser, schwimmen auf das Schiff zu, schreien aus Leibeskräften »Bakschisch, Bakschisch, Herr Christ!« und klammern sich an den Bootsrand. Der Spaßvogel von Matrose, der gerade völlig nackt einen lasziven Tanz zum Besten gibt, zeigt ihnen seinen Hintern, seine Kollegen beschimpfen die Mönche und verabreichen ihnen Stockschläge. Gebrüll, Schläge, Lachen. Gibt man den Brüdern eine Münze, stecken sie sie in den Mund und schwimmen zurück an Land. Nach mehr als drei Wochen sehen die barmherzigen Christen das erste Krokodil, jetzt wird es afrikanisch, die grauen Tiere liegen wie gestrandete Baumstämme am Ufer oder auf Sandinseln, die Jagd auf die Reptilien bleibt ohne Erfolg, Flaubert erlegt nur einen kleinen Geier. In Keneh schlendern sie durch die Basare, es riecht nach Kaffee, Sandelholz und Gewürzen, plötzlich geraten sie in das Viertel der Freudenmädchen. Vor den grauen Lehmhütten sitzen die Tänzerinnen auf Matten oder stehen an der Tür, die leuchtend blauen, gelben, roten, offenen Gewänder auf den schwarzen Leibern wehen im heißen Wind, auf der Brust tragen die Frauen lange Halsketten mit Goldpiastern. Zinnaugen, weiße Zähne, schwarzrote Lippen rufen sanft und schleppend »Herr, Herr! Bakschisch! Bakschisch, Herr!«, manche Arme umschlingen die Herren und wollen sie in die Hütten ziehen, Flaubert versagt es sich, um die Melancholie um so besser in Erinnerung zu behalten, aber der Ruf nach Bakschisch verhallt nicht in der Wüste, Flaubert teilt aus. »Es gibt nichts Schöneres als diese rufenden Frauen.«

Sie fuhren an Theben und Luxor vorbei, bei Sonnenuntergang glich der Nil einem See von flüssigem Stahl, die Palmen am Ufer waren schwarz wie Tinte, die Täler dunkelrot, die Berge indigoblau, der Himmel rot. Die Matrosen trommelten an Deck auf dem Tarabuk, einer blies die Flöte, ein anderer tanzte mit Klappern. Angesichts dieser ganzen Szenerie spürte Flaubert ein Glücksgefühl in sich aufsteigen, »ein innerstes Wonnegefühl erfüllte mein ganzes Wesen«. Am Morgen legten sie in Esna an, Josef, ihr Dolmetscher, Führer, Koch, ein Genuese und ausgekochter Wüstling, der in Esna in Diensten zweier Schatzsucher gestanden hatte, arrangierte ein Rendezvous mit Ruschiuk. Sie betreten eins der Häuser aus getrocknetem Schlamm, oben am Ende der Treppe steht eine Frau in weiten rosa Hosen, ihr Oberkörper ist nur von schwarzer Gaze bedeckt, eine dreifache Goldkette, goldene Ohrringe und Armbänder schmücken sie. Sie kam gerade vom Bade, ihr fester Busen duftet frisch, sie gießt ihren Besuchern Rosenwasser über die Hände. Ein prächtiges Weib, groß, kräftig gebaut, dunkles Haar, große schwarze Augen, schwarze Brauen, weite Nasenflügel, volle Brüste, dezent kaffeebraune Haut, im Gesicht heller. Sie stammt aus Damaskus, wurde aus dem Serail von Kairo vertrieben, ließ sich wie so viele Awalim in Esna nieder, dem großen Sündenpfuhl. Die Spielleute erscheinen, ein Greis und ein Knabe, beide kratzen auf kleinen, runden, geigenartigen Instrumenten über zwei Rosshaarsaiten, es klingt falsch und grässlich. Ruschiuk beginnt zu tanzen, hebt abwechselnd die Füße in die Luft, hüpft von einem auf den anderen, nimmt einen goldgestreiften Schal mit Troddeln und tanzt mit ihm, bindet ihn schließlich um die Taille, dann quetscht die gebildete Kurtisane mit der Jacke ihre Brüste zusammen, »ein wundervoller Anblick«. Eine Kollegin mit hennagefärbten Händen und entzündeten Augen tanzt lieber in gerader Linie, zuckt mal mit der einen, mal mit der anderen Hüfte, es ist eine Art ausdrucksvollen, rhythmischen Hinkens. Die Damen haben viel Raki getrunken, der alte Fiddler noch mehr. Schöne Frauen tanzen nicht sehr gut, vertraut Josef Flaubert an.

Am Abend kehren sie in Ruschiuks Haus zurück. Vier Frauen sitzen auf dem Diwan und singen. Ruschiuk tanzt den Bienentanz. Dem alten Spielmann wird ein Zipfel seines blauen Turbans vors Gesicht gezogen, dem Knaben ein schwarzer Schleier vor die Augen gehängt. Während des Tanzes entkleidet sich Ruschiuk komplett, behält nur ein Tuch in den Händen und tut so, als wolle sie sich dahinter verbergen, am Ende wirft sie es von sich. Beim Kaffeetanz steht eine Tasse auf der Erde, Ruschiuk tanzt davor und klappert mit Klappern, sie fällt auf die Knie, mit Körper und Armen tanzt sie weiter, senkt allmählich den Kopf bis an den Rand der Tasse, fasst sie mit den Zähnen und springt abrupt auf. Die Kunden blieben über Nacht. Josef schlief mit einer abessinischen Sklavin und Ruschiuks Wächtern oder Zuhältern in einem Raum, Du Camp blieb im Tanzsaal auf dem Diwan liegen, Flaubert ging mit Ruschiuk in deren Zimmer. Sie schlief ein und schnarchte, er machte kein Auge zu, betrachtete vielmehr das schöne Geschöpf, ganz Auge. Gegen drei Uhr »Erwachen voll Zärtlichkeit …«.

Nächste Station: Assuan. Eine »Negerlandschaft« tut sich auf, mitten im Nil liegen Felsen von dunkler Schokoladenfarbe, lange weiße Streifen ergießen sich über die Schokolade, Vogelkot. Am linken Ufer stehen kahle

Sandsäulen, gegenüber liegt Assuan am Berg, über allem das harte, grelle Blau des Himmels. Flaubert und Du Camp wollen Gummi arabikum kaufen, am Strand sitzen Nubier um Kochtöpfe, ein Mann verkauft Straußenfedern, im Ort wird eine kleine, gut gewachsene Nubierin mit einem Stock vermessen, die Händler müssen die Sklaven je nach deren Größe verzollen. In einem Viertel außerhalb der Stadt, das ein einziges antikes Trümmerfeld ist, tanzt in einer elenden Hütte ein großes, schlankes, grünlichschwarzes Mädchen. Es rollt mit den Augen, sein Hals rutscht auf den Wirbeln vor und zurück und von einer Seite zur anderen, man glaubt, der Kopf werde herabfallen, der Eindruck ist der einer Enthauptung. Die Tänzerin zieht sich bis auf den Perlengürtel aus, in den sie das Ende ihres langen Goldpiasterhalsbandes steckt, sie macht schnelle, wilde Bewegungen mit den Hüften, das Gesicht bleibt ernst. Sie tanzt kunstvoller als Ruschiuk, aber das ist nicht mehr der ägyptische Tanz, das ist hitziger, hingerissener, afrikanischer, »das schmeckt nach Äquator«.

Zwei erfahrene Bootsführer und ein nubischer Steuermann kamen an Bord, um das Schiff durch die Katarakte des ersten Nilkatarakts zu lotsen. 150 Männer treidelten es und sangen und brüllten, am anderen Ufer hielt ein zweites Tau die Dahabiye auf Kurs. Die Felsen im Wasser sahen aus wie Steinkohleblöcke, Marmor, Rosengranit. Auf Palmstämmen sitzende oder liegende, mit den Händen paddelnde Jungen stürzten sich in die schäumenden Strudel, verschwanden in den Wirbeln, bis sich die Bäume wieder aufbäumten, und kletterten an Bord der Dahabiye. Zuweilen tauchte das Schiff mit dem Vorderteil ins Wasser, das Heck schwebte in der Luft. Hinter dem Katarakt nahm es das Gepäck wieder auf, das auf Kamelen über Land gegangen war. Der Nil schien nicht mehr zu fließen, so schwach war die Strömung nun. Auch bei Windstille wurde die Barke gezogen, oder sie blieb liegen, sie konnte auch gerudert werden. Derweil gingen Flaubert und Du Camp in Dörfern spazieren oder in freier Wildbahn auf Jagd, Flaubert schoss Turteltauben und Raubvögel, Du Camp Bilder. Auf dem Fluss begegneten sie zwei Sklavenschiffen mit umgelegten Masten, die nach Kairo schwammen, und bestiegen sie, um zu handeln. Die arabischen Sklavenhändler boten ihnen Flaschenkürbisse, Taschen, Straußenfedern an, sie kauften Gürtel und Amulette. Die schwarzen Frauen lagen eng zusammengepfercht, viele waren wie zerfetzt von Tätowierungen, bei einer liefen an den Lenden Wülste in Linien hinab, Narben von Schnitten mit glühendem

Eisen. Einige mahlten Mehl zwischen zwei Steinen, ihr geflochtenes Haar, die Lederschleifen um den Hals und ihre Brüste schwappten im gleichen Rhythmus. All diese Gesichter hatten einen ruhigen Ausdruck, die Blicke verrieten keinen Anflug von Gereiztheit, »es ist der Stumpfsinn des Tieres«. Auf den Booten fuhren alte »Negerweiber« mit, deren Beruf es war, die frisch Versklavten zu trösten, zu ermutigen, zu lehren, sich in ihr Schicksal zu fügen.

Wadi Halfa bestand aus ein paar Häusern unter Palmen, das war alles. Das Schiff blieb vor dem Strand liegen, im Beiboot, mit Eseln, zu Fuß machten sie Ausflüge zum zweiten Nilkatarakt. Vom Dschebel Abusir aus sahen sie eine Folge von Seen zwischen glänzenden Felsen aus schwarzem Granit, der pilzförmige Gipfel des Berges war mit Namen bedeckt: Belzoni 1816, sonst fast nur Engländer neueren Datums. Durch eine Sandschlucht näherten sie sich den Stromschnellen, Du Camp schwamm zu einer kleinen Insel. Anderntags sahen sie ein altes, verendetes Krokodil, auf den Felsen saßen Bartgeier, ein Schakal verschwand vorsichtshalber. Beim Fotografieren sah Max von Weitem ein galoppierendes Kamel, neben dem etwas Schwarzes rannte, ein entsprungener, wieder eingefangener, an das Kamel gebundener Sklave. Wadi Halfa war der Endpunkt ihrer Flussreise, auf der Rückfahrt besichtigten sie die Sehenswürdigkeiten, so war es Usus. Abu Simbel: Das Portal des großen Tempels war halb vom Sand verschüttet, das Sonnenlicht fiel wie durch ein Kellerloch hinein. Im linken Schiff gab es schöne Darstellungen von Wagen und Pferden mit reichem Kopfschmuck, die Fledermäuse schrien leise. Du Camp versuchte zu fotografieren, tagelang schaufelten sie Sand, um das Kinn eines Kolosses freizulegen. Bereits in Abu Simbel erkannte Flaubert, dass er keine Lust hatte, sich so zu gebärden, wie es von einem Ägyptenreisenden erwartet wurde, und alle Tempel abzuklappern, keine Lust, zwanghaft den Touristen zu spielen, obgleich er genau das war. Lieber in dreckiger Faulheit in den Tag hinein leben und nicht einmal halb Auge sein, »die ägyptischen Tempel langweilen mich fürchterlich«.

In Ibrim stieg er zur alten Zitadelle der Mamelucken hinauf, von der nur noch die vier Umfassungsmauern standen. Im Innern hatte sich eine ganze Stadt befunden, die Häuser waren nun verfallen, ihre Bewohner hatten sich womöglich zu Tode gelangweilt und waren an Nichtstun gestorben. Da war niemand, niemand, nur tiefe Stille ringsum. Und die Höhlen am Ufer des Flusses waren ein schlechter Scherz, es gab rein gar nichts zu sehen. Sebua: zwei, drei Häuser, eine Palme, zwei Kolosse, zwei Sphinxe bis zur Kruppe sichtbar, zwei bis zum Kopf im Sand, einer bis zur Oberfläche des Hauptes, der Rest vollständig zugeweht, verschüttet, versunken. Vor den Türmen und dem Tor zum Tempel lag ein gestrauchelter Koloss, die Füße höher als der Kopf, ein anderer lag auf dem Bauch, Vorhalle und Tempel steckten gänzlich im Sand. Auf dem Nil trafen sie einen Effendi, seines Zeichens Steuereinnehmer, auf dem Boden seines Bootes hockte ein gefesselter Greis, der Scheich eines Dorfes, der nicht einen Para hatte zahlen wollen. Der Effendi schickte einen blökenden Hammel auf der Franzosen Dahabiye, stattete ihnen einen Besuch ab und erhielt als Gegengeschenk Raki und Wein aus Zypern. Lange plauderten sie über Prügelstrafen, der Scheich sollte 4- bis 500 Stockschläge bekommen, dann an einer großen Sykomore aufgehängt und so lange hängen gelassen werden, bis jemand die Bürgschaft übernähme. 4- bis 500 Stockschläge waren das übliche Quantum, wenn der Delinquent bloß bestraft werden sollte, er war dann fünf bis sechs Monate krank, erzählte der Effendi lachend. In Nubien verabreichte man die Prügel meistens auf die Fußsohlen, nachher konnten die Nutznießer dieser Kur weder stehen noch gehen, das fürchteten sie sehr. Wollte man einen Menschen totprügeln, genügten vier bis fünf Schläge, man brach ihm einfach Rückgrat und Genick. Auch der barbarische Orient war der wahre Orient.

Maharraqa: Tempel, Wandmalereien, in Stein geschnittene Figuren, eine Jungfrau mit einem Mann auf den Knien, ein Mann mit langer Vase, eine Menge Unrat von Hyänen, Du Camp fotografierte. El-Dakka: Pylonentor mit Uräusschlangen, Gestalt mit der ägyptischen Doppelkrone auf dem Kopf, Gestalt mit schlangenumwundenem Zepter und Kopfputz, weibliche Gestalt mit Löwenhaupt und Schlüssel, Frau mit Uräus und Stab, zwischen Pylon und Tempel verschüttete Gewölbe, Tonscherben, an der Tempelfassade eine Göttin mit Lotosgirlande, eine andere mit Ährenfeld, im Tempel weibliche Gestalten mit Löwenkopf, Lotosblume, Uräus und Kugel, ein aufgerichteter Pavian mit Vase, eine Gestalt in einer Schale, ein Pavianweibchen auf einer Vase, Salamanderleiber mit Pavian- und Schlangenköpfen, eine Gestalt mit Kopfputz aus kelchförmigen Urnen, darauf Vögel, eine Frau mit doppelten Brüsten und breiten Schenkeln zwischen geöffneten Kelchen, aus denen Knospen sprossen, auf dem Kopf Lotosblumen, in den Händen Urnen mit Kreuz, ihr zu Füßen der Apisstier. Koshtamna: Tempel mit zerstörtem Dromos, in dem Vestibül verstümmelte Kolosse, beim Felsentempel Kolosse mit Löwenköpfen, schreiende Fledermäuse. Kalabscha: Dumpalmen, Pylon, Pronaos mit großen Steinen und Trümmern von Säulen, hinter dem Vorhof der Naos selbst mit vier Säulen, einer Vogelgestalt mit Menschenantlitz, einer Isis, die Horus die Brust gab, einer Gestalt mit Szepter und Lyrakopfputz. Beit el-Wali, Tafa, Kertassi, Debod: Tempel, Tempel, Tempel ... Am Strand von Philae schlugen sie das Zelt auf, im ersten Hof des großen Tempels sahen sie tausend hübsche Einzelheiten, im letzten Saal sog Horus an einer schönen Isis, in einem der oberen Säle erhob eine Frau auf Knien verzweifelt die Arme – eine Einbalsamierungsszene. Fünf Tage blieben sie auf der Insel, der Khamsin schlug mal wieder zu, der heiße Wind strömte wie Glut aus dem Backofen, erfüllte alles mit Sand, drang in die Lungen, der Himmel war düster, die Wolken rot, in der Wüste musste es jetzt grässlich sein. Flaubert verließ die Insel nicht und langweilte sich zu Tode. »Was ist das für ein ewiger Überdruss, o mein Gott, den ich mit mir herumschleppe?« Der Überdruss des Touristen.

Flaubert zog mit fünf Kamelen, »die unseren ganzen Plunder tragen«, in die Wüste, um den ersten Katarakt zu umgehen, Du Camp fuhr im Sandelboot der Dahabiye die Stromschnellen hinunter, das Schiff selbst wurde an Tauen gezogen beziehungsweise gehalten, es glich einem Korkpfropfen auf dem Sturzbach einer Mühle, wenn es mit dem Bug ins Wasser tauchte. In Assuan kaufte Flaubert einer alten Brotverkäuferin einen silbernen Ring ab, die Brothändlerinnen an den Straßenecken pflegten ehemalige Tänzerinnen zu sein. Die Herren ließen vier jüngere Tänzerinnen aufs Schiff kommen, die Matrosen schauten zu, der Lärm der Trommeln lockte das lokale Publikum an, Flaubert, Du Camp und Josef schlossen sich mit den Damen ein, damit sie ihnen den Bienentanz vortanzten. Er bestand diesmal darin, dass die Frauen sich ihrer Kleider entledigten und dabei schrien. Josef versicherte, er habe den Bienentanz bislang nur einmal richtig ausgeführt gesehen, und zwar von einem Mann. Kom Ombo, Dschebel el-Silsila, Edfu, El-Kab: verschüttete Tempel, zerstörte Tempel, untergegangene Säulen, mit Uräen verzierte Säulen, Reste von Pylonen, Götter an den Wänden, Gott mit Perlhuhnfedern, Isis mit Horus, ein kauernder Mensch in einer Barke, eine hockende Gestalt in einem Kürbis, Hieroglyphen, griechische Inschriften, Inschriften französischer Offiziere und Soldaten, in Edfu ungeheure Pylonen und ein riesiger Tempel, er diente dem ganzen Dorf als Latrine, in El-Kab strotzte der Tempel von Gazellenkot, der nach Moschus roch und in der Pfeife gut schmeckte. Im Tempel von Silsila suchten sie einen Schatz, gruben, wo es hohl klang, was dabei herauskam war Enttäuschung.

»Der Nil langweilt sich im Sand und ändert seinen Lauf«, Flaubert ebenfalls. Sie legten in Esna an und gingen zum Haus Ruschiuks. Die bezaubernde Alme stand nicht wie beim ersten Mal dort oben auf der Treppe nackt und glänzend im Sonnenlicht, sie kam und sah müde aus, als wäre sie krank gewesen, sie tauschten Höflichkeiten und Komplimente aus. Der alte Fiddler war wieder da, diesmal mit einem weiteren Weißbart und einer alten Frau, die eine Schellentrommel schlug, eine Tanzlehrerin, die zwei jungen Awalim Schritte vormachte, dann zu tanzen begann, es war einer der alten Tänze, eine dramatische Pantomime. Flaubert ging mit Ruschiuk wieder in deren Zimmer, sein Schnurrbart ärgerte sie abermals, wie beim ersten Mal hatte sie sich die Brüste mit Rosenwasser eingerieben. Der Besuch ließ in ihm eine »unendliche Traurigkeit« zurück, es ging ihm »bis in die Eingeweide«, aber er genoss die Bitterkeit bis zur Neige. »Das ist aus, ich werde sie nie wiedersehen.«

Er sah den Nil wieder und immer noch mehr Tempel. Er saß am Bug der Dahabiye, sah das Wasser vorübergleiten und käute sein bisheriges Leben wieder. Und von der Vergangenheit schwebte er träumend in die Zukunft, und dort sah er: nichts. »Ich bin ohne Plan, ohne Idee, ohne Projekt, und was das Schlimmste ist, ohne Ehrgeiz. (…) Man wird auf Reisen nicht fröhlich. Ich weiß nicht, ob der Anblick von Ruinen große Gedanken eingibt. Aber ich frage mich, woher der tiefe Ekel kommt, den ich jetzt bei der Vorstellung empfinde, mich zu regen, um von mir reden zu machen. (…) Ebensogut kann man für sich allein arbeiten, man tut, wie man will und nach seinen eigenen Vorstellungen. Man bewundert sich, man macht sich selbst Vergnügen. Ist das nicht die Hauptsache?«, schrieb er Bouilhet, und seiner Mutter, dass der Kontakt mit der Welt ihn veranlasse, sich mehr und mehr in sein Schneckenhaus zurückzuziehen. Reisen verändere den Menschen nicht, der Umgang mit der Menschheit führe vielmehr dazu, die Menschen zu verachten, angefangen bei dem Sohn, der um Gift bittet, um seinen Vater ins Jenseits zu befördern, bis hin zu der Mutter, die einem ihre Tochter verkaufen will. »Diese Seite des Reisens hätte ich nie vermutet.« Reisen erfüllt uns mit bitterem Wissen, schrieb später in dem Gedicht »Die Reise« aus den *Fleurs du Mal* der gleichaltrige Baudelaire, der 1841 eine

Schiffsreise nach Indien angetreten hatte, doch nicht weiter als bis Mauritius und La Réunion gekommen war. Die eintönige Welt ist eine Wüste aus Langeweile mit Oasen voller Grauen. Die Seele sucht Ikaria, und dann ist es nur ein Riff, jede Insel scheint Eldorado zu sein, ist aber nur eine Klippe. Wir verneigen uns vor Götzen mit Rüsseln, vor Frauen, die sich Nägel und Stirn färben, und Gauklern, die sich von Schlangen liebkosen lassen, doch wir sehen an jedem Ort dieselben Dinge, nur in anderen Farben. Was wir überall ohne Suche finden, ist das langweilige Schauspiel unsterblicher Sünde. Casement sah es, Gide sah es, Conrad, Barth, Burckhardt sahen es, viele spielten selbst dabei mit, bekleckerten sich nicht gerade mit Ruhm, und doch ernteten sie Ruhm.

Zwei Wochen trieben sich Flaubert und Du Camp in Luxor, Theben, Karnak und dem Tal der Könige herum, vor allem auch um fotografische Aufnahmen zu machen, eine stumpfsinnige Arbeit, wie Flaubert befand, »süße Muße in der Sonne ist weniger unfruchtbar«. Die Dahabiye blieb vor Luxor liegen, bei ihrer Ankunft ging gerade der Mond auf, vom Himmel rieselte es Sterne, sie liefen zu den massigen Pylonen und weißen Säulen, auf die der Mond knallte, und irrten in den ungeheuren Ruinen des alten Theben umher, mit Steinen oder Ziegeln in den Händen, weil die Hunde von allen Seiten wütend bellten. Auf, in und zwischen den Trümmern und zwischen den Kapitellen der Säulen standen oder saßen Häuser, in den steinernen Lotosblättern hockten Hühner und Tauben, Kolosse steckten halb oder ganz in der Erde. Bei Tageslicht verfolgten sie eine Schlacht auf dem linken Pylon, Streitwagen fuhren auf, Pferde bäumten sich, der König auf seinem zweispännigen Karren spannte den Bogen, sein Fächerträger fächerte ihm Kriegsglück zu, Schlachtengewühl, auf dem rechten Pylon war die Keilerei vorbei, der Sieg vollbracht, Gefangene gemacht. Der Obelisk am linken Pylon war vollkommen unversehrt, nur verziert mit einem weißen Streifen von oben bis unten wie von einem Guss Gips, »Geier kacken dort seit Jahrhunderten darauf«. Wie musste sich der Obelisk auf der Pariser Place de la Concorde, der am rechten Pylon gestanden hatte, so ganz ohne Zwillingsbruder und Geier langweilen.

Karnak mit seinen großen Pylonen und dem Säulenwald war für Riesen gemacht, die Sphinxe hatte man allerdings alle enthauptet. Flaubert und Gefolge richteten sich im Königszimmer des gigantischen Tempels ein,

Flaubert schlief jedoch im Freien, die Sterne funkelten, die Moskitos fraßen ihn auf, die Taranteln klapperten mit den Mäulern, die Schakale kläfften und fraßen dann seelenruhig ihre Vorräte weg. Auf der anderen Nilseite lauerten sie eines Nachts Hyänen auf, aber die Raubtiere machten sich über sie lustig und erschienen nicht. Sie trafen einheimische Hyänenjäger, zwei Mann, die eine Muskete und einen kleinen Schlauch Wasser mit sich führten, das musste für drei, vier Tage reichen. Wenn sie eine Hyäne erlegten, verzehrten sie sie und nahmen das Fell mit. Flaubert und Du Camp besuchten einen griechischen Antiquitätenhändler, in einem Saal lagen Mumien in Särgen, im Hof standen einige aufrecht, die Binden waren abgelöst, eine Mumie stützte sich mit beiden Händen auf ihren Phallus. Sie machten sich zu Pferd auf den Weg zum Tal der Könige, die Gegend war mörderisch, von den zerklüfteten Felswänden bröckelte Gestein ab und rollte in die Schlucht, eine Sandtrombe schraubte sich in die Luft und kam auf sie zu, Flaubert verbrannte sich die Füße an den Steigbügeln.

»Etwas verdammt Großartiges sind die Gräber der Könige«, die Totenszenen, die Einbalsamierungen, die furchtbaren Fabelwesen, die Götter mit grünen Gesichtern, Götter mit Schakalköpfen, mit Sperberköpfen, Osiris als Geier. Ein König brachte dem Gott Gefangene mit der Haartracht von Wilden dar, einem König unter großen Fächerschirmen überbrachte man abgeschnittene Hände und männliche Glieder samt Hoden, ein Schreiber registrierte sie und trug sie in die Liste der Trophäen ein. Krokodile mit Menschenhaupt, Schlangen auf menschlichen Beinen, Krokodile mit abgetrennten Menschenköpfen auf dem Panzer, ein Frauenleib, der in eine lange Schlange auslief, eine Frau mit gelbem Skarabäus im Haar, ein Typhon, der von einem Krokodil verschlungen wurde, ergänzten die mythische Fauna. »Es ist alles sehr verwüstet und zerstört, nicht von der Zeit, sondern von den Reisenden und Gelehrten.« Sie kamen noch einmal durch Karnak, Flaubert erschien die Tempelanlage größer und schöner denn je. »Traurige Stimmung beim Verlassen der Steine! Warum?«

Sie legten in Keneh an, nun wollten sie auch noch die Wüste besichtigen und das Rote Meer sehen. Die Wüste war steinig, sandig, heiß, das Wasser aus den Schläuchen schmeckte nach Ziege, das Brunnenwasser nach Erde, Schwefel, Seife, ihr Proviant verdarb, Hammelkeule und Hühner konnten sie wegwerfen, ab und zu bekamen sie eine Melone, aber keine Ziegen- oder Kamelmilch, weil die paar Wüstenbewohner selbst kein anderes Nahrungsmittel hatten. Die Wüste war mit Gerippen von Kamelen besät, die fein säuberlich von Ratten ausgeweidet waren, aber noch vom verdorrten Fell bedeckt, dünn wie die Schale einer Zwiebel. Und der Khamsin tat ihnen den Gefallen und erhob sich. Zuerst verhüllte der Dunst die Sonne, dann nahte ein Wirbel, wuchs zu einer senkrechten Wolke heran, blassrot, rotbraun, rußschwarz, die Säule drehte sich um Kamele und Reiter, sie klammerten sich an die Sättel, beugten sich über die Hälse der Dromedare, Flaubert rieselte »eine Art Schreckgefühl oder wilde Bewunderung« über den Rücken, er lachte hysterisch und »empfand unerhörten Genuss«. Ein Phantom von Karawane zog in Gegenrichtung vorbei, die Kamele berührten den Boden nicht, sie steckten bis zum Bauch in Wolken, schwammen wie in einem Boot durch die Wüste, danach regnete es kleine Steine. »Es war das echte Leben der Wüste.«

Am vierten Tag setzte sich endlich die braune Linie des Roten Meeres gegen die graue Linie des Himmels ab, dann kamen die weißen Häuser von Kosseir in Sicht – und ein Palmenhain: »Wie das dem Auge wohltut!« Sie quartierten sich bei Elias ein, Christ aus Bethlehem und Agent des französischen Konsulats in Dschidda am anderen Meeresufer. In Kosseir schifften sich viele Mekkapilger nach Dschidda ein, alte Türken, die mit ihrem ganzen verschleierten, in Körben transportiertem Harem reisten, und arme nackte »Neger« aus dem Innern Afrikas, die zum Teil seit Jahren auf Wanderschaft waren und nichts als einen Napf mit sich führten, einen hohlen Flaschenkürbis, oder auch ihre Frauen, die unterwegs niederkamen. Sie bettelten unentwegt um Almosen und stürzten sich wie ausgehungerte Geier auf die Melonenschalen. Das Diner bei Herrn Elias war reichlich, sie wurden von einem jungen Eunuchen in bunt gestreifter Weste bedient, nackte Arme, dicker silberner Ring am Finger, rote spitze Schuhe, sanfte Stimme, ein Dolch im Kaschmirgürtel. »Wie prachtvoll habe ich die Nacht auf dem Diwan des alten Elias geschlafen!« Nur das Wasser von Kosseir war scheußlich, alles wurde von dessen Geruch nach faulen Eiern verpestet, sogar die Latrinen.

Das braune Rote Meer schillerte in allen Farben, märchenhaften Tausendundeine-Nacht-Farben, tiefem Kastanienbraun, lichtem Azur, blassem Grün, Rosa, Amethyst, an der Oberfläche ohne Übergang nebeneinander liegend oder miteinander verschmolzen, am Grund dank der Muscheln, Schalentiere und Korallen farbenfroher als eine Frühlingswiese mit Primeln, Flaubert nahm ein Bad in den Blumen des Schönen. »Das war eines der wollüstigsten Vergnügen meines Lebens; ich habe mich in den Fluten gerollt, als wären es tausend flüssige Brüste, die mir über den ganzen Körper strichen.« Bald darauf kam einer der traurigsten Augenblicke seines Lebens. Als er von dem alten Elias Abschied nahm und sie sich umarmten, krampfte ihm der Schmerz das Herz zusammen, und alle vier Augen standen voll Wasser. »Es ist immer traurig, wenn man einen Ort verlässt, von dem man weiß, dass man nie wieder zu ihm zurückkommen wird. Das sind Melancholien, die vielleicht zu den nutzbringendsten Dingen des Reisens gehören.« Sie nahmen den gleichen Weg zurück zum Schiff, in ihren Schläuchen faulte das Wasser von Kosseir zum zweiten Mal.

Flaubert war halb tot, in Keneh ging er erst einmal zu den rufenden Frauen. Dann ging es wieder zu den Tempeln: Dendera, Deschna, Girga, Achmim, Siut – leider hatte der Gouverneur alle Awalim weggejagt –, Amarna, Sheikh Ibada, Beni Hasan …, Flaubert hatte genug von kaputten Tempeln und stickigen Mumienhöhlen. Zurück in Kairo sehnte er sich nachts »ungeheuer« nach der Dahabiye und dem Geräusch der ins Wasser fallenden Ruder, bei der Abreise aus Kairo ermaß er an seiner Trauer »die Freude, die ich hätte bei der Ankunft empfinden müssen«. Von Alexandria fuhren sie per Schiff nach Beirut, zogen durch Palästina, Syrien, Kleinasien und Griechenland und setzten nach Italien über. Eigentlich hatten sie von Kairo über den Sinai nach Jerusalem und weiter über Bagdad und Basra bis Persien und zum Kaspischen Meer, zurück durch den Kaukasus und Georgien reiten wollen. Daran hinderten sie die Zustände in Syrien und Mesopotamien, ein Christenpogrom in Aleppo und ein Aufstand in der Provinz Bagdad. »Ich bedaure, dass wir nicht nach Persien reisen«, schrieb Flaubert im November 1850 aus Konstantinopel an Bouilhet. »Ich träume von Reisen nach Asien, davon, auf dem Landweg nach China zu reisen, von unmöglichen Dingen, von Indien oder Kalifornien.« Er weiß, dass er sich nach Ägypten zurücksehnen wird, dass er seine Ägyptenfahrt wiederholen würde, dass er sich vorwerfen wird, sie nicht genug genossen zu haben. Er hat das melancholische Verlangen, den Nil wieder hinaufzufahren und Ruschiuk wiederzusehen. Die Langeweile erfasst uns überall, wird Baudelaire sagen, und doch sind wir vor Sehnsucht ganz betrübt.

Flaubert weiß auch, was er nach seiner Rückkehr tatsächlich machen wird: seine Arbeit an dem runden Tisch in seinem großen Arbeitszimmer mit Blick auf den Kamin und den Garten des Landhauses bei Rouen wieder aufnehmen. »Ich verkrieche mich in mein Loch, und auch wenn die Welt in Trümmer geht, werde ich mich nicht rühren.« So sollte es kommen. »Die Welt kann mir gestohlen bleiben, genauso wie die Zukunft.« Aber dann überkommt ihn wieder die Sehnsucht, er hat Lust, nach Indien zu gehen, sich in den Steppen Afrikas zu verlieren, im Sudan die Jagd auf »Neger« und Elefanten mitzuerleben. »Von allen Ausschweifungen ist Reisen die größte, die ich kenne: Sie wurde erfunden, nachdem man der anderen überdrüssig war.« Zwar sei sie für Portemonnaie und Seelenruhe schädlich, und man ärgere sich auch bisweilen, doch man genieße auch maßlos. Der Anblick des Sphinx in Gizeh »ist eine der schwindelerregendsten Wollüste meines Lebens gewesen«, schreibt er im April 1851 aus Rom an Chevallier. »Wenn's sein muss, sollst du ziehn«, sagt Baudelaire, »bleib, wenn du kannst«. Flaubert blieb, verkroch sich nach Croisset und begann, *Madame Bovary* zu schreiben.

12.
Das Ende der Reisen? – Claude Lévi-Strauss in Brasilien

Claude Lévi-Strauss überschrieb den ersten Teil seiner *Traurigen Tropen* mit »Das Ende der Reisen«. Der erste Satz lautet: »Ich verabscheue Reisen und Forschungsreisende.« Er verabscheute es, sich für seine Anwesenheit bei ein paar Dutzend Unglücklichen entschuldigen zu müssen, die ihrem Untergang entgegengingen und vornehmlich damit beschäftigt waren, zu schlafen oder sich gegenseitig zu entlausen. Er verabscheute es, mit demütigender Zudringlichkeit Informanten um Informationen anzubetteln, sich zurückhalten zu müssen, wenn die Gewährsleute keine Lust hatten und sich wegschlichen oder die ganze indigene Horde von einer Laune befallen wurde und verschwand, um zu sammeln und zu jagen, währenddessen er seine Aufzeichnungen noch einmal abschrieb oder den Abstand zwischen den verlassenen Hütten maß oder die Äste zählte, mit denen sie errichtet waren, ein sinnloser Zeitvertreib, bei dem er sich als Karikatur eines Ethnologen vorkam. Lohnte sich der hohe und in mancher Hinsicht vergebliche Aufwand, unter hohen Kosten Tausende Kilometer anzureisen, wochenlang im Land herumzuirren, um auf das Forschungsobjekt zu treffen, sich monatelang bei ein paar verlausten Wilden aufzuhalten, die am liebsten nichts taten? Lohnte es sich, viele kleine Belanglosigkeiten und unbedeutende Vorkommnisse zu protokollieren, die man besser gleich wieder aussortierte, täglich stundenlang auf der Stelle zu treten oder sich im Kreis zu drehen, tausend Beschwerlichkeiten, Müdigkeit, Hunger, Gefahren, bisweilen auch Krankheit in Kauf zu nehmen? Die Forschungsreise eines Ethnologen war kein Abenteuer, sondern ein ungesundes Handwerk mit viel Zeitverschwendung, Leerlauf, Warterei, eine Reise »voller Entbehrungen und tödlicher Langeweile«, von der man vielleicht mit einer kompletten Namensliste der Clans, einer neuen Heiratsregel oder einem bislang unbekannten Mythos in der Hand zurückkehrte, ein Ertrag, den einzufahren netto nur wenige Tage oder gar Stunden erfordert haben mochte. Lévi-Strauss war ethnografischer Feldforschung überdrüssig.

Habe nun, ach, durchaus mit heißem Bemühen Juristerei und Philosophie studiert, an Provinzgymnasien Philosophie gelehrt, an der Universität von São Paulo eine Professur für Soziologie angetreten und mir vom brasilianischen Botschafter in Paris sagen lassen, ich könne mir die Indianer aus dem Kopf schlagen, es gebe keinen einzigen mehr, die Portugiesen des 16. Jahrhunderts hätten alle ausgerottet, ergo ich nichts forschen könne. Nichtsdestotrotz hatte Lévi-Strauss-Faust anno 1935 seine erste Berührung mit den Wilden nicht weit westlich von São Paulo, am Rio Tibagi im Bundesstaat Paraná. Leider waren die Kaingang weniger unberührt als erhofft, keine echten Indianer mehr, am wenigsten Wilde. Zwei Jahrzehnte zuvor hatte die brasilianische Regierung die Restbestände an Indios erfasst und in der Absicht, sie ins moderne Leben zu integrieren, Dörfer und Häuser für sie gebaut und ihnen Kühe und Gartenbaugeräte gegeben. Mit einem Beamten der Behörde zum Schutz der Indios ritt Lévi-Strauss zu Pferd zwei Wochen lang auf kaum zu erkennenden Wegen durch den Koniferenwald, lauschte kurz vor Einbruch der Dunkelheit dem Röhren des Jaguars, übernachtete in fensterlosen Hütten aus locker aneinander gefügten Palmstämmen mit Strohdach, Fußboden aus gestampfter Erde, Tisch, Kisten zum Sitzen, Bettgestell aus Brettern, Küchengerät aus alten Blechkannen und Konservendosen über der Feuerstelle, der Hüttenwirt war oftmals portugiesischer Abstammung, die Frau meist Indianerin.

Im Reservat von São Jerônimo lebten auf 1000 Quadratkilometern gerade einmal 450 Eingeborene, die der Malaria, der Tuberkulose oder dem Alkoholismus noch nicht zum Opfer gefallen waren. Im Dorf São Jerônimo, einem von fünf oder sechs Weilern mit je fünf bis zehn Holzhäusern, bewohnten die Kaingang jeweils nur eins der Zimmer, wenn sie nicht gar im Freien lebten. Sie schliefen auf einer Schicht Farnkraut oder einer Matte aus Maisstroh, die Füße dem Feuer zugewandt, die Regierungsbetten hatten sie zu Brennholz zerhackt, auf 1000 Meter Höhe war es nachts empfindlich kalt. Die Männer trugen gewöhnlich ein dünnes, zerlumptes Hemd und alte Hosen, die Frauen einen Baumwollrock oder eine unter den Achseln eingerollte Decke, die Kinder liefen völlig nackt herum. Außer der Kleidung hatten sie von dem flüchtigen Kontakt mit der brasilianischen Zivilisation nur Hacke, Messer, Metallgefäße und Nähnadel bewahrt, aus eigener Produktion besaßen sie Körbe, Holzmörser, Stößel aus Stein oder Holz, Tongefäße, ausgehöhlte Kürbisse. Lévi-Strauss verteilte Ringe, Ketten und Broschen aus Glas und bot den zahmen Wilden Geld an, um einige ihrer armseligen Utensilien zu erwerben, doch wenn sie nicht zu ersetzen waren, half ihm sein Geld nicht weiter. Die Eingeborenen pflanzten auf einer kleinen Lichtung Bananen, Süßkartoffeln, Maniok, Mais an, aber Fischfang, Früchtesammeln und Jagd mit Pfeil und Bogen waren ihnen wichtiger. Ganze Familien verschwanden dann und wann im Wald und streiften wochenlang über das komplizierte Netz von Pfaden. Zum Feuermachen rieben sie nach wie vor zwei Stäbe aus weichem Palmholz aneinander, Streichhölzer kannten sie zwar, doch sie waren teuer, und der nächste Kaufladen der Weißen lag 100 Kilometer weit weg. Vor Kuhmilch und -fleisch ekelten sie sich – die Regierungskühe liefen unbehelligt im Busch umher –, nicht aber vor Maden, die in faulenden Baumstämmen wohnten. Ein Schlag mit der Hacke legte tausend Kanäle frei, in jedem saß ein dicker Leckerbissen von gelblichweißem Wurm, Lévi-Strauss kostete das Manna, biss dem Tier den Kopf ab, aus dem Körper quoll ein weißliches Fett von der Konsistenz der Butter und dem Geschmack von Kokosmilch, das war die Initiation des Claude Lévi-Strauss.

Drei Tage dauerte die Eisenbahnfahrt, die er Ende 1935 in den Semesterferien zum Pantanal unternahm, dem großen Sumpf, den der Rio Paraguay in seinem mittleren Lauf bildet. Der Zug wurde mit Holz geheizt, die Waggons bestanden aus Holz, durch die Ritzen drang der feine rote Staub der ausgedörrten Erde herein. Am Rio Paraná begann der Mato Grosso, der Große Busch, der ihm »unerträglich und unausweichlich« werden sollte, das flache oder leicht gewellte Hochplateau, das sich bis zum Amazonasbecken hinzieht, eine leere, traurige Landschaft, die in all ihrer Eintönigkeit dennoch grandios und erregend wirkte. Porto Esperança, die Endstation der eingleisigen Eisenbahnlinie, war ein absurder Ort, der keine anderen Bewohner aufwies als die Angestellten der Eisenbahngesellschaft und keine anderen Häuser als Holzbaracken, die mitten im Sumpf standen. Auf den Anhöhen und grünen Inseln, auf denen die

Indianer einst ihre Lager aufgeschlagen hatten, grasten nun Zebus, in dem modrigen, stinkenden Wasser, das auch als Trinkwasser diente, bildeten Flamingos und Reiher rosa und weiße Inseln, die feuchtheiße, schwere Luft, die kaum zu atmen erlaubte, lag unter einem bleiernen Himmel, und nachts machten die dicken Mücken der Sümpfe Schlaf unmöglich, trotz Moskitonetz.

100 Kilometer entfernt lagen die Gebäude der 500 ebene Quadratkilometer großen, mit Gestrüpp und hartem Gras bewachsenen Fazenda francesa, einer Farm, die von zwei Franzosen betrieben wurde, halb und halb Viehzüchter und Kolonialwarenhändler; was die Landarbeiter und Viehtreiber verdienten, gaben sie im Store wieder aus. Hier versorgten sich Lévi-Strauss und seine ebenfalls unerfahrenen Kollegen mit Lebensmitteln und indianischen Cowboys als Führern und Dolmetschern, mit Reitpferden und Lastochsen, die getrocknetes Fleisch, Reis, schwarze Bohnen, Maniokmehl sowie Kinderspielzeug, Glasperlenketten, Armbänder, Ringe, Spiegel, Parfum, Stoffe, Decken, Kleider und Werkzeug zu den Indios schleppten. 150 Kilometer, drei Tagesreisen weiter lebten die Kadiwéu in ihrem Reservat am linken Ufer des Paraguays, die Überreste eines ehemals großen, kriegerischen Stammes. Die Ferien-Ethnografen zogen über die von hohem Gras und einzelnen Bäumen bestandene Hochebene, durch trockenen Wald und verräterisches Gestrüpp, an der Unterseite der unschuldig dreinblickenden Blätter klebten Tausende kleiner, orangefarbener Biester, die unter die Kleider schlüpften und sich festbissen, und große, graue Parasiten, die sich unbemerkt unter der Haut festsetzten und Schwellungen verursachten, die mit dem Messer herausgeschnitten werden mussten. Sie wateten durch den Schlamm der Sümpfe, ritten an Wasserläufen entlang, in denen Völker von Piranhas lauerten, und kamen zum ersten der drei elenden Weiler, in denen insgesamt noch etwa 200 Indios in dürftigen, aber großen, langgestreckten Hütten hausten.

Die Kadiwéu hatten das Fotografieren zum Geschäft gemacht, drängten hartnäckig darauf, abgelichtet zu werden, nicht ohne sich fürs Posieren bezahlen zu lassen. Ansonsten beschäftigten sie sich damit, Stroh zu flechten, Baumwollgürtel zu weben, Holzfiguren zu schnitzen und Keramikgefäße sowie Körper und Gesichter mit fantastischen geometrischen Mustern und asymetrischen Arabesken zu bemalen, eine grafische Kunst aus präkolumbischer Zeit, die ihresgleichen nicht hatte und am ehesten noch dem Dekor europäischer Spielkarten ähnelte. Lévi-Strauss ließ die Frauen leere Blätter Papier bemalen, als handelte es sich um Gesichter, und nahm 400 mit sicherer Hand ausgeführte Zeichnungen mit nach Hause. Die Zauberutensilien des Medizinmanns bekam er allerdings nicht, wohl aber große bemalte Keramikkrüge, verzierte Hirschhäute und Holzskulpturen, an denen die Ochsen auf dem Rückweg schwer zu tragen hatten. Die Kadiwéu tätowierten sich nicht mehr und bemalten sich nur noch zum Spaß, früher hatte der Brauch eine tiefere Bedeutung gehabt: Man musste bemalt sein, um als Mensch zu gelten, andernfalls verharrte man im Naturzustand und unterschied sich nicht vom Tier, erst die Gesichtsbemalung verlieh Menschenwürde. Folglich verachtete dieses Kulturvolk natürliche Funktionen wie die Fortpflanzung; Abtreibung und Kindesmord waren gang und gäbe, das Überleben der Gruppe wurde durch Adoption gesichert, Kinder beschaffte man sich per Kriegszug. Traurige Tropen?

Von Porto Esperança gingen kleine Raddampfer die Rios Paraguay und Cuiabá hinauf. Lévi-Strauss fuhr – er berichtet jetzt wieder in der ersten Person Singular – bis Cuiabá, der Hauptstadt des Mato Grosso. Mitreisende waren nur ein paar Familien von Viehzüchtern, libanesische Händler, Soldaten und Beamte, die ins brasilianische Sibirien zurückkehrten; sobald sie sich an Bord befanden, schlüpften sie in gestreifte Pijamas und Pantoffeln, eine Art Strandkostüm. Etwa alle 30 Kilometer nahm das Schiff Brennholz auf, und alle paar Tage lud es eine in der Prärie mit dem Lasso frisch eingefangene Kuh zur Verpflegung der Passagiere. Langsam folgte es den Windungen der Flussarme, streifte die Äste der Bäume, der Motorlärm scheuchte zahllose Aras, Papageien, Kormorane auf, Hirschtiere und Tapire schwammen durchs Wasser, Klapperschlangen und Pythons schlängelten sich an der Oberfläche, und die Piranhas schnappten unverzüglich nach dem bloßen Angelhaken und bissen dem Angler schnurstracks den Finger ab, wenn er beim Lösen des Hakens ein bisschen unvorsichtig war. Hinter der Einmündung des Rio Lourenço in den Cuiabá lösten Grassteppen den Sumpf ab.

Die ehemalige Pionierstadt Cuiabá lag in tiefem Provinzschlaf. Vorbei die Zeit, da die ersten Siedler aus São Paulo sich hier niederließen, vorbei auch die Zeit des Goldrauschs. Ein Siedler hatte seine Indios in den Busch geschickt, um wilden Honig zu sammeln, zurück kamen sie mit wildem Gold, das in Klumpen überall herumlag, fünf Tonnen ernteten sie in einem Monat. Die Gegend um Cuiabá glich nun einem wilden Schlachtfeld, das inzwischen von Gras und Gestrüpp überwuchert war. Als Karl von den Steinen ein halbes Jahrhundert vor Lévi-Strauss mit dem Schiff von Asunción (Paraguay) nach Cuiabá kam, um von hier aus den Rio Xingu zu erreichen und bis zum Amazonas hinunterzufahren, sah es in der Umgebung der Stadt nicht anders aus, der Boden war »um und um durchwühlt«, und in Cuiabá herrschte eine idyllische Ruhe wie in einem thüringischen Landstädtchen. Nach seiner ersten Reise im Jahr 1884 verbreitete sich das Gerücht, Steinen und seine Begleiter hätten die Martirios, die sagenhaften Goldminen des Mato Grosso, statt Flüsse und erbärmliche Indianer gesucht. Unter Führung des im Mato Grosso geborenen Militärs und Ingenieurs Cândido Rondon zog daraufhin eine Expedition auf der Route Steinens von Cuiabá los, um Eldorado zu finden, musste aber unverrichteter Dinge umkehren, weil die Vorräte knapp wurden. Als die mutmaßlichen Goldsucher und Ingenieure um Steinen 1887 erneut anrückten, war das die Bestätigung dafür, dass sie beim ersten Mal die Martirios gefunden hatten. Rondon kam den Deutschen diesmal zuvor, fand jedoch ebenso wenig Gold wie Steinen, der wenigstens reiche Beute an Ethnografika für das Berliner Museum für Völkerkunde machte. Noch 1925 suchte der britische Vermessungsingenieur, Militär und Geheimdienstler Percy Fawcett mit Unterstützung der Royal Geographical Society im Quellgebiet des Rio Xingu nach der legendären Goldstadt Manoa, deren Existenz ihm ein indianischer Häuptling verraten hatte und ein Dokument im Staatsarchiv von Rio de Janeiro zu verifizieren schien, mehr als 300 Jahre zuvor hatte Raleigh sie schon zwischen Orinoko und Amazonas gesucht und nicht gefunden. Einen Monat nach seinem Aufbruch von Cuiabá gab Fawcett ein letztes Lebenszeichen.

Auf seiner zweiten Reise suchte Steinen Indianerstämme hauptsächlich im Quellgebiet des Xingus auf, aber auch die Bororo am Rio São Lourenço. Er fand nur noch »Trümmer eines einst gewaltigen Stammes« vor. Die Bororo des São Lourenço waren erst 1886 ruhiggestellt und in zwei Militärkolonien angesiedelt worden. Bevor Steinen eine der Kolonien besuchte, sah er bereits einige Bororo anlässlich ihrer Taufe in Cuiabá – die eine Farce war –, große, stämmige Burschen, die wie Kinder verwöhnt wurden, »nur dass man ihnen statt Süßigkeiten Alkoholika gab«. Im Militärcamp Tereza Cristina, wo vielleicht 350 Bororo mit Frauen und Kindern lebten, wurden sie verzogen, es ging drunter und drüber, die Indios waren die eigentlichen Herren, ihr Feldbau, den sie dort lernen sollten, ein Debakel, ihre Haupttätigkeit schien darin zu bestehen, sich volllaufen zu lassen. Doch im Quellgebiet des São Lourenço sollten noch einige »obere Bororo« in ihren Dörfern leben, zu ihnen ging Lévi-Strauss.

Der Lastwagen war mit Vorräten und Campingsachen, Seilen, Brettern und Benzinkanistern für die Hin- und Rückfahrt vollgepackt, sie – Lévi-Strauss befand sich erneut in ungenannter Gesellschaft – kletterten auf die Ladung, der Laster fuhr die ganze Strecke nur im ersten oder zweiten Gang. Gleich am ersten Tag mussten sie schlammige, sumpfige Abschnitte der Piste mit Brettern überbrücken, ein andermal waren sie drei Tage allein damit beschäftigt, die Bretter immer wieder hinter dem Fahrzeug hervorzuholen und nach vorne zu verlegen. Wenn der Wagen im Sand stecken blieb, galt es, Mulden unter den Rädern zu graben und sie mit Zweigen zu füllen. Selbst an Brücken in unversehrtem Zustand musste das Gefährt jedes Mal entladen und wieder beladen werden. Waren die Planken bei einem Buschfeuer verbrannt, bauten sie mit ihren Brettern eine neue Brücke und rissen sie wieder ab, um die Bretter für die nächste zu verwenden. Der Fahrer und der Beifahrer, der auf dem Trittbrett hing und nach Hindernissen spähte, den Karabiner immer bereit, um ein Reh oder einen Tapir für den Grill zu schießen, waren es gewohnt, Wochen oder Monate unterwegs zu sein. Wenn das Vehikel den Geist aufgab, machten sie es sich im Busch gemütlich, schlugen das Zelt auf, schliefen viel, wuschen Wäsche, gingen auf die Jagd und warteten, bis ein Kollege vorbeikam und die Kunde vom Kollaps der Kiste nach Cuiabá trug, wo dann das Ersatzteil in São Paulo oder Rio bestellt wurde. Den letzten Teil der Piste hatte allerdings seit drei Jahren niemand mehr befahren, zum Glück kamen sie ohne Schaden durch, doch als sie am Rio São Lourenço ankamen, fanden sie das Lager der Diamantensucher, in dem sie Lebensmittel, Pirogen und Ruderer vorzufinden geglaubt hatten, verlassen vor. Ende der Piste, Ende der Ethnografie.

Dem Verzweifeln nahe machten sie einen letzten Versuch. Sie schwärmten in verschiedene Richtungen aus, um die Gegend abzusuchen, am Abend kehrten alle mit leeren Händen zurück, allein der Fahrer hatte eine Fischerfamilie aufgetan und brachte den Mann samt Einbaum mit, der erzählte, dass vor sechs Monaten im Camp das Gelbfieber ausgebrochen war und alle Überlebenden sich zerstreut hatten. Gegen ein geringes Entgelt war er bereit, mit den Forschern flussaufwärts zu gehen, unterwegs fänden sie einen weiteren Einbaum und ein paar Leute. Acht Tage kämpften sie gegen die infolge täglicher Regenfälle starke Strömung an, bei einer Rast am Strand vernahmen sie ein Rascheln, das von einer sieben Meter langen Boa herrührte, zu deren Unschädlichmachung mehrere Kugeln nötig waren. Und eines Tages sahen sie zwei nackte Gestalten am Ufer des Rio Vermelho, eines Zuflusses des São Lourenço, ihre ersten Bororo, die ihnen zu verstehen gaben, dass sie noch am selben Abend ihr Dorf erreichen würden. Nackte, rot angemalte Wilde begrüßten sie dort mit schallendem Gelächter und halfen, das Boot zu entladen und das Gepäck die Böschung hinaufzutragen – sieh an, das Nachtmahl kam aus freien Stücken angerudert.

Es war wie bei den Taipi, die Melville gemästet hatten, wie auf den Marquesas-Inseln, wo Steinen nach seinen Brasilienreisen die Körperbemalung der Marquesaner studierte, nur dass die Bororo keine Kannibalen waren und sich nicht tätowierten. Es waren glückliche Wilde, gesund und fröhlich, die Männer von athletischem Wuchs und harmonischem Körperbau, die größten Indianer Brasiliens, die Frauen schmächtiger. Die Männer waren nur mit einem Penisbeutel bekleidet, doch von Kopf bis Fuß rot angemalt, und auf dieser Schminke prangten Hufeisen aus glänzendem schwarzen Harz auf Stirn und Wangen, Streifen weißen Flaums auf Schultern und Armen, schimmerndes Puder aus zerstoßenem Perlmutt auf Brust und Schultern. Die Frauen trugen einen rotgefärbten Lendenschurz um den Rindengürtel, über der Brust fein geflochtene Baumwollriemen, um Knöchel, Oberarme und Handgelenke Baumwollbänder. Die Bororo verwandten viel Zeit und Fantasie auf ihr Äußeres, insbesondere die Herren der Schöpfung verrieten eine Vorliebe für Schmuck und kreierten immer neue Preziosen: in Holz gefasste Affen- und Jaguarzähne, in Elfenbein eingelegte Krallen, Kettchen und Lippenpflöcke aus Muscheln, auf Stäben befestigte Vogelschnäbel, aus Bambusspindeln quellende Federbüsche, auf Holzreife gezogene Schnüre mit Jaguarkrallen sowie meterhohe Federkronen. Ihre Waffen und Gebrauchsgegenstände dagegen – Keulen, Pfeile, Bogen, Grabstöcke, Matten, Körbe, Gefäße, archaische Werkzeuge – waren schmucklos, doch von reinen Formen und vollendeter Ausführung. Ein kompliziertes System von Traditionen, Hierarchien, Rechten und Pflichten regelte ihre sozialen Beziehungen, ein ausgefeiltes metaphysisches System bestimmte ihr Verhältnis zum Jenseits, sie waren reich an Mythen und Riten, kindlich unbefangen im Umgang mit dem Übernatürlichen, zugleich tief religiös. Die dem religiösen Leben vorbehaltenen Nächte verbrachten sie mit Tanz und Gesang, die Zeit zwischen Sonnenaufgang und Mittag war dem Schlaf gewidmet. Lévi-Strauss staunte über die intensive und natürlich gelebte Religiosität der Bororo, er, der schon als Kind, als er während des Ersten Weltkriegs bei seinem Großvater, dem Rabbiner von Versailles, wohnte, der Religion nichts hatte abgewinnen können und ungläubig war.

Im Jahr 1937 befand sich Lévi-Strauss wieder in Paris. Er schrieb Artikel, hielt Vorträge und stellte seine Ethnografika, die er für das neue Musée de l'Homme gesammelt hatte, das im folgenden Jahr seine Pforten öffnete, in einer Galerie des Faubourg Saint-Honoré aus, wie er 1955 in den *Tristes Tropiques* schrieb. Den Titel, unter dem seine Ausstellung stand, nannte er nicht. Mag er nun »Indiens du Mato-Grosso (Mission Dina et Claude Lévi-Strauss)« beziehungsweise »Claude et Dina« gelautet oder aber die Expedition »Mission Lévi-Strauss« geheißen haben, wie Claude 1952 in *Race et histoire* angab, jedenfalls unterdrückte er den Namen seiner Frau. Dina Dreyfus und Claude hatten sich während ihres Studiums an der Sorbonne kennengelernt und 1932 geheiratet und waren gemeinsam nach São Paulo gegangen, wo Dina, die Philosophie und Anthropologie studiert hatte, gut besuchte Vorlesungen über »praktische Ethnologie« hielt. Claude hatte nach eigenem Bekunden die Ethnologie erst 1933 oder 1934 zwischen zwei Buchdeckeln entdeckt. »Ich wusste nichts von der Ethnologie, hatte nie eine Vorlesung besucht.« Nun, 1937, erhielt er die Mittel für ein neues, größeres Projekt, dessen Leitung ihm übertragen wurde und an dem – wie auch an allen vorherigen Reisen – die eigentliche Fachautorität, Dina, teilnahm, die er in den *Traurigen Tropen* zum ersten und einzigen Mal erwähnt und »meine Frau« nennt, als sie die Expedition verließ, weil sie an einer Augenentzündung so schwer erkrankt war, »dass wir sie endgültig fortbringen mussten«. Als Lévi-

Strauss Anfang 1939 aus dem »verbotenen Land« des Mato Grosso nach Frankreich zurückkehrte, trennten sich Claude und Dina, die auch der Ethnologie entsagte.

Die auf ein Jahr veranschlagte franko-brasilianische Expedition führte in das Gebiet zwischen Rio Cuiabá und Rio Madeira, das nicht mehr so unerforscht war wie Lévi-Strauss suggerierte. »Kein Berufsethnograf hatte sich je dorthin verirrt«, wohl aber Rondon, der in den ersten zwei Jahrzehnten des 20. Jahrhunderts im westlichen Mato Grosso nicht nur Wege bahnte und Telegrafenlinien legte, sondern auch nach Möglichkeit freundschaftliche Beziehungen zu Indianerstämmen anknüpfte, um Indios für die Arbeiten zu rekrutieren. Rondon war ebenso wenig ausgebildeter Ethnologe wie Lévi-Strauss oder wie Curt Unckel alias Nimuendajú aus Jena, der mehr als 40 Jahre lang durch Brasilien zog und bei den Indianern lebte, um sie zu studieren, ohne studiert zu haben. Rondon und seine Mannschaft hatten mehr als nur ein paar Erkundungszüge rechts und links der Telegrafenschneise unternommen, hinter der das Unbekannte begann, wie Lévi-Strauss konstatierte. Rondon hatte Flüsse entdeckt, befahren, vermessen und kartografiert und bis dato unbekannte Indianerstämme aufgetrieben. Als Kontrast zu Lévi-Strauss werfe man einen Blick in den behäbigen Bericht und freundlichen Lobgesang Theodore Roosevelts auf die Errungenschaften Rondons und seiner Leute, mit denen der Ex-Präsident der Vereinigten Staaten von Amerika 1913/14 einen netten Ausflug in die Brazilian Wilderness gemacht hatte, von dem er sich nicht mehr erholte.

Lévi-Strauss wollte Rondons Telegrafenlinie folgen und Näheres über die Nambikwara und andere »rätselhafte« Stämme des Nordwestens erfahren, die seit Rondon angeblich niemand mehr gesehen hatte, am wenigsten ein Berufsethnograf wie er. Im Frühjahr 1938 war er wieder in Cuiabá und bemühte sich herauszufinden, wo genau die Rondon-Linie verlief, die durch die Erfindung der Funktelegrafie schon überholt war, kaum dass die Kabel verlegt waren. Er versuchte, ein paar pensionierte Unteroffiziere, die mit Rondon in der Prärie gewesen waren, vor seinen Karren zu spannen, biss jedoch auf Granit. Die Telegrafenlinie verfiel, die ehemaligen Angestellten, die nur deshalb auf ihren Posten ausharrten, weil sie nicht über die Mittel verfügten, um abzuhauen, vegetierten von Krankheit, Hunger und Einsamkeit zerfressen vor sich hin, seit Jahren gingen keine Versorgungskarawanen mehr, jenes schreckliche Land war eine Ruine. Außerdem kam es immer mal wieder zu Zusammenstößen mit den Indianern, die manchen Posten und auch eine Missionsstation überfallen hatten. Lévi-Strauss ließ sich nicht entmutigen, organisierte vielmehr seinen Treck aus 15 Mauleseln – mehr waren in der Gegend von Cuiabá nicht aufzutreiben –, 15 Viehtreibern und 30 Lastochsen, die unter anderem den Mais für die Maultiere tragen mussten, während sie selbst sich mit dem harten Gras und den trockenen Blättern der Trockenzeit begnügten. Eines Junitages brachen die Treiber mit den Tieren auf, acht Tage später »ich selbst« – und vermutlich das weitere wissenschaftliche Personal – in einem Lastwagen. Ein Ochse legte am Tag etwa 25 Kilometer zurück, doch der Lastwagen war noch keine 50 Kilometer gefahren, da sahen sie die Treiber und Tiere friedlich in der Savanne liegen. Nicht Lévi-Strauss leitete die Expedition, sondern die schwerfälligen Ochsen mit ihren Launen und Anfällen von Mattheit. Bald darauf brach ein Zahnrad der Kardanwelle, und die Wissenschaftler lagen in der Savanne. Die Fahrer gingen zu Fuß zum nächsten Telegrafenamt, es dauerte acht Tage, bis dass ein Flugzeug das Ersatzteil aus Rio de Janeiro nach Cuiabá und ein Wagen es in den Busch brachte.

Ohne weiteren Zwischenfall fuhren sie bis zum Rio Papagaio, einem Zufluss des Rio Tapajós, der seinerseits in den Amazonas mündet. Eine Fähre trug alles außer dem Lastwagen über den Papagaio, auf der anderen Seite lagen ein paar Strohhütten, das war die Telegrafenstation von Utiariti. Über die notdürftig gerodete Piste entlang der Telegrafenlinie zogen sie weiter zum Posten Juruena, das Kabel hing schlaff zwischen den faulenden Masten, rechts und links dehnte sich der eintönige Busch über ein Gebiet so groß wie Frankreich aus. Sie ließen sich am Rand des Postens Juruena nieder, wenige Meter vom Lager einer dreiundzwanzigköpfigen Horde Nambikwara, die ein paar Tage vorher angekommen war. In der Trockenzeit streiften diese Halbnomaden durch die Savanne auf der Suche nach Wild, das die Männer mit Pfeil und Bogen jagten, und nach Früchten, Beeren, Nüssen, Körnern, Knollen, Larven, Eiern, Wurzeln, wildem Honig sowie kleinen Tieren, welche die Frauen mit dem Grabstock aufstöberten und erschlugen: Spinnen, Heuschrecken, Nagetiere, Schlangen, Eidechsen, alles, was essbar war. Die Armut dieser Leute war erschreckend, dagegen lebten die Bororo geradezu in Saus und Braus. Sie hatten kein einziges Kleidungsstück, die Männer trugen nur eine Strohquaste über den Genitalien, die Frauen eine dünne Schnur aus Muschelperlen um Taille oder Hals, Ohrringe aus Perlmutt oder Federn und Bänder an Armen oder Knöcheln. Sie hatten keinen Einbaum, sie durchschwammen die Flüsse. Ihre Mahl- und Polierwerkzeuge waren noch aus Stein, ihre ganze Habe passte in die Bambuskiepen, die auf ihren Wanderungen von den Frauen am Stirnband getragen wurden. Sie verfügten noch nicht einmal über Hängematten, diese Erfindung der Indianer des tropischen Amerikas, auch über keine andere Liegestatt, sondern schliefen nackt auf dem nackten Boden. Während der kalten Nächte der Trockenzeit, des Winters der Südhalbkugel, wärmten sie sich, indem sie sich aneinander schmiegten und immer näher an das Feuer krochen, bis sie bei Tagesanbruch in der noch warmen Asche lagen. Es war wie ein Ausflug in die Steinzeit.

Doch in all dem Elend herrschte »eine naive und bezaubernde animalische Zufriedenheit« und lachende Sorglosigkeit, es war ein primitives Idyll. Die Männer gingen am Morgen auf die Jagd oder stellten im Lager Pfeile oder Flechtwerk her, die Frauen gingen auf Kleintier- oder Wurzelsuche oder schnitten und polierten Perlen, spannen Fäden auf dem Boden und bereiteten das Essen zu. Wenn ihnen die Arbeit langweilig wurde, nahmen sie ein Bad im Fluss, legten sich schlafen, zupften sich gegenseitig die Körperhaare aus oder entlausten zärtlich ihre Kinder, die niemals geschlagen wurden und den ganzen Tag faulenzten. Auch die Haustiere waren zufrieden, Hunde, Affen, Papageien und die Hühner, die sie von Rondon bekommen hatten, wurden fürsorglich behandelt, gehörten zur Familie, nahmen an den Mahlzeiten teil und erhielten auch in Zeiten der Knappheit ihren Anteil. Während der heißesten Stunden des Tages lagen alle ruhig im spärlichen Schatten, bei Einbruch der Dunkelheit sammelten oder schlugen die Frauen Holz, abends saß man um das Feuer, erzählte, sang, scherzte, neckte sich, spielte Liebesspiele, manchmal pflegte ein Paar intime Beziehungen ungezwungen in der Nähe des Feuers, die meisten aber gingen in den nahen Busch, zuweilen folgte ihnen eine Schar Männer, Frauen und Kinder und kommentierte das Geschehen. Die Nambikwara waren fast immer vergnügt und die Freundlichkeit in Person, außer wenn sie Anlass hatten, aufdringliche Missionare zu erschlagen.

Nachdem er seine Frau zurückgeschickt hatte, folgte Lévi-Strauss der Telegrafenlinie von Posten zu Posten weiter nach Nordwesten. Auf jeder Etappe verloren sie einen oder zwei Ochsen durch Verdursten, Erschöpfung oder giftiges Gras. Ab und zu trafen sie kleine Gruppen Nambikwara, die infolge eingeschleppter Epidemien arg dezimiert waren, ein Häuptling beschwor die glücklichen Tage, da seine Horde noch nicht auf 18 Figuren zusammengeschrumpft war. Nach drei Monaten auf dem Plateau überkam Lévi-Strauss Langeweile, alles war nur noch Routine: Lager aufschlagen, Hängematte und Moskitonetze befestigen, Gepäck und Sättel vor Termiten sichern; wenn eine Gruppe Indianer aufkreuzte: abzählen, nach den Namen der Körperteile fragen, Verwandtschaftsverhältnisse und Genealogien feststellen, Inventar aufnehmen; Lager abbrechen. Seit fünf Monaten hatte es nicht mehr geregnet, das Wild war geflüchtet, mit Glück erwischten sie mal einen ausgezehrten Papagei, mal eine dicke Eidechse oder eine Landschildkröte für ihren Reis, meistens mussten sie mit ihrem monatealten Trockenfleisch vorliebnehmen, das von Würmern wimmelte und in Scheiben in die Sonne gelegt werden musste, um es zu desinfizieren. Einmal erlegten sie ein Wildschwein, ein jeder verschlang mit dem Heißhunger und der Gefräßigkeit eines Wilden gut ein Pfund Fleisch, und der volle Magen rief nicht bloß das Wohlgefühl der Sättigung hervor, sondern mehr als das: ein Glücksgefühl.

Kurz vor der Telegrafenstation von Barão de Melgaço wich die Savanne trockenem Wald, der im Tal des Rio Machado von Regenwald abgelöst wurde. Dort fielen die entwöhnten Expeditionäre nach nur zweistündiger Jagd in einen dreitägigen Fressrausch und vertilgten gebratene, mit Whisky flambierte Kolibris und Papageien, Truthahnragout mit Palmknospen in Kastaniensoße, gegrillten Krokodilschwanz und anderes mehr. Der Chef des Postens von Melgaço stellte ihnen zwei leichte Plankenboote nebst Ruderern zur Verfügung, ab sofort waren die Wasserstraßen der überwucherten Telegrafenpiste vorzuziehen. Im nächsten Posten von Pimenta Bueno an der Einmündung des gleichnamigen Flusses in den Rio Machado bekamen sie einen heißen Tipp: Einige Tagesreisen Rio Pimenta Bueno aufwärts existierte ein noch unbekannter Stamm. Lévi-Strauss war sogleich Feuer und Flamme. Ein ambulanter Händler, der die Gegend kannte, erklärte sich bereit, mit ihm den Fluss hinaufzufahren. Der Posten lieh ihnen zwei Einbäume und vier Ruderer.

Nichts rief bei einem Ethnografen – jedenfalls beim jungen Lévi-Strauss – mehr Begeisterung hervor als die Aussicht, als erster Weißer zu einer unberührten Ethnie vorzudringen, auch wenn sie infolge »jener Katastrophe, welche die Entwicklung der westlichen Zivilisation für einen ebenso großen wie unschuldigen Teil der Menschheit bedeutete«, nur noch ein kraftloser, verstümmelter Clan war. Nach dem langweiligen Ritt über die trostlose Hochebene genoss Lévi-Strauss schon im Voraus die zauberhafte Fahrt auf dem lachenden Fluss, der noch auf keiner Karte verzeichnet war. Er kauerte stundenlang im Wasser und schöpfte es ohne Unterlass mit einem kleinen Kürbis aus dem Boot. Er bekam Starrkrämpfe und durfte seine Glieder nur mit äußerster Vorsicht ganz langsam bewegen, damit das Kanu nicht kenterte. Bei jedem Kiesfeld, jeder Sandbank im Flussbett, bei jeder Stromschnelle, jedem Wasserfall, bei allen Felsen, an denen entwurzelte Bäume samt Ästen, Wurzelwerk und Erdklumpen hängen geblieben waren und den Fluss überwucherten, musste das mühsam festgezurrte Gepäck ausgeladen und wie die Boote Hunderte Meter über das steinige Ufer getragen werden, derweil der Fluss kicherte. Sie fingen Fische für die Peixada, die amazonische Bouillabaisse, und hatten sich vor giftigen Rochen und elektrischen Fischen zu hüten, die ein Maultier töten konnten. Sie durften nicht so unvorsichtig sein, ihr Wasser in den Fluss abzuschlagen, winzige Fische wanderten gegen den Strahl in die Blase. Wenn sie für die Nacht eine kleine Lichtung am Ufer schlugen, mussten sie achtgeben, die Hängematten nicht an freigelegten Bäumen anzubringen, die nach Knoblauch oder Exkrementen stanken oder aus denen Heere roter Ameisen über die Invasoren herfielen. Traumhaft.

Am fünften Tag entdeckten sie einen am Ufer festgemachten Einbaum, das Indianerdorf lag einen Kilometer landeinwärts und bestand aus drei Rundhütten auf einer ovalen Lichtung, in denen 26 Individuen wohnten. Die Männer trugen sowohl Penisbeutel gleich den Bororo als auch Strohquasten wie die Nambikwara, die Frauen Stäbchen in der durchbohrten Nasenscheidewand, beide Geschlechter Lippenpflöcke, Ketten aus Perlmuttscheiben oder Muscheln sowie Baumwollbänder um Handgelenke, Oberarme, Waden und Knöchel, das war die ganze Garderobe. Sie trieben Gartenbau – Mais, Maniok, Süßkartoffeln, Bohnen, Kürbisse, Erdnüsse, Tabak – und ein wenig Viehzucht: Auf der gerodeten Fläche ließen sie die Palmstümpfe stehen, in denen weiße Larven fett wurden. Sie bezeichneten sich als Mundé und existierten in der ethnografischen Literatur nicht. Diese anmutigen, liebenswürdigen und geduldigen Eingeborenen, die noch niemand gesehen hatte und vielleicht niemand mehr sehen würde, waren bereit, ihre Gesellschaftsform und ihr Weltbild den Fremden zu erläutern, doch leider kannte Lévi-Strauss weder ihre Sprache noch hatte er Zeit, sie wie bei den Nambikwara auch nur rudimentär zu erlernen, weder verfügte er über einen Dolmetscher noch sprachen die unberührten Indigenen Portugiesisch oder Französisch. Er konnte sie berühren, aber nicht verstehen. Er hatte endlich seine jungfräulichen Wilden gefunden und eine sehr angenehme Woche bei ihnen verbracht, doch ihn befiel ein Gefühl der Leere. Er hätte genauso gut zu Hause bleiben können, meinte er.

Im Posten von Pimenta Bueno lebten etwa 20 Personen, darunter einige Tupi-Kawahip-Indianer vom Rio Machado, die Lévi-Strauss verrieten, dass noch ein paar wilde Kollegen ihres Stammes zwei Tagesmärsche vom rechten Ufer des Machados entfernt mitten im Urwald überlebten, von denen man angenommen hatte, sie seien längst ausgestorben. Lévi-Strauss überredete den letzten, in Pimenta Bueno lebenden Häuptlingssohn einer anderen Horde, der seinen scheintoten Stammesverwandten vor einem Jahr einen Besuch im Busch abgestattet hatte, ihm als Dolmetscher und Führer zu dienen; zu dem Minidorf im Wald führte nicht einmal ein Pfad. Sie fuhren drei Tage im Einbaum den Machado abwärts, dann bahnte Häuptlingssohn Abaitara mit dem Buschmesser einen Weg durch die grüne Dämmerung. Die ungeheure Stille rief bei Lévi-Strauss ein kaum zu ertragendes Gefühl der Beklemmung hervor. Hin und wieder hob Abaitara ein unscheinbares Blatt vom unsichtbaren Pfad auf, darunter steckte ein lanzenförmiger Bambussplitter im Boden.

Das Dorf lag an einem kleinen Wildbach und bestand aus vier nahezu quadratischen Hütten wahrscheinlich vorkolumbischer Bauart, von denen nur zwei bewohnt waren. Lévi-Strauss zählte neun Männer, sechs Frauen und drei kleine Mädchen, allein der Häuptling besaß vier Frauen, von den anderen zwei war die eine seine Schwester, also tabu, die andere alt. Die kleinen Mädchen, die zum Großhaushalt des Häuptlings gehörten, wurden von Brust zu Brust gereicht. Nicht die Polygamie des Häuptlings, wohl aber sein Quasimonopol stellte eine Besonderheit dieser Gruppe dar. Doch die anderen Männer gingen nicht leer aus, der Häuptling lieh seinen Gefährten Frauen aus, ebenso Besuchern, das verlangte das Gesetz der Gastfreundschaft; Abaitara teilte seine Hängematte mit einer schönen, jungen, allerdings lahmenden, im Übrigen schwangeren Häuptlingsfrau. Theoretisch konnten sich mehrere Männer eine Frau teilen und Brüder die Frauen ihrer verstorbenen Brüder erben, Polyandrie und Levirat das Ungleichgewicht regulieren. Trotz des Gratisangebots an Frauen für Fremde wurde aus dem Dorf kein Tahiti, im Gegenteil, es verschwand. Kurz nach Lévi-Strauss' zweiwöchiger Visite gaben die Tupi-Kawahip das wilde Wohnen auf, begaben sich in die Arme der Zivilisation von Pimenta Bueno und vereinigten sich mit der Familie Abaitaras. Dies war eine der letzten Fußnoten im historischen Prozess der Auflösung einer Kultur, die im 16. Jahrhundert Europa fasziniert hatte, unter anderen Montaigne, der in Rouen mit drei importierten Tupi-Indianern zusammentraf und mit einem von ihnen »eine ganze Weile« konversierte.

In Amerika starben die indigenen Völker aus, in Indien vermehrten sie sich wie wild. Als Lévi-Strauss 1954 und 1955 seine *Traurigen Tropen* schrieb, hatte er sich mittlerweile auf dem indischen Subkontinent umgesehen. Nachdem er sich in der »Wüste« herumgetrieben hatte, »um Überresten der Menschheit nachzujagen«, stürzte er sich in das wimmelnde Elend von Kalkutta und anderen Städten wie Lahore, Dehli, Dhaka oder Chittagong, sprang vom menschenleeren amazonischen Amerika ins übervölkerte Südasien. Im schnell wachsenden Karatschi schliefen Legionen von Flüchtlingen auf den Trottoirs, die mit der roten Suppe ausgespuckten Betels beschmiert waren. Von morgens bis abends defilierten zerlumpte Männer und Frauen über die Straßen, die Körbe voll Beton in die Verschalungen irgendeiner Baustelle leerten. Im Rest House des ältesten Tempels von Kalkutta schliefen die Wallfahrer in einer Zementhalle auf nackten Zementbänken, die morgens mit reichlich Wasser abgespritzt wurden, nachdem die Menschenmenge wie Schlachtvieh hinausgetrieben worden war, um für die Heilung ihrer Geschwüre zu beten. In Narayanganj hausten die Jutearbeiter zu sechst oder acht in Backsteintrögen ohne Licht, aus den engen Gassen wurde dreimal täglich der Unrat gespült. In den von Mauern umschlossenen und von bewaffneten Polizisten an den Zugängen bewachten Workers Quarters schliefen die Arbeiter zu zweit oder dritt in Zellen von zwölf Quadratmetern und nahmen im gemeinschaftlichen, abspritzbaren Zementspeisesaal im Dunkeln auf dem Boden kauernd jeder für sich am eigenen Feuer die Mahlzeiten ein. Von Exotik keine Spur.

Die großen Städte Indiens waren ein einziges Elendsviertel, Zusammenballungen von Menschen, »deren Daseinsgrund einzig darin besteht, sich millionenfach zusammenzuballen«. Ihr Zuhause war die Straße, Schmutz, Schlamm und Ausscheidungen ihr natürliches Milieu, dort saßen sie und verzehrten aus Abfällen gerettete Nahrung. Die Straße war auch Arbeitsplatz eines Heeres von Handwerkern, Kleinhändlern, Friseuren, Schreibern, die nicht viel Raum beanspruchten und keine Transportmittel für ihre Werkzeuge oder Waren brauchten und sich irgendwo inmitten des Stroms von Passanten, unaufhörlichen Lärms, Haufen Mülls und Wolken von Mücken auf dem Bürgersteig niederließen. Und die Straße war das Revier der Schlepper, die Rikschas vermittelten, der Schuhputzer, die sich ihren Klienten zu Füßen warfen, der fast nackten Krüppel, die ihre Stümpfe ausstellten, der Kuppler, die »British girls, very nice« anpriesen, der Hausierer, die stumm flehten, ihnen alles abzukaufen, damit sie essen konnten, der Bettler, deren Blick man nicht erwidern durfte, wollte man nicht Gefahr laufen, sogleich von einer brüllenden Meute Verdammter umringt zu werden. Es war der Hunger, der sie aus den Dörfern in die Städte getrieben hatte, der Hunger, der sie Unterwürfigkeit und eine entwürdigende Verehrung für den Bessergestellten gelehrt hatte, dem sie die hundertfache Vermehrung seines Wohlstands wünschten, weil damit eine winzige Verbesserung ihres eigenen Loses einhergehen konnte. Sie forderten nicht das Recht auf Leben, sondern baten um ein Almosen zum Überleben, sie träumten nicht von Gleichheit oder Gerechtigkeit, dachten vielmehr nur an den nächsten Bissen. In Agra begriff Lévi-Strauss angesichts des Tadsch Mahals mit all seinem Postkartencharme, dass der Luxus der Reichen mit der Gleichgültigkeit gegenüber dem Elend umstandslos Hand in Hand ging.

Reisen, diese »Zaubertruhen voll traumhafter Versprechen«, enthielten nicht länger unberührte Schätze. Die Zeiten waren vorbei, versicherte Lévi-Strauss, in denen der Reisende von der Fremdartigkeit einer anderen Kultur überwältigt wurde. Nun, da ganz Asien »das Gesicht eines verseuchten Elendsgebiets« angenommen hatte, Afrika »von Barackenvierteln zerfressen« wurde und die polynesischen Inseln in Beton erstickten, sah man auf einer Reise hauptsächlich den »Schmutz, mit dem wir das Antlitz der Menschheit besudelt haben«. Der wuchernden westlichen Zivilisation war es gelungen, überall ihre Errungenschaften wie Zuckerrüben in Monokultur anzupflanzen. Zugleich stimulierten mehr als je zuvor Reiseberichte die Lust auf das Andere, bedienten die Sehnsucht nach dem Verflossenen, fütterten das Fernweh und schürten Illusionen von etwas, das nicht mehr existierte, das war ihr Geschäft und ihr Betrug. Sie lieferten das Gewürz, nach dem die zivilisierte Welt ein um so stärkeres Verlangen hatte, je mehr sie in Uniformität und Langeweile versank. Seinerseits verabschiedete sich Lévi-Strauss vom Reisen: »Lebt wohl, Wilde! Lebt wohl, Reisen!«

Bekanntlich hat die Menschheit nicht aufgehört zu reisen, ganz im Gegenteil. Dabei handelt es sich allerdings weniger um Reisen aus kultureller oder gar ethnografischer Neugier als vielmehr – Geschäftsreisen beiseite – um industriell organisierte, in Massenfertigung produzierte, bis zum All-inclusive standardisierte Urlaubsreisen, bei denen es ziemlich unerheblich ist, in welchem Land der Hotelkasten steht und an welchem Meer der Strand liegt, Hauptsache, der Preis, das Wetter und das Essen stimmen, es sei denn, der Scheinreisende sammelt etwa aus Prestigegründen Länder. Die neueste erfolgreiche Innovation für den Massenkonsum, die Kreuzfahrt, führt das Reisen letztlich ad absurdum, denn eine reine Seereise ist eigentlich das Gegenteil einer Reise, das Schiff nicht Vehikel, sondern ein Zuhause, eine mit Landsleuten, der Muttersprache, gewohnter Nahrung und heimischem Bier ausgestattete Art Heimat, »vor deren Tore die Drehbühne der Welt jeden Tag ein neues Szenenbild« schiebt, wie Lévi-Strauss bei den Überfahrten von Marseille entweder via Barcelona, Tarragona, Valencia, Alicante, Málaga, Cádiz oder aber über Algier, Oran, Gibraltar sowie Casablanca und Dakar, Recife, Salvador de Bahia und Vitória nach Santos, dem Hafen von São Paulo, bemerkte. Bei einer Kreuzfahrt lassen sich bequem Städte sammeln.

Doch auch abgesehen von solchen rationalisierten und das Reisen wegrationalisierenden Reisen wird die Menschheit nicht das Reisen einstellen, sofern sie sich nicht mit virtuellen Reisen oder künstlichen Urlaubswelten begnügt und nicht aufhört zu träumen. Für jede Generation ist die Welt neu, jede nachwachsende Generation erbt eine für sie immer noch bunte Welt, die sie entdecken muss, zunächst die nahe Welt der Kindheit, dann die andersartigen Welten der Weite oder der Tiefe. Keine Generation lässt sich davon abhalten zu reisen, nur weil die Welt früher unbekannter, jungfräulicher, diversifizierter war und sich langsamer drehte. Es gibt keine neuen Länder und keine unberührten Völker mehr, aber es gibt neue, neugierige Augen, die das, was sie vorfinden, sehen wollen, um ihr Glück zu suchen. Natürlich wird die bunte Ferne bei Annäherung und Durchdringung zur bleichen Nähe, sie verliert ihren Zauber wie die geheimnisvolle Welt der Kindheit, das ist der Lauf der Dinge. Selbst das Paradies wird auf Dauer langweilig, obgleich man es noch schätzen mag.

Nachbemerkung

Dieses Buch haben zuallererst dessen Protagonisten geschrieben. Unter ihnen befinden sich nicht wenige Autoren, deren Reiseberichte seit den Sechzigerjahren des letzten Jahrhunderts in der Erdmann-Reihe erschienen und von Lesern der damaligen jungen Generation verschlungen wurden, Bücher, die ihre Bleibe im Verlagshaus Römerweg gefunden haben. Der als Autor des vorliegenden, ebenfalls im Verlagshaus Römerweg erscheinenden Bandes firmierende Verfasser hat nicht sehr viel mehr getan, als die Aufzeichnungen seiner Protagonisten zu kurzen Porträts und Reisegeschichten zu verdichten. Daraus ist eine Art Geschichte des Reisens über einen Zeitraum von zwei Jahrhunderten entstanden, in denen Europa sich mehr als je zuvor in der Welt ausbreitete. Das Ergebnis ist gleichsam ein Gruppenbild herausragender Persönlichkeiten vor dem Hintergrund der europäischen Expansion. Herrn Prof. Dr. Dr. h.c. Wolfgang Reinhard dankt der Verfasser für eine erste Durchsicht des Manuskripts, dem Verlagshaus Römerweg für die Aufnahme des Bandes in den marixverlag und für die hervorragende Kooperation.

Rolf Neuhaus

Zitierte Quellen

Die im Text durch Chevrons gekennzeichneten Zitate wurden den nachstehend aufgeführten Werken entnommen, der besseren Lesbarkeit halber wurde bei kurzen Zitaten nicht immer die Kennzeichnung angewendet.

Domingo Badía y Leblich: Ali Bey's Reisen in Afrika und Asien in den Jahren 1803 bis 1807, Bd. 2, Verlag des Großh. Sächs. priv. Landes-Industrie-Comptoirs, Weimar 1816

Heinrich Barth: Reisen und Entdeckungen in Nord- und Central-Afrika in den Jahren 1849 bis 1855. Tagebuch seiner im Auftrag der Brittischen Regierung unternommenen Reise, 5 Bde., Justus Perthes, Gotha 1857 u. 1858

Charles Baudelaire: Die Blumen des Bösen, übers. v. Monika Fahrenbach-Wachendorff, Philipp Reclam jun., Stuttgart 1997

Gertrude Bell: Ich war eine Tochter Arabiens. Das abenteuerliche Leben einer Frau zwischen Orient und Okzident, übers. v. Gerda Bean, bearb. v. Rachel Gratzfeld, Scherz Verlag, Bern/München/Wien 1993

William Bligh: Reise in das Südmeer, welche mit dem Schiffe Bounty unternommen worden ist, um Brotbäume nach den Westindischen Inseln zu verpflanzen. Aus dem Englischen von Georg Forster, Vossische Buchhandlung, Berlin 1793

Anne Blunt: A Pilgrimage to Nejd. The Cradle of the Arab Race, 2 Vol., John Murray, London 1881, ND: Century Publishing, London 1985

Anne Blunt: Bedouin Tribes of the Euphrates, edited with a Preface and some Account of the Arabs and their Horses by W. S. B. (Wilfrid Scawen Blunt), 2 Vol., John Murray, London 1879

Louis-Antoine de Bougainville: Reise um die Welt, welche mit der Fregatte La Boudeuse und dem Fleutschiff L'Etoile in den Jahren 1766, 1767, 1768 und 1769 gemacht worden, hrsg. v. Klaus-

Georg Popp, Rütten & Loening, 3. Aufl., Berlin 1980

Johann Ludwig Burckhardt: Bemerkungen über die Beduinen und Wahaby, Verlag des Großh. Sächs. priv. Landes-Industrie-Comptoirs, Weimar 1831

Johann Ludwig Burckhardt: Reisen in Arabien, Verlag des Großh. Sächs. priv. Landes-Industrie-Comptoirs, Weimar 1830

Johann Ludwig Burckhardt: Reisen in Nubien, Verlag des Großh. Sächs. priv. Landes-Industrie-Comptoirs, Weimar 1820

Johann Ludwig Burckhardt: Reisen in Syrien, Palästina und der Gegend des Berges Sinai, hrsg. v. Wilhelm Gesenius, 2 Bde., Verlag des Großh. Sächs. priv. Landes-Industrie-Comptoirs, Weimar 1823 u. 1824

Richard Burton: Reisen nach Medina und Mekka und in das Somaliland nach Härär in Ost-Afrika, bearb. v. Karl Andree, Verlag Hermann Costenoble, Leipzig 1861

George Gordon Lord Byron: Die Insel oder Christian und seine Gefährten, in: ders.: Sämtliche Werke, hrsg. v. Siegfried Schmitz, 2 Bde., Artemis & Winkler Verlag, Düsseldorf und Zürich 1996, Bd. 1, S. 575–615

Robert Byron: Der Weg nach Oxiana, übertr. v. Matthias Fienbork, Verlag Die Andere Bibliothek, Berlin 2014

Roger Casement: Correspondence and Report from His Majesty's Consul at Boma respecting the Administration of the Independent State of the Congo, presented to both Houses of Parliament by Command of His Majesty, February 1904, Harrison and Sons, London 1904

Adalbert von Chamisso: Reise um die Welt in den Jahren 1815 bis 1818, Aufbau Verlag, Berlin 2001

Adalbert von Chamisso: Werke, hrsg. v. Max Sydow, Deutsches Verlagshaus Bong & Co., Berlin/Leipzig/Wien/Stuttgart o.J.

James Cook: Entdeckungsfahrten im Pazifik. Die Logbücher der Reisen von 1768 bis 1779, übers. v. Reinhard Wagner u. Bernhard Willms, Horst Erdmann Verlag, 3. Aufl., Tübingen und Basel 1975

Joseph Conrad: Herz der Finsternis. Mit dem »Kongo-Tagebuch« und dem »Up-river Book«, übers. v. Urs Widmer, Piper Verlag, 8. Aufl., München 2008

Dixon Denham, Hugh Clapperton, Walter Oudney: Beschreibung der Reisen und Entdeckungen im nördlichen und mittlerern Africa in den Jahren 1822 bis 1824, Verlag des Gr. H. S. priv. Landes-Industrie-Comptoirs, Weimar 1827

Charles Montagu Doughty: Reisen in Arabia Deserta. Wanderungen in der Arabischen Wüste 1876-1878, hrsg. u . übers. v. Hans-Thomas Gosciniak, DuMont Buchverlag, Köln 1979

Julius Euting: Tagebuch einer Reise nach Inner-Arabien, 2 Bde., Bd. 2 hrsg. v. Enno Littmann, Buchhandlung und Druckerei vorm. E. J. Brill, Leiden 1896 u. 1914

Hans Fischer: Die Hamburger Südsee-Expedition. Über Ethnographie und Kolonialismus, Syndikat Autoren- und Verlagsgesellschaft, Frankfurt a.M. 1981

Gustave Flaubert: Briefe, hrsg. u. übers. v. Helmut Scheffel, Diogenes Verlag, Zürich 1977

Gustave Flaubert: Reisetagebuch aus Ägypten, übers. v. E. W. Fischer, Diogenes Verlag, Zürich 1991

Georg Forster: Johann Reinhold Forster's Reise um die Welt während den Jahren 1772 bis 1775 in dem von Seiner itztregierenden Großbritannischen Majestät auf Entdeckungen ausgeschickten und durch den Capitain Cook geführten Schiffe the Resolution unternommen, 2 Bde., Haude und Spener, Berlin 1878 u. 1880

Leo Frobenius: Im Schatten des Kongostaates. Bericht über den Verlauf der Reisen der Deutschen Inner-Afrikanischen Forschungs-Expedition von 1904-1906, Verlag von Georg Reimer, Berlin 1907

Paul Gauguin: Briefe, neu hrsg. v. Hans-Günther Pawelcik, übers. v. Hans Jakob u. Gitta Frenzel, Verlag Atelier im Bauernhaus, Fischerhude 1989

Paul Gauguin: Der Traum von einem neuen Leben. Noa Noa. Briefe an Georges Daniel de Monfreid, hrsg. v. Kuno Mittelstädt, übers. v. Lieselotte Kolanoske u. Hans Jacob, Hentschel Verlag, Berlin 1991

Paul Gauguin: Vorher und Nachher, aus dem Manuskript übertragen von Erik-Ernst Schwabach, Kurt Wolff Verlag, München 1920

Friedrich Gerstäcker: Die Südsee-Inseln, J. G. Cotta'scher Verlag, Stuttgart 1853

Geschichte der See-Reisen und Entdeckungen im Süd-Meer, welche auf Befehl Sr. Groβbritannischen Majestät unternommen und von Commodore Byron, Capitain Wallis, Capitain Carteret und Capitain Cook im Dolphin, der Swallow und dem Endeavour nach einander ausgeführt worden sind; aus den Tagebüchern der verschiedenen Befehlshaber und den Handschriften Joseph Banks Esq. in drei Bänden verfasst von Dr. Johann Hawkesworth. Mit des Herrn Verfassers Genehmhaltung aus dem Englischen übers. v. Johann Friedrich Schiller, Haude und Spener, Berlin 1774

André Gide: Reisen, übers. v. Gertrud Müller u. Ferdinand Hardekopf, Deutsche Verlags-Anstalt, Stuttgart 1966

Graham Greene: Afrikanisches Tagebuch, übers. v. Heinrich Bohn, Paul Zsolnay Verlag, Hamburg/Wien 1962

Hermann Hesse: Aus Indien, neu zusammengestellt und ergänzt v. Volker Michels, Suhrkamp Taschenbuch Verlag, Frankfurt a. M. 1980

Hermann Hesse – Hans Sturzenegger: Briefwechsel 1905-1943, hrsg. v. Kurt Bächtold, Verlag Peter Meili, Schaffhausen 1984

Thor Heyerdahl: Expedition Ra. Mit dem Sonnenboot in die Vergangenheit, übers. v. Heinz Kulas u. Jette Mez, Rowohlt Taschenbuch Verlag, Reinbek bei Hamburg 1974

Friedrich Hornemann: Tagebuch seiner Reise von Cairo nach Murzuck, der Hauptstadt des Königreichs Fessan in Afrika in den Jahren 1797 und 1798, hrsg. v. Carl König, Verlag des Landes-Industrie-Comptoirs, Weimar 1802

Alexander von Humboldt: Briefe an seinen Bruder Wilhelm, hrsg. v. der Familie von Humboldt, Verlag der J. G. Cotta'schen Buchhandlung, Stuttgart 1880

Alexander von Humboldt: Reise in die Äquinoktial-Gegenden des neuen Kontinents, in deutscher Bearbeitung von Hermann Hauff,

4 Bde., Verlag der J. G. Cotta'schen Buchhandlung, Stuttgart 1859 u. 1860

(Alexander von Humboldt:) Im Ural und Altai. Briefwechsel zwischen Alexander von Humboldt und Graf Georg von Cancrin aus den Jahren 1827-1832, F. A. Brockhaus, Leipzig 1869

Otto von Kotzebue: Entdeckungs-Reise in die Süd-See und nach der Berings-Straβe zur Erforschung einer nordöstlichen Durchfahrt, unternommen in den Jahren 1815, 1816, 1817 und 1818, auf Kosten Sr. Erlaucht des Herrn Reichs-Kanzlers Grafen Rumanzoff auf dem Schiffe Rurick unter dem Befehl des Lieutenants der Russisch-Kaiserlichen Marine Otto von Kotzebue, 3 Bde., verlegt von den Gebrüdern Hoffmann, Weimar 1821

Georg Heinrich von Langsdorff: Bemerkungen auf einer Reise um die Welt in den Jahren 1803 bis 1807, 2 Bde., Bibliographisches Institut, Leipzig 1952

Claude Lévi-Strauss: Traurige Tropen, übers. v. Eva Moldenhauer, Suhrkamp Taschenbuch Verlag, Frankfurt a. M. 1978

Jack London: Die Fahrt mit der Snark. Abenteuer einer Reise, dt. v. Erwin Magnus, Deutscher Taschenbuch Verlag, 3. Aufl., München 1976

Jack London: Südseegeschichten, dt. v. Erwin Magnus, Deutscher Taschenbuch Verlag, 6. Aufl., München 1980

Jack London: Die Insel Berande, dt. v. Erwin Magnus, Deutscher Taschenbuch Verlag, München 1973

Bronislaw Malinowski: Ein Tagebuch im strikten Sinn des Wortes. Neuguinea 1914-1918, übers. v. Nils Thomas Lindquist, Syndikat Autoren- und Verlagsgesellschaft, Frankfurt a. M. 1985

(Bronislaw Malinowski:) The Story of a Marriage. The Letters of Bronislaw Malinowski and Elsie Masson, Vol. I 1916-20, edited by Helena Wayne, Routledge, London and New York 1995

Herman Melville: Omu. Wanderer in der Südsee, dt. v. Martin H. Richter, Dieterich'sche Verlagsbuchhandlung, Leipzig 1955

Herman Melville: Taipi. Abenteuer in der Südsee, übertr. v. Ilse Hecht, Hoffmann und Campe Verlag, Hamburg o.J.

Michel de Montaigne: Essais, hrsg. v. Ralph-Rainer Wuthenow, Insel Verlag, Frankfurt a. M. 1976

Carsten Niebuhr: Beschreibung von Arabien. Aus eigenen Beobachtungen und im Lande selbst gesammelten Nachrichten abgefasst, Hofbuchdruckerei bei Nicolaus Möller, Kopenhagen 1772

Carsten Niebuhr: Reisebeschreibung nach Arabien und andern umliegenden Ländern, Bd. 1 u. 2, Hofbuchdruckerei bei Nicolaus Möller, Kopenhagen 1774 u. 1778, Bd. 3, hrsg. v. J. N. Gloyer u. J. Olshausen, bei Friedrich Perthes, Hamburg 1837

William Gifford Palgrave: Narrative of a Year's Journey through Central and Eastern Arabia (1862-63), 2 Vol., McMillan and Co., London and Cambridge 1865 u. 1866

William Gifford Palgrave: Observations made in Central, Eastern, and Southern Arabia during a Journey through that Country in 1862 and 1863, in: The Journal of the Royal Geographical Society, Vol. 34, John Murray, London 1864, S. 111–154

James Richardson: Narrative of a Mission to Central Africa Performed in the Years 1850-51, 2 Vol., Chapman and Hall, London 1853

Arthur Rimbaud: Briefe, Dokumente, übers. u. hrsg. v. Curd Ochwaldt, Rowohlt Verlag, Reinbek bei Hamburg 1964

Henry Morton Stanley: Through the Dark Continent, Vol. 2, Harper & Brothers, New York 1878

Karl von den Steinen: Durch Central-Brasilien. Expedition zur Erforschung des Schingú im Jahre 1884, F. A. Brockhaus, Leipzig 1886

Karl von den Steinen: Unter den Naturvölkern Zentral-Brasiliens. Reiseschilderungen und Ergebnisse der Zweiten Schingú-Expedition 1887-1888, Geographische Verlagsbuchhandlung von Dietrich Reimer, Berlin 1894

Fanny Stevenson: Kurs auf die Südsee. Das Tagebuch der Mrs. Robert Louis Stevenson, hrsg.

v. Roslyn Jolly, übers. v. Ilse Rothfuss, Frederking & Thaler, München 2005

Robert Louis Stevenson: In der Südsee, übertr. v. Günter Löffler, Herder Verlag, Freiburg 1973

Bildnachweis

akg-images
Vorsatz (North Wind Picture Archives), S. 6 (British Library), 10/11, 12, 32, 52 (Pictures From History), 76/77 (British Library), 78, 108 (De Agostini Picture Library), 146, 172/173 (De Agostini Picture Lib. / Chomon & Perino), 174 (De Agostini / Veneranda Biblioteca Ambrosiana), 206 (De Agostini / Icas94), 260 (Alain Le Toquin), 292/293 (De Agostini Picture Lib. / Chomon & Perino), 294 (Album / Oronoz), 320 (François Guénet), 338, 358/359 (WHA / World History Archive), Nachsatz

FSC
www.fsc.org
MIX
Papier aus verantwortungsvollen Quellen
FSC® C083411

Bibliografische Information der Deutschen Nationalbibliothek
Die Deutsche Nationalbibliothek verzeichnet diese Publikation in der Deutschen Nationalbibliografie; detaillierte bibliografische Daten sind im Internet über http://dnb.d-nb.de abrufbar.

Covergestaltung, Layout und Satz: Anja Carrà, Weimar
Umschlagabbildung: *Forêt vierge. Les bords du Parahïba*, Lithographie, koloriert, von Charles Motte. Aus: J. B. Debret, Voyage pittoresque et historique au Brésil © akg-images
Tiere im Vordergrund entnommen aus: *Der Thiergarten in 16 Bildern* von Gustav Canton, 1854, Bild 14 © akg-images.

Der Titel wurde in der Minion Pro gesetzt.
Gesamtherstellung: CPI books GmbH, Leck – Germany

ISBN: 978-3-7374-1142-4

Mehr über Ideen, Autoren und Programm des Verlags finden Sie auf www.verlagshausroemerweg.de und in Ihrer Buchhandlung.